D1718597

Kohlhammer

Michael Klessmann

Ambivalenz und Glaube

Warum sich in der Gegenwart
Glaubensgewissheit zu
Glaubensambivalenz wandeln muss

Verlag W. Kohlhammer

Meinen Kindern
Jens, Maria und Mirjam

1. Auflage 2018

Gesamtherstellung: W. Kohlhammer GmbH, Stuttgart

Print:
ISBN 978-3-17-034455-6

E-Book-Formate:
pdf: ISBN 978-3-17-034456-3
epub: ISBN 978-3-17-034457-0
mobi: ISBN 978-3-17-034458-7

Inhalt

Vorwort

Über den eigenen Glauben zu reden, ist schwierig; selbst theologisch-kirchliche Profis geraten ins Stocken, wenn man von ihnen erwartet, dass sie aus dem gelernten akademisch-dogmatischen Sprachspiel aussteigen und persönlich reden sollen. Glaube, die Inhalte, auf die er sich bezieht, und seine Ausdrucksformen, sind etwas geradezu Intimes – Manche haben behauptet, dass es den Zeitgenossen gegenwärtig leichter fällt, über Sexualität zu reden als über Religiosität. Der Herausgeber der Beilage der Neuen Zürcher Zeitung zum Thema Atheismus vom Dezember 2014 schreibt einleitend: »Im Vorfeld dieses Heftes haben wir viele Leute gefragt, ob sie an Gott glaubten. Die Antwort lautete manchmal Ja und manchmal Nein, meistens aber, ›es kommt ganz darauf an, was mit Gott gemeint ist und was mit Glauben‹. Es folgten meist Beschreibungen, die mit der Länge nicht an Klarheit gewannen.«[1]

Die Schwierigkeit, über Glauben/Religiosität/Spiritualität zu reden, hat neben allen Veränderungen im gesellschaftlichen Stellenwert von Religion und Kirche auch mit dem Phänomen Ambivalenz zu tun. Ähnlich wie die Liebe ist Glaube fast immer hoch ambivalent besetzt. Da möchte einer an Gottes Güte glauben – die grausamen Lebensverhältnisse in vielen Teilen der Welt oder im persönlichen Umfeld lassen keine Güte erkennen. Da ist eine im christlichen Glauben seit Jahrzehnten heimisch – auf einer Weltreise lernt sie andere Religionen kennen, ist beeindruckt, neugierig auf das Fremde, und verwirrt. Da betet einer inbrünstig um Heilung seines kranken Kindes und muss erschüttert zusehen, wie das Kind stirbt. Die Welt erscheint überwiegend gnadenlos: Kirchliche Verkündigung übertüncht oftmals die Abgründe, die sich hier auftun, viel zu schnell mit floskelhaft klingendem Reden von der Liebe und Barmherzigkeit Gottes. Diejenigen dagegen, die von solchen Zwiespältigkeiten direkt betroffen und beunruhigt sind, wissen oft nicht, was das für ihren Glauben bedeutet, wie sie darauf antworten können.

Die Konflikte zwischen Welterfahrung und Gotteserfahrung sind natürlich nicht neu, sie werden jedoch zunehmend als unversöhnlich wahrgenommen, weil es keine alles tragende und verbindende religiöse Basis mehr gibt. Religion ist schon lange nicht mehr, wie es der Soziologe Thomas Luckmann formuliert hat, der alles überwölbende und zusammenhaltende Baldachin, schon lange nicht mehr gesellschaftlicher Kitt und selbstverständliche Sinn-Ausstattung von Menschen in der postmodernen Gesellschaft; Religiosität/Glaube ist zu etwas geworden, das ständig neu und in Ausei-

---

1 Reto U. Schneider, Editorial: Es kommt ganz darauf an. FOLIO, NZZ N3. 281, Dezember 2014, 5.

nandersetzung mit allen möglichen weltanschaulichen Orientierungen und gegen den Augenschein der Brutalität unserer Lebensverhältnisse angeeignet und vorläufig und tastend zum Ausdruck gebracht werden muss. Glaube(n) (als Substantiv und als Verb) ist in der Gegenwart anspruchsvoller und schwieriger geworden.

Meine These in diesem Zusammenhang lautet: Der Begriff des Glaubens muss in postmodernen Zeiten erweitert und differenzierter gedacht werden. Die bisherigen Konnotationen des Glaubens im religiösen Verstehenszusammenhang – Vertrauen, Gewissheit, Festigkeit, Sicherheit, im Bild gesprochen: Der Fels in der Brandung – passen zum einen nicht mehr zu einer Welt, die in zunehmendem Maß durch Flexibilität, Vieldeutigkeit, Widersprüchlichkeit und Brüchigkeit gekennzeichnet ist; und sie passen zum anderen nicht mehr zu einer Welt, in der uns durch die Medien die Abgründe und Gewaltzusammenhänge des Lebens täglich so drastisch vor Augen geführt werden, dass man die krassen Widersprüche zwischen einem christlichen Wirklichkeitsverständnis und unserer Lebensrealität immer weniger übersehen und ausblenden kann. Was in der Vergangenheit im Verständnis des Glaubens als zu überwindende Ausnahmeerscheinung galt – Zweifel, Unsicherheit, Anfechtung angesichts der Weltverhältnisse – muss inzwischen als »normaler«, dauerhafter, ja als notwendiger Bestandteil des Glaubens gelten. Ambivalenz, die Gleichzeitigkeit widersprüchlicher Gedanken und Gefühle, bezeichnet ein universales Grundmuster unseres gesamten seelischen und sozialen Lebens, sie gehört, wenn denn Glaube ein Akt der *ganzen* Person ist, natürlich auch mitten in den Glauben hinein. Nicht Glaubensgewissheit ist das erstrebenswerte Ziel, sondern ein flexibler und kreativer Umgang mit den unvermeidlichen Glaubensambivalenzen. Glaubensambivalenz bezeichnet dann auch nicht länger einen Makel, ein Defizit, sondern eine Fähigkeit und eine Bereicherung, ja eine Notwendigkeit: Wer in der Lage ist, die unterschiedlichen Seiten seiner Glaubensambivalenz angesichts der höchst widersprüchlichen Weltverhältnisse wahrzunehmen und in ihren verschiedenen Bedeutungen genauer zu erkunden, kann sich bereichert und angeregt fühlen, was nicht ausschließt, dass man sich natürlich zeitweise auch verwirrt und belastet erlebt. In dieser Mischung entspricht Glaube der Vielfalt des Lebens: Es öffnen sich neue, kreative, unerwartete Perspektiven und erweiterte Handlungsspielräume. In der Ambivalenz kommt Glaube in Kontakt mit dem ganzen Leben, mit seinen Schönheiten und mit seinen Grausamkeiten.

Die These soll plausibilisiert werden (nach einer Darstellung der psychologischen und soziologischen Begriffsentwicklung) mit exemplarischen Durchgängen durch Anthropologie, Entwicklungspsychologie, Hermeneutik und Theologie – Redundanzen bleiben da nicht aus. Es soll gezeigt werden, wie sowohl im Vollzug des Glaubens (fides qua creditur) als auch in seinen Inhalten (fides quae creditur) Ambiguität und Ambivalenz angelegt sind und, nachdem sie in der Kirchen- und Dogmenschichte weitgehend ausgeschlossen und verdrängt wurden, in der Gegenwart als solche neu entdeckt und gewürdigt werden sollten. Ein lebendiger, »zeitgemäßer« Glaube ist kaum denkbar ohne angemessene Berücksichtigung der Zwiespältigkeiten, mit denen er ständig zu tun hat und in denen er Ausdruck findet. Das Ambivalenzkonzept bietet ein Prisma an, durch das viele theologische Themen in einem neuen Licht erscheinen. Im letzten Kapitel versuche ich vorzustellen, wie dann ein bewusster Umgang mit Ambivalenzen die kirchliche Praxis bereichern kann.

Pastoralpsychologie ist mir bei diesem Unternehmen als Grundperspektive sehr hilfreich gewesen: Der kritisch-empirische Blick auf die Phänomene, psychologisch und
soziologisch inspiriert, unterwandert theologisch-dogmatische Aussagen, die mit unserer Lebenswirklichkeit (Stichwort »Das Ende der Eindeutigkeit«, Zygmunt Bauman)
anscheinend nicht mehr viel zu tun haben.

Einer Reihe von Kollegen und Kolleginnen, die Teile meiner Texte gelesen, mich
mit meinen eigenen Ambivalenzen ermutigt und sich auf anregende Diskussionen
eingelassen haben, danke ich herzlich: Dr. Thomas Beelitz, Dr. Anna Christ-Friedrich,
Dipl. psych. et theol. Elisabeth Hölscher, Dipl. päd. Sabine Hufendiek, Dr. Frieder
Stängle.

Ich danke Dr. Sebastian Weigert vom Kohlhammer-Verlag, der mir wichtige Anregungen zur Fertigstellung des Manuskripts vermittelt hat und Daniel Wünsch für
sorgfältiges Korrekturlesen.

Der Deutschen Gesellschaft für Pastoralpsychologie (DGfP) danke ich für einen
Druckkostenzuschuss.

Ansbach/Berlin im November 2017

Einleitung: Glaube – Zweifel – Ambivalenz

>»Ich bin ein Atheist von Gottes Gnaden.«
>(Klaus Maria Brandauer)

1. »Es wackelt alles« (Ernst Troeltsch)

»Meine Herren, es wackelt alles«, rief Ernst Troeltsch im Jahr 1896 einer Versammlung der »Freunde der christlichen Welt« zu.[1] Theologie, Dogmatik, Glaube – alles war und ist in den Sog des Historismus geraten. Die sog. »ewigen Wahrheiten« gibt es nicht in ewig-unveränderlicher Art und Weise, sondern nur in historischer und damit ständig sich wandelnder Gestalt. In jeder Epoche und Kultur interpretiert man die antiken Texte je anders. Eine Kulturgeschichte des Christentums, wie sie Jörg Lauster im Jahr 2014 vorgelegt hat, illustriert diesen Prozess im Gang durch die Jahrhunderte eindrücklich.[2]

Exemplarisch zeigt sich der Transformationsprozess des christlichen Glaubens in dem, was Adolf von Harnack »Hellenisierung des Christentums« genannt hat. Harnacks These: Das spätere Christentum hat sich mit der Übernahme hellenistisch-philosophischer Denkweisen von den einfachen jesuanischen Ursprüngen in Palästina entfernt. Diese These ist im Detail strittig; unstrittig ist, dass sich gerade in den ersten zwei Jahrhunderten eine tiefgreifende Verwandlung der christlichen Religion vollzog: »Die ursprünglich ländlich geprägte, innerjüdische Jesusbewegung kam mit großstädtischem Milieu und hellenistischer Kultur in Berührung.«[3] Der aramäisch sprechende Wanderprediger Jesus von Nazareth rief Menschen in seine Nachfolge, sie sollten seine Schüler werden, mit ihm herumziehen und das Reich Gottes verkündigen (vgl. Mk 1,16ff.). Wie sollte dieses Muster der Nachfolge an anderen Orten, in anderen Milieus, in den damaligen Großstädten Korinth, Athen oder Rom Gestalt gewinnen? Die unmittelbare Präsenz Jesu wandelte sich »zu einem Existenzgefühl der Gegenwart Christi;«[4] vor allem Paulus hat die Veränderungen theologisch entfaltet und auf diese Weise aus der innerjüdischen Reformbewegung die Anfänge einer christlichen Kirche entwickelt. Der Prozess der Umwandlung wurde nötig und möglich durch den Über-

---

1 Zitiert nach Thielicke 1983, 556.
2 Lauster [2]2015.
3 Lauster ebd. 44.
4 Lauster ebd. 44.

gang von der aramäischen Sprache und ländlichen Vorstellungswelt der ersten Jesus-
überlieferungen zur griechisch-städtischen, philosophisch geprägten Sprache und
Denkweise. Anders gesagt: Der Glaube der ersten Jünger Jesu hat eine deutlich andere
Gestalt als der des pharisäisch gebildeten römischen Bürgers Paulus und seiner Anhänger in Korinth oder Rom.

Vergleichbare Transformationsprozesse und Differenzierungen hat es immer wieder in der Geschichte des Christentums gegeben, etwa durch die Missionsarbeit angel-
sächsischer Mönche in Nordeuropa im 8. und 9. Jahrhundert, durch die eigenständige
Entwicklung von orthodoxen Kirchen und westlichen Kirchentümern ab dem
11. Jahrhundert, durch die Ausbreitung der protestantischen Reformation im 16. Jahrhundert, durch die Entstehung von Missionskirchen in Asien, Afrika, Süd- und Nord-
amerika im 19. und 20. Jahrhundert, durch die Vervielfältigung von sog. Freikirchen
überall auf der Welt, und neuerdings durch die Verbreitung von Kenntnissen und
Praktiken anderer Religionen, die wiederum die Gehalte des Christentums tangieren
und verändern.

Das bedeutet für den vorliegenden Zusammenhang: Die christliche Religion stellt
sich seit ihren Anfängen als ein hoch plurales Gebilde dar.[5] Ihre Lehren, Rituale,
Ordnungen und Ämter fallen je nach Standort (Palästina, Athen, Rom, Ägypten
oder …) und historischer Epoche (erstes, zweites oder sechzehntes oder 20. Jahrhundert) z. T. sehr unterschiedlich aus; und es ist nicht einfach, diese unterschiedlichen
Erscheinungsbilder in *einer* Glaubensgestalt wiederzuerkennen und zusammenzuhalten. Zwar beziehen sich alle Formen christlicher Kirchen und Gruppen auf den als
Messias, als Christus, als Sohn Gottes geglaubten Jesus von Nazareth, aber die Art
und Weise dieser Bezugnahme fällt wiederum so unterschiedlich aus, dass die Ge-
meinsamkeiten eher formaler Natur zu sein scheinen. Was heißt es denn, wenn man
sagt »ich glaube an Jesus Christus«, wenn man seine Bedeutung so unterschiedlich
verstehen kann? Immer wieder gab und gibt es Versuche, durch Bekenntnisformulierungen die Einheit der verschiedenen dogmatischen Richtungen und Kirchentümer
wieder herzustellen und zu wahren (altkirchliche Bekenntnisse, reformatorische Be-
kenntnisschriften, Barmer Bekenntnis, Leuenberger Konkordie u. v. a.); doch solche
Bekenntnisformulierungen werden nach einer gewissen Zeit und in veränderter Umgebung wieder interpretationsbedürftig, führen wieder zu neuen Auslegungen und
neuen Gruppenbildungen.

Diese ständige Ausdifferenzierung und Weiterentwicklung des Christentums ist
nicht als Verfallsprozess zu werten, sondern ergibt sich von Anfang an aus der Gestalt
des biblischen Kanons. Die Vielfalt der Schriften und Schriftgattungen im Judentum
und im frühen Christentum begründet die Differenzierung von Glaubensinhalten,
Glaubensformen und späteren Kirchentümern (▶ ausführlicher Kap. 6). Der ständige
Streit um einen »Kanon im Kanon«, um eine Richtschnur des Glaubens, muss als
offenbar immer neu notwendig werdender Versuch verstanden werden, die große
Vielfalt der theologischen Narrative zu vereinheitlichen und von einem gemeinsamen

---

5   Zum zugrundeliegenden Verständnis von Religion vgl. unten Anm. 10; zur Komplexität und
    Strittigkeit des Religionsbegriffs insgesamt vgl. Hasenfratz 2002 und Wagner 1986.

Zentrum aus zusammenzubinden. Das konnte immer nur begrenzt und vorläufig gelingen, weil die Quellen selbst (und damit die verschiedenen Glaubenseinstellungen) so unterschiedlich ausfallen: »Der biblische Kanon enthält einige unbequeme theologische Querdenker und z. T. schockierende Sonderlinge.«[6] Ambiguität der religiösen Inhalte und Vollzüge und Ambivalenz als Reaktion auf diese Vielfalt sind also von Beginn an im Christentum angelegt.

Die Ausdifferenzierung des Christentums radikalisiert sich in der Postmoderne. Als deren wichtigstes Kennzeichen kann man die fundamentale Pluralisierung aller Lebensbereiche und das Ende aller Eindeutigkeiten ansehen. Diese Pluralisierung stellt höchst widersprüchliche Anforderungen an die Menschen, die in den westlichen Gesellschaften leben (► ausführlicher dazu Kap. 1.). Die Begegnung mit Ambiguität ist der alltägliche Normalfall.

> *Ambiguität* bezeichnet »die real erfahrene Welt in ihrer Vieldeutigkeit, Dynamik, Komplexität, in ihrem Reichtum, aber auch ihrer Abgründigkeit. Ambiguität ist *zugleich* Bedingung von lebendiger Differenziertheit *und* Leiden an der Weltwirklichkeit.«[7] *Ambivalenz* ist die Reaktion auf diese Vieldeutigkeit und Komplexität: Zustimmung *und* Ablehnung, sich angezogen fühlen vom Reichtum der Differenziertheit *und* abgeschreckt werden von der Abgründigkeit der Vielfalt.

Wir sind ständig widersprüchlichen Informationen ausgesetzt, deren Gültigkeit und Seriosität wir nicht nachprüfen können (z. B. in welchem Maß sind Nahrungsmittel gesundheitsförderlich oder -schädlich? Was können oder sollten wir als Einzelne und als Staat gegen den Klimawandel tun – wenn es ihn denn tatsächlich gibt? Etc.); in vielen Lebensbereichen stehen uns unterschiedliche Handlungsoptionen offen, die man oft nicht eindeutig mit Zustimmung oder Ablehnung beantworten kann, weil man mehrere gleichzeitig für berechtigt und legitim hält; trotzdem müssen wir Entscheidungen treffen, deren Begrenztheit und Vorläufigkeit wir gleichzeitig ahnen. In diesem Sinn löst die Pluralisierung aller Lebensbereiche ständig Ambivalenzen aus: *Gleichzeitig* erleben wir Ja und Nein, Zustimmung und Unsicherheit, Akzeptanz und Vorbehalt im Blick auf viele Phänomene unseres Alltagslebens.

Von diesen Prozessen der Begegnung mit Ambiguität und den dazugehörigen Ambivalenzen sind natürlich auch die Religionen betroffen. Schon in den ersten Jahrhunderten nach Christus, und spätestens seit der Reformation, ist das *eine* Christentum nur noch in der großen Zahl von Christentümern und damit in der Vielzahl von kollektiven und individuellen Glaubensgestalten und Glaubensmöglichkeiten erkennbar. Es gibt nicht mehr nur *eine* Wahrheit, der man in der Regel zustimmt, sondern eine Fülle von konkurrierenden Wahrheitsansprüchen, bei denen man nicht mehr so recht weiß, wie man sich zu ihnen verhalten soll. Glaube und religiöse Identität werden zunehmend weniger durch eine fest geprägte Sozialisation vermittelt, man wächst

---

6 Oeming 1998, 150. Vgl. auch Käsemann 1986, 93: »Die Variabilität des Kerygmas im NT
   ist Ausdruck des Tatbestandes, dass bereits in der Urchristenheit eine Fülle verschiedener
   Konfessionen nebeneinander vorhanden war, aufeinander folgte, sich miteinander verband
   und gegeneinander abgrenzte.«
7 Faber 2003, 281.

kaum noch in ein selbstverständliches, vertrautes religiöses Milieu hinein; man muss sich im ständigen Dialog, in Auseinandersetzung mit eigenen und fremden religiösen Traditionen und wie sie von Anderen rezipiert werden, zunehmend auch mit kritischen agnostischen Fragen, eine eigene Haltung im wahrsten Sinn erarbeiten – oder es bei einer eher oberflächlichen religiös-kirchlichen Zugehörigkeit belassen. In den USA kann man diesen Differenzierungsprozess in der nicht mehr überschaubaren Zahl von einzelnen Kirchen (die wir in Deutschland Freikirchen nennen) besichtigen, in Deutschland verdeckt die Organisationsform der Landeskirchen und Diözesen diese gleichwohl vorhandene Vielfalt.

Glaube an Gott oder an ein Göttliches gibt es immer nur verwoben in vorgegebene historisch-kulturelle Weltsichten;[8] dadurch gewinnt dieser Glaube unvermeidlich höchst unterschiedliche Gestaltungen und Ausdruckformen. Der Glaube eines befreiungstheologisch inspirierten Katholiken in Brasilien hat wenig gemein mit dem eines deutschen Katholiken in einer Kleinstadt in Bayern; ein reformiert erzogener Schweizer wird sich schwer tun mit den religiösen Anschauungen eines hochkirchlichen Lutheraners in der hannoverschen Landeskirche; eine engagierte Quäkerin aus Kalifornien hat wenige spirituelle Berührungspunkte mit einer englischen Anglikanerin etc. Und doch nennen sie sich alle Christinnen und Christen. Was bedeutet das? Zusätzlich stoßen sie auf Konzeptionen und Wahrheitsansprüche anderer Religionen, esoterischer und atheistischer Orientierungen; auch solche Begegnungen und Informationen gehen nicht folgenlos an ihnen vorbei.[9]

Glaube wird also höchst unterschiedlich verstanden, zum Ausdruck gebracht und gelebt;[10] die klassischen Kriterien und Orientierungspunkte des christlichen Glaubens, Bibel und Tradition (in Gestalt altkirchlicher und reformatorischer Bekenntnisse oder des Lehramts in der katholischen Kirche), sind wiederum Gegenstand der Auslegung, so dass man aus dem Zirkel der Pluralität des Glaubens nicht heraus kommt.

Was bedeutet dieser Sachverhalt für die Gewissheit des Glaubens? Ist es angesichts der angedeuteten Pluralität des Glaubens überhaupt noch möglich und sinnvoll, von einer solchen Gewissheit zu sprechen? Ist es sinnvoll zu postulieren, der Glaube beruhe »allein auf der göttlichen Heilszusage«,[11] wie es in traditioneller theologischer

---

8 Vgl. Ebeling 1969, 138: »Seine [s.c.: des Glaubens, M.K.] Wirklichkeit hängt an seinem Zeitbezug.«

9 Eine exemplarische Schilderung, wie die Begegnung mit anderen Religionen seinen bis dato evangelikalen Glauben veränderte, gibt John Hick, der als Begründer einer pluralistischen Religionstheologie gilt: Hick [2]2002, 18ff.

10 Zur Begrifflichkeit: *Religion* verstehe ich als eine zum System gewordene Ansammlung von identifizierbaren und kodifizierten Mythen, Lehren, Normen, Ritualen und Rollen; *Religiosität* bezeichnet die individuelle »Innenseite« derer, die zu einer Religion gehören: Religion gibt der individuellen Religiosität Rahmen und Orientierung. *Glaube* meint den emotionalen und rationalen Kern von Religiosität, die auch von vielfältigen lokalen Traditionen und Verhaltensregeln bestimmt ist. *Spiritualität* als Suche nach einem tragenden und umfassenden Sinnganzen geht über Religiosität hinaus insofern sie nicht an eine Religion und entsprechende Religiosität gebunden ist, sondern transreligiös und transkonfessionell in Erscheinung tritt.

11 Müller 1974, 663.

Diktion heißt? Diese Zusage, ihr Inhalt, Ihre Bedeutung, wird doch auch »nur« in menschlichen Worten und variierenden Traditionen zum Ausdruck gebracht, bleibt also strittig. Gibt es noch den *einen* »einigen Trost im Leben und im Sterben«, wie es der Heidelberger Katechismus formuliert hat? Oder ist der ständige Streit um die Wahrheit, das Ringen um Wahrheit und Verlässlichkeit, unvermeidlich, und nicht nur den akademischen Theologen, sondern auch den »normalen« Christenmenschen zuzumuten? Gibt es eine Gewissheit des Glaubens, die wie der Fels in der Brandung der gesellschaftlichen Pluralität und Relativität unerschütterlich fest steht, oder muss man den Glauben angesichts dieser Entwicklungen nicht vielmehr als ein ständiges Weben und Verknüpfen eines Netzes von unterschiedlichen inhaltlichen Fäden zu einem bunten, sich immer wieder verändernden Flickenteppich verstehen? Ist nicht auch Glaube ein Phänomen, das wie ein patchwork überall von Ambivalenzen durchzogen ist? In dem sich Gewissheit und Unsicherheit, Zustimmung und Ablehnung, Vertrauen und Misstrauen ständig abwechseln und einander herausfordern?

Das mag anstrengend klingen, zugleich könnte es eine Chance, eine kreative Bereicherung sein, die den Glauben immer neu lebendig werden lässt, ihn vor bequemen und geistlosen Routinen schützt und ihn anschlussfähig an zeitgenössisches Welterleben macht. Das Verständnis des Glaubens könnte so erweitert werden durch das Prisma der Ambivalenz.

2.   Glaube als Vertrauen und fraglose Gewissheit?

Glaube kann man als Kern und Zentrum der meisten Religionen verstehen.[12] Glaube in einem religiösen Sinn richtet sich auf ein Umgreifendes, Göttliches, Transzendentes, auf die Wirklichkeit als Ganze; Glaube hat immer den Charakter einer Beziehung:[13] Menschen suchen und pflegen Kontakt, Verbindung, Kommunikation zu diesem Anderen, Größeren. Dabei korrespondiert die Gottesbeziehung mit den zwischenmenschlichen Beziehungserfahrungen und dem daraus resultierenden Selbstbild. Traditionell wird die Transzendenzbeziehung als Vertrauen qualifiziert, als individuelles und kollektives Überzeugtsein von der Verlässlichkeit und Glaubwürdigkeit im Blick auf das Heilige/Göttliche (Gott ist treu, Gott hält seinen Bund etc.) oder im Blick auf die von ihm geoffenbarten und dann tradierten Schriften und die in ihnen überlieferte Wahrheit. Aus diesem Überzeugtsein resultiert Hingabe im Sinne von: Sich davon in der Lebensführung und Lebensgestaltung bestimmen lassen.

Menschen leben von Beziehungen auf verschiedenen Ebenen: Zentral ist die Beziehung zu signifikanten Anderen wie Eltern oder Geschwister (1); Entwicklungspsycho-

---

12 Vgl. allerdings einschränkend Grünschloss 2000, 941:»Trotz vieler Analogien lässt sich eine eindeutige, allgemeine Bedeutung des Begriffs »Glaube« in den verschiedenen religiösen Kontexten schwer erheben: Die Bedeutungsvielfalt umfasst u. a. innere Zustimmung, sicheres Wissen, festes Vertrauen in eine numinose Gestalt, hingebungsvolle Praxis und Bekenntnis der Glaubensinhalte; Glaube impliziert zudem eine Abgrenzung von den vermeintlich ›Ungläubigen‹.«

13 Vgl. ausführlicher Murken 1998.

logie und Bindungsforschung zeigen eindrücklich, wie zur psychosozialen Entwicklung und Identitätsbildung eines Kindes verlässliche und einfühlsame Bezugspersonen unabdingbar sind. Der Radius der Beziehungen weitet sich im Lauf der ersten Jahre (2), es kommt zu einem lebendigen Austausch mit der jeweiligen Umwelt, deren Bedingungen und Vorgaben (Geographie, Klima, Gesellschaft, Kultur). In diesen Prozessen bildet sich eine Beziehung zu sich selbst (3), die Fähigkeit, sich selbst reflektierend wahrzunehmen, zu sich selbst auf Distanz zu gehen und sich zu sich selbst zu verhalten (Selbst-Bewusstsein). Dabei entwickelt sich *möglicherweise* auch eine Beziehung zu einem Umgreifenden (4), zu einem Transzendenten auf der Grundlage der wiederholten Erfahrung, dass wir unser Leben nicht uns selbst verdanken, sondern einem Größeren, das uns trägt, herausfordert oder auch bedroht. Religion oder eine religiöse Haltung stellt so gesehen ein System von Deutungen dieser grundlegenden Lebenserfahrungen dar – Deutungen, die uns in der Regel von anderen nahe gebracht werden.[14]

Die vier genannten Beziehungsebenen sind jede für sich geprägt, wie die zugrundeliegenden zwischenmenschlichen Beziehungen, von Vertrauen und Misstrauen, Liebe und Hass, Angst und Zuversicht, Hoffnung und Niedergeschlagenheit, Offenheit und Verschlossenheit, dem Wunsch nach Nähe und nach Distanz. Eindeutigkeit, Unzweideutigkeit, Gewissheit gibt es immer nur höchst begrenzt.

Trotzdem steht in religiösen Sprachspielen Vertrauen ziemlich ausschließlich im Zentrum des Verständnisses des Glaubens. Wilfried Härle definiert Vertrauen folgendermaßen: »›Vertrauen‹ meint das Sich-bestimmen-lassen eines Menschen zur Hingabe an ein Gegenüber in der Hoffnung auf Gutes.«[15] Bei Gerhard Ebeling heißt es: Glaube meint »ein Sich-Verlassen auf den extra se liegenden Existenzgrund, ... ein Sich-gründen-Lassen in dem, was die Existenz gründet und ihr Bestand gibt.«[16] Es geht also immer um eine dreistellige selbstreflexive Relation: Im Vertrauen auf jemand anderen oder etwas anderes außerhalb meiner selbst gewinne ich eine veränderte Einstellung zu mir selbst und zu meiner Welt.

Im hebräischen Sprachraum des AT bedeutet der Wortstamm aman, der die Grundlage für das christliche Glaubensverständnis abgibt, zuverlässig sein, treu sein;[17] dieses Verhalten kann sich auf Menschen beziehen (z. B. 1 Sam 22,7 »wer ist so treu wie David?«) oder auf Gott (»der treue Gott, der den Bund und die Barmherzigkeit bis ins tausendste Glied hält ...« Dtn 7,9) oder auf bestimmte als Wahrheit verstandene Inhalte (»Ich glaube deinen Geboten« Ps 119, 66). Glaube bezeichnet hier eine vertrauensvolle Beziehung, ein Sich-verlassen-auf ..., im Gegensatz zum alltäglichen Sprachgebrauch, der glauben als »nicht so genau wissen« qualifiziert. Stellenweise wird für diese vertrauensvolle Grundhaltung nicht einmal ein Objekt genannt: »Glaubt ihr nicht, so bleibt ihr nicht« (Jes 7,9); »wer glaubt, flieht nicht« (Jes.

---

14 Wenn solche Vermittlungsprozesse ausbleiben, entstehen »konfessionslose Kontexte«, wie in den neuen Bundesländern, in denen stellenweise seit drei Generationen keine religiöse Sozialisation mehr geschieht. Vgl. Rosenow 2016.

15 Härle ³2007, 58.

16 Ebeling ²1960, 216. Vgl. auch Oberhammer, Schmücker (Hg.), Wien 2008.

17 Vgl. Art. Glaube im ThBNT, hg. Von Lothar Coenen und Klaus Haacker. Witten 2010, 786ff.

28,16). Man muss das wohl so verstehen, dass es im Glauben um eine bestimmte Ausrichtung der ganzen Existenz geht – im Gegenüber zu einem Göttlichen, zu einem »transobjektiven Objekt«,[18] zu einer Wahrheit, die als so eindeutig vorausgesetzt wird, dass sie nicht extra benannt werden muss.

Dieses Glaubensverständnis wird gesteigert, wenn von Glaubens*gewissheit* die Rede ist, wie es Gesangbuchlieder in besonders pointierter Weise tun: »Jesus lebt! Ich bin gewiss … (EG 115,5); »ich glaub, und bin es ganz gewiss …« (EG 530,8) oder: »Ich weiß, woran ich glaube, ich weiß, was fest besteht, wenn alles hier im Staube wie Sand und Staub verweht. Ich weiß, was ewig bleibet, wo alles wankt und fällt …« (EG 357, 1). Muss die Gewissheit so stark hervorgehoben werden, um den ständigen Anfechtungen der Ungewissheit, des Zweifels, der Ambivalenz zu entgehen?

> In diesem Zusammenhang wird gelegentlich die Unterscheidung von Gewissheit (certitudo) und Sicherheit (securitas) im Glauben eingeführt:[19] Sicherheit bezeichne einen Zustand, in dem der Mensch in selbstbezogener Weise sein Leben und seinen Glauben zu beherrschen meine, während Gewissheit die Erfahrung eines Beherrschtwerdens von außerhalb seiner selbst (extra nos) bezeichne. Aus psychologischer Sicht erscheint mir diese Unterscheidung schwer nachvollziehbar:[20] Auch »das Beherrschtwerden von außen« muss zur inneren Haltung werden, sonst bleibt man in einer Fremdbestimmung stecken. Ist das dann Sicherheit oder Gewissheit? Interessanterweise hält auch Luther die Unterscheidung von Sicherheit und Gewissheit terminologisch nicht strikt durch.[21] Im Folgenden werde ich diese Unterscheidung nicht weiter berücksichtigen.

Subjektive Gewissheit lässt sich definieren »als unerschütterliches Überzeugtsein, als Befindlichkeit des im Fürwahr- oder Fürguthalten vorbehaltlos festgelegten, vom Zweifel befreiten Bewusstseins (certitudo assensus).«[22] In der Formulierung von Gerhard Ebeling: »Glaube gibt der Existenz Gewissheit, ja er ist geradezu nichts anderes als Existenz in Gewissheit. Der Glaube richtet sich darum gegen die Furcht … wie gegen den Zweifel … Glaubensgewissheit ist eine das Existieren selbst betreffende Gewissheit, ein Sichere-Schritte-Tun, obwohl kein Weg zu sehen ist, ein Hoffen, obwohl es aussichtslos ist, ein Nichtverzweifeln, obwohl es verzweifelt steht, ein Grundhaben, obwohl man ins Bodenlose tritt.«[23]

Auffallend ist an diesen Definitionen von Glaubensgewissheit ihr absoluter Charakter: »unerschütterlich«, »vorbehaltlos«, »vom Zweifel befreit«. Weil es eine solche Absolutheit in menschlichen Beziehungen, unter menschlichen Bedingungen nicht geben kann, wird Glaube in der Theologie nicht als menschliche Leistung, sondern als göttliche Gabe deklariert. »Der Glaube des Menschen ist Gottes Werk in ihm,«[24]

---

18 Hans-Martin Barth [2]2002, 81.

19 Z.B. Härle 2007, 62.

20 Vgl. Makropoulos 1995, 746: »Sicherheit bleibt in der theologischen Diskussion ausschließlich subjektiv und durch fortwährende Spannung mit ›Gewißheit‹ auch nachhaltig ambivalent.«

21 Vgl. Ebeling 1997, 336f.; Ebeling 1964, 284.

22 HWP Bd. 3, 592.

23 Ebeling 1960, 247.

24 Joest [4]1996, 467.

er wird von außerhalb (extra nos) geschenkt oder geweckt. Dem entsprechen dann auch die passivischen Formulierungen: Sich bestimmen lassen, sich gründen lassen. Glaube als vertrauensvolle Beziehung zu jemand Anderem stellt sich ein, entsteht und wächst weitgehend von allein, lässt sich nicht mit Absicht und Anstrengung herstellen oder herbeizwingen – genauso wie man Liebe nicht durch eine Willensentscheidung »machen« kann. Trotzdem ist Glaube nicht ausschließlich Gabe, er stellt sich ein »in, mit und unter« menschlicher Aktivität und Bemühung (z. B. in Gestalt von Offenheit oder Verschlossenheit für religiöse Themen und Vollzüge).[25]

Gerade deswegen kann man die Frage nicht abweisen, ob es denn überhaupt denkbar sei, dass sich ein Mensch *völlig* und *unerschütterlich* vom Göttlichen, von der Wahrheit bestimmen lässt, ohne sich von Furcht und Zweifel beirren zu lassen. Diese Frage ist zu stellen sowohl bezogen auf den Menschen als empirisches Subjekt des Glaubens, als auch im Blick auf das Göttliche als Ziel oder »Objekt« des Glaubens.

Auch als göttliches Geschenk fällt Glaube nicht in vollkommener Gestalt vom Himmel, sondern entsteht in einer konkreten Person, geht als Beziehung (mit all den Beziehungsvorerfahrungen, die ein Mensch gemacht hat) gleichsam durch sie hindurch und bekommt auf diese Weise seinen einzigartigen, unverwechselbaren Charakter.[26] Das jeweilige religiöse Umfeld, biografische Erfahrungen, individuelle Charakterstrukturen (etwa in Anlehnung an die von Fritz Riemann beschriebenen Persönlichkeitsstrukturen[27]) und konkrete historisch-gesellschaftliche Bedingungen bestimmen mit, wie Glaube, wie das »Sich-bestimmen-lassen« von einem Umgreifenden jeweils Gestalt gewinnt. Entsprechend enthalten Glaube und Vertrauen unterschiedliche Schattierungen und Eigenheiten, sind stärker oder schwächer, sicherer oder unsicherer, mehr oder weniger ausgeprägt, verändern sich, je nach den Lebensumständen der Person (▶ Kap. 5 zur Entwicklungspsychologie des Glaubens). Und natürlich wird dann Gewissheit auch immer von unterschiedlichen Gestaltungen der Ungewissheit begleitet und in Frage gestellt.

Das hat zweitens auch mit der paradoxen Qualität des »Objekts« des Glaubens zu tun: Der Mensch glaubt an etwas, das als solches prinzipiell nicht erkannt werden kann (▶ ausführlicher s. u. Kap. 8); dessen Erschließung oder Offenbarung geschieht in aller Regel nicht direkt, sondern ist an zwiespältige menschliche Vermittlungsinstanzen gebunden, z. B. an die Zeugen der Auferstehung; an die von Menschen empfangenen und dann aufgeschriebenen heiligen Schriften; an das Lehramt; an die unterschiedlichen Sprachen, in denen die Offenbarung präsentiert wird. Insofern kommen Glaube/Vertrauen angesichts ihrer Vermittlungsmöglichkeiten ohne Mehrdeutigkeiten und sich daran anschließende Zweifel und Anfechtung prinzipiell nicht aus.

---

25 Vgl. dazu ausführlicher Fraas [2]1993, 26ff.
26 Im Blick auf die Frage nach Aktivität und Passivität des Menschen gegenüber Gott verweist Hasenfratz 2002, 35) auf eine interessante Unterscheidung im Hinduismus: Danach gibt es den Meerkatzenweg (der Mensch ist Gott gegenüber aktiv, er klammert sich wie das Affenjunge an die Mutter) und den Katzenweg (der Mensch ist passiv, er lässt sich wie das Katzenjunge von der Mutter tragen).
27 Riemann 1992.

Diesen Zusammenhang kann man noch einmal anders verdeutlichen durch den von Gerd Theißen verwendeten Begriff der Resonanzerfahrung: In Grenzerfahrungen (Geburt und Tod, ästhetische Erfahrungen, der ethische Anspruch eines sich unbedingt verpflichtet Fühlens etc.) begegnet uns eine Wirklichkeit, die größer ist als wir, die uns anrührt, manchmal geradezu überwältigt, uns ergreift; wir nennen sie deswegen »das Heilige«, Transzendenz, Gott und setzen uns verehrend, dankend, bittend, klagend zu ihr in Beziehung. Diese »religiöse« Resonanz ist und bleibt ein Akt der Personalität des Menschen, in den seine biographisch gewordene Emotionalität, seine Vernunft und sein Wille mit einbezogen sind; als solche ist sie geprägt von den Differenzen und Ambivalenzen des Alltags. Das Ergriffenwerden trifft Person A, die in den 50er Jahren des letzten Jahrhunderts in einem Arbeitermilieu groß geworden ist, eine spezifische Biografie und Persönlichkeitsstruktur entwickelt hat, anders als Person B, die in den 80er Jahren in einem bildungsbürgerlichen Umfeld aufgewachsen ist und eine ganz andere Biografie und Persönlichkeitsstruktur mitbringt. Vertrauen und Gewissheit sind deswegen zwischen den beiden Personen nie deckungsgleich, nie identisch, und das heißt auch, mehr oder weniger von Fragen, Zweifeln, Unsicherheiten und Anfechtungen durchzogen.

Zu bedenken ist auch noch die Beobachtung, dass vermeintliche Gewissheiten dazu neigen, das kritische Denken auszublenden und intolerant gegenüber anderen Überzeugungen und Gewissheiten zu sein. Allein diese Tatsache könnte davor warnen, der Gewissheit konzeptionell einen zu hohen Stellenwert einzuräumen.

Die angedeuteten Ambivalenzen des Glaubens und im Glauben werden in der theologischen Reflexion m. E. zu wenig berücksichtigt; Glaube wird aus dogmatischer Sicht als abstraktes Ideal entworfen, das mit der Realität der individuellen und kollektiven Glaubensbeziehungen wenig zu tun hat. Das verbreitete Postulat einer Glaubensgewissheit unterdrückt abweichende Meinungen und verliert damit ein Gutteil der Lebendigkeit des Glaubens. Erst Religions- und Pastoralpsychologie machen auf diese empirische, sozial-psychologisch beobachtbare Seite des Glaubens, seiner Ausdrucksgestalten und Entwicklungen, aufmerksam. Darum soll es im Folgenden gehen: die historisch-gesellschaftliche und die individuell-psychologische Realität der Glaubenden in der Reflexion dessen, was Glauben bedeuten kann, angemessen zu berücksichtigen.

Thesenartig formuliert:

1. Wenn Glaube aus religionspsychologischer Sicht einen Akt der ganzen Person, eine Beziehungsaufnahme zu einem umgreifenden Ganzen darstellt, dann hat er an den Ambivalenzen, welche das Erleben und die im Lauf der Biografie entwickelten Beziehungsmuster der Person prägen, grundsätzlich und immer Anteil.
2. Dieser Zusammenhang von Glaube und Ambivalenz ist nicht als Defizit zu deuten, sondern als Bedingung der Möglichkeit eines lebendigen, kreativen Glaubens, einer dynamischen religiösen Beziehung. Ambivalenz soll als zentraler, kreativer Grundzug des Glaubens in postmodernen Zeiten gelten. Die Aufgabe besteht darin, sie genauer zu erforschen und zu erkunden, um den Reichtum ihrer Vielfalt nutzen zu können.

3.   Zweifel/Anfechtung im Glauben

> »Zweifle nicht/an dem/der dir sagt/er hat Angst
> Aber hab Angst/vor dem/der dir sagt/er kennt keinen Zweifel«
> (Erich Fried)

Das Wort Zweifel stammt von dem Althochdeutschen »zwifal« und meint, eines zwei-
geteilten, gespaltenen Sinnes zu sein. Zweifel bezeichnet

- zum einen den Versuch der Vernunft, alle Ergebnisse menschlicher Erkenntnis
  systematisch in Frage zu stellen (»de omnibus dubitandum est«, Rene Descartes)
  und ihre Realität oder Beweisbarkeit möglichst zu falsifizieren (wie das in den
  Naturwissenschaften und der Philosophie als methodischer Zweifel üblich geworden ist);
- zum anderen einen Gemütszustand, in dem ein Mensch im Blick auf andere Personen, seine Umwelt und sich selbst keine eindeutige Entscheidung treffen kann,
  sich unsicher fühlt, unentschlossen, ängstlich, besorgt, misstrauisch, ungläubig gegenüber dem, was ihm als vermeintlich sicher und verlässlich begegnet bzw. begegnen sollte.

Der Zweifel in beiden Bedeutungsvarianten ist die Schwester des Glaubens, so wird
es in Dogmatiken immer wieder versichert;[28] der Zweifel fordert den Glauben heraus,
seinen Grund, seinen Anhalt plausibel und nachvollziehbar darzulegen und seine
eigene Gewissheit nicht nur thetisch zu behaupten. So gesehen schützt Zweifel die
Wahrheit des Glaubens vor Naivität und Leichtgläubigkeit, vor Fanatismus, Rigoris-
mus und Fundamentalismus, stellt den Realitätsbezug des Glaubens her, macht ihn
hellsichtig im Blick auf die eigene Verfasstheit und die Komplexität der Weltwirklichkeit. Glaube soll ja nicht blinder, verblendeter Glaube sein, sondern denkender, ver-
antworteter und sich verantwortender Glaube, ein Glaube, der auch mit der Möglichkeit des Irrtums rechnet. In diesem Sinn gehört Zweifel zum Glauben dazu; Zweifel
kann und soll nicht vom Glauben ausgeschlossen werden. Rein logisch setzt der Zweifel die Existenz einer Wahrheit voraus: Ich glaube an Gott, ich glaube an die Wahrheit
der Schriften, die von ihm erzählen – und manchmal bezweifle ich die Gültigkeit
dieser Wahrheit. In dieser Einschätzung scheint es ein Drittes, ein Schwanken und
Unentschiedensein zwischen beiden Polen, nicht zu geben.

Ein solches Konzept des Glaubens kann sich aus der christlichen Überlieferung
ableiten. Die Jünger Jesu, insbesondere Petrus und Thomas, werden dargestellt als
Männer, die an die göttliche Vollmacht Jesu glauben, aber gelegentlich auch an ihr
zweifeln (Mt 14,22–32; Mk 14,66–72; Joh 20,24–30). Die Angst des Petrus ist in der
Extremsituation einer Seenot größer als sein Vertrauen (Mk 4,35–41 parr), aber er
lässt sich dann überzeugen, dass sich sein schwankender Glaube doch an der Person
des Jesus von Nazareth festmachen kann. Die biblischen Geschichten verschweigen
den Zweifel nicht, zeigen aber auch, dass er überwunden werden sollte: Zweifel gegen-

---

28 Vgl. z. B. Härle 2007, 22 u.ö.

über Jesus wird wiederholt als Zeichen von Schwäche, Kleinglaube und sogar Unglaube dargestellt (z. B. Mk 4, 40), als etwas, das gemeistert werden sollte. Auch wenn Zweifel kaum vermeidbar erscheint: Er soll in einer glaubens- bzw. vertrauensvollen Beziehung nicht sein, es ist wünschenswert und Ziel der Beschäftigung mit ihm, ihn durch Gewissheit, Vertrauen und Mut zu vertreiben bzw. gar nicht erst entstehen zu lassen. In dieser Traditionslinie nennt Hartmut Rosenau den Zweifel sogar, trotz grundsätzlich wohlwollender Betrachtung, ein Übel, das »als belastend, irritierend und störend empfunden wird« und deswegen überwunden werden soll.[29] Und Gerhard Ebeling formuliert: »Wer zweifelt, soll so oder so nach Gewissheit trachten.«[30]

> Damit deckt sich die biblisch-theologische Bewertung des Zweifels weitgehend mit der allgemeinen gesellschaftlichen. Im Volksmund gilt: Wer zweifelt, verliert; wer unsicher ist, hat keine Chance; im Sport, im Beruf, in privaten Beziehungen soll man entschieden und eindeutig auftreten. Zweifel, Zögern und Unsicherheit suggerieren Schwäche, die sich niemand leisten will oder kann, in einer Gesellschaft, in der vor allem der Erfolg zählt. Außerdem kostet der reflektierte Umgang mit Zweifel und Unsicherheit psychische Anstrengung, die viele als überfordernd erleben – obwohl sie gegenwärtig, in der Multioptionsgesellschaft, mehr als nötig und angemessen wäre (▶ vgl. Kap. 9.3.4: Ungewissheitsmanagement im Glauben).

Man kann vier Ebenen unterscheiden, auf denen sich Zweifel des Glaubens einstellen:

- Die erste ist die empirisch-vorfindliche Ebene, auf der Menschen konstatieren, dass, (mit Ernst Lange) die »Sprache der Tatsachen« der »Sprache der Verheißung« auf der ganzen Linie widerspricht. Dass da ein Gott sei, der die Welt geschaffen hat und sie mit Liebe und Barmherzigkeit trägt und lenkt, erscheint schon bei einem flüchtigen Blick auf unsere seit ihren Anfängen (vgl. Gen 6f., die Geschichte von der Sintflut) mit Ungerechtigkeit, Gewalt und Betrug angefüllte Weltwirklichkeit völlig unwahrscheinlich. Die Abgründe des Lebens und die Rede von der Güte Gottes passen nicht zusammen – und dies umso mehr, als uns durch die Medien die Brutalität des Lebens aus allen Ecken und Enden der Welt quasi auf den Leib rückt.
- Diese Sicht spitzt sich zu in der Frage nach der Theodizee: Warum gibt es Leid auf der Welt und warum müssen auch die Gerechten, die Guten, und diejenigen, die auf Gott vertrauen, leiden? Warum gibt es so schreckliches, sinnloses Leiden? Die Geschichte von Hiob erinnert daran, dass Menschen schon immer von dieser Frage bedrängt werden, dass Glaube sich ständig mit ihr auseinandersetzen muss.
- Auf einer dritten Ebene geraten die Wahrheitsansprüche der verschiedenen Religionen miteinander in Konkurrenz und relativieren sich gegenseitig. Ist der Gott Israels letztlich derselbe wie der Gott Jesu Christi oder wie Allah, der Gott des Islam, oder wie das göttliche Prinzip des Hinduismus, Brahman? Absolutheitsanspruch und Fraglosigkeit jeder einzelnen Religion geraten ins Wanken allein durch die Vielzahl der Wahrheitsansprüche.

---

29 Rosenau 2005, 139.
30 Ebeling 1969, 138.

- Und schließlich muss man in einem fundamentaltheologischen Sinn die Quellen jedes Glaubens in Zweifel ziehen: Die Quellen der Religionen beruhen auf Offenbarungen, deren Qualität und Charakter höchst anfechtbar, weil nicht wirklich nachprüfbar, erscheinen. Was haben Mose oder Paulus oder Mohammed oder Joseph Smith (der Begründer der Mormonen) tatsächlich gehört und empfangen? Welche Dignität kommt der Bibel (von der wir einigermaßen genau wissen, wie sie entstanden ist) für Christen zu oder dem Buch Mormon für Mormonen oder der Bhagavadgita für Hindus? Wovon leiten sich die Wahrheitsansprüche dieser Werke ab? Kann und soll sich darauf eine Einstellung, eine Beziehung gründen, die einen im Leben und Sterben vertrauensvoll trägt? Die Antwort kann nur sein: Wir haben den Schatz der religiösen Erfahrungen in den »irdenen Gefäßen« höchst unterschiedlichen menschlichen Für-wahr-Haltens (2. Kor 4,7), in die natürlich menschliche Vorverständnisse, Vor-Urteile und Interessen eingeflossen sind und weiterhin einfließen. Eben deshalb sind die hl. Schriften voller Mehrdeutigkeiten, Unklarheiten und Widersprüche, und jede Glaubensbeziehung, die sich auf sie gründet, wird davon betroffen.

Zweifel auf all diesen vier Ebenen spitzt sich zu zur existentiellen Anfechtung, zur Verzweiflung darüber, ob es überhaupt noch sinnvoll ist, mit der Existenz eines Gottes zu rechnen. Luther unterscheidet zwei Formen der Anfechtung:[31] Zum einen »das gemein creutz«, in dem Menschen durch die Erfahrungen von Krieg oder Krankheit an der Güte Gottes zweifeln; das »güldene Leiden« dagegen macht sich fest an der Verborgenheit Gottes. Hier steht Gottes Offenbarung in Christus wider seine Verborgenheit, Gott gegen Gott. Der Glaube an die Barmherzigkeit Gottes droht im Strudel der Anfechtung unterzugehen. Diese Erfahrung gehört in den Glauben mitten hinein, es gibt Glaube im Sinne Luthers immer nur als angefochtenen Glauben. Anfechtung bezeichnet nicht etwas Zufälliges im Glauben, nicht etwas, das irgendwann überwunden ist, sondern eine unvermeidliche geistliche Erfahrung der »dunklen Nacht«, der »einbrechenden Erfahrung der Ohnmacht und Glaubensschwachheit«.[32]

Allerdings gerät das Thema der Anfechtung auch bei Luther in einen charakteristischen Zwiespalt: Auf der einen Seite betont er in der Auseinandersetzung mit Erasmus von Rotterdam energisch: »Denn ein Christ soll seiner Lehre und Sache ganz gewiss sein, oder er ist kein Christ nit … Der Heilige Geist ist kein scepticus. Er hat nit einen ungewissen Wahn in unser Herz geschrieben, sondern eine kräftige große Gewissheit, die gewisser und fester ist als dass … zwei und drei fünf sein.«[33] Auf der anderen Seite gehört die Anfechtung doch unabdingbar zum Glauben hinzu, ist geradezu auf Gott selbst zurückzuführen: Gott verbirgt sich unter dem Gegenteil (sub contrario) und kann insofern von uns nur als rätselhafter Gott trotzig und kontrafak-

---

31 Vgl. dazu Ratschow ²1960, 233ff.
32 Beutel 2005, 458. Wenig hilfreich finde ich bei der Diskussion des Themas Anfechtung die paradoxen Behauptungen Jüngels 1976, 26ff., dass Gott im Gottesdienst abwesend anwesend sei und er uns dort näher komme, als wir uns selber nahe zu sein vermögen.
33 Luther, vom unfreien Willen. Zitiert nach Rosenau 2005, 41.

tisch geglaubt werden. Der glaubende Mensch ist also immer und grundsätzlich beides, »*simul credens et dubitans*« (zugleich glaubend und zweifelnd).[34]

Damit sind wir beim Begriff und Phänomen der Ambivalenz im Glauben oder der Glaubensambivalenz, die einen anderen Vorgang bezeichnet als der Begriff des Zweifels.

4.   Glaubensambivalenz: »Zum Amen gehört das Aber«[35]

Der Mensch ist ein »homo ambivalens«.[36] Aus psychoanalytischer Sicht lebt er in ständigen Spannungen zwischen gegensätzlichen triebhaften Strebungen und Motiven: Liebe und Hass, Wunsch nach Nähe und nach Distanz, nach Zugehörigkeit und Autonomie, nach Aktivität und Passivität etc. Alle zwischenmenschlichen Beziehungen sind von diesen Spannungen und Widersprüchen durchzogen (ausführlicher ▶ Kap. 2). Aus soziologischer Sicht ist es die hohe Komplexität und Ambiguität der postmodernen Gesellschaft mit ihrer Rollenvielfalt, die uns Menschen zwingt, fortwährend – anders als in autoritären, eindeutigen Strukturen früherer Jahrhunderte – zwischen verschiedenen Einstellungen und Verhaltensweisen zu oszillieren (▶ Kap. 3) und zu jonglieren. Sollte die religiöse Orientierung des Menschen, sein Glaube, von dieser Unausweichlichkeit von Ambiguitäten und in ihrem Gefolge von Ambivalenzen ausgenommen sein?

Im Sinn von 1 Kor 13,9ff. (»jetzt erkenne ich's stückweise«) muss man Glaube grundsätzlich als fragmentarisch bezeichnen,[37] und zwar in einem theologischen und in einem empirischen Sinn: Auch als »Geschenk Gottes«, als unverfügbare, sich einstellende Haltung, steht der vertrauensvolle Glaube unter dem eschatologischen Vorbehalt des »schon und noch nicht«. Als Gabe im Glauben ist er »schon« vollkommen da, tatsächlich (unter gegenwärtigen Bedingungen) erscheint er aber »noch nicht« sicher und vollkommen, sondern immer vorläufig, angefochten und bruchstückhaft. Das lässt sich empirisch leicht nachvollziehen: Die unverfügbare Gabe geht, wie schon gesagt, durch die individuelle Person hindurch, wird von ihr und ihren Lebensbedingungen und Beziehungserfahrungen geprägt und geformt, wird und bleibt damit immer »persönlichkeitsspezifisch« (Klaus Winkler), fragmentarisch, eigentümlich, und angesichts postmoderner Lebensverhältnisse fluide. Von daher erscheint es einleuchtend, dass Glaube und Zweifel zugleich existieren, ständig »miteinander umgehen«,[38] einander herausfordern, in ein andauerndes Frage–Antwort–»Spiel« miteinander verstrickt sind. Glaube ist dann mehr mit Suche und Vorläufigkeit als mit Gewissheit

---

34 Rosenau ebd., 51.
35 Johanna Rahner, Die Zeit 10.7.2014.
36 Im Anschluss an Lüscher 2011, 327.
37 Vgl. Rosenau 2005, 19.
38 Diese Formulierung verwendet Victor von Weizsäcker für das psychosomatische Verständnis des Verhältnisses von Leib und Seele.

und Festigkeit zu assoziieren, immer situativ, nie völlig eindeutig, nie »ein für alle Mal«, immer überholbar, simul credens et dubitans.

Sowohl der Vorgang des Glaubens (fides qua creditur) (im Glauben mischen sich Vertrauen, Sich-verlassen, Vermuten, Gehorchen, Sich-hingeben, Sich-entscheiden, bekennen, zweifeln usw. ▶ ausführlicher Kap. 7) als auch die Inhalte des Glaubens (fides quae creditur) (der verborgene und der offenbare Gott, der zornige und der liebende Gott, der historische Jesus und der geglaubte Christus, die Kirche als Glaubensgegenstand und als Institution etc. ▶ ausführlicher Kap. 8), sind von zahlreichen Widersprüchen, Unklarheiten und Vieldeutigkeiten (Ambiguitäten) gekennzeichnet und lösen, wenn man dies ernst nimmt, entsprechende Ambivalenzen aus.

Das vorliegende Buch will zeigen, dass Glaube nicht nur, wie gewohnt, individuelle und institutionell-rituell abgesicherte Gewissheit, Festigkeit und Unerschütterlichkeit eines Vertrauens auf Gott, auf das Göttliche, auf das Leben insgesamt bezeichnen kann (oder nur um den Preis einer erheblichen Verleugnung der Komplexität der [religiösen] Wirklichkeit), sondern auch eine grundlegende und unvermeidliche Ambivalenz beinhaltet, nämlich *die Gleichzeitigkeit von Gewissheit und Ungewissheit, von Vertrauen und Misstrauen, von Glaube und Unglaube, von Überzeugtsein und Vorbehalt, von Entschiedenheit und Unentschiedenheit, von Ja und nein umfasst.* Beide Pole sind zugleich da,[39] die glaubende Person spürt beide zugleich oder oszilliert zwischen beiden Polen hin und her. Die Wahrnehmung und der bewusste Umgang mit Ambivalenz kann als Quelle von Kreativität bezeichnet werden: Beide Seiten miteinander bewusst in Beziehung zu setzen, die Bedeutung der verschiedenen Seiten abzuwägen und vertieft zu verstehen, endet darin, dass man mit beiden Seiten zu leben, ja sie zu schätzen lernt; oder dass man sich auf eine Seite schlägt, ohne die andere auszublenden; oder dass man im Sinne Hegels eine Synthese findet, die These und Antithese in sich aufnimmt.

In methodischer Hinsicht veranschaulicht die psychotherapeutische Arbeit mit zwei verschiedenen leeren Stühlen, wie sie in der Gestalttherapie praktiziert wird, den Vorgang: Unterschiedliche, bisweilen gegensätzliche Persönlichkeitsanteile oder Motivationen (Mut – Angst, Liebe – Hass, Neugierde – Langeweile, starkes – schwaches Selbstwertgefühl, etc.) werden jeweils einem Stuhl zugewiesen und dann imaginär miteinander ins Gespräch gebracht, um sie differenzierter in ihrer Bedeutung kennen zu lernen.[40]

Auch das Konzept vom »Inneren Team«, wie es Friedemann Schulz von Thun vorgestellt hat, eignet sich als methodische Anregung zum Umgang mit den Ambiva-

---

39 Rosenaus These, dass »Glaube als daseinsbestimmendes Vertrauen ... dem Zweifel gegenüber zeitlich wie sachlich Priorität [hat]« (2005, 20), scheint mir weder theologisch noch psychologisch schlüssig. Beide Phänomene sind von Anfang an zugleich da. Entwicklungspsychologisch kann man das an dem Zugleich von Vertrauen und Misstrauen (nach Erikson) im kleinen Kind deutlich machen: Zwar ist es wünschenswert, dass Urvertrauen die Oberhand gewinnt und behält, aber es wird von Anfang an – durch Erfahrungen von Hilflosigkeit, Schmerz, Alleingelassen werden etc. – durch Urmisstrauen begleitet und in Frage gestellt.

40 Vgl. Rahm 1993, 412f.

lenzen des Glaubens.[41] Ausgangspunkt dieses Konzepts bildet die Beobachtung, dass »innere Pluralität« bei jedem Menschen in allem Fühlen, Denken und Handeln eine zentrale Rolle spielt. Schulz von Thun nennt es ein inneres Gruppengeschehen im Menschen: es ist gekennzeichnet durch innere Pluralität, innere Uneinigkeit, inneren Dialog/Streit und innere Gruppendynamik.[42] Im Umgang mit dieser inneren Pluralität ist es entscheidend, die Vielfalt der Stimmen, der Spieler (wie sie Schulz von Thun nennt), der Teilpersönlichkeiten überhaupt erst einmal wahrzunehmen und anzuerkennen; in einem zweiten Schritt kann man dann jeweils die biographisch-kulturellen Wurzeln der einzelnen Stimmen, ihre Kontextabhängigkeit und ihre Kommunikationsabsichten genauer erkunden, also bewusst, wertschätzend und neugierig mit dieser Vielfalt, ihren Konflikten, Widersprüchen und Ambivalenzen umgehen. Als Auswirkungen einer Arbeit mit diesem Konzept nennt Schulz von Thun drei Punkte: Sie wird häufig erlebt

• als Befreiung aus dem Gebot der Einheitlichkeit,
• als Ordnungs- und Klärungshilfe,
• als Erleichterung der Selbstakzeptierung.[43]

Wenn die innere Glaubensvielfalt und Glaubensambivalenz in analoger Weise verstanden und genutzt werden kann (▸ ein ausführliches Beispiel dazu Kap. 9), wäre für die Lebendigkeit des Glaubens viel gewonnen.

> *Notwendige Ausnahmen* von diesem Konzept einer Wertschätzung von Glaubensambivalenz sehe ich in Krisen- und Grenzsituationen des Lebens: Wenn das eigene Leben, die eigene Identität durch innere oder äußere Umstände ernsthaft gefährdet erscheint, hat man kaum die Fähigkeit, die Zwiespältigkeit mancher Situationen, des ganzen Lebens und des eigenen Glaubens wahrzunehmen, auszuhalten und zu explorieren. Es braucht psychisch-emotionale und soziale Ressourcen, um sich die Wahrnehmung von Ambiguitäten und Ambivalenzen leisten zu können (▸ ausführlicher Kap. 3); wenn diese Ressourcen nicht vorhanden sind, ist Abwehr der Ambivalenz und damit vermeintliche Eindeutigkeit ein legitimer und vorläufig stabilisierender Mechanismus.

In der alltäglichen und »normalen« Ausprägung eines religiösen Glaubens in den pluralen Zeiten der Postmoderne gilt, dass Ambivalenz im Zentrum des Glaubens angesiedelt erlebt wird, entsprechend zu denken ist und produktiv genutzt werden kann.

Während der Zweifel eine geglaubte Wahrheit anzweifelt, und das Ziel darin besteht, wieder zum Glauben an die Wahrheit zurück zu finden, bedeutet *Glaubensambivalenz* Mehreres:

• Es gibt für mich nicht nur eine einzige, sondern mehrere Wahrheiten (z. B. in der Begegnung verschiedener Religionen) und ich oszilliere zwischen den verschiedenen Wahrheiten hin und her. Ich muss mich nicht für eine entscheiden und dann

---

41 Schulz von Thun Bd. 3, ⁸2001.
42 Ebd. 27.
43 Ebd. 115f.

die anderen verwerfen, sondern kann mehrere gleichzeitig als für mein Leben wichtig und bedeutsam anerkennen.

- Ich stehe der vermeintlich einen Wahrheit zwiespältig gegenüber, ich stimme ihr situativ gleichzeitig zu und lehne sie ab, ich halte sie gleichzeitig für wichtig und für unwichtig, ich bin von ihr gleichzeitig angezogen und abgestoßen; diese Gleichzeitigkeit muss nicht einseitig aufgelöst werden.

- Meine Gottesbilder fallen, je nach Situation und innerer Befindlichkeit, recht unterschiedlich aus: Ich spüre und denke Nähe und Ferne einer göttlichen Wirklichkeit zugleich, mal liebende Zuwendung, mal strafend wirkende Strenge, mal ratlos machende Verborgenheit.

- Meine Glaubenshaltung oszilliert zwischen Entschiedenheit, Deutlichkeit, Klarheit und Festigkeit und zugleich Unsicherheit, Unentschiedenheit und Unklarheit. Beide Seiten dürfen sein: Wenn sie genauer auf ihre Bedeutung hin befragt werden, ergeben sich spannende und bereichernde Einsichten in den eigenen Glauben und seinen Bezug zu den Vorgaben der Tradition.

Die Ambivalenz des Glaubens soll dann nicht, wie es gemeinhin mit Blick auf den Zweifel gedacht wird, als negativ und unerwünscht betrachtet und deswegen überwunden und ausgeräumt,[44]*sondern als positive Ressource wahrgenommen, wertgeschätzt und kreativ genutzt werden.* Die bewusste Wahrnehmung der Zwiespältigkeit des Glaubenserlebens kann sicherlich belasten, sie stellt eine psychische Anstrengung dar, sie kann aber auch lebendig machen, Festgefahrenes verflüssigen, neue Perspektiven eröffnen, sich Fremdem und Ungewohntem zuwenden, sich davon bereichern lassen und darin lustvoll erlebt werden.[45] Glaube ist so verstanden ein ständiger Übergang in der religiösen Beziehungsorientierung von einer Seite zur anderen, verbunden mit einer Offenheit für das Ungewisse, für das nicht immer schon Festgelegte. Glaube hat dann mehr den Charakter der Suche, des Wagnisses, der Freude an Vielfalt, Mehrdeutigkeit und spielerischer Offenheit statt einer festen, eindeutigen Gewissheit.

> Der israelische Medizinsoziologe Aaron Antonovsky spricht im Sinn dieser These von Gott als einem Poeten: »Seine Werke sind voll von Anspielungen, Illusionen, Fragen, Widersprüchen, offenen Alternativen, Wortspielen, Verzweiflung und Liebe.«[46] Wie anders sollte man von diesem Poeten denken und sprechen als spielerisch, frei assoziierend und fantasierend. Widersprüche und Anspielungen können da als reizvolle Herausforderung und nicht als Belastung gesehen werden.

---

44 Im Blick auf die Anfechtung formuliert Rosenau (2005, 50, Anm. 96): »Zweifel und Anfechtung sind nicht derart in den Glauben zu integrieren, dass sie zu einem konstitutiven Element stilisiert werden. Sie sind vielmehr das dem Glauben kontingent und darum auch als das nicht gewollte oder gar gesuchte Zufallende oder Zustoßende, das, was nicht sein soll ... Insofern können Zweifel und Anfechtung nicht essentiell oder substantiell zum Glauben gehören ...«

45 »Aber sobald die äußere ›Gefährlichkeit‹ der Existenz zurückgeht, entsteht eine Lust an der Unsicherheit, Unbegrenztheit der Horizont-Linien. Das Glück der großen Entdecker im Streben nach Gewissheit könnte sich jetzt in das Glück verwandeln, überall die Ungewissheit und das Wagnis nachzuweisen.« Friedrich Nietzsche, zitiert bei Waldenfels 2008, 51.

46 Morgenthaler 2015, 57.

Erscheint eine solche Haltung nicht angemessen zum einen im Gegenüber zu dem
»Ganz Anderen«, den niemand je gesehen hat und von dem wir uns immer nur in
Bildern annähern können, und zum anderen in einer postmodernen Gesellschaft, in
der alles, auch alle weltanschaulichen Orientierungen, im Fluss sind?

Einige einfache Beispiele:

- Während ich dies schreibe, sehe ich durch das Fenster meines Arbeitszimmers
  strahlenden Sonnenschein und den beginnenden Frühling und denke unwillkürlich an den Liedvers »der alles so herrlich regieret« (EG 316,2). Dabei fällt mir
  ein, dass ich eben noch, beim Frühstück, in der Zeitung gelesen habe, wie in einem
  Erdbeben in Peru viele hundert Menschen ums Lebens gekommen sind: »der alles
  so herrlich regieret«? Dieser Zwiespalt beschäftigt mich lange, er taucht immer
  wieder auf und fordert mich dazu heraus, beide Seiten genauer zu bedenken.
- Eine 93jährige Frau äußert gegenüber der Seelsorgerin, wie schon öfter zuvor,
  ernsthaft den Wunsch zu sterben:»Ich bitte Gott, mich zu sich zu nehmen, ich
  will nicht mehr.« Sekunden später sieht sie Fotos von ihren Enkeln auf ihrem
  Nachttisch, ein Lächeln huscht über ihr Gesicht und sie sagt: »Vielleicht kann er
  noch etwas warten, ich möchte meine Enkel noch einmal sehen.«
- Während der Pfarrer im Gottesdienst das Lied »Was Gott tut, das ist wohlgetan«
  (EG 372) ankündigt, fühlt er sich zu folgendem Kommentar herausgefordert:
  »Manche von Ihnen werden diesen Vers nicht so einfach mitsingen können; verste-
  hen Sie den Vers erst einmal als persönliches Bekenntnis des Dichters, der seinen
  Glauben so zum Ausdruck gebracht hat. Vielleicht können sie dann besser einstim-
  men.«

Solche Glaubensambivalenzen sollen, noch einmal, nicht überwunden, sondern wahrgenommen, wertgeschätzt und in ihren verschiedenen Aspekten weiter befragt und
exploriert werden. Immer wieder bedarf es einer Neujustierung des Glaubens, der
ambivalenten religiösen Orientierung: Belastung und Herausforderung einerseits, Bedingung und Ausdruck menschlicher Freiheit und Kreativität auch in Glaubensfragen
andererseits.[47] Die Wahrheitsfrage ist damit nicht suspendiert oder beliebig geworden,
nur wird es deutlich schwieriger und strittiger, angemessene Antworten zu finden.[48]
Während vermeintliche Eindeutigkeit zu Intoleranz und letztlich (wie die Geschichte
immer wieder gezeigt hat) zu Gewalt neigt, eröffnen Ambiguitäts- und Ambivalenztoleranz Lebendigkeit und Freiheit in der Vielfalt. Und sie endet nicht in Beliebigkeit,
solange diejenigen, die suchen und glauben, im Gespräch untereinander und mit den
Quellen der Bibel und der Tradition bleiben.

---

47 Vgl. Lüscher (Anm. 29) 327.
48 Vgl. Goetze 2016. Goetze unterscheidet ein hellenistisches Wahrheitsverständnis »Was *ist*
    Wahrheit?« von einem hebräisch-relationalen »Wie erfahre ich Wahrheit?« Trotz dieser Un-
    terscheidung stellt er absolute Behauptungen auf: Ich erfahre, »wie zuverlässig Gott ist, wie
    treu. Der Gott Abrahams verheißt, dass er zuverlässig immer und immer wieder retten
    wird … dass er zu seinen Verheißungen steht, ist gewiss.«(12) Wie man solche Sätze nach
    der Shoa schreiben kann, ist mir rätselhaft.

Um die Intention meiner These noch einmal zu verdeutlichen, sei sie kontrastiert mit einer neuen Veröffentlichung »Anders gemeinsam – gemeinsam anders? In Ambivalenzen lebendig kommunizieren« hg. von Maria Juen u. a. Ostfildern 2015. Ambivalenzen werden hier als »Ambivalenzen der Moderne« bestimmt, als Ambivalenzen der umgebenden Gesellschaft angesichts »gesteigerter Ungewissheit und Mehrdeutigkeit«(13). Glaube soll und muss offen sein für Ambiguität, Verunsicherung, Mehrdeutigkeit, natürlich gehört der Zweifel zum Glauben hinzu (77 u.ö.), aber letztlich kommt es den AutorInnen darauf an, »trotz dieser Ambivalenzen« (75) einen tragfähigen Glauben und eine Kirche zu entwickeln, »in der die Gottesfrage in ihrer ganzen Ambivalenz« gestellt werden darf (79f.). Meine These geht einen Schritt weiter dergestalt, dass sie den Glauben selbst als einen ambivalenten Prozess der religiösen Orientierung versteht.

Ambiguitäts- und Ambivalenztoleranz erfordern aus psychologischer Sicht Ich-Stärke. Das Ich als psychische Instanz wird bei Sigmund Freud verstanden als Vermittlungsinstanz zwischen den triebhaften Strebungen der Sexualität und der Aggression (ES) auf der einen Seite und den normativen Anforderungen der Familie und Gesellschaft (ÜBER-ICH) auf der anderen. Ich-Stärke bedeutet, dass diese Instanz in der Lage ist, die Anforderungen von beiden Seiten auszubalancieren, also weder einfach den triebhaften Strebungen noch den normativen Forderungen nachzugeben, sondern immer wieder einen verantwortlichen, erwachsenen, flexiblen Mittelweg zu finden. In unserem Zusammenhang heißt das, die Ambivalenzspannung auszuhalten, ihr kreatives Potential wertzuschätzen, und sie nicht einseitig aufzulösen. Das ist eine psychische Leistung, die auch im Bereich der Religiösen, der für alternative Auflösungen dieser Spannung (richtig – falsch, gut – böse) besonders anfällig ist, entsprechend zu würdigen und zu unterstützen ist.

5.   Zielsetzung des Buches

Ausgehend von der Gesellschaftsdiagnose des Soziologen Zygmunt Bauman unter dem Stichwort »Das Ende der Eindeutigkeit« (Kap. 1) sollen die psychologischen und soziologischen Dimensionen des Begriffs der Ambivalenz als eines Charakteristikums aller zwischenmenschlichen Beziehungen dargestellt werden (Kap. 2 und 3), um diesen inzwischen zu einem Allerweltswort gewordenen Terminus zu präzisieren. Wenn das »Ende der Eindeutigkeit« alle Lebensbereiche in den westlichen Gesellschaften prägt, können Religion und Glaube davon nicht ausgenommen sein. Auch Glaube als eine auf ein umgreifendes, transzendentes Gegenüber gerichtete Beziehung teilt die Charakteristika aller menschlichen Beziehungen. Von theologisch-kirchlicher Seite wird häufig betont, dass Glaube ein sicheres Vertrauen und eine feste Gewissheit bezeichne (vgl. Hebr 11,1); im Kontrast dazu soll hier herausgearbeitet werden: Glaube wird nicht nur gelegentlich von Zweifel und Anfechtung in Frage gestellt; in der Begegnung mit den fast unendlichen Ambiguitäten (= Vielfalt, Unklarheit, Widersprüchlichkeit) unserer postmodernen Lebenswelt und möglicher religiöser Lebensdeutungen stellt Glaubensambivalenz eine unvermeidliche, ja eine angemessene, notwendige und vor allem kreative und produktive Reaktion dar. Aus anthropologischer und entwicklungspsychologischer Sicht (Kap. 4 und 5) lässt sich zeigen, wie sehr menschliches Leben von Zwiespältigkeit geprägt ist; wenn Glaube einen Vollzug der ganzen Person ausmacht, ist er zweifellos von dieser Grundierung des Lebens durchgehend mitbetroffen. Die hermeneutischen Prozesse in den Religionen (Schriftauslegung) sind von zahlreichen Vieldeutigkeiten gekennzeichnet (Kap. 6); der Vollzug und Prozess des Glaubens selbst (fides qua creditur) changiert in kaum begrenzbarer Weise zwischen vertrauen, meinen, denken, fühlen, gehorchen, zweifeln, sich entscheiden, bekennen, sich ängstigen etc. (Kap. 7); die Inhalte des Glaubens (fides quae creditur) sind so vielfältig und widersprüchlich (die grundsätzlich Nichterkennbarkeit Gottes, Gottesbilder und Bilderverbot, Gottes Liebe und Gottes Zorn, historischer Jesus und geglaubter Christus, Kirche als Glaubensgegenstand und Organisation etc., Kap. 8), dass es angemessen erscheint, in postmodernen Zeiten nicht länger nur von Glaubensgewissheit zu sprechen, sondern stattdessen oder mindestens gleichzeitig auch von Glaubensambivalenz. Damit öffnet sich die Möglichkeit, Vielfalt und Widersprüchlichkeit der eigenen Glaubenshaltung – im Dialog, in Auseinandersetzung mit anderen – wertzuschätzen, die Vieldeutigkeiten der Glaubenstraditionen nicht glätten, harmonisieren und vereinheitlichen zu müssen, sondern neu den darin enthaltenen Reichtum zu entdecken und für das eigene Glaubensleben auszuarbeiten.

In dieser Zielsetzung konkretisiert sich ein pastoralpsychologisches Anliegen, Glauben nicht dogmatisch-normativ zu beschreiben und zu definieren, sondern subjekthaft und erfahrungsbezogen zu zeigen, wie sich Glaube im Alltag von Menschen höchst individuell und konkret ausprägt und an den normalen und verbreiteten Ambivalenzen des Lebens Teil hat. Die normativen Definitionen, wie sie in der Dogmatik bzw. systematischen Theologie vorgestellt werden, bleiben Bezugspunkt der Praktischen Theologie bzw. der Pastoralpsychologie, aber ihre Vorgaben werden im Prozess der Vermittlung gleichsam verflüssigt: Rezipienten nehmen die traditionellen Vorgaben (die theologische Begrifflichkeit beispielsweise in der Predigt) selektiv-konstruktiv auf und entwickeln ihren eigenen Standpunkt, sprich: ihren eigenen Glauben, ihr »persönlichkeitsspezifisches Credo«,[49] wie vage, vorläufig und fragmenthaft es auch immer ausfallen mag. Gerade diese subjektive Vielfalt und Ambivalenzhaltigkeit des Glaubens ist es, mit der Kirche rechnen sollte, mit der sie ins Gespräch kommen sollte, um die Lebendigkeit des Glaubens zu unterstützen und fördern.

Analog zu dem aus Unternehmensphilosophie und Personalentwicklung bekannten Methoden des diversity management könnte und müsste auch in den Kirchen eine Offenheit für die Wertschätzung der Vielfalt von Ausdrucksformen des Glaubens Platz greifen, eine Offenheit, die ähnlich wie in der jüdischen Thora- und Talmudauslegung (► Kap. 6) die Verschiedenheiten und Differenzen der Glaubensinhalte nicht als Bedrohung, sondern als Anregung und Bereicherung begrüßt. Vielfalt stellt eine entscheidende Ressource dar, die es erlaubt, an die Alltagserfahrungen der Menschen anzudocken und mit den Betroffenen gemeinsam nach einem Verständnis ihrer Erfahrung zu suchen.

Die Pastoralpsycholog*innen Christoph Morgenthaler und Gina Schibler schreiben einem Teilnehmer an einem auch mit bibliodramatischen Mitteln arbeitenden religiösen Beratungsprozess einen »Gottesbrief«, in dem die folgenden Sätze stehen:

---

49 Winkler 2003.

»Manchmal bin ich [s.c.: Gott, M.K.] gerade da, wo du mich nicht suchst. Ich bin nicht in den Antworten. Ich bin in deinen Fragen … Ich bin in den Zwischenräumen, in den Lücken, in den Rissen. Dort, wo der Strom wegbleibt, in der Nacht des Nicht-wissens und des Stillstandes …«[50]

Wenn wir den Mut hätten, solchen Perspektiven entschlossener und verbreiteter nachzugehen und ihre verschiedenen Seiten und Zwiespältigkeiten zu erkunden, könnten der Glaube, und damit auch Theologie und Kirche insgesamt, lebendiger, anregender und kreativer werden (▶ Kap. 9). Anstöße zu einer solchen Entwicklung will das vorliegende Buch geben.

---

50 Morgenthaler, Schibler 2002, 164.

Teil I: Psycho-soziale Perspektiven

1.   Das Ende der Eindeutigkeit

>»Hinter jeder Ecke lauern ein paar Richtungen.«
>(Stanislaw J. Lec)

>»Ich glaube, dass Ideen wie absolute Richtigkeit, absolute Genauigkeit,
>endgültige Wahrheit usw. Hirngespinste sind ...
>Diese Lockerung des Denkens scheint mir als der größte Segen,
>den die heutige Wissenschaft uns gebracht hat.
>Ist doch der Glaube an eine einzige Wahrheit und deren Besitzer
>zu sein, die tiefste Wurzel allen Übels auf der Welt.«
>(Max Born)[1]

1.1   Ambivalenz als Signatur der Postmoderne

Der polnisch-englische Soziologe Zygmunt Bauman hat seinem 1991 in England erschienenen Buch »Moderne und Ambivalenz« den plakativen Untertitel gegeben: »Das Ende der Eindeutigkeit«.[2] Die »Ordnung der Welt«, so Bauman, ist in der Postmoderne zum Problem geworden, nichts ist mehr selbstverständlich und unhinterfragt gegeben, alles könnte auch ganz anders sein.

Das Ende der Eindeutigkeit, so die Gesellschaftsdiagnose von Bauman, ist nicht plötzlich, gleichsam über Nacht, über uns gekommen, sondern hat sich in einem langen und langsamen Prozess der zunehmenden Säkularisierung und Individualisierung herausgebildet (► Kap. 3.1). Die Geschichte Westeuropas stellt eine Geschichte von Individualisierungsschüben dar, in denen ein subjektiv erwachendes Bewusstsein von Individualität einhergeht mit sozialen Prozessen der Individualisierung und Säkularisierung.[3] Das individuelle Subjekt wird sich seit dem ausgehenden Mittelalter seiner selbst zunehmend bewusst, es gehorcht nicht mehr selbstverständlich den Lehren der Kirche, es probt den »Ausgang aus der selbstverschuldeten Unmündigkeit« (Kant), es ist Teil einer »Bewegung vom Schicksal zur Wahl«.[4] Das individuelle Subjekt fühlt sich zunehmend frei und autonom zu denken, was es will, zu glauben, was ihm einleuchtet, und über seine Angelegenheiten und seinen Lebenslauf, soweit es der

---

1   Zitiert bei [4]2015, 15.
2   Bauman 2005.
3   Vgl. Abels 2006, 43ff.
4   Berger 1992, 24.

gesellschaftliche Rahmen mit seinen Gesetzen und Vorgaben zulässt, selbst zu bestimmen. Und da, wo das Denken »frei« wird, ist es in der Lage zu realisieren, dass alle Lebensphänomene von mehreren Seiten gleichzeitig gesehen und gedeutet werden können. Es gibt nicht mehr die eine, noch dazu von irgendwelchen Autoritäten vorgegebene, Sichtweise, sondern eine Vielzahl an Möglichkeiten, sich selbst und die Welt im Ganzen zu sehen und zu verstehen.

Das meint Bauman mit dem Begriff der Ambivalenz: »die Möglichkeit, einen Gegenstand oder ein Ereignis mehr als nur einer Kategorie zuzuordnen«.[5] Dieser Sachverhalt wird von manchen Zeitgenossen als bedrohlich und mit Unbehagen wahrgenommen; für Bauman stellt jedoch das Ende der Eindeutigkeit im Sinn einer Zeit- oder Gesellschaftsdiagnose keinen Verlust, sondern geradezu eine befreiende Errungenschaft, sogar eine Notwendigkeit dar. Denn Eindeutigkeit, so Bauman, neigt dazu, autoritär, ja totalitär zu werden. Die Geschichte des ausgehenden 19. und der ersten Hälfte des 20. Jahrhunderts zeigt das für ihn in erschreckender Weise.

> Bauman unterscheidet in seinem Buch nicht klar die Kategorien Ambiguität und Ambivalenz. In dem obigen Zitat ist im Grunde von Ambiguität, von Mehr- und Vieldeutigkeit, die Rede, auf die Ambivalenz eine gefühlsmäßige, denkerische oder willensbezogene Reaktion darstellt.[6] An anderen Stellen verwendet er beide Begriffe austauschbar.

Die Moderne, so Bauman in Weiterführung einiger Thesen von Adorno und Horckheimer, wollte das Chaos der Welt ordnen, klassifizieren und unter Kontrolle bringen. In der »modernen Praxis« sollte alles genau bestimmt und definiert werden, für Ambivalenz war da kein Platz. Der Versuch, Ambivalenz zu eliminieren ging notwendig einher mit Intoleranz für alles Abweichende.[7] Ein exemplarischer Blick in Politik und Wissenschaftsgeschichte des 19. und 20. Jahrhunderts nicht nur in Deutschland, sondern auch in England und den USA zeigt, wie verbreitet die Metapher vom Staat als »Gärtner« in der politischen Philosophie jener Zeit war: Sozialtechnologisch wird eine bestimmte Ordnung definiert, die dem vermeintlich Zügellosen der Natur (auch der Natur des Menschen!) Grenzen setzen soll; alles, was von der definierten Ordnung abweicht oder in Widerspruch dazu steht, soll – darin wird die Aufgabe staatlicher Institutionen gesehen – gestutzt, zurückgeschnitten, ausgerottet werden. Der Genozid des Holocaust erscheint nach Bauman als extreme, aber logische Folge dessen, was lange vorher schon gedacht und wissenschaftlich begründet worden war. Dieses genozidale Potential der Moderne kann nach Bauman nur durch einen Pluralismus der Macht und der Meinungen, sowie durch die

---

5 Bauman 2005, 11. Zur Differenz zum psychoanalytischen Verständnis der Ambivalenz s. u. Kap. 2.
6 Vgl. Bauer [4]2015, 38ff.
7 Bauman 2005, 22.

damit unvermeidlich einhergehende Ambiguität und Ambivalenz eingeschränkt und in Schach gehalten werden.[8]

Eben das geschieht für Bauman in der Entwicklung hin zu einer *Post*moderne: Sie ist daran zu erkennen, dass sie sich von dem Ordnungs- und Klassifikationswahn der Moderne verabschiedet und die »unauslöschliche Pluralität der Welt«, ihre Ambiguität, akzeptiert.[9] »Freiheit, Gleichheit, Brüderlichkeit war der Schlachtruf der Moderne, Freiheit, Verschiedenheit, Toleranz ist die Waffenstillstandsformel der Postmoderne.«[10] Ähnlich schreibt Wolfgang Welsch: »Die letzten Jahre der Diskussion um Moderne und Postmoderne haben gezeigt, dass keine Wirklichkeitsbeschreibung tragfähig ist, die nicht zugleich die Plausibilität der Gegenthese verfolgt.«[11] Damit entsteht eine Welt der universalen Ambivalenz, der gleichzeitigen Gültigkeit verschiedener Erkenntnisse, Normen und Lebensformen. Weil auf diese Weise totalitäre und autoritäre Neigungen aufgelöst werden, sollte man die Ambivalenz der Pluralität loben. Es gibt nicht mehr nur eine einzige, für alle gültige Wahrheit, sondern mehrere Wahrheiten, konkurrierende Wahrheitsansprüche – und man muss sich auch nicht mehr entscheiden, welche man als die einzig richtige wählt, sondern man kann mehrere gleichzeitig oder kurz nacheinander wichtig und wegweisend finden. Etwas pathetisch resümiert Bauman: »Ambivalenz ist nicht zu beklagen. Sie muss gefeiert werden. Ambivalenz stellt die Grenze der Macht der Mächtigen dar. Aus demselben Grunde ist sie die Freiheit der Machtlosen.«[12]

Allerdings übersieht Bauman, dass es auch in der Postmoderne deutliche Tendenzen zu einer *Dis*ambiguisierung (Aufhebung von Ambiguitäten) gibt: Bürokratisierung und Technisierung, vor allem die Digitalisierung unserer Welt repräsentieren starke Tendenzen, die Ambiguität als Defizit verstehen und nach Möglichkeit ausmerzen und wieder Eindeutigkeit herstellen möchte.[13]

Auch in der Alltagswahrnehmung werden Ambiguität und Ambivalenz von vielen Zeitgenossen als anstrengend, verunsichernd und bedrohlich erlebt. Ambivalenzen

---

8 Bauman 2005, 90. In vergleichbarer Weise spricht der katholische Philosoph Gianni Vattimo (1997, 40ff.) von der »Gewalt der Metaphysik«, die »in jeder Letztheit, in jedem ersten Prinzip«, in den Objektivitätsansprüchen der Metaphysik enthalten ist. Vgl. auch Grözinger 1994, der den Begriff der pluralen Gesellschaft als unterbestimmt bezeichnet, weil die Kultur des Mittelalters auf ihre Weise auch plural geprägt gewesen sei. »Es war die Neuzeit, die gegen diesen alteuropäischen Pluralismus ihre Einheitskonzepte durchzusetzen versuchte. Insofern kann man das Mittelalter durchaus unter dem Begriff des Pluralen fassen, während neuzeitlichen Entwicklungen eher eine Tendenz zur Vereinheitlichung, wenn nicht zur Vernichtung des Pluralen eigen ist (7).« Grözinger schlägt deshalb vor, statt »pluraler Gesellschaft« von »multikultureller Gesellschaft« zu sprechen, weil damit das spezifisch Neue der gegenwärtigen gesellschaftlichen Entwicklung gekennzeichnet sei.

9 Bauman 2005, 160. Vgl. auch ebd. 429: »Postmoderne ist die Moderne, die volljährig wird: die Moderne, die sich selbst aus der Distanz betrachtet statt von innen, die ein vollständiges Inventar von Verlust und Gewinn erstellt, sich selbst psychoanalysiert …«.

10 Bauman 2005, 161, vgl. auch ebd. 430.

11 Welsch [5]1998. 192. Vgl. auch Klessmann 2002.

12 Bauman 2005, 284.

13 Vgl. Bauer [4]2015, 35.

stellen eingespielte Selbstverständlichkeiten und fraglos gewordene Gewissheiten in Frage, sie weisen auf Brüche und Risse in unseren Alltagsvorstellungen von Leben und Welt hin.[14] Insofern ist es nicht verwunderlich, dass überall die Neigung zu beobachten ist, Ambivalenz doch wieder durch Eindeutigkeit zu ersetzen: In allen konservativen sozialen Strömungen und Fundamentalismen ist diese Tendenz zu besichtigen (▶ s. u. 1.2), besonders in Politik und Kultur, ganz zu schweigen von der verbreiteten Schwarz-weiß-Rhetorik der Alltagskommunikation. Auch die Wissenschaften erfüllt z. T. beabsichtigt, z. T. unbeabsichtigt die Funktion, Ambivalenz durch Expertenmeinung zu reduzieren und vermeintliche objektive Sicherheit zu garantieren.

Religion und Kirchen haben im Lauf ihrer wechselvollen Geschichte zu den Institutionen gehört, die in besonderem Maß Ambiguität und Ambivalenz eingrenzen, bekämpfen und ausrotten wollten. Die Lehrsätze der Religion, ihre Rituale und ihre Moralkodices galten (und gelten vielfach immer noch) als die feststehenden Säulen im Treibsand der Relativität und Beliebigkeit. In solchen Zeiten wurde Glaube vorrangig als Gehorsam gegenüber Gott, gegenüber den Lehren der Kirche und ihren Repräsentanten definiert. Allerdings wurden Gehorsam gegenüber Gott und Unterordnung unter die Vertreter der Kirchen häufig nicht klar unterschieden, so dass die notwendige Spannung von Gehorsam und Freiheit einseitig zuungunsten der Freiheit ausfiel und der Kirche immer wieder eine anti-modernistische Ausrichtung verlieh.

In der Postmoderne hat sich die Einstellung der Menschen gegenüber den Religionen tiefgreifend gewandelt; sie sind nicht mehr bereit, sich vorschreiben zu lassen, was sie glauben und denken sollen, wie sie zu leben und zu handeln haben. Außenorientierung ist durch Innenorientierung ersetzt; und Innenorientierung bedeutet, so der Soziologe Gerhard Schulze, »Erlebnisrationalität«.[15] »Erlebe dein Leben‹ ist der kategorische Imperativ unserer Zeit.« Die Grundlagen des Alltagslebens in den westlichen Industriestaaten gelten als weithin gesichert, jetzt kann man sich darauf konzentrieren, Spaß am und im Leben zu haben und das Projekt eines schönen Lebens zu verfolgen. Erlebnisansprüche werden zum Maßstab und geben dem Leben Sinn.[16]

Die Freiheit der Wahl nach Kriterien der Erlebnisrationalität erstreckt sich längst auch auf das Gebiet des Glaubens, der Religion, der Sinnsuche, der Lebensorientierung – ohne dass sich allerdings die Begrifflichkeit gewandelt hätte. Glaube wird nach wie vor mit dem Vorgegebenen, Feststehenden, Eindeutigen und Unveränderlichen, mit Gewissheit und innerer Sicherheit in Zusammenhang gebracht und damit als Gegenentwurf zur Freiheit der Wahl, zu Vieldeutigkeit und Ambivalenz verstanden. Wie passt das zusammen? Muss man nicht Ambivalenz positiv denken, wenn sie eine Bedingung menschlicher Freiheit darstellt?[17] Und muss man nicht das Verständnis des Glaubens anpassen an die Grundbedingungen der Pluralisierung *aller* Lebensbereiche in der Postmoderne?

---

14 Vgl. auch Dietrich, Lüscher, Müller 2009, 13.
15 Schulze ⁵1995.
16 Schulze, ebd. 58ff.
17 Vgl. Lüscher 2010, 1–3.

Zygmunt Bauman hat mit der Kategorie der Ambivalenz eine Gesellschaftsdiagnose entworfen; sie wird eindrücklich bestätigt und verstärkt durch verschiedene Analysen individueller menschlicher Weltwahrnehmungsprozesse. Am Beispiel von Konstruktivismus, Rezeptionsästhetik, Hirnforschung und Identitätstheorie lässt sich zeigen, wie auf der Mikroebene individueller Wahrnehmung und Kommunikation ebenfalls ein Ende der Eindeutigkeit eingetreten ist, das Bauman für die Gesellschaft als Ganze, für die Makroebene beschrieben hat. Individuelle und kollektiv-gesellschaftliche Ebene spiegeln, durchdringen und ergänzen einander. Diese individuelle Ebene in den Blick zu nehmen ist von besonderer Bedeutung, weil Glaube als individuell-subjektive Innenseite von Religion natürlich auch von solchen Veränderungsprozessen betroffen ist (▶ Vgl. ausführlicher Kap. 9.6).

1.1.1 Der Konstruktivismus: Wirklichkeit als menschliche Konstruktion

Bereits von Immanuel Kant stammt die Erkenntnis, dass wir keinen Zugang zur Wirklichkeit »an sich«, also in einer objektiven Art und Weise haben, sondern unvermeidlich die Kategorien Raum und Zeit an die von uns wahrgenommene Wirklichkeit herantragen. Der klassisch scholastische Wahrheitsbegriff unterstellt mit seiner Definition von Wahrheit als »adaequatio rerum et intellectus« (Übereinstimmung der Dinge mit dem sie erkennenden Verstand), dass unsere Wahrnehmung Wirklichkeit gleichsam naturgetreu abbildet. Diese These ist spätestens seit Kant nicht mehr gültig. Wir haben Wirklichkeit immer nur als Konstruktion unseres Gehirns – wobei Konstruktion kein planvolles, intentionales Vorgehen meint, sondern eines, das aus den biologischen, sozialen und kulturellen Bedingungen, in die das Individuum eingebunden ist, unwillkürlich erwächst. Was wir erkennen, hängt von unseren Erkenntnisfähigkeiten ab, von den Interessen, Wünschen und Erwartungen, mit denen unsere Wahrnehmung immer schon verknüpft ist, von den Unterscheidungen, die wir auf Grund unserer Voreinstellungen treffen. Kategorien wie »wahr/unwahr« hängen vom Referenzsystem des Betrachters ab. Wirklichkeit ist nie losgelöst von ihrem Beobachter zu bestimmen. Ob es hinter der menschlichen Wahrnehmung der Wirklichkeit eine »objektive« Wirklichkeit gibt oder ob sie überhaupt erst durch unsere Wahrnehmung hergestellt wird, mag strittig bleiben. Entscheidend ist, dass wir nicht hinter unsere Wahrnehmung zurückgehen können.

Der sog. radikale Konstruktivismus grenzt sich damit von einem metaphysischen Realismus ab, also von einer Einstellung, die »darauf besteht, dass wir etwas nur dann ›Wahrheit‹ nennen dürfen, wenn es mit einer absolut unabhängig konzipierten, ›objektiven‹ Wirklichkeit übereinstimmt.«[18] An die Stelle des Begriffs der Wahrheit tritt im Konstruktivismus das Konzept der sogenannten Viabilität: Eine Idee kann nicht als wahr im Sinn der genannten Übereinstimmung mit einer objektiven Realität erkannt, sondern nur als passend oder nützlich (= viabel) entdeckt werden, wenn

---

18   von Glasersfeld ³1985, 16–38, 18. Vgl. zum Folgenden auch Bornhauser 2002, 97ff.

und weil sie sich als hilfreich für die Lösung einer bestimmten Aufgabe erweist. Aber *eine* viable Idee stellt nicht die einzig mögliche Lösung dar; es bleibt offen, ob es nicht auch andere Wege zum Ziel gibt. Deswegen ist Toleranz gegenüber anderen Meinungen und Ideen unabdingbar. Toleranz ergibt sich aus der Einsicht in die prinzipielle Revidierbarkeit der eigenen Erkenntnis; gleichzeitig erwächst aus der Einsicht in die eigene Konstruktion von Erkenntnissen die Verpflichtung, Verantwortung für die Ideen und ihre Konsequenzen zu übernehmen. Gerade wenn man nicht »Wahrheit« objektiv für sich reklamieren kann, sondern immer nur Annäherungen und situative Viabilität, ist besondere Sorgsamkeit und ethisch reflektierte Verantwortlichkeit gefordert.

Paul Watzlawick hat den konstruktivistischen Ansatz mit dem Beispiel eines Schiffes illustriert, das nachts von seinem Kapitän ohne die Hilfe von Seekarten durch eine ihm unbekannte Meerenge gesteuert wird. Wenn das Schiff nicht auf den Klippen zerschellt, sondern heil durchkommt, weiß der Kapitän zwar, dass sein Kurs erfolgreich war; über die tatsächliche Beschaffenheit der Meerenge jedoch lehrt ihn die Fahrt nichts. Mit der durch von Glasersfeld eingeführten Unterscheidung von »passen« und »stimmen« heißt das: Der Kurs passte (zufällig) zu den unbekannten Gegebenheiten, aber er stimmte nicht in dem Sinn, dass der Kurs der Beschaffenheit der Meerenge optimal entsprochen hätte. Bei Tageslicht und mit Hilfe von Seekarten würde man wahrscheinlich eine bessere Route entwerfen. Damit wird die Schlussfolgerung des Konstruktivismus untermauert, »dass wir von der Wirklichkeit immer und bestenfalls nur wissen können, was sie nicht ist.«[19] Aus dieser Position kann so etwas wie ein »epistemologischer Schwindel« erwachsen, »der dem Gefühl gleicht, den Boden unter den Füßen zu verlieren«[20] oder, wie der Titel dieses von Bernhard Pörksen herausgegebenen Buches lautet: Die Gewissheit der Ungewissheit. Können wir lernen, mit dieser ständigen Spannung zu leben, vielleicht sogar entspannt und kreativ und mit einem Gefühl von Bereicherung zu leben? Kann auch Glaube im Sinn einer individuellen und kollektiven religiösen Orientierung Teil dieser Gewissheit der Ungewissheit sein oder brauchen wir (aus psychologischen Gründen) vielleicht doch einen quasi archimedischen Punkt, an dem wir uns festmachen können und dann unerschütterlich verankert sind?

1.1.2 Ein Blick auf die Hirnforschung: Wir konstruieren unsere Welt im Gehirn

Aus der Sicht der Hirnforschung, die seit der zweiten Hälfte des 20. Jahrhunderts durch die bildgebenden Verfahren große Fortschritte erzielt hat, wird die These von der menschlichen Wirklichkeitswahrnehmung als Konstruktion eindrucksvoll bestätigt. Ausgangspunkt ist die Erkenntnis, dass sich Wahrnehmung nicht in den Sinnesorganen selbst vollzieht, sondern in bestimmten sensorischen Hirnregionen: »So se-

---

19 Watzlawick 1985, 14.
20 Pörksen 2002, 230.

hen wir nicht mit dem Auge, sondern mit, oder besser in den visuellen Zentren des Gehirns ... Wahrnehmung ist demnach Bedeutungszuweisung zu an sich bedeutungsfreien neuronalen Prozessen, ist Konstruktion und Interpretation.«[21] Dass dies so ist, kann man sich an zwei Prozessen klar machen. Erstens: Unsere Wahrnehmung nimmt immer nur einen kleinen Ausschnitt dessen, was wir die physikalische oder die phänomenale Welt nennen, auf (Tiere z. B. erfassen, abhängig von den jeweiligen Überlebensbedürfnissen in einer spezifischen Umwelt, ganz andere Dimensionen der Wirklichkeit, die Menschen überwiegend nicht zugänglich sind).[22] Zweitens: Über die Sinnesorgane aufgenommene Reize werden in Nervenimpulse, in die »Sprache des Gehirns« umgewandelt; das Gehirn steht dann vor der Aufgabe, die von den Sinnesorganen kommenden Erregungen mit Hilfe einer Reihe von Prinzipien neu zusammenzufügen und dabei gleichzeitig zu interpretieren.[23]

Bereits die Theorien zur sinnlichen Wahrnehmung der sog. Gestaltpsychologie aus den 20er Jahren des 20. Jahrhunderts haben diesbezüglich eine Reihe von wichtigen Erkenntnissen zutage gefördert: Danach fügen wir im Prozess des Sehens oder Hörens unendlich viele kleine Details, die wir als solche nicht einzeln bewusst wahrnehmen, sofort zu einem Ganzen zusammen. Einer der führenden Vertreter der Gestaltpsychologie, Max Wertheimer (1880–1943), hat das einmal so beschrieben: »Ich stehe am Fenster und sehe ein Haus, Bäume, den Himmel. Rein theoretisch könnte ich das alles zahlenmäßig erfassen: Es sind ... 327 Farbtöne und Helligkeitsstufen vorhanden. Sehe ich tatsächlich 327 Unterschiedsstufen? Nein: Himmel, Haus, Bäume – die Gegebenheit der 327 Abstufungen kann kein Mensch realisieren.«[24] In einer Fülle von Experimenten haben die Gestaltpsychologen gezeigt, dass wir im Prozess der Wahrnehmung dazu neigen, die Welt möglichst einfach und übersichtlich zu machen. In der Sprache der Gestaltpsychologie wird das als die Tendenz zur »guten« oder »prägnanten Gestalt« bezeichnet; auch die Wahrnehmungskonstanz (Größenkonstanz, Helligkeitskonstanz etc.) ist nur denkbar, wenn man entsprechend komplizierte Verrechnungsprozesse im Nervensystem voraussetzt. »Ohne diese Prozesse würden die Gegenstände um uns herum normalerweise nicht so brav an ihrem Platz bleiben, sie würden ständig andere Lagen, Formen, Helligkeiten und Farben annehmen. In einer solchen Welt dürfte es ein äußerst schwieriges Unterfangen sein, sich eine Tasse Kaffee zu kochen.«[25]

Die Hirnforschung bestätigt die Annahmen des Konstruktivismus, indem sie zeigen kann, dass und wie Strukturen und Gestalten unserer Lebenswelt in unserem Gehirn konstruiert werden: »Während unsere Sinnessysteme vieles ausblenden, was in der Außenwelt passiert, enthält umgekehrt unsere Wahrnehmungswelt auch ihrem Inhalt nach sehr Vieles, was keinerlei Entsprechung in der Außenwelt hat,« z. B. Farben, perspektivische Strukturen, Bedeutungsgehalte, Denken, Sprache etc. »Wir wen-

---

21 Schmidt 1987, 14 (das Zitat stammt von Gerhard Roth). Vgl. auch Chang 2016, 13ff.
22 Vgl. Roth 1997, 78ff.
23 Vgl. Roth 1997, 248ff.
24 Zitiert aus Legewie, Ehlers 1999, 85.
25 Legewie, Ehlers 1999, 95.

den diese hochkomplexen Konstrukte auf die Welt an, sie sind ihr aber nicht entnommen.«[26]

Die Verknüpfung der unterschiedlichen Konstrukte geschieht im Gedächtnis: Es stellt »das Bindungssystem für die Einheit der Wahrnehmung« dar, wie Roth formuliert.[27] Bereits die Wahrnehmung wird von Vorerfahrungen und Gedächtnis gesteuert. Zunächst ungestaltete, diffuse und bedeutungsleere Wahrnehmung von irgendwelchen Reizen wird durch vergangene und gegenwärtige Erfahrungen, durch die Zuordnung zum Gedächtnis, zu einer bedeutungsvollen, sinnhaften und damit nach außen kommunizierbaren Wahrnehmung.

Gedächtnis wiederum fällt nach individuellen (Biografie, Alter, Beruf, soziale Stellung etc.) und sozio-kulturellen Voraussetzungen und Bedingungen höchst unterschiedlich aus, so dass leicht nachzuvollziehen ist, zu wie unterschiedlichen Ergebnissen die Wahrnehmung ein und desselben Ereignisses bei einer Mehrzahl von Personen kommt. (Die Polizei kennt das aus den differierenden, teils sogar gegensätzlichen Schilderungen von Unfallzeugen.)

Auch Glaube stellt ein solches Konstrukt der Weltwahrnehmung dar, etwa in der Annahme einer von einem Schöpfer sinnvoll erschaffenen und weiterhin erhaltenen Welt; gleichzeitig wird damit belegt – was wir aus der Alltagserfahrung längst wissen – dass Glaube immer individuell unterschiedlich nuanciert beschaffen ist, eben weil Weltwahrnehmung und Gedächtnis zwischen mehreren Menschen nie identisch ausfallen. Trotz aller Einheitlichkeit, wie sie religiöse Lehren, Bekenntnisse und Rituale nahe legen, bleibt die Ausformulierung und auch die gefühlshafte Ausgestaltung des Glaubens immer unterschiedlich. Der Bedeutungsreichtum, die Ambiguität des Glaubens ist mithin ständige Quelle von Ambivalenz (▶ vgl. Kap. 7).

1.1.3   Rezeptionsästhetik: Die Vielschichtigkeit des Verstehens

Während die Hirnforschung die Konstruktion menschlicher Wirklichkeitswahrnehmung insgesamt untersucht, fokussiert Rezeptionsästhetik zunächst auf Verstehensprozesse in Kunst und Literatur, um diese Einsichten dann im Blick auf menschliches Verstehen überhaupt zu generalisieren. Umberto Eco, italienischer Philosoph und Literaturwissenschaftler, hat die Theorie vom offenen Kunstwerk entwickelt: Offenheit bezeichnet »eine fundamentale Ambiguität der künstlerischen Botschaft,«[28] die jedem Kunstwerk, das diesen Namen verdient, zukommt. Ein Kunstwerk stellt keine eindeutige und einfache Mitteilung dar, sondern bietet ein »System von Relationen«[29] zwischen den verschiedenen Ebenen des Kunstwerks an; insofern können ganz unterschiedliche Rezeptionsbeziehungen entstehen. Das heißt konkret: Ein Künstler produziert eine Form (Bild, Skulptur, Text, Musikstück etc.), die von anderen wahrgenommen und verstanden werden soll. Jeder »Konsument« bringt bei der Annäherung an dieses Werk spezifische

---

26   Roth 1997, 253.
27   Roth 1997, 261ff.
28   Eco 1977, 11.
29   Eco 1977, 14.

individuelle Ausgangsbedingungen mit: Bildung, Geschmacksneigungen, Vorerfahrungen und Vorurteile. Dadurch nimmt das Verstehen eine individuelle, subjektive Form an. Es ist das Besondere eines Kunstwerks, dass es unter vielfachen Perspektiven wahrgenommen werden kann und dabei doch es selbst bleibt.[30]

Speziell im Blick auf moderne Literatur (Eco zieht hier Kafka als Beispiel heran) gilt, dass verschiedene Bedeutungsebenen der symbolischen Ausdrucksweise – existentialistisch, religiös, klinisch, psychoanalytisch etc. – die Möglichkeiten des Werkes nicht ausschöpfen können: »es bleibt unausschöpfbar und offen eben wegen dieser Ambiguität, deshalb, weil an die Stelle einer nach allgemeinen Gesetzen geordneten Welt eine auf Mehrdeutigkeit gründende getreten ist ...«[31].

Im Gegenüber zu einer klassischen, substantialistischen Produktionsästhetik, die bei einem Kunstwerk nur das Produkt, keinesfalls aber den Leser, die Betrachterin oder den Hörer im Blick hatte, geht es der Rezeptionsästhetik darum zu erkunden, welche Bedeutung neben dem Sender und dessen Botschaft nun dem Empfänger für die Vermittlung der Kunst zukommt.

Auf Literatur bezogen fasst Wolfgang Iser prägnant zusammen: »Der Text gelangt folglich erst durch die Konstitutionsleistung eines ihn rezipierenden Bewusstseins zu seiner Gegebenheit, so dass sich das Werk zu seinem eigentlichen Prozeß nur im Lesevorgang zu entfalten vermag ... Das Werk ist das Konstituiertsein des Textes im Bewusstsein des Lesers.«[32] Aus der Alltagserfahrung kennen wir dieses Phänomen zur Genüge, etwa wenn verschiedene Personen ein und denselben Text lesen, sich über seine Bedeutung austauschen und dabei zu ganz unterschiedlichen Eindrücken und Einschätzungen kommen; oder wenn eine Person einen Text nach einem gewissen zeitlichen Abstand zum zweiten Mal liest und nun andere Akzente und Nuancen wahrnimmt als beim ersten Mal. Offenbar sind mehrfache Bedeutungszuschreibungen in der Rezeption des Werkes nicht nur nicht zu vermeiden, sondern Ausdruck eines kreativen Prozesses – und offenbar sind die verschiedenen Bedeutungsgebungen in ihrer Wertigkeit prinzipiell gleichberechtigt.

Der Prozess der Rezeption stellt also kein passives Aufnehmen dar, sondern ein aktives Hinzutun oder Hineinlegen, so dass sich Sinn und Bedeutung je unterschiedlich erschließen.[33] Was man liest, sieht oder hört, trifft auf die jeweiligen Vorverständnisse des Lesers oder der Hörerin, d. h. auf deren biographische Vorerfahrungen, deren emotionale Stimmungen, deren gedankliche Muster der Welt- und Lebensdeutung, deren milieu- und kulturspezifischen Kontexte. So entsteht aus Gelesenem oder Gehörtem eine re-lecture, eine persönliche Aneignung, die man nur noch begrenzt als Auslegung bezeichnen kann, die vielmehr den Charakter einer aktiven, geistvollen Hineinlegung, einer Konstruktion und auch Projektion gewinnt.

Es soll beim Lesevorgang zu einem Prozess dynamischer Wechselwirkung kommen, in dem sich Autor wie Leser das Spiel der Phantasie teilen. »Denn das Lesen

---

30 Vgl. Eco 1977, 30.
31 Eco 1977, 38.
32 Iser ³1988, 253.
33 Vgl. Oeming 1998, 89ff.

wird erst dort zum Vergnügen, wo unsere Produktivität ins Spiel kommt, und das heißt, wo Texte eine Chance bieten, unsere Vermögen zu betätigen.«[34] Die im Texte unvermeidlich enthaltenen Leerstellen, Abschattungen und Verschweigungen lassen einen »Spielraum der Suggestionen« entstehen, in dem die Verschränkung von Text und Leser in Gang kommen kann. Die reichen Beziehungsmöglichkeiten eines Textes (sofern er nicht nur eine Bedienungsanleitung darstellt) lösen individuell unterschiedliche Selektionen und Assoziationen aus, realisieren den Text also jeweils etwas anders. Auf diese Weise wird jede Lektüre zu einer individuellen und kreativen Aktualisierung eines vorgegebenen Textes.

> Der Schriftsteller Amos Oz charakterisiert den von ihm sogenannten »*schlechten Leser*« folgendermaßen: »Der schlechte Leser … hegt immer eine argwöhnische Aversion, eine puritanisch-prüde Feindseligkeit gegenüber dem schöpferischen Werk, gegenüber Erfindung, List und Übertreibung …, *gegenüber dem Zweideutigen*, Musikalischen und Musischen, ja, der Phantasie selbst.« Als Quintessenz seines Rezeptionsverständnisses formuliert Oz: »Wer den Kern der Geschichte im Verhältnis zwischen Werk und Autor sucht, der irrt: Man sollte ihn nicht im Verhältnis zwischen dem Text und dem Verfasser suchen, sondern in dem zwischen Text und Leser.«[35]

Ansätze der Rezeptionsästhetik haben schon lange Eingang in die Predigtlehre (Homiletik) der christlichen Kirchen und ihrer Theologie gefunden: Jede Predigt, so die These, stellt ein offenes Kunstwerk mit einem prinzipiell unerschöpflichen Bedeutungsüberschuss dar, so dass die Hörenden sich ihrerseits aus der von der Pfarrerin dargebotenen Predigt noch einmal ihre eigene, persönliche Predigt halten; denn »Rezeption geschieht durch Konstruktion.«[36] Rezeption heißt, Eigenes hinzuzufügen – unweigerlich und zu großen Teilen unbewusst! Das bedeutet in der Konsequenz, dass »Interpretationsbedürftigkeit und -fähigkeit [der Predigt, M.K.] keine Mangelerscheinungen der Botschaft, sondern in semiotischer wie theologischer Hinsicht die Voraussetzungen ihrer Relevanz sind.«[37] Schon Eugen Bleuler, der »Erfinder« des Ambivalenzbegriffs (▶ Kap. 2.2), schreibt den provokanten Satz, dass »abgeschlossene Ideen uns kaum mehr lebhaft bewegen können«.[38] Wer also Predigt ansprechend und lebendig konzipieren will, muss darauf achten, dass seine Rede nicht »abgeschlossen« erscheint, weil sie dann in den Hörerinnen keine neuen Impulse und Anregungen frei zu setzen vermag. Der bereits zitierte Homiletiker Engemann spricht in diesem Zusammenhang von der »verstopften« Predigt und fordert die gezielte Inszenierung der »ambiguitären Predigt«[39] (dazu ausführlicher ▶ Kap. 9.5.1).

Muss dann nicht auch Glaube als Voraussetzung und Ziel der Predigt als ein »Feld von Relationen« verstanden werden? Als ein Feld, dessen Beziehungsstrukturen (biblische Traditionen, Rezeption durch die Kirche und ihre Geschichte etwa in Gestalt von Glaubensbekenntnissen, soziokulturelle »Großwetterlage«, milieuabhängige indi-

---

34 Iser 1988, 254.
35 Oz 2004, 50f.(Hervorhebung von mir, M.K.).
36 Engemann 1993, 196.
37 Engemann 1993, 197.
38 Bleuler 1914, 92.
39 Engemann 1993, 153ff.

viduelle gegenwärtige Verstehensvoraussetzungen) in sehr vielfältiger Weise aktiviert und zueinander in Beziehung gesetzt werden können? Welche Konsequenzen hat ein solches Verständnis für den Glauben als Grundlage vieler religiöser Vollzüge?

Allerdings stellt sich angesichts dieses Rezeptionsbegriffs die Frage, ob denn Interpretation weitgehend Beliebigkeit bedeute, keine Grenzen im Blick auf eine zulässige oder unzulässige Interpretation mehr gezogen werden könnten, geradezu eine »Anarchie des Lesers«[40] in Kauf genommen werden müsse. Am Beispiel des berühmten Verses aus dem Buch Hiob »Ich weiß, dass mein Erlöser lebt« (Hi 19,25), lässt sich gut zeigen, wie wichtig die Unterscheidung einer ursprünglichen Intention des Autors und späteren Rezeptionen ist. Die Hiob-Dichtung, so die Absicht der ursprünglichen Erzählung, stellt diesen Mann als einen dar, der darauf hofft, dass Gott ihn zu seinen Lebzeiten aus dem ihm widerfahrenden Unglück erlösen werde. Die wesentlich spätere christliche Rezeption hat in diesem Vers einen Hinweis auf Jesus Christus und die Erlösung durch seinen Kreuzestod in einem transmortalen Leben der Gläubigen gelesen. In dieser Deutung sind die Worte von Händel in seinem Oratorium »Der Messias« großartig vertont worden, in diesem Sinn wurde und wird der Vers bei manchen Bestattungen zitiert. Gemessen an einem historisch-kritischen Maßstab ist die christliche Deutung falsch und irreführend; wenn man diesen Maßstab jedoch nicht als den einzig gültigen anerkennt, muss man hier eine unmittelbare existentiale Lesart sehen, die als solche natürlich auch ihr Recht hat. Auslegung muss also so geschehen, dass unterschiedliche Lesarten eines Textes miteinander in Beziehung gesetzt, verglichen und in ihren Ursprüngen, Intentionen und gegenwärtigen Wirkungen entfaltet werden. Die befürchtete »Anarchie des Lesers« wird durch ein solches Verfahren begrenzt, Bedeutungsreichtum und damit immer auch Ambivalenz gefördert.

1.1.4   Identitätstheorie: Wer bin ich und wenn ja wie viele?[41]

> »Ich widerspreche mir? Nun gut, ich widerspreche mir,
> ich bin groß, ich bin viele.«
> (Walt Whitman)

Den Beginn moderner Identitätstheorie bilden die Konzepte des Psychoanalytikers und Ethnologen Erik H. Erikson (1902–1994). In den Jahren während und unmittelbar nach dem zweiten Weltkrieg entwarf Erikson eine Identitätstheorie, in der die Momente von Einheitlichkeit, Stabilität und Kontinuität von Identität angesichts sich tiefgreifend wandelnder gesellschaftlicher Umstände im Vordergrund standen. Identität bezeichnet in diesem Konzept die »unmittelbare Wahrnehmung der eigenen Gleichheit und Kontinuität in der Zeit, und der damit verbundenen Wahrnehmung, dass auch andere diese Gleichheit und Kontinuität erkennen.«[42] Dies Begriffsverständnis spiegelt die Veränderungen der gesellschaftlichen Strukturen der 40er und 50er Jahre des 20. Jahrhunderts und das subjektive Empfinden vieler Menschen, die sich – nach den Schrecken des zweiten Weltkriegs und der Nachkriegsjahre – nach

---

40 Oeming 1998, 101.
41 So der Buchtitel von Richard David Precht: Wer bin ich – und wenn ja wie viele. Eine philosophische Reise. München 2012.
42 Erikson 1973, 18.

Sicherheit, Ordnung und Klarheit sehnten. Als Bild für dieses Konzept hat man gelegentlich Identität als Fels in der gesellschaftlichen Brandung visualisiert.

Mit der zunehmenden Pluralisierung und Flexibilisierung der postmodernen Gesellschaften wurde dieses Stabilitätskonzept immer stärker obsolet. Wie soll man sich auf wechselnde, sich pluralisierende soziale Kontexte produktiv und kreativ einstellen, wenn man an einer einzigen Stelle – sei es eine Rolle oder eine Weltanschauung – fest und unbeweglich verankert ist? Neuere Identitätstheoretiker wie Lothar Krappmann, Heiner Keupp[43] u. a. haben denn auch darauf hingewiesen, dass in der funktional differenzierten Gesellschaft ein hohes Maß an Flexibilität, Wandlungsfähigkeit und Kommunikationsbereitschaft notwendig ist, um sich angemessen in den unterschiedlichen Bereichen der Gesellschaft bewegen und ihre Sprach- und Verhaltensspiele »mitspielen« zu können. Jedes Individuum muss eine Vielzahl von Rollen einnehmen und sich entsprechend flexibel verhalten können. Mit der »alten« Identitätsvorstellung erscheint das Individuum von dieser Aufgabe überfordert; seine Stabilität geht auf Kosten notwendiger Beweglichkeit und Anpassungsfähigkeit. Um dieser Schwierigkeit zu entgehen, muss man Identität anders konzeptualisieren, nämlich als ein Bündel von Teilidentitäten, als Patchwork-Identität, als bricolage, d. h. als Fähigkeit zu ständiger »Passungsarbeit« (H. Keupp) zwischen subjektiven Ressourcen und den variierenden äußeren Anforderungen.[44] Es gibt keine in sich abgeschlossene, einheitliche, konsistente Identität mehr. Jürg Willi hat von der »Interaktionspersönlichkeit« gesprochen:[45] Je nach Umwelt und Interaktionsherausforderungen erscheinen und erleben wir uns partiell anders. Gibt es noch ein »Kernselbst«, oder müssen wir nicht eher ständig versuchen, unsere verschiedenen Ich-Anteile (die in den verschiedenen Psychotherapien schon lange ganz unterschiedlich konzeptualisiert werden[46]) zu organisieren und in eine passable Balance zu bringen? Wenigstens tun wir so, als ob wir ein »Zentral-Ich« hätten, das die lebenslange, anstrengende und manche auch überfordernde Aufgabe der Organisation und Koordination der Einzelaspekte übernimmt.

Wenn es kaum noch so etwas wie ein stabiles, klar abgegrenztes Ich gibt, keine unmittelbar gegebene Selbstgewissheit – wie soll es da Glaubensgewissheit geben? Selbstgewissheit, Selbstvertrauen ist ein schwankendes, fluides Phänomen geworden, sie muss unter Rückgriff auf zur Verfügung stehende Ressourcen ständig neu erarbeitet werden. Zu den subjektiven Ressourcen zählen materielle Ausstattung, vor allem aber soziale, emotionale und intellektuelle Fähigkeiten: Der jeweilige Lebenskontext und die Ressourcen bestimmen entscheidend mit, auf welche Art und Weise jemand seine Patchwork-Identität konstruieren und leben kann. Andernfalls droht die Vielzahl der Identitätsbausteine auseinander zu fallen in eine pathologische Persönlichkeitsstörung. Ein Bild, das mit der neuen Identitätsvorstellung verbunden wird, ist das Knüpfen eines Netzes – eine herausfordernde, anstrengende, aber auch reizvolle

---

43 Keupp ²2002; Keupp 1999. Vgl. zum Ganzen auch Klessmann 2012.
44 Sabine Bobert spricht sogar von einem »Pixel-Ich«. 2010, 128.
45 Zitiert bei Lippmann 2013, 32.
46 Vgl. dazu Lippmann 2013 62f.

und nie beendete Aufgabe. Die einen schätzen sie als Chance zu Freiheit und Entfaltung ihrer Ressourcen, andere erleben sie als bedrohlich und wehren sie ab durch Rückzug in autoritäre und/oder fundamentalistische Strukturen. Ambiguitätstoleranz und Ambivalenztoleranz müssen als notwendige und produktive Bestandteile einer solchen »balancierenden Identität« (L. Krappmann) gelten (▸ ausführlicher Kap. 5). Auch die individuelle religiöse Orientierung ist Bestandteil einer solchen balancierenden Identität, ist dem unvermeidlichen Wechselspiel und Ausgleich der interpersonalen Kräfte und Motivationen unterworfen. Für diejenigen, die Eindeutigkeit und Sicherheit suchen und brauchen, erscheint das wie ein Rückschlag, für andere liegt darin die Chance zu immer neuer, sich ständig erweiternder kreativer Sinnsuche und Sinnfindung.

1.1.5 Die Begriffe: Ambiguität und Ambivalenz

Der kurze Blick auf verschiedene Wissenschaften und ihre Analysen der Prozesse menschlicher Wahrnehmung und Interaktion bestätigen die Gesellschaftsdiagnose von Zygmunt Bauman: Wir sind in postmodernen Zeiten ständig mit Ambiguitäten konfrontiert. Die Vielfalt gesellschaftlicher Prozesse und die zahlreichen individuellen Wirklichkeitskonstruktionen durchdringen einander und verstärken sich gegenseitig.

Die Vielfalt der Prozesse und Wahrnehmungen kann dann auch nicht mehr nach den Kategorien »richtig« und »falsch« beurteilt werden, sondern ist auf ihre Brauchbarkeit, ihre Nützlichkeit und ihre ethische Vertretbarkeit hin zu prüfen. Wirklichkeit und ihre Bedeutungen werden zu einem »unendlichen Prozess«,[47] prinzipiell immer veränderbar und überholbar. Dem müssen sich die Menschen stellen.

Der Begriff der *Ambiguität* (vom lateinischen ambiguus = uneindeutig, mehrdeutig) meint Bedeutungsvielfalt, Zweideutigkeit, Mehrdeutigkeit. Nach Ina Jekeli: »Mit Ambiguität sollen … Phänomene aller Art bezeichnet werden, die durch Unterbestimmtheit, Unklarheit, Neuheit, Offenheit, Komplexität, Überdeterminiertheit, Widersprüchlichkeit oder Paradoxie gekennzeichnet sind. Damit ist alles, was in irgendeiner Weise, sei es durch zu viel, zu wenig oder widersprüchliche Information an Klarheit und Eindeutigkeit ermangelt, als ambig zu bezeichnen.«[48]

Eine engere Definition kultureller Ambiguität schlägt Thomas Bauer vor: »Ein Phänomen kultureller Ambiguität liegt vor, wenn über einen längeren Zeitraum hinweg einem Begriff, einer Handlungsweise oder einem Objekt gleichzeitig zwei gegensätzliche oder mindestens zwei konkurrierende, deutlich voneinander abweichende Bedeutungen zugeordnet sind, wenn eine soziale Gruppe Normen und Sinnzuweisungen für einzelne Lebensbereiche gleichzeitig aus gegensätzlichen oder stark voneinander abweichenden Diskursen bezieht oder wenn gleichzeitig innerhalb einer Gruppe unterschiedliche Deutungen eines Phänomens akzeptiert werden, wobei keine dieser Deutungen ausschließliche Geltung beanspruchen kann.«[49]

---

47 Bauman 2005, 304.
48 Jekeli 2002, 99. Vgl. auch oben die Definition von Roland Faber, Kap. 0.1, Anm. 7.
49 Bauer [4]2015, 27.

Im Vergleich der beiden Definitionen wird deutlich, dass Bauer das Phänomen der Ambiguität aus meiner Sicht in problematischer Weise einschränkt: Unterschiedliche Deutungen eines Phänomens müssen nicht »akzeptiert« sein, um von Ambiguität sprechen zu können, sondern es reicht, dass unterschiedliche Deutungen innerhalb einer Gruppe *kursieren*. Denn gerade dann fällt es den Mitgliedern der Gruppe schwer einzuschätzen, welche Deutungen für sie »richtig« oder »falsch«, nützlich oder schädlich, passend oder unpassend sind. Und genau in diesem Prozess entstehen Ambivalenzen als Reaktion.

Ambiguität muss stets mit Ambiguitätstoleranz oder –intoleranz zusammengedacht werden, d. h. als Fähigkeit (oder Unfähigkeit) und Bereitschaft (oder fehlende Bereitschaft), die Vielfalt, Mehrdeutigkeit und Widersprüchlichkeit der Welt bzw. unserer Wahrnehmungen von ihr als solche überhaupt gelten zu lassen und auszuhalten, sie entweder aufzusuchen, wert zu schätzen und kreativ zu nutzen oder sie ängstlich als bedrohlich und verwirrend abzuwehren. Menschen in Krisensituationen sehnen sich nach Eindeutigkeit und Sicherheit; andere, die in gesicherten Verhältnissen leben und über genügend psychische und soziale Ressourcen verfügen, können Vieldeutigkeiten und Unklarheiten besser aushalten und sie sogar reizvoll finden. Insofern setzt Ambiguitätstoleranz ein gewisses Maß an materieller, sozialer und psychischer Stabilität voraus: Man muss es sich quasi leisten können, Ambiguität wahrzunehmen und auszuhalten.

Ambiguität kann zunächst einfach Unklarheit und Unsicherheit erzeugen. Wenn es beispielsweise darum geht, dass jemand sehr gerne ein neues elektronisches Gerät kaufen möchte, aber angesichts der Vielzahl der Produkte und ganz unterschiedlicher Informationen über sie, ihren Nutzen, ihre Haltbarkeit, ihre Umweltverträglichkeit etc. nicht weiß, für welches er sich entscheiden soll, wird aus der Unsicherheit jedoch schnell emotionale und kognitive Ambivalenz.[50] Der Wunsch, etwas zu erwerben, was einerseits begehrenswert erscheint, andererseits der Anspruch, die vielfältigen Informationen zur Funktion und Qualität dieses Geräts mit den eigenen Wünschen abzugleichen, kann intensive Zwiespältigkeiten erzeugen. Je bedeutungsvoller der Gegenstand für den Akteur ist, desto stärker fällt das Ausmaß an Ambivalenz aus.

Manche Autoren sprechen inzwischen schon nicht mehr nur von Ambiguität, sondern von Multiguität und Multiguitätstoleranz, da es sich ja in der Regel nicht nur um »*Zwei*-Deutigkeiten« (»ambi«) handelt, sondern um multiple Optionen, mit denen wir lernen müssen, angemessen umzugehen.[51]

Ambivalenz wiederum bezeichnet die individuelle oder auch kollektive Reaktion auf Ambiguität in emotionaler, kognitiver und volitionaler Hinsicht. Noch einmal Jekeli: »Situationen, die von Ambiguität geprägt sind, können Ambivalenz hervorrufen. Das Maß an Ambivalenz, das erzeugt wird, hängt neben der Ambivalenztoleranz der Akteure auch von der Relevanz der Situation für den Akteur ab.[52]«

Ambivalenz bezeichnet das »gleichzeitige Vorhandensein widersprüchlicher Gefühle, Einschätzungen und Reaktionsweisen gegenüber Objekten der äußeren Welt, aber auch gegenüber eigenen Wahrnehmungen, Empfindungen, Deutungen und

---

50 Vgl. ausführlicher dazu Ziegler 2010, 127f.
51 Lippmann 2013,182.
52 Jekeli 2002, 99.

Handlungen. Ambivalenz lässt sich also auf affektiver ebenso wie auf kognitiver und evaluativer Ebene verorten ...«[53] Mit dieser Definition schließt Jekeli an die Differenzierung verschiedener Typen von Ambivalenz an, die schon der Psychiater Eugen Bleuler bei seiner Einführung des Begriffs vorgeschlagen hatte (▶ s. u. Kap. 2.2).

Ausgehend von dem Ansatz von Jekeli möchte ich einige Punkte noch einmal hervorheben, weil sie für die vorliegende Arbeit zentral sind:

- Ambiguität (und das zugehörige Adjektiv ambig oder ambiguitär) bezeichnet die in der Postmoderne selbstverständlich gewordene Vielfalt und Mehrdeutigkeit, ja Widersprüchlichkeit fast aller Lebensphänomene. Wir haben zu jedem Konzept oder Phänomen fast unbegrenzte, voneinander abweichende und widersprüchliche Informationsquellen zur Verfügung, so dass ambivalente Reaktionen nicht ausbleiben können.
- Ambiguität und Ambivalenz, äußere und innere, soziale und psychische Phänomene, werden in einen sinnvollen Zusammenhang gebracht. Ambivalenz erscheint nicht nur als triebbedingte Spannung und innerer Konflikt (wie die frühe Psychoanalyse angenommen hat, dazu ausführlicher ▶ Kap. 2.4), sondern als angemessene und damit »normale« Reaktion auf eine zunehmend als hochkomplex und widersprüchlich wahrgenommene Umwelt (vgl. dazu den soziologischen Ambivalenzbegriff ▶ Kap. 3). Die häufig immer noch mit dem Ambivalenzbegriff verbundene Abwertung und Pathologisierung muss überwunden werden. *Ambivalenz stellt nicht nur eine sehr verbreitete, sondern geradezu notwendige und potentiell kreative Reaktionsweise zur Bewältigung postmoderner Pluralität und Komplexität dar.*
- Ambivalenz und Ambivalenztoleranz werden zusammengedacht: Das erscheint sinnvoll, weil Ambivalenz kein objektiv bestimmbares Phänomen darstellt, sondern als Reaktion eines individuellen oder kollektiven Akteurs mit einer bestimmten Vorgeschichte und in einer spezifischen Lebenssituation, aus der heraus verständlich wird, warum, in welchem Ausmaß, in welcher Intensität er/sie auf ambiguitäre Situationen mit Ambivalenz reagiert.
- Ambivalenz kann in diesem Zusammenhang wiederum Mehreres bedeuten:
  a) Im klassischen Sinn Bleulers oder Freuds das *gleichzeitige* Vorhandensein gegensätzlicher Gedanken, Gefühle oder Wünsche gegenüber einem Objekt (Person, Gegenstand, Überzeugung, Institution).
  b) Mehrere Objekte, die in Spannung zueinander stehen, können für eine Person gleichzeitig wichtig und bedeutungsvoll sein. (Beispiel: Herr X ist aus der Kirche ausgetreten, besucht aber gerne musikalische oder meditative Veranstaltungen in einem ihn ästhetisch sehr ansprechenden Kirchenraum. Ihn beschleicht dabei manchmal ein schlechtes Gewissen, weil er die Institution, die diese Veranstaltungen ermöglicht, nicht mehr unterstützt).
- Das Kriterium der »Relevanz der Situation für den Akteur« ist dabei unbedingt zu berücksichtigen. Bestimmte Ambiguitäten können für den einen in einer bestimm-

---

53 Jekeli 2002, 8.

ten Lebenssituation in hohem Maß Ambivalenz auslösen, während sie jemanden anderen unter ganz anderen Umständen weitgehend unberührt lassen.

• Ambivalenz auszuhalten bedeutet, Ungewissheit zu ertragen und zwar in einem doppelten Sinn: Man kann entweder darunter leiden und die Ambivalenz gewissermaßen mit zusammengebissenen Zähnen erdulden und darauf hoffen, dass sie sich möglichst bald erübrigt und durch Eindeutigkeit und Klarheit ersetzt wird; oder man kann sie als kreative Bereicherung und Herausforderung erleben, sie als reizvoll und als Anlass zu einer innovativen Bearbeitung aufnehmen. Wenn man die oben referierte Gesellschaftsdiagnose von Zygmunt Bauman zu Grunde legt, wäre es wünschenswert, dass zunehmend mehr Menschen »Freude aus Ungewissheit« ziehen könnten, wie es die Schriftstellerin Christa Wolf formuliert hat.

• Der verbreitete Alltagssprachgebrauch »das ist eine ambivalente Angelegenheit« o. ä. stellt dann genau genommen eine unpräzise Bezeichnung dar, die eigentlich lauten müsste »das ist eine ambivalenzerzeugende Situation«, oder »das ist eine Situation, auf deren Ambiguität man mit ambivalenten Gedanken oder Gefühlen reagieren kann.«

Wenn Ambiguität und Ambivalenz derart unausweichlich konstitutive Bestandteile menschlicher Selbst- und Weltwahrnehmung, ihrer Kommunikation, ihrer Sozialität wie Individualität darstellen, drängt sich die Frage auf, welche Konsequenzen dieser Befund für die religiöse Orientierung eines Menschen und für die Praxis von Religion und Kirche (bzw. für Theologie als wissenschaftlich verantwortete Reflexion religiöser Vollzüge) hat. Betrifft das Ende der Eindeutigkeit auch den Glauben als zentraler Voraussetzung und zugleich Ausdrucksform von Religion bzw. Religiosität? Glaube bezeichnet traditionellerweise Gewissheit und Festigkeit einer Überzeugung in Bezug auf das Unbedingte (▶ ausführlicher Kap. 7); kann der Begriff nicht auch die Gleichzeitigkeit zwiespältiger und sich widersprechender religiöser Gedanken und Gefühle meinen? Oder das ständige Hin-und-Her-Pendeln (Oszillieren ▶ Kap. 3.3) zwischen unterschiedlichen Einstellungen? Lässt sich eine solche Annahme sinnvoll entwickeln? Findet sie Anhalt an der Tradition, an theologischem Denken und religiösen Erleben in Vergangenheit und Gegenwart oder führt sie die Rede von Glaube und Religion, wie wir sie kennen, ad absurdum? Und welche Konsequenzen hätte ein solches verändertes Verständnis von Glauben?

Die Frage scheint mir deswegen von besonderer Bedeutung, weil es wenig sinnvoll sein kann, den Glauben vorrangig als Bollwerk gegen die Pluralisierungen der Postmoderne zu verstehen und ihn in einem solchen Verständnis weitgehend den Fundamentalisten zu überlassen.

Bevor das Ambivalenzkonzept in Psychologie (Kap. 2), Soziologie (Kap. 3), Anthropologie (Kap. 4) und Theologie (Kap. 5–8) genauer entfaltet wird, soll noch einige begriffliche Unterscheidungen und Abgrenzungen vorgenommen werden.

Mit dem Begriff der **Polarität** werden in der Physik die Endpunkte des Durchmessers eines Kreises bezeichnet oder auch eine Kraft, die in zwei entgegen gesetzte Richtungen auseinander strebt. Solche Vektoren bedingen und ergänzen einander oder neutralisieren sich. Im übertragenen Sinn sind dann die zwei einander gegenüber liegenden Enden derselben Sache, eine Gegensätzlichkeit bei wesenhafter Zusammengehörigkeit, gemeint: Tag und Nacht, Krankheit und Gesundheit, Licht und Schatten bilden Pole eines Phänomens. Die beiden

Aspekte gehören notwendig zusammen, jeder Pol lässt sich nur verstehen, wenn man den anderen als Gegensatzspannung hinzunimmt.

In Konfuzianismus und Taoismus, in der abendländischen Philosophie (Heraklit, Schelling) und auch in der christlichen Theologie (Jacob Böhme, Paul Tillich u. a.) werden polare Kräfte angenommen, die sich aus einem schöpferischen Prinzip, aus dem göttlichen Grund, aus der Indifferenz heraus entfalten.[54] Der Begründer der Gestalttherapie Fritz Perls hat das Prinzip der personalen Polaritäten für seine Therapieform entwickelt.[55] Jedes Individuum besteht aus einer Sequenz von Polaritäten: Wenn man einen Aspekt von sich selbst entdeckt, gibt es implizit immer den anderen Pol, die Antithese – und die Aufgabe psychischer Integration besteht darin, möglichst mit beiden Polen in Kontakt zu kommen (statt einen zu unterdrücken und zu verdrängen), die Pole kennen zu lernen und miteinander auszusöhnen. Die gegensätzlichen Kräfte können Verbündete werden, »statt unbehagliche Gegner zu bleiben ... Ist der Kontakt erst einmal wieder hergestellt, entdeckt der Betreffende fast immer, dass diese verdächtigen Aspekte viele positive Züge aufweisen und dass sich sein Leben erweitert, wenn er sie wieder erlangt.«[56]

Auch in der Theologie wird vielfach in Polaritäten gedacht: Sünde und Gnade, Evangelium und Gesetz, Buchstabe und Geist, sakral und profan, Leben und Tod etc.[57] In dieser polaren, spannungsvollen Begrifflichkeit spiegelt sich, dass die Lebensdeutungen der christlichen Tradition nie »einfach«, eindeutig und schlicht sind, sondern versuchen, die unhintergehbare Komplexität des Lebens wiederzugeben. Das Leben – gerade das Leben unter dem Aspekt des Unbedingten – ist eben nicht »so einfach«, sondern bedarf immer der Berücksichtigung von Gegensatzspannungen, auch wenn eine Seite oft nicht als gleichwertig gegenüber der anderen gesehen wird.

Polaritäten werden häufig als Ambiguitäten erlebt und lösen deshalb Ambivalenzen als Reaktion aus.

Dichotomie meint die Zweiteilung eines Gattungsbegriffs, Entweder – Oder Gegensätze: Menschen lassen sich einteilen in junge und alte, in Raucher und Nichtraucher, in reiche und arme etc. Dichotomien schaffen in dieser Gegenüberstellung vermeintlich Klarheit und Übersichtlichkeit; sie verschleiern jedoch die vielen Zwischenstufen, die es in der Regel zwischen den dichotomen Begriffen gibt: Die Welt lässt sich eben nicht einfach in schwarz und weiß aufteilen.

Widerspruch bezeichnet phänomenologisch eine Erfahrung, die einer bisherigen, als verlässlich geglaubten Erfahrung entgegen steht[58] Beispielsweise widerspricht ein Freund meiner bisherigen politischen Einstellung. Entweder wehre ich diesen Widerspruch emotional und argumentativ ab, dann bleibt der Widerspruch als solcher stehen; oder ich erkenne berechtigte Aspekte darin und werde in meiner bisherigen Einschätzung schwankend; dann wird aus dem Widerspruch eine Ambivalenz, deren Pole und ihre Bedeutung ich genauer erkunden kann.

Der schwer zu definierende, weil in der Geschichte der Philosophie sehr uneinheitlich verwendete Begriff der **Dialektik** bezeichnet im klassischen Griechentum eine Form der Unterredungskunst, der philosophisch gebildeten Gesprächsführung, in der man sich durch die Aufstellung von Thesen und Antithesen um den Aufweis und dann die Überwindung von Gegensätzlichkeiten und Widersprüchen im Denken und im Leben als Ganzem bemüht.

---

54 Vgl. dazu ausführlicher Frambach 1993, 292ff.
55 Vgl. Polster ²1975, 69f.
56 Polster 1975, 231.
57 Solche theologischen Polaritäten werden ausgeleuchtet in Kramer, Ruddat, Schirrmacher 2009.
58 Vgl. Dietrich, Lüscher, Müller 2009, 129, Anm. 16.

Der Begriff **Paradox** bezeichnet Begriffe, Aussagen und Schlussfolgerungen, die gegen die allgemeine Meinung sprechen, die unerwartet, unglaublich, sonderbar und widersprüchlich erscheinen. Logische oder semantische Paradoxien lassen aufmerken, man stößt sich an der unerwarteten und widersprüchlichen Aussage, reagiert mit Ambivalenz, und versucht zu verstehen, was da gemeint sein könnte. Insofern tragen Paradoxien dazu bei, das Verstehen bestimmter Inhalte kreativ zu erweitern. Alltagsphänomene wie »Hassliebe« oder »Angstlust«, »beredtes Schweigen« in ihrer Widersprüchlichkeit wahrzunehmen und der Bedeutung dieser Widersprüchlichkeit nachzuspüren, trägt dazu bei, die angesprochenen Phänomene vertieft zu verstehen.

Auch theologische Aussagen sind oder wirken paradox. So die Aussage des Paulus »Wenn ich schwach bin, bin ich stark« (II Kor 12,10) oder Luthers Charakterisierung des Menschen als »simul justus et peccator«. Mit solchen Paradoxien werden alltägliche Selbstverständlichkeiten unterbrochen. Um zu einem neuen Verstehen zu gelangen, muss man auf eine höhere Ebene gehen und sich mit den in der Paradoxie inhärenten Ambivalenzen auseinandersetzen.

1.2   Fundamentalismus als Gegenbewegung

>>Wer nicht zum Herrn betet, betet zum Teufel«
(Papst Franziskus)[59]

Fundamentalismus in Gestalt extrem konservativer und z. T. militanter Bewegungen, die sich in allen Religionen und auch in manchen politischen Strömungen entwickelt haben, muss man verstehen als eine Reaktion auf die Moderne bzw. Postmoderne, auf die Pluralisierung, Liberalisierung und Säkularisierung des 19. und 20. Jahrhunderts und die damit verbundenen vielfältigen Ambiguitäten in allen Lebensverhältnissen. Zu unterscheiden ist zwischen fundamentalistischen Gruppierungen, deren Strukturen und Gehalte durch und durch fundamentalistisch geprägt sind, und fundamentalistischen Tendenzen, die sich gelegentlich auch in ansonsten nicht-fundamentalistischen Institutionen, Bewegungen oder Personen zeigen.

Der Begriff Fundamentalismus geht (nach verschiedenen Vorformen im 19. Jahrhundert) zurück auf den amerikanischen Protestantismus am Beginn des 20. Jahrhunderts: Im Jahr 1910 rief eine Gruppe von konservativen presbyterianischen Geistlichen eine Publikationsreihe ins Leben unter dem Titel: »The Fundamentals – A Testimony to the Truth«.[60] Zu den hier genannten Fundamentalien, die von gläubigen Christen unter keinen Umständen aufgegeben werden dürften, werden gezählt: Der Glaube an die Unfehlbarkeit der Bibel als einem direkt von Gott inspirierten Buch; der Glaube an die jungfräuliche Geburt Jesu Christi, an sein stellvertretendes Erlösungswerk am Kreuz, an seine leibliche Auferstehung und seine Wiederkunft am Ende der Zeit. In diesen Glaubenssätzen enthalten ist die Überzeugung, dass die Menschen seit Adams Fall (der als historisches Datum betrachtet wird!) der Sünde unterworfen sind, sich auf ein letztes, katastrophisches Gericht zubewegen und nur gerettet werden können, wenn sie sich Jesus Christus ergeben.

---

59 Papst Franziskus am 15.3.2013 als Zitat des französischen Schriftstellers Leon Bloy.
60 Nach Huth 1995, 35ff.

Ausgangspunkt religiös-fundamentalistischer Orientierung ist die Behauptung, dass die heiligen Texte direkt und wortwörtlich von Gott inspiriert, deswegen fehlerfrei und irrtumslos seien und dergestalt, u. U. bis in Rechtschreibung und Interpunktion hinein, unbedingt wörtlich zu verstehen seien. Eine solche Einstellung findet sich nicht nur bei fundamentalistischen Christen, sondern ebenso in anderen Religionen, im Judentum, Islam, Hinduismus und auch im Buddhismus.

> Fundamentalisten meinen, mit der Annahme einer wörtlichen Inspiration der heiligen Texte das hermeneutische Problem gelöst zu haben. Sie gehen davon aus, dass ein Wörtlich-Nehmen der Texte das schwierige Problem der Auslegung überflüssig mache. Dass dies keineswegs der Fall ist, zeigen unvermeidliche Fragen, was denn eine vor langer Zeit entstandene Textpassage überhaupt bedeute und wie sie für heutige Lebensverhältnisse zu verstehen sei (schon die Kirchenväter haben dies Problem durch die Theorie vom vierfachen Schriftsinn zu lösen versucht). De facto setzen auch Fundamentalisten Schwerpunkte im Kanon der heiligen Texte, legen fest, was für sie von zentraler Wichtigkeit und was weniger wichtig ist und praktizieren damit eine Art von Textkritik.
>
> Die Differenz zwischen fundamentalistisch und nicht-fundamentalistisch verstandener und praktizierter Religion kann man also im Umgang mit dem hermeneutischen Problem ablesen.

Mit der These von der wörtlich zu verstehenden Inspiration verbindet sich – unausgesprochen – der Anspruch auf die Deutungshoheit über die heiligen Schriften. Sie, die Fundamentalisten, kennen Gottes Willen durch die von ihm inspirierten Schriften; sie wissen, wie die heiligen Schriften zu verstehen und anzuwenden sind.

Unausgesprochen wollen Fundamentalisten zurück hinter die Aufklärung, als es noch einen vermeintlich geschlossenen religiösen Kosmos gab, als das Leben in seinen Grundzügen von den jeweiligen religiösen Lehren (Bibel, Thora, Koran etc.) bestimmt wurde und infolgedessen klar strukturiert, einfach und übersichtlich erschien. Sie wollen heraus aus der Vielfalt und Unentschiedenheit der Meinungen und Lebenskonzepte, die ständig neue Entscheidungen fordern, und zurück zu klaren, unveränderlich feststehenden Regeln und Geboten. Jakob Burckhardt hat sie deswegen die »schrecklichen Vereinfacher« genannt.[61] Fundamentalisten fürchten die vielfältigen ambiguitären Lebenssituationen der Postmoderne; sie versuchen ihnen zu begegnen, indem sie die Geschichte gleichsam zurückzudrehen versuchen.

In diesem Sinn hat sich in jüngerer Zeit, vor allem seit dem 11. September 2001, der Begriff Fundamentalismus von den US-amerikanischen christlichen Wurzeln, sowie vom Bereich Religion überhaupt, gelöst und wird nun auch mit Bezug auf den Raum von Politik und Kultur verwendet. Ein deutscher Pastoralpsychologe macht Fundamentalismus an einem spezifischen Gebrauch der Sprache fest: »Überall dort, wo behauptet wird, dass eine verwendete Sprache die Wirklichkeit genau abbilde, droht die Gefahr eines mindestens verborgenen Fundamentalismus.«[62] Wenn eine Person oder eine Gruppe reklamiert, die einzig mögliche Lesart eines Phänomens unfehlbar zu vertreten, und wenn diese Lesart dann noch in einer autoritären Art und Weise vorgetragen und verabsolutiert wird, so dass Zweifel, kritischen Rückfra-

---

61 Zitiert in Auchter 2015, 255.
62 Raguse 1994, 17.

gen und Ambivalenzen nicht mehr erlaubt sind, kann man von politischem oder kulturellem Fundamentalismus sprechen.[63]

Für den vorliegenden Zusammenhang sind die psychologisch beschreibbaren Implikationen des Fundamentalismus besonders von Bedeutung, weil man in diesen Mechanismen deutlich die Abwehr von Ambiguität und Ambivalenz beobachten kann:

»Fundamentalism is to be understood as the task to provide psychic stability to uprooted and insecure individuals by patching up the very fundamentals that are crumbling. Fundamentalism relies on something that is shaken. Therefore it insists on it with such fierceness.«[64]

- Fundamentalismus ist vor allem – wenn auch nicht ausschließlich – verbreitet unter wirtschaftlich benachteiligten, diskriminierten und bildungsfernen Gruppierungen. Nicht zufällig nehmen fundamentalistische Tendenzen in Zeiten wirtschaftlicher Unsicherheit zu.[65] Fundamentalismus wirkt wie eine Kompensation für die Erfahrungen von Verunsicherung, Angst, Benachteiligung, Ausgrenzung und Ohnmacht. Identifikation mit der Quelle der Wahrheit, das Gefühl, die Wahrheit zu besitzen und für sie einzutreten, gibt einem erschütterten oder schwachen Selbstbewusstsein einen Schub an Sicherheit und Stabilität, setzt stärkende Größenphantasien frei. Jetzt hat man einen legitimen Grund, um der sündigen, egoistischen und pluralisierten Welt mit ihren falschen Werten und Lebenskonzepten entgegen zu treten.[66] Gerade die Ablehnung und Verdrängung von Ambiguität und Ambivalenz kann man besonders bei denen beobachten, wie über begrenzte materielle, soziale und psychische Ressourcen verfügen.
- Psychoanalytische Entwicklungspsychologie spricht von Abwehrmechanismen,[67] die Individuen meistens unbewusst einsetzen, um Angst einzugrenzen und abzuwehren. Als einer der sehr früh im Leben eines Kindes auftauchenden Abwehrmechanismen gilt die Spaltung.[68] Spaltung bedeutet, dass positive und negative Gedanken und Gefühle gegenüber wichtigen Bezugspersonen strikt voneinander getrennt werden. In den ersten Lebensmonaten erlebt das Kind die bemutternde Person als situativ entweder gut und freundlich oder als bedrohlich und ängstigend. Es ist noch nicht in der Lage wahrzunehmen, dass die Person beide Verhaltensweisen und Einstellungen verkörpert: gut *und* böse, freundlich *und* ärgerlich, zugewandt *und* distanziert. Erst mit zunehmendem Alter lernt das Kind, dass die andere Person gleichzeitig verschiedene Gefühle repräsentieren kann und dabei doch derselbe bzw. dieselbe bleibt. Das Kind lernt sog. Objektkonstanz; dazu ge-

---

63 Barben-Müller 1994, 19 spricht von »Deutungsmuster(n) mit fundamentalistischem Anspruch«.
64 Zitat von C. Türcke bei Keupp 1994, 42.
65 Georgianna 1989, 14 spricht von einem »low status backlash movement«.
66 Vgl. Lazarus-Yafeh 1993.
67 Das Standardwerk zu dieser Thematik stammt von Anna Freud, Das Ich und die Abwehrmechanismen (1936). 6. Auflage, München o. J.
68 Vgl. Reich ²2002, 666–669.

hört, unterschiedliche Gefühleinstellungen mit ein und derselben Person verbinden zu können. Erwachsen zu werden bedeutet in diesem Zusammenhang, die Fähigkeit zu erwerben, spannungsvolle Gefühle und Gedanken wenigstens zeitweilig auszuhalten und sie nicht sogleich als einander ausschließend aufzuspalten. Wenn ein Kind jedoch in einer Umwelt aufwächst, die ein ausgeprägt dualistisches Weltbild vertritt (sündig – gerettet, gut – böse, alt – neu, richtig – falsch etc.), kann es sein, dass es nie über den Mechanismus der Spaltung hinauskommt und ihn auch als erwachsene Person vertritt. Einander widersprechende Emotionen und Haltungen wie Liebe und Hass, Glaube und Zweifel, gut und böse werden dann in vielen Lebensbereichen strikt getrennt und verschiedenen Akteuren zugewiesen; die Spannung, die mit Ungewissheit und Ambivalenzen einher geht, wird auf diese Weise vermieden.

Religiöse Traditionen verstärken gelegentlich solche Spaltungen. Paulus entwickelt schroffe, unversöhnliche Alternativen von Gesetz und Evangelium, einem Leben im Geist oder im Fleisch, altem und neuem Leben. In der Apokalypse des Johannes wird die Welt am Ende der Zeit dargestellt als gespalten zwischen den Anhängern des Lammes und denen der großen Hure Babylon. Letztere sind durch und durch böse und anti-göttlich und sollen dafür gehasst und zerstört werden, ohne dass die Rechtgläubigen deswegen Schuldgefühle entwickeln müssten.[69]

Schlussfolgernd kann man sagen: Wer Mechanismen der Spaltung Vorschub leistet, will vermeintliche Eindeutigkeit erzeugen, fördert damit fundamentalistische Tendenzen und will die Entstehung von Ambiguitäten und Ambivalenzen verhindern.

- Ein weiterer Abwehrmechanismus, der im Zusammenhang mit Fundamentalismus eine wichtige Rolle spielt, ist die Projektion. Projektion bedeutet, dass sexuelle oder aggressive Impulse, die als sozial nicht akzeptabel gelten, vom Akteur nicht als die eigenen Impulse wahrgenommen, sondern auf andere Personen, Gruppen oder Objekte projiziert werden: Nicht ich bin ärgerlich auf den Kollegen; der ist vielmehr böse auf mich, und ich muss mich ihm gegenüber verteidigen, ihn in die Schranken weisen, ihn zurückdrängen. Oder: Nicht ich begehre diese Frau, sie macht mir mit ihren schönen Augen Avancen, und ich muss darauf achten, nicht ihr Opfer zu werden[70]. So entstehen Feindbilder, die wiederum die Grundlage bilden für Abgrenzung, Misstrauen und Hass, der möglicherweise sogar in Gewalt umschlagen kann. Projektion hat eine Reihe von problematischen Konsequenzen: Der Akteur muss keine Verantwortung für sein eigenes Verhalten übernehmen; Projektion schützt davor, den eigenen Schatten wahrzunehmen. C.G. Jung hat den Schatten als die ungeliebten, verachteten, Scham auslösenden Seiten der Person (wie Ärger, Hass, Gier, Eifersucht etc.) beschrieben. Projektion sieht diese Eigenschaften ausschließlich bei den anderen und sorgt deswegen für ein falsches, einseitiges Selbstbild: Ich bin bzw. wir sind auf der richtigen Seite, wir haben reine und gute Motive, wir verteidigen die gute und gerechte Sache. Die unvermeidliche

---

69 Vgl. Raguse 1993, 154ff u.ö.
70 Deswegen müssen Frauen in vielen Kulturen Kopftücher tragen, um ihre für Männer verführerische Schönheit zu bedecken.

Mischung von Motiven, Gefühlen und Einstellungen, die dunklen Seiten unseres Seelenlebens, die aggressiven und sexuellen Strebungen, wie sie ständig im Alltag zu beobachten sind, werden unterdrückt und den anderen, den Fremden zugeschrieben. Je rigoroser die moralischen Standards, je höher die Ideale sind, desto stärker ist die Wahrscheinlichkeit, dass sie nur mit Hilfe von Projektionen aufrecht erhalten werden können.

Gleichzeitig ermöglicht Projektion ausführliche Beschäftigung mit den verpönten projizierten Inhalten wie Aggression und Sexualität (Homosexualität!) – aber eben bei den anderen.

Projektion spielt eine große Rolle in Gruppeninteraktionen. Der Gegner, auf den alle möglichen Eigenschaften projiziert werden, dient dazu, die Solidarität und den Zusammenhalt in der eigenen Gruppe zu stärken. Je böser der Feind (»outgroup«), desto stärker das Gefühl von Zusammenhalt in der eigenen Gruppe (»ingroup«). Insofern brauchen manche Gruppen geradezu einen Feind, auf den sie ihre Impulse projizieren können, um selber besser zusammen halten zu können. Interne Differenzen treten mit der Abgrenzung gegen den Feind in den Hintergrund. Gäbe es diesen Außenfeind nicht, würde die interne Meinungsvielfalt sichtbar werden, u. U. die Wahrnehmung von Ambivalenzen in den internen Beziehungen begünstigen und die Gruppe sprengen.

- Fundamentalismus lässt sich auch als eine Form von Regression verstehen.[71] Der psychoanalytische Begriff Regression bedeutet »eine Rückkehr zu früheren Entwicklungsformen des Denkens, der Objektbeziehungen und der Strukturierung des Verhaltens«.[72] In Zeiten von psychischer Belastung und hoher Unsicherheit gehen Menschen auf Ebenen einfacheren psychischen Funktionierens zurück: Erwachsene Differenzierungen, Kritikfähigkeit, gesunde Skepsis sind weitgehend aufgehoben und magisches Wunschdenken tritt an deren Stelle. Eine vorübergehende Regression z. B. in Zeiten von Krankheit und Schwäche, erscheint völlig normal und dient in der Regel dazu, sich anschließend wieder den Herausforderungen des Alltags stellen zu können (»Regression im Dienst des Ich« oder der Progression, hat Michael Balint diesen Vorgang genannt[73]). Wenn Regression jedoch kontinuierlicher Bestandteil des Alltagsverhaltens wird, erwächst daraus eine deutliche Einschränkung der Wahrnehmungs- und Verhaltensmöglichkeiten. Aus einer regredierten Perspektive erscheint die Welt zunehmend bedrohlich, die schon erwähnte Spaltung in gut und böse vereinfacht alle Komplexitäten, rationale Argumente werden nicht mehr wirklich gehört, Ambivalenzen erscheinen unerträglich und müssen einseitig aufgelöst werden.
- Der Psychoanalytiker Erik Erikson hat in seiner Identitätstheorie die These aufgestellt, dass man im Prozess der Identitätsfindung eine glaubhafte Ideologie brauche, eine konsistente Weltanschauung, die den vielen und manchmal chaotischen Details des Lebens einen Sinn gibt.[74]

---

71 Vgl. Winkler 1992, 45ff.
72 Laplanche/Pontalis Bd. 2., 1973, 436.
73 Balint ²1997, 187f.
74 Erikson 1970. Erikson versteht den Begriff Ideologie nicht im marxistischen und wissenssoziologischen Sinn, sondern als »ein universelles psychologisches Bedürfnis nach einem System von Ideen…,das ein überzeugendes Weltbild bietet.« (27).

In Zeiten von Stress und Krisen steigen die Anforderungen an das Identitätsmanagement, Ungewissheit, Unsicherheit und Angst können überhand nehmen. In solchen Situationen kann eine Ideologie zur Bewältigung der Unsicherheit hilfreich sein. Ideologie, wie Erikson den Begriff versteht, bietet ein Gefühl von Zugehörigkeit, formuliert Zweck und Ziel des Lebens und eine Wertehierarchie. Ideologien werden meistens in einem hierarchischen sozialen System von Führer-Figuren repräsentiert; bestimmte Verhaltensmuster werden als notwendig und verbindlich erklärt. Je strenger und radikaler eine Ideologie formuliert wird, desto mehr Sicherheit bietet sie ihren Anhängern – um den Preis intensiver sozialer Kontrolle und kognitiver wie emotionaler Einengung. Die schon genannten dualistischen, polarisierenden Denk- und Verhaltensmuster und damit die Abwehr von Ambivalenzen sind auch hier zu beobachten.

- Fundamentalisten weisen Züge der von Adorno u. a. beschriebenen autoritären Persönlichkeit auf.[75] Danach neigen solche Personen zu rigider Konformität, sie verhalten sich unterwürfig gegenüber Vorgesetzten und Stärkeren, abschätzig und verachtungsvoll gegenüber Untergebenen und Schwächeren. In ihren politischen, religiösen und sexuellen Einstellungen erscheinen sie intolerant. Die Forschung nimmt an, dass solche Personen in einer Umgebung aufgewachsen sind, in der sie wenig Liebe und Aufmerksamkeit empfangen haben, in der sie die Eltern als unnahbar und auf strenge Disziplin bedacht erlebt haben. Als Erwachsene leiden solche Menschen unter Unsicherheiten und Ängsten, die am besten durch eine rigide religiöse oder philosophische Einstellung in Grenzen gehalten werden können. Es fällt ihnen schwer, mit ambiguitären Situationen umzugehen; stattdessen neigen sie zu stereotypem Denken und zu Projektionen, sie schreiben anderen die Rolle eines Sündenbocks zu. Menschen mit autoritären Denk- und Verhaltensmuster geraten leicht in die Versuchung, gegenüber ihnen fremden und sie verunsichernden Personen oder Einstellungen zu Mitteln der Gewaltausübung zu greifen.

- Fundamentalismus stellt den Versuch dar, eigene Zweifel durch vollkommene Gewissheit, durch die Verabsolutierung einer Position, zu kompensieren.[76] Zunächst ist Zweifel für ein sehr kleines Kind bedrohlich bis unerträglich, denn in seinem Erleben wandelt sich der Zweifel schnell in Verzweiflung. Deshalb richtet sich sein Bestreben auf Sicherheit, Verlässlichkeit, Regelmäßigkeit und Eindeutigkeit. Die Fähigkeit zu zweifeln ist eine Errungenschaft der späteren Entwicklung. »Erst wenn im Lauf der Zeit eine gewisse *innere* Sicherheit (›Selbstsicherheit‹) gewachsen ist, können Unsicherheiten in der *Außenwelt* immer besser ausgehalten werden. Und damit kann eine stabile ›Fähigkeit zu zweifeln‹ immer mehr wachsen. Der gesunde Gläubige glaubt zu mindestens 50,1% und ist bis zu 49,9% von Zweifeln erfüllt. Der krankhaft Gläubige muss alle seine Zweifel durch einen 99,9%igen Glauben abwehren.«[77]

---

75 Vgl. Giddens ³1997, 214.
76 Zum Folgenden vgl. Auchter 2015, 259ff.
77 Auchter 215, 260.

Fundamentalismus bildet, wie gesagt, eine Gegenbewegung gegen die mit dem 19. Jahrhundert einsetzende Modernisierung der Gesellschaft, gegen ihre Verwissenschaftlichung, gegen Pluralisierung, Individualisierung und Säkularisierung. In Krisenzeiten stellt eine solche Gegenbewegung immer eine Versuchung dar, die Verlockung der Eindeutigkeit. So waren zu Beginn des 19. Jahrhunderts in Theologie und Kirche als Reaktion auf die beginnende liberale Theologie und das Entstehen der historisch-kritischen Exegese deutlich restaurative, fundamentalistische Tendenzen zu beobachten, so dass F.D.E. Schleiermacher die berühmt gewordene Frage gestellt hat: »Soll der Knoten der Geschichte so auseinandergehen, das Christentum mit der Barbarei und die Wissenschaft mit dem Unglauben?«[78]

Um dieser von Schleiermacher heraufbeschworenen Gefahr wirksam zu begegnen, könnte es hilfreich sein, auch Begriff und Phänomen des Glaubens im Zusammenhang der kollektiven und individuellen Bedeutung von Ambivalenz zu untersuchen. Die fundamentalistische Entgegensetzung von Glaube und Unglaube, von Kirche und Welt ermöglicht kein produktives Verständnis dessen, was Glaube in postmodernen Zeiten bedeuten kann.

1.3   Das Ende der Eindeutigkeit auch im Glauben?!

In der Eröffnung eines Gottesdienstes zitiert der Pfarrer den Wochenspruch
»Unser Glaube ist der Sieg, der die Welt überwunden hat«,
und fügt in dem Moment – ganz unliturgisch – hinzu:
»Wenn man den Zustand unserer Welt betrachtet,
kann man diesen Satz natürlich in Zweifel ziehen« – um dann,
als er merkt, dass er sich in eine schwierige,
den liturgischen Ablauf sprengende Lage gebracht hat,
zu sagen: »Aber (!) jetzt wollen wir erst einmal in der Liturgie fortfahren.«

»Ambivalenz ist das mindeste, womit man
bei den gegenwärtigen Weltverhältnissen rechnen muss.«[79]

Wenn jemand sagt »ich glaube«, sind damit – je nach Kontext – recht unterschiedliche menschliche Aktivitäten bezeichnet: In einem ersten Sinn ist darauf angespielt, dass er nicht genau weiß, wovon er redet, sondern eher vermutet, etwas für wahrscheinlich oder möglich hält, etwas annimmt. Hier steht das Moment des Nicht-genau-Wissens, der Ungenauigkeit, der Unsicherheit und des trotzdem darauf Vertrauens im Vordergrund (▸ ausführlicher Kap. 7). Diese Art des Glaubens und Wähnens ist mit einem ziemlich hohen Maß an Ambivalenz besetzt. Denn es stellt sich schnell die Frage: Wenn ich nur ungenau Bescheid weiß, worauf kann ich mich dann verlassen? Gibt es überhaupt einen verlässlichen Grund des Denkens und Lebens?

---

78 Zweites Sendschreiben an Herrn Dr. Lücke. Abgedruckt In: Schleiermacher-Auswahl,1968, 146.
79 Welsch [5]1998, 192.

Gleichzeitig ist klar, dass diese Art des Glaubens als Nicht-Genaues-Wissen, aber trotzdem Für-wahr-haltens einen Grundvollzug des Alltagslebens überhaupt bezeichnet, dessen Ausmaß immer weiter zunimmt: Je mehr sich Wissenschaften differenzieren und spezialisieren, desto mehr sind die Zeitgenossen darauf angewiesen, Aussagen anderer quasi unbesehen für wahr zu halten. Das beginnt mit Alltagsdingen: Wie ein Diesel-Motor oder ein Computer funktionieren, wissen die meisten nicht, sie müssen es sich erklären lassen und davon ausgehen, dass die Erklärung stimmt; oder, weit häufiger, auch ohne Erklärung auf das angemessene Funktionieren der Gegenstände vertrauen. Es setzt sich fort im Blick auf die Grundlagen unseres Lebens: Was bedeutet die Rede vom Klimawandel? Wie funktioniert unsere kapitalistische Geldwirtschaft? Ist eine schulmedizinische oder eine »alternative« Heilmethode bei einer schweren Krankheit die angemessene? In diesem vagen Sinn müssen wir alle bestimmten Erklärungen und Theorien »glauben«.

Glaube in einem traditionell-religiösen Sinn steht in deutlichem Gegensatz zu der alltagspraktischen Bedeutung. Glaube(n) bezeichnet hier eine Haltung, eine Beziehung des Vertrauens, der Gewissheit, der Festigkeit und Eindeutigkeit; diese Art von Glauben gibt an, worauf jemand sich verlässt, worauf er vertraut, woran jemand sein Herz hängt, wie Luther formuliert hat – und zwar im zwischenmenschlichen wie im religiösen Sinn: Ich vertraue dir, ich verlasse mich auf dich, ich glaube an dich, ich bin gewiss, dass diese Aussage tragfähig ist, ich gehe sicher davon aus, dass dieser Sachverhalt stimmt etc. – solche Sätze kann ein Mensch an einen anderen Menschen oder auch an einen wie immer vorgestellten unbedingten Grund des Seins, an Gott, richten. Diese Art von Glauben wird entschieden als Gegenteil von Ambivalenz begriffen. Beispiele aus der theologischen Literatur können das vielfältig belegen:

- »Unter Glaube verstehe ich die Gewissheit, die mein Leben trägt. Diese Gewissheit bezieht sich auf Gott und die Welt zugleich. Sie äußert sich in einem Vertrauen auf Gott, in dem alle Dinge ihren Ursprung und ihr Ziel haben; und sie äußert sich in einem Vertrauen auf die Welt, in der ich zu Hause sein kann, weil ich mich auf Gott verlasse ...«[80]
- »*Glaube* bezeichnet nach christlichem Verständnis *das grundlegende, daseinsbestimmende Vertrauen oder Sich-Verlassen eines Menschen auf ein Gegenüber*, von dem man mit Luther ... sagen kann: Dasjenige, worauf ein Mensch sich so verlässt, ist sein Gott (oder sein höchstes Gut oder die für ihn absolute Autorität). Drei Bestandteile dieser Formel sind besonders wichtig ...: Glaube ist ein *Vertrauen*, das *unbedingt* ist und sich auf ein bestimmtes *Gegenüber* richtet.«[81]
- »Glaube ist ein unbedingtes Vertrauen, dass unser Leben inmitten aller Dinge sinnvoll ist.«[82]

---

80 Huber [2]2008, 10.
81 Härle [3]2007, 56f.
82 Theißen [2]2012, 15.

In solchen Definitionen und Umschreibungen kann der Eindruck entstehen, als ob Glaube vom Ende der Eindeutigkeit ausgenommen wäre, als ob er einen letzten, unbedingten Halt hätte, einen unerschütterlichen Fels in der Brandung der Pluralität und Relativität darstellte. Glaube wäre dann gleichsam der archimedische Punkt, von dem her sich die Welt mit ihrer verwirrenden, herausfordernden und ängstigenden Vielfalt ertragen und bewältigen ließe. Zweifellos gibt es viele Menschen, die so denken, die sich eine solche Art von Glauben, von Gewissheit, von Sicherheit und Eindeutigkeit wünschen bzw. sie dergestalt auch empfinden und leben. Der obige Abschnitt über den Fundamentalismus hat das verdeutlicht; es gibt sicher viele Menschen mit fundamentalistischen Tendenzen. Die christliche Dogmatik insgesamt neigt dazu, zweifelsfreie Thesen und Erklärungen zu entwickeln in der Absicht, ein Höchstmaß an Klarheit, Vernünftigkeit und Transparenz im Blick auf religiöse Aussagen zu gewährleisten. Ein traditioneller kirchlicher Unterricht orientiert sich an den Antworten eines Katechismus und schränkt damit die in der Gegenwart unhintergehbare religiöse Autonomie, die Chance und die Notwendigkeit, eigene Fragen zu formulieren und vorläufige Antworten zu suchen, ein.

Ist ein solches Verständnis des Glaubens in der Postmoderne realitätsbezogen und hilfreich? In diesem Modell wird Glaube zu einer Art Gegenwelt gemacht, zu einem Kontrastprogramm, das seine Kraft aus dem Widerstand gegen die Pluralität der Alltagswelt bezieht. Die Alltagswelt kann dann nur als nicht verlässlich, als verwirrend und vieldeutig wahrgenommen werden; zu ihrer theologischen Wertung als sündig und verworfen ist es dann nicht weit. Einer solchen Welt muss man sich entgegen stellen, sich von ihr abgrenzen, sie in Schach zu halten suchen. Papst Benedikt hat verschiedentlich vor einer »Diktatur des Relativismus« gewarnt und ihr »einen klaren Glauben nach dem Credo der Kirche« gegenüber gestellt.[83]

Aber ein solcher Dualismus erscheint kaum als hilfreiche Unterstützung bei der Lebensbewältigung im Alltag; kognitive und emotionale Spaltungen haben immer zur Konsequenz, dass sie zwar auf den ersten Blick ein Gefühl von Sicherheit erhöhen, gleichzeitig aber zu einer eingeschränkten Wirklichkeitswahrnehmung und zu Intoleranz gegenüber Andersdenkenden führen. Die Frage muss vielmehr sein, wie ein Glaubensverständnis anschlussfähig sein kann an das Lebensgefühl vieler Zeitgenossen, bzw. wie die oben im Anschluss an Zygmunt Bauman skizzierte Gesellschaftsdiagnose konstruktiv auch für religiöse Menschen aufgegriffen werden kann.

In diesem Dilemma weiterführend erscheint zunächst eine formale Bestimmung dessen, was Glaube in einem religiösen Sinn bedeuten kann: Glauben bezeichnet »das menschliche Vermögen, Selbst-, Welt-, Zeit- und Gottesbilder zu konstruieren,« und, wie ich hinzufüge, *sich von diesen Bildern bestimmen zu lassen.*[84] Allerdings fällt dieses Sich-Bestimmen-Lassen in seiner Intensität sehr unterschiedlich aus: Die einen lassen sich in ihrem Alltagsverhalten nur oberflächlich von ihren Welt- und Gottesbildern beeinflussen, da trifft die genannte erste Bedeutung »vermuten, für wahrscheinlich

---

83 Vgl. http://www.dbk.de/fileadmin/redaktion/veroeffentlichungen/verlautbarungen/VE_168.pdf
84 Kemnitzer 2013, 20. Bei Kemnitzer fehlt allerdings der letzte Halbsatz und damit eine entscheidende emotionale und verhaltensbezogene Qualifikation des Glaubens.

oder möglich halten« zu; andere dagegen lassen sich in hohem Maß von ihren Welt-
und Gottesbildern prägen, sie sind davon erfüllt, richten ihr ganzes Verhalten nach
den Grundannahmen, Vorgaben und Regeln dieser Bilder aus und vertrauen auf ihre
Gültigkeit.[85]

Damit erscheinen die beiden Typen des Glaubens als unterschiedliche Punkte auf
einem Kontinuum mit vielen Zwischenstationen, und nicht mehr als sich ausschlie-
ßende Gegensätze.

Vermutung   Vertrauen   Gewissheit

Abb. 1: Kontinuum des Glaubens

Glaube ist dann in einem variablen »Zwischen« angesiedelt: Zwischen Vermuten und
Vertrauen, zwischen Für-wahrscheinlich-halten und gewiss sein, zwischen Aufbrechen und Neues-Suchen einerseits und sich unabänderlich Festmachen in einer bestimmten Tradition andererseits.

Damit wird bereits deutlich, in wie hohem Maß Glaube mit Ambiguität und Ambivalenz verwoben ist. Man kann von Glauben nicht losgelöst vom konkreten Lebensvollzug von Individuen und Gruppen sprechen: Je nach Lebenslage und Lebensumständen bewegt sich ein Mensch an unterschiedlichen Punkten dieses Kontinuums,
fühlt sich im Blick auf den Sinn und Grund seines Lebens mal relativ sicher und
fraglos, und erlebt sich im nächsten Moment, wenn sich die Lebenslage oder der
Input an Informationen verändert, als eher unsicher, zweifelnd und suchend. Diese
»Beweglichkeit« des Glaubens geht in den normativen Definitionen von Glauben als
Vertrauen und Gewissheit verloren und führt dazu, dass sich Menschen verunsichert
fühlen oder gar Schuldgefühle entwickeln, weil sie vermeintlich nicht fest und eindeutig genug glauben.

Zum Kontinuum des Glaubens gehört außerdem die Frage nach den Funktionen,
welche die konstruierten bzw. übernommenen Bilder erfüllen können: Dienen sie
dazu, die Vielfalt der Wirklichkeit abzuwehren, sie zu vereinfachen und auf wenige
übersichtliche Faktoren zu reduzieren? Oder erfüllen sie den Zweck, die Komplexität
der Realität wahrzunehmen, wertzuschätzen und zu einem spielerischen Umgang mit
eben dieser Komplexität anzuregen? Es ist also jeweils zu prüfen, ob Glaube der
Ambivalenzabwehr dient oder ambivalenzproduktiv fungiert.

Auch in der Praxis des Glaubens und der Kirche insgesamt macht es einen großen
Unterschied, ob man in der Auslegung von biblischen Texten sowie in der Gestaltung
von Ritualen und Verkündigung auf Harmonie und Übereinstimmung, auf Beheimatung,
Geborgenheit und Festigkeit abzielt, oder ob man Freude an Differenz entwickelt,[86] also
Dissonanzen der Textbestände und biblischen Vorstellungen untereinander herausarbei-

---

85 Diese Beschreibung entspricht der in der Religionspsychologie getroffenen Unterscheidung
    eines extrinsisch und eines intrinsisch motivierten Glaubens. Vgl. Grom 1992, 375f.
86 Vgl. den gleichnamigen Artikel von Abesser 2012.

tet, auf Differenzen und Friktionen im Gegenüber von Lebenswirklichkeit und biblischen Verheißungen achtet und die Unterschiedlichkeit der vielen Glaubensvorstellungen und -ausdrucksformen hervorhebt. Man kann, kurz gesagt, *den Glauben eher Ambiguitäts- und Ambivalenz-vermeidend oder Ambiguitäts- und Ambivalenz-fördernd und –wertschätzend auslegen, zum Ausdruck bringen und gestalten.*

Damit sind für die kirchliche Praxis zentrale Tendenzen benannt. Viele Menschen empfinden Ambivalenzen in dem, wie und was sie glauben. Werden sie in der Wahrnehmung und Ausübung ihrer (religiösen) Autonomie von der kirchlichen Verkündigung gefördert und unterstützt, sich dieser Ambivalenzen bewusst zu werden, sie genauer zu erforschen und den darin enthaltenen Bedeutungsreichtum genauer kennen zu lernen (▶ ausführlicher Kap. 9)? Oder werden sie latent und manifest gedrängt, möglichst nach Eindeutigkeit und Gewissheit zu streben und alle Abweichungen zu ignorieren? In letzterem Fall scheint es mir kein Wunder, wenn sich Menschen von der Kirche und ihrer Verkündigung abwenden, weil sie dann keinen Zusammenhang zwischen der Verkündigung und ihrer Alltagswirklichkeit mehr herstellen können. Wenn unsere Lebenswirklichkeit in so hohem Maß von Ambiguitäten und Ambivalenzen durchzogen ist, muss sich das auch im Glauben, in der religiösen Orientierung spiegeln; andernfalls stellt der Glaube einen nicht integrierbaren Fremdkörper im Alltag der Menschen dar.

2. Ambivalenz und Ambivalenztoleranz: psychologische Aspekte

2.1 Zur Vorgeschichte in Mythologie und Literatur

Vom Phänomen der Ambivalenz wird in Dichtung, Mythologie und Philosophie seit der Antike häufig erzählt, natürlich ohne Gebrauch des modernen terminus technicus. Die ambivalenten Dimensionen menschlichen Fühlens, Denkens und Verhaltens sind seit Menschengedenken gut bekannt;[1] sie bilden das Spannungspotential, aus dem heraus viele Geschichten ihre Dynamik beziehen. Bei der Eindringlichkeit, mit der in Mythologie und Belletristik das Phänomen immer wieder geschildert wird, kann man sich im Grunde nur wundern, dass es so lange gedauert hat, bis ein prägnanter Terminus dafür gefunden wurde. Exemplarisch sollen hier drei kurze Hinweise zur Vorgeschichte des Begriffs gegeben werden:[2]

In der *griechischen Mythologie*, die mit manchen Motiven auch für die moderne Psychologie prägend geworden ist (z. B. in den Begriffen Narzissmus oder Oedipus-Komplex), finden sich zahlreiche Sagen, die ambivalente Gefühle und entsprechendes Verhalten schildern. So wird beispielsweise in der *Prometheus-Sage* erzählt, wie Prometheus Menschen nach dem Ebenbild der Götter aus Ton formt.[3] Er entlehnt aus den Tierseelen gute und böse Eigenschaften und schließt sie in die Brust des Menschen ein. Prometheus macht sich zum Anwalt der Menschen und betrügt die Götter, nicht zuletzt indem er den Menschen das Feuer gibt – eine Gabe, die Zeus ihnen gerade vorenthalten wollte. Daraufhin sinnt Zeus auf Rache: Er lässt den Feuergott Hephaistos das Scheinbild eines schönen Mädchens anfertigen, die von Aphrodite »allen Liebreiz« bekommt. »Also hatte Zeus unter der Gestalt des Guten ein blendendes Übel geschaffen und nannte sie Pandora, das heißt die Allbeschenkte, denn jeder der Unsterblichen hatte dem Mägdlein irgendein unheilbringendes Geschenk für die Menschen mitgegeben.« Die Menschen, die bislang in paradiesischen Umständen »frei von Übel, ohne beschwerliche Arbeit, ohne quälende Krankheit« lebten, sind von ihrer unvergleichlich schönen Gestalt angezogen und nehmen sie mit Freuden

---

1 Merton & Barber 1963, 91 schreiben: »Long before the term was coined, man's experience of ambivalence, of being pulled in psychologically opposed directions – had of course been endlessly noted ... It could scarcely be otherwise. No observer of the human condition could long fail to note the gross facts of mingled feelings, mingled beliefs, and mingled actions. He had only to look inward at his own psyche or outward at the behaviour of others.«

2 Lüscher/Pillemer 1995, 18ff. referieren ausführlicher die Ambivalenz in Generationenbeziehungen im antiken Griechenland, vor allem zwischen Vätern und Söhnen.

3 Im Anschluss an Schwab 1986, 21–26.

auf. Pandora im Gegenzug öffnet den Deckel der von ihr mitgebrachten Dose und alle denkbaren Übel verbreiten sich über die Erde.

Wer diese und andere Sagen liest oder hört, wird von höchst zwiespältigen Gefühlen ergriffen angesichts des doppelzüngigen Verhaltens sowohl der Götter als auch des Prometheus. Aber eben: Die Akteure werden dargestellt als solche, deren Motive ständig doppelbödig erscheinen (sollen); die sich gegenseitig betrügen wollen, aber den Betrug durch eine freundliche Gabe kaschieren, die ständig in von Liebe und Hass, Zuneigung und Eifersucht, Treue und Untreue geprägten Beziehungen leben. Insofern bekommen die Hörer und Leser dieser Sagen ein entsprechendes ambivalentes Götter- und Menschenbild: So zwiespältig, so doppelbödig empfinden und handeln die Götter – und die Menschen machen es ihnen ständig nach. Die Sage führt die Zwiespältigkeit, die Ambiguität und Ambivalenz menschlichen Verhaltens, wie man sie tagtäglich erleben kann, auf das Verhalten der Götter zurück und legitimiert sie damit.

In vergleichbarer Weise wird im *Alten Testament* ausführlich von Erfahrungen der Ambivalenz erzählt.[4] Beispielhaft kann man das an der *Jakob- und Esau-Erzählung* (Gen 25ff.) zeigen. Esau, dem von Rebekka und Isaak Erstgeborenen, steht nach damaligem Recht das Erbe seines Vaters zu; Gott selbst wird hier jedoch als einer dargestellt, der dieses eindeutige Recht von Anfang an zu sabotieren und in sein Gegenteil zu verkehren gesonnen zu sein scheint. Bereits in ihrer Schwangerschaft bekommt Rebekka folgenden Orakelspruch zu hören: »Zwei Völker sind in deinem Leib, und zweierlei Volk wird sich scheiden aus deinem Leibe und ein Volk wird dem anderen überlegen sein, und der Ältere wird dem Jüngeren dienen«(Gen 25,23). Die göttliche Stimme des Orakels stellt die damalige Sozialordnung auf den Kopf – welch' ein Skandal! Vor diesem Hintergrund erscheint es nur folgerichtig, dass Rebekka als Mutter zielstrebig daran arbeitet, dem ihr nahestehenden jüngeren Sohn Jakob das Erstgeburtsrecht und den Segen des Vaters mit allen, auch unlauteren, Mitteln zu verschaffen und auf diese Weise dem Orakelspruch zu seinem Recht zu verhelfen.[5] Jakob wird durch die Aktivitäten der Mutter zum Betrüger – aber weit davon entfernt, dafür bestraft zu werden, wird ausführlich geschildert, wie Gott ihn trotzdem erwählt und ihn auf seinen gefahrvollen Wegen schützend begleitet. Der Leser dieser Geschichten muss geradezu ambivalente Gefühle gegenüber den Akteuren, die in dieser »Schmierenkomödie« mitspielen, entwickeln, denn Gott selbst wird hier als jemand dargestellt, der Recht setzt und es gleichzeitig bricht, der Jakob zum Betrug durch seine Mutter anstiftet und ihn zugleich vor Bestrafung schützt und sogar zum Ahnherrn des Volkes Israel erwählt. So zwiespältig ist die Welt, so widersprüchlich verläuft menschliches Handeln, und Gott lässt es zu und macht seine Erwählung nicht von moralischer Rechtschaffen-

---

4 Ausführlicher dazu Dietrich 2009, 69–122.

5 Es ist eine Einsicht moderner historisch-kritischer Exegese, dass Aussagen wie die von Gen. 25,23 dazu dienen, soziale Gegebenheiten zur Zeit der Entstehung dieses Textes gewissermaßen zurückzudatieren und entsprechend zu legitimieren. Jahrhundertelang ist der Text so gelesen worden, dass er die damalige soziale Ordnung auf göttliche Anordnung zurückführt.

heit abhängig: zu dieser Schlussfolgerung muss man als Hörer oder Leserin dieser Geschichten kommen. Gibt es noch Verlässlichkeit und Eindeutigkeit? Oder geht es eher darum, Zwiespältigkeit als unvermeidlich, als ein Grundmotiv des Lebens, anzuerkennen, und zu lernen, damit zu leben?

Ein Gang durch die *Literaturgeschichte* unter der Perspektive der ambivalenten Motive und Gefühle ihrer Hauptfiguren wäre ein höchst reizvolles und zugleich uferloses Unterfangen. Erinnert sei nur an die großen Dramen von Shakespeare, in denen die zwiespältigen Einstellungen und Gefühle der Akteure eine herausragende Rolle spielen. In seinem Drama »Othello« beispielsweise zeigt Shakespeare, wie schnell Liebe und Eifersucht, Liebe und Hass sich abwechseln, einander durchdringen und zu schlimmen Verwirrungen bis hin zu Mord und Totschlag führen.

Besonders ausgeprägt erscheint die Ambivalenzthematik in *Fjodor Dostojewskis Roman »Rodion Raskolnikow. Schuld und Sühne«*.[6] Der Student Raskolnikow wird als ein von extrem ambivalenten Gefühlen durchdrungener Mensch gezeichnet. Gleich zu Beginn deutet der Roman an, dass Raskolnikow den Plan gefasst hat, die alte Pfandleiherin, von der er sich in seiner materiellen Not verschiedentlich Geld leihen musste, umzubringen – gleichzeitig erfasst ihn tiefer Ekel vor sich selbst, dass sein Herz zu einem solchen Schmutz, wie er sagt, fähig zu sein scheint. Immer mehr beschäftigt ihn der Plan, sie umzubringen; zufällig hört er ein Gespräch, in dem ein anderer Student über eben diese alte Pfandleiherin sagt, sie sei ein altes, böses, minderwertiges Weib, wenn man sie töte, könne man mit ihrem Geld viel Gutes tun und jungen Menschen helfen. Raskolnikoff kennt die gleichen Gedanken von sich; und gleichzeitig heißt es: »Er konnte sich zum Beispiel in keiner Weise vorstellen, dass er jemals aufhören werde, an dieses Vorhaben bloß zu denken, dass er wirklich aufstehen und einfach dorthin gehen werde ...«[7]

Dostojewskis Roman gibt ausführliche Einblicke in die von tiefer Ambivalenz zerrissene Seele eines Menschen. Dostojewski macht bewusst, was viele nicht wahrnehmen (wollen), was bei vielen ins Unbewusste abgedrängt und entsprechend verleugnet wird. Nicht zufällig ist Dostojewski als ein dichterischer Vorläufer der Psychoanalyse Sigmund Freuds bezeichnet worden, der in belletristischer Form das darstellt, was Freud später in wissenschaftlicher Terminologie entfaltet hat.

Diese kurzen Hinweise sollen zeigen: Das Phänomen Ambivalenz, die gleichzeitige Widersprüchlichkeit im Denken, Fühlen und Handeln, ist in der Geschichte der Menschheit seit langem bekannt gewesen und in seinen vielen Facetten immer wieder erzählerisch dargestellt worden. Trotzdem ist es wohl kein Zufall, dass der Begriff erst zu Beginn des 20. Jahrhunderts auftaucht: im Kontext der Psychiatrie, in dem ambivalente Phänomene in extremer, pathologischer Ausprägung zu beobachten sind, und zu Beginn eines Jahrhunderts, in dem die Pluralisierung der Welt und damit des menschlichen Erlebens rasante und qualitativ neue Fortschritte gemacht hat.

---

6 Dostojewski 1992.
7 Dostojewski, ebd. 99.

2.2   Eugen Bleuler (1857–1939)

Der Schweizer Psychiater Eugen Bleuler (Direktor der psychiatrischen Klinik Burghölzli, wo er zeitweise der Vorgesetzte von C.G. Jung war, und Professor für Psychiatrie in Zürich), prägt 1910 in einem Vortrag den Begriff der Ambivalenz und entfaltet ihn 1914 ausführlicher.[8]

Bleuler wählt in seinem Text von 1914 als Einstieg die Fallgeschichten von zwei schizophrenen Frauen: Die eine klagt ständig, dass sie die Anstalt verlassen will; als man ihr eben diese Möglichkeit eröffnet, nimmt sie sie nicht wahr: »Sie betont die Idee der Entlassung mit zweierlei Gefühlen: einerseits möchte sie gern wieder ihr eigener Meister sein; andererseits weiß sie sich in der Anstalt vor allen Schwierigkeiten des Lebens geschützt … Die gespaltene Psyche der Kranken führt Buch über Aktive und Passive, vermag aber die beiden Wertungsreihen nicht zu einer einheitlichen Bilanz zu verdichten.«[9] Die zweite Frau hat ihr Kind umgebracht; sie weint über dessen Tod, gleichzeitig zeigt ihre Mimik deutliche Züge von Lachen: »Sie liebt ihren Mann nicht, und das Kind dieses Mannes ist ihr ein Gräuel; deshalb hat sie es getötet und lacht darüber; es ist aber auch ihr Kind, und deshalb liebt sie es und weint über seinen Tod.«[10]

Die *Gleichzeitigkeit gegensätzlicher Gefühle* ist in beiden Fällen mit Händen zu greifen, der Psychiater zieht daraus die Konsequenz: »Wir finden denn überall bei andern Kranken wie Gesunden solche ambivalenten Komplexe und können zugleich konstatieren, dass sie unsere Psyche ganz besonders beeinflussen.«[11] Hervorzuheben ist hier nun der ohne weitere Fragen vollzogene Übergang von einem krankhaften zu einem »normalen« Phänomen: die Ambivalenz des psychischen Schmerzes, »die Wonne des Martyriums, des Beleidigtseins«; auch die Beziehungen zwischen Mann und Frau, in der trotz liebevoller Zuneigung Enttäuschungen und Ärger über Schattenseiten der anderen Person nicht zu vermeiden sind, zeichnen sich, so Bleuler, durch vielfältige Ambivalenzen aus. »Bei diesen Dingen allerhöchster psychischer Dignität kann auch der Gesunde nur selten das Fazit aus positiv und negativ ziehen; man bringt es weder zu einem Verzicht noch zu einem glücklichen Zusammenleben. *Die beiden Tendenzen bleiben unvereinigt und unabgeglichen nebeneinander bestehen*, ein Umstand, der wohl die häufigsten und schwersten Konflikte des Ehelebens und der Psyche überhaupt schafft.«[12] Ambivalenzen lösen Konflikte aus oder sind Ergebnis von Konflikten; als solche jedoch gehören sie zum Alltagsleben eines jeden Menschen. Sie stellen zunächst kein Zeichen eines krankhaften Zustandes dar; krankhaft ist vielmehr die Unfähigkeit, Ambivalenzen überhaupt wahrzunehmen und mit ihnen umzugehen.

---

8 Im Zentralblatt für Psychoanalyse 1/1911, 266–268 wird auf eineinhalb Seiten der Extrakt eines Vortrags von Bleuler über Ambivalenz wiedergegeben. 1914 erscheint dann ein ausführlicherer Aufsatz, Bleuler 1914, 95–106.

9 Bleuler 1914, 95.

10 Bleuler ebd., 96.

11 Bleuler, ebd. 96.

12 Bleuler, ebd. 97 (Hervorhebung von mir, M.K.).

In dem Vortrag von 1910 hatte Bleuler verschiedene Ausprägungen von Ambivalenz genannt:

- *affektive Ambivalenz* bezeichnet positive und negative Gefühle gleichzeitig (z. B. Liebe und Hass) gegenüber ein und demselben Objekt;
- *voluntäre Ambivalenz* (auch Ambitendenz genannt) meint widersprüchliche Wünsche im Blick auf ein und dasselbe Objekt, so dass eine Entscheidung schwer fällt;
- *intellektuelle Ambivalenz* bezeichnet den Sachverhalt, dass man widersprüchliche Vorstellungen und Gedanken gegenüber einem Objekt haben kann.

Diese Formen weist Bleuler im späteren Text von 1914 ausführlicher in den Bereichen von Sexualität, Traum, Dichtung, Religion und Mythologie nach. Seine kurze Bezugnahme auf Ambivalenz im Bereich von Religion sei hier zitiert – im Vorgriff auf die späteren Kapitel dieses Buches: »Je fanatischer ein Atheist ist, um so mehr Gottesglauben hat er noch in sich selbst zu bekämpfen. Zwischen Saulus und Paulus steht ebenso wenig ein psychologischer Unterschied wie zwischen einem zu Tränen gerührten und einem fröhlichen Sanguiniker.«[13]

In all diesen kulturellen Bereichen bilden ambivalente Strebungen gleichsam den produktiven, den kreativen Kern von Beziehungen, von künstlerischen oder religiösen »Produkten«, mit der erstaunlichen Begründung, dass »*abgeschlossene Ideen uns kaum mehr lebhaft bewegen können.*«[14] Ambivalenzen lösen innere Bewegung aus, oder sind das Ergebnis innerer Bewegungen, und gerade darin sind sie anregend und reizvoll. Andererseits – und hier zeigt sich die Ambivalenz der Ambivalenz – bedeuten Ambivalenzen auch eine »Erschwerung des Lebens«; sie führen »oft direkt zu Neurosen.«[15]

Einige Bemerkungen zu Bleulers Konzept scheinen mir notwendig, weil Bleuler diesen Terminus »erfunden« hat und ihn in nicht immer konsistenter Weise verwendet:

- Bleulers verdienstvolle Einführung des Begriffs der Ambivalenz leidet darunter, dass er latent dem Gegensatz von »krank – gesund« verhaftet bleibt. Zwar sagt er wiederholt, dass Ambivalenz auch das Seelenleben der Gesunden charakterisiere, es scheint aber doch so, dass er eher die Gefahren als das Potential dieser Erlebensweise im Blick hat.
- Weil Bleuler letztlich auf die krankmachenden Wirkungen von Ambivalenz fixiert bleibt[16] (und das erscheint aus seiner Erfahrung mit damals sogenannten Geisteskranken nachvollziehbar), übersieht er die gegenwärtig als common sense vertre-

---

13 Bleuler, ebd. 99.
14 Bleuler, ebd. 104. Es sei hier nur kurz darauf verwiesen, dass dieser Satz für die kirchliche Verkündigung natürlich erhebliche Implikationen hat (▸ Vgl. Kap. 9).
15 Bleuler, ebd. 106.
16 Das wird besonders deutlich in Bleulers Lehrbuch der Psychiatrie von 1916. Zunächst weist er darauf hin: »schon der Normale fühlt etwa zwei Seelen in seiner Brust, er fürchtet ein Ereignis und wünscht es herbei, z. B. eine Operation, die Übernahme einer neuen Stellung …« um dann wenig später fortzufahren: »Solche ambivalente Gefühlsbetonungen sind aber beim Gesunden die Ausnahme …« (92).

tene These, dass gerade die Verleugnung und Abspaltung von Ambivalenz krank macht, während es ein Zeichen psychischer Gesundheit und Reife gelten muss, Ambivalenz anzuerkennen und im Fühlen, Denken und Handeln entsprechend zu berücksichtigen.[17]

- Trotz dieser Einschränkung kann man Bleuler in gewisser Weise als Wegbereiter postmoderner Identitätstheorien sehen, die Identität oder das Selbst nicht mehr als in sich geschlossene Entität, sondern als Mosaik oder Puzzle aus verschiedenen Identitätsbausteinen begreifen (▶ Kap. 1.1).

2.3 Carl Gustav Jung (1875–1961)

In der gedruckten kurzen Wiedergabe des Vortrags Eugen Bleulers von 1910 wird auf die anschließende Diskussion dieses Vortrags Bezug genommen. C.G. Jung wird dort zitiert mit dem Satz: »Der Begriff der Ambivalenz ist wahrscheinlich eine wertvolle Bereicherung unseres Begriffsschatzes. Im Gleichen kann das Gegensätzliche liegen. Altus = hoch und tief. Es gibt eine Schmerzwollust. Es handelt sich also nicht um ein Nacheinander, sondern um ein Ineinander, ein zugleich Gegebenes.«[18]

Obwohl Jung den Begriff als wertvolle Bereicherung bezeichnet, verwendet er selbst ihn in seinem Werk fast gar nicht; da, wo die Sache anklingt, erscheint sein Verständnis doch anders akzentuiert als bei Bleuler oder dann bei Freud. Für Jung ist das gesamte Seelenleben polar strukturiert, in Gegensätzen, die aber untrennbar miteinander verbunden sind, letztlich in einem tieferen Sinn eine Einheit bilden. Jung spricht von der *Gegensatzproblematik* und der *Gegensatzvereinigung*. »Schon die ersten Vorstöße der werdenden Psychotherapie in das Gebiet der eigentlichen Psychologie führten zur Kollision mit der der Psyche im Tiefsten eigentümlichen Gegensatzproblematik. Die Struktur der Psyche ist in der Tat dermaßen kontradiktorisch oder kontrapunktisch, dass es wohl keine psychologische Feststellung oder keinen allgemeinen Satz gibt, zu dem man nicht sofort auch das Gegenteil behaupten müsste ...«[19] Diese Gegensätzlichkeit wird aufgehoben – oder sollte aufgehoben werden – in der Ganzheit, die ein Gleichgewicht der spannungsvollen Pole darstellt: »Die Ganzheit und Erfüllung des Lebens erfordert ein Gleichgewicht von Leid und Freude«.[20] An Stelle der Ganzheit spricht Jung auch von dem grundlegenden Prinzip der Kompensation: »Die Seele als ein selbstregulierendes System ist balanciert wie das Leben des Körpers. Für alle exzessiven Vorgänge treten sofort und zwangsläufig Kompensationen ein, ohne sie gäbe es weder einen normalen Stoffwechsel, noch eine normale Psyche. In diesem Sinn kann man die Kompensationslehre als eine Grundregel für das psychische Verhalten überhaupt erklären. Das Zuwenig hier

---

17 Vgl. Waldvogel [2]2002, 55–59; vgl. Lüscher 2010.
18 Zentralblatt für Psychoanalyse 1, 1911, 267.
19 Jung, GW 16 § 177f.
20 Jung, GW 16 § 185.

erzeugt ein Zuviel dort. So ist auch das Verhältnis zwischen Bewusst und Unbewusst ein kompensatorisches ....«[21].

Die Kompensationslehre Jungs bezeichnet ein Grundprinzip des seelischen Lebens und keinen Konflikt. Jeder Gedanke, jedes Gefühl, jede Einstellung ist von seinem Gegenteil, von seinem Gegenimpuls begleitet. Die Aufgabe des Menschen besteht darin, diese ständigen Gegensatzspannungen im Gleichgewicht zu halten; Störungen und Neurosen entstehen, wenn das Gleichgewicht durcheinander gerät und eine Seite der Spannung ein deutliches und bleibendes Übergewicht bekommt.

Jung verwendet den Begriff der Ambivalenz nicht, beschreibt jedoch ähnliche Vorgänge. Für die Begriffsgeschichte der Ambivalenz hat er nichts Neues beigetragen.

2.4 Sigmund Freud (1856–1939)

Der Begründer der Psychoanalyse ist in einem doppelten Sinn für das Verständnis des Begriffs der Ambivalenz von Bedeutung: Zum einen geht es um die Art der Hermeneutik, die Freud entwickelte, zum anderen um seine Beobachtungen am Verhalten von Patienten und die daraus resultierenden konzeptionellen Schlussfolgerungen für die Struktur des Seelenlebens.

2.4.1 Psychoanalyse als Hermeneutik und ihre Ambivalenzen

Freud unterscheidet in seiner bahnbrechenden Schrift »Traumdeutung« von 1900, in der die Psychoanalyse de facto als Hermeneutik begründet wird, den manifesten Trauminhalt vom latenten Traumgedanken. Den manifeste Trauminhalt, an den wir uns beim Aufwachen erinnern und der uns in den meisten Fällen auf den ersten Blick rätselhaft bis unsinnig erscheint, versteht Freud als Ergebnis eines komplexen Verarbeitungsprozesses (Traumarbeit): Am Beginn eines solchen Prozesses stehen unbewusste (sexuelle oder aggressive) Wünsche und Strebungen, die der Zensur des Bewusstseins und seinen internalisierten Normen anstößig erscheinen und deswegen – vor allem durch die Mechanismen von Verdichtung und Verschiebung – so verarbeitet werden, dass sie als manifester Trauminhalt »durchgehen«; dieser so veränderte Inhalt wirkt jetzt nicht mehr anstößig, wird aber meistens nicht mehr verstanden. Die Deutungsarbeit im Kontext einer psychoanalytischen Therapie besteht darin, diesen Verarbeitungsprozess Stück für Stück rückgängig zu machen und sich den latenten Traumgedanken zu nähern. Das geschieht durch die freien Assoziationen, die im Kontext der einzelnen Traumsequenzen auftauchen.

Für unseren Zusammenhang ist entscheidend, dass es in diesem Prozess der Traumdeutung keine objektiv als »richtig« oder »falsch« festgeschriebene und ein für alle Mal gültige Deutung gibt, sondern nur Annäherungen, die prinzipiell immer überholbar, immer revidierbar sind. Der latente Inhalt provoziert Assoziationen

---

21 GW 16 § 330f.

beim Patienten wie beim Analytiker; die heutigen Assoziationen erschließen einen Zusammenhang, der morgen schon durch neue Einfälle überholt werden kann (»die Einsicht von heute ist der Widerstand von morgen«) und einem anderen Verstehenszusammenhang weichen muss. Der Sinn einer Traumdeutung – und man könnte hinzufügen: einer Textdeutung oder Gesprächsdeutung – »bleibt möglich, wenn auch unerwiesen; man muss sich mit der Tatsache einer solchen Vieldeutigkeit der Träume befreunden. Diese ist übrigens nicht jedes Mal einer Unvollkommenheit der Deutungsarbeit zur Last zu legen, sie kann ebenso wohl an den latenten Traumgedanken haften.«[22] Der letzte Halbsatz sagt nichts Anderes als dass der Bedeutungsüberschuss der Traumgedanken unendlich ist und niemals vollständig eingeholt werden kann. Deswegen kommt eine Traumdeutung, eine Analyse, eine Textdeutung zu keinem vollständigen Abschluss; aus pragmatischen Gründen beendet man irgendwann den Deutungsprozess, nicht aber, weil der Inhalt endgültig ausgeleuchtet wäre.

Eine Deutung[23] – Freud schlägt vor, es wäre angemessener, sie Konstruktion zu nennen – ist immer unvollständig, da sie unvermeidlich »nur ein Stückchen des vergessenen Geschehens erfasst«; sie ist immer nur eine »Vermutung, die auf Prüfung, Bestätigung oder Verwerfung wartet.«[24]

Zygmunt Bauman fasst diesen Ansatz so zusammen: »Gewissheiten sind nicht mehr als Hypothesen, Geschichten nicht mehr als Konstruktionen, Wahrheiten nicht mehr als zeitweilige Stationen auf einem Weg, der immer nach vorne drängt, aber niemals endet.«[25]

Feministische Theologie hat den Terminus von der »Hermeneutik des Verdachts« geprägt, bezogen auf unterdrückte und verschwiegene Frauentraditionen in biblischen Schriften: Kleine Andeutungen verweisen auf verloren gegangene bzw. unterdrückte Inhalte, die es wieder zu entdecken gilt. Die Psychoanalyse hat lange schon eine solche Hermeneutik des Verdachts praktiziert, bezogen auf die latenten, zunächst unbewussten Inhalte in manifesten Produktionen des Geistes, also in der Sprache, in Kunst und Kultur. Was Freud über die Arbeit mit Träumen entdeckt hat, kann auf das Verstehen von Texten und von Menschen übertragen werden: Es geht darum, sich dem Reichtum der Vieldeutigkeit (Ambiguität), der Unerschöpflichkeit anzunähern – und die damit meistens einhergehenden Ambivalenzen auszuhalten, sie im besten Fall kreativ zu nutzen.[26]

Wer also Psychoanalyse als hermeneutisches Verfahren begreift, kommt nicht darum herum, die Bedeutung der Ambivalenz als zentralen und produktiven Bestandteil des analytischen Verstehens zu würdigen.

---

22 Bauman 2005, 283, Zitat von S. Freud.
23 Zum Folgenden S. Freud 1937.
24 Freud 1937, 400 und 402.
25 Bauman 2005, 284.
26 Dass die Beschreibung des psychoanalytischen Prozesses rezeptionsästhetischen Kategorien verblüffend ähnelt (▸ Kap. 1.1.2), dürfte deutlich geworden sein.

2.4.2   Ambivalenz als Ausdruck eines innerpsychischen Konflikts

Freud beobachtete das Phänomen der Ambivalenz bei vielen seiner Patienten bereits zu einem Zeitpunkt, an dem er den Begriff anscheinend noch nicht kannte. In den »Bemerkungen über einen Fall von Zwangsneurose« von 1909 z. B. schreibt Freud: »Es tobt in unserem Verliebten ein Kampf zwischen Liebe und Hass, die der gleichen Person gelten, und dieser Kampf wird plastisch dargestellt in der zwanghaften, auch symbolisch bedeutsamen Handlung, den Stein von dem Wege, den sie befahren soll, wegzuräumen und dann diese Liebestat wieder rückgängig zu machen, den Stein wieder hinzulegen, wo er lag, damit ihr Wagen an ihm scheitere und sie zu Schaden komme.«[27] Freud spricht hier noch von einer »zweizeitigen Zwangshandlung«.

In späteren Arbeiten taucht der Terminus Ambivalenz dann häufig auf – einen »guten Ausdruck«,[28] einen »trefflichen Ausdruck« nennt ihn Freud[29] – und es wird erkennbar, dass Freud damit eine universale Grundstruktur des menschlichen Seelenlebens bezeichnen will. Entscheidend ist – abgesehen von den verschiedenen Phasen, in denen sich Freuds Theorie zur Ambivalenz entwickelt hat[30] – dass Ambivalenz nicht mehr nur als Ausdruck neurotischen Erlebens gilt, sondern *zunehmend als Bestandteil auch der »normalen« seelischen Entwicklung*: »Eine solche Ambivalenz der Gefühle scheint bis zu einem gewissen Maß normal zu sein, aber ein hoher Grad von Ambivalenz der Gefühle ist gewiß eine besondere Auszeichnung neurotischer Personen.«[31] Im Zusammenhang mit dem Ödipuskomplex z. B. spricht Freud wiederholt von den ambivalenten Gefühlseinstellungen von Liebe und Hass, die sich bei einem Kind gegenüber Vater und Mutter beobachten lassen. Thetisch formuliert er: »Zum Wesen des Vaterverhältnisses gehört die Ambivalenz.«[32] Der Vater wird geliebt und gefürchtet, der Sohn möchte sein wie er und ihn gleichzeitig aus dem Weg schaffen. Diese Spannung von Liebe und Hass geht für Freud letztlich zurück auf die beiden Triebarten des Sexual- oder Selbsterhaltungstriebs einerseits und des Todes- oder Destruktionstriebs andererseits. »Für den Gegensatz der beiden Triebarten dürfen wir die Polarität von Liebe und Hass einsetzen … Nun lehrt uns die klinische Beobachtung, dass Hass nicht nur der unerwartet regelmäßige Begleiter der Liebe ist (Ambivalenz), nicht nur häufig ihr Vorläufer in menschlichen Beziehungen, sondern auch, dass Hass sich unter mancherlei Verhältnissen in Liebe und Liebe in Hass verwandelt.«[33]

Freud stellt weiterhin die These auf, dass zur Bearbeitung von individuellen Ambivalenzen gesellschaftliche Tendenzen oder Strukturen entstehen können: Tabus be-

---

27 S. Freud 1909, 61.
28 S. Freud 1912, 166.
29 S. Freud 1912/13, 321, Anm. 3.
30 Vgl. dazu ausführlicher Otscheret 1988, 3ff.
31 S. Freud 1912, 166.
32 S. Freud 1939, 578.
33 S. Freud 1923, 309.

kämpfen die unbewusste Lust, etwas Verbotenes zu tun; die Gewissensentstehung ist mit diesem Prozess verbunden.[34] Auch bestimmte Formen von Religion (Freud schließt vom Totemismus auf Religion allgemein) dienen der Bewältigung von Ambivalenz gegenüber dem Vater. Aus gegenwärtiger religionswissenschaftlicher Sicht gelten diese Thesen als nicht mehr haltbar; wichtig ist hier der Hinweis, dass und wie aus individueller Dynamik gesellschaftliche Strukturen entstehen können (dazu ausführlicher ▶ Kap. 3).

> Es ist interessant zu beobachten, dass Freud gegenüber seiner Ambivalenz-Theorie offenbar selber ambivalent eingestellt gewesen zu sein scheint. Während die zitierten Ausführungen von 1923 klar Ambivalenz als »regelmäßigen« Begleiter der Liebe ansehen, äußert er sich 1931 in der Abhandlung »Über die weibliche Sexualität« deutlich zurückhaltender: »Wir können nicht so weit gehen zu behaupten, dass die Ambivalenz der Gefühlsbesetzungen ein allgemeingültiges psychologisches Gesetz ist, dass es überhaupt unmöglich ist, große Liebe für eine Person zu empfinden, ohne dass sich ein vielleicht ebenso großer Haß hinzugesellt oder umgekehrt.«[35]

Den Ausführungen Freuds zur Ambivalenz liegt die übergreifende Annahme zugrunde, dass menschliches Leben grundlegend konflikthaft strukturiert ist (ausführlicher ▶ Kap. 4.). »Die Psychoanalyse betrachtet den Konflikt als konstitutiv für den Menschen« formulieren Laplanche und Pontalis.[36] Eine solche Feststellung erscheint, betrachtet man die Menschen und ihr Zusammenleben, sehr nahe liegend und fast banal; vergleicht man jedoch andere psychologische Theorien wie z. B. die aus dem Bereich der Humanistischen Psychologien mit der Psychoanalyse, so zeigt sich schnell, dass hier doch grundlegend unterschiedliche anthropologische Vorstellungen im Spiel sind: Carl Rogers etwa spricht von der Selbstaktualisierungstendenz des Menschen, die nicht in sich konflikthaft ist, sondern nur durch äußere Einwirkungen gestört werden kann.[37]

Freud identifiziert verschiedene Ebenen, auf denen sich Konflikte im Individuum abspielen: Triebhaft bestimmte Konflikte, die auf das Gegeneinander von Sexualtrieb (Liebe) und Todes- oder Zerstörungstrieb zurückzuführen sind, müssen unterschieden werden von Konflikten zwischen den psychischen Ebenen des ES, des ICH und des ÜBER-ICH, die sich beispielsweise äußern in der Spannung eines Wunsches, den das Individuum aber nicht akzeptabel findet und abwehrt. Ein Beispiel dafür ist der Konflikt zwischen dem Streben nach Autonomie und dem Wunsch, sich anzulehnen und abhängig zu bleiben oder zu werden usw.

Ein solches intrapsychisches, triebbestimmtes Konflikterleben ist darüber hinaus auch geprägt und bestimmt von interpersonalen Konflikten zwischen Einzelnen, zwischen Gruppen, zwischen den Generationen, und von sozialen bzw. gesellschaftlichen Konflikten etwa wirtschaftlicher oder milieuabhängiger Art.

---

34 S. Freud 1912/13, speziell 321ff.
35 S. Freud 1931, 284.
36 Laplanche/Pontalis Bd. 1.,1973, 257.
37 Vgl. Rogers 1970, 350f. u.ö.

Vor diesem Hintergrund ist es nicht verwunderlich, dass eine *psychoanalytisch orientierte Pastoralpsychologie* ihrerseits das Konfliktthema als zentral ansieht. Joachim Scharfenberg, Theologe und Psychoanalytiker, antwortet auf die selbstgestellte Frage »Was tut ein Pastoralpsychologe? ... Er geht mit Konflikten um.«[38] Um dann weiter zu sagen, dass sich diese Zentralstellung des Konfliktthemas in der Pastoralpsychologie nicht so sehr der Psychoanalyse, sondern der christlichen Anthropologie verdanke. »Die fundamentale Einsicht, dass der Konflikt seinen Ursprung im unruhigen menschlichen Herzen hat, verdanken wir als Pastoralpsychologen sicher stärker Augustin als irgendwelchen empirischen Untersuchungen der Gegenwart.«[39] Von dem Konfliktthema ausgehend formuliert Scharfenberg drei für den Menschen charakteristische »Grundambivalenzen«,[40] nämlich Regression und Progression, Partizipation und Autonomie, sowie Anpassung und Phantasie.

In ähnlicher Weise schreibt Klaus Winkler, ebenfalls Theologe und Psychoanalytiker, dem Konflikt für seine Seelsorgelehre eine herausragende Bedeutung zu. »Wer immer zur genannten Lebensbewältigung etwas beitragen will, muss (bei sich selbst und bei anderen) mit Konflikten umgehen. Konflikte sind offensichtlich ›daseinsbestimmend‹ ...«.[41]

Dass mit dieser These auch das Ambivalenzthema in den Vordergrund rückt, erwähnen beide Autoren allerdings nur am Rand.

Für den vorliegenden Zusammenhang ist entscheidend: Die psychoanalytische Annahme, dass menschliches Leben konstitutiv von Konflikten bestimmt ist, stellt die Grundlage für das Ambivalenzkonzept dar. Nur weil es ständig einander widerstreitende, gegensätzliche, in Spannung zueinander stehende Strebungen im Menschen und zwischen Menschen gibt, kann es geschehen, dass sie nicht alternativ oder nacheinander, sondern als zugleich anwesend und von der Person als sie gleichzeitig bestimmend erlebt werden. Während die bürgerliche Sitte ein geordnetes Nach- und Gegeneinander der Emotionen verlangt, erweist sich das Seelenleben in psychoanalytischer Perspektive durch die Gleichzeitigkeit und die Mischung gegensätzlicher Emotionen als viel chaotischer, damit aber auch als viel reichhaltiger.

Auch der von Freud zitierte »Gegensinn der Urworte«[42] weist in diese Richtung: Freuds Beobachtung, dass im Traum Gegensätze oder Widersprüche manchmal keine Rolle spielen, das »nein« in Träumen keine Bedeutung zu haben scheint, spiegelt sich, wie Freud unter Bezugnahme auf einen Sprachforscher K. Abel ausführt, in bestimmten Überresten der Sprache: Es gibt eine Reihe von Wörtern, die gleichzeitig doppelsinnige, antithetische Bedeutungen haben: Das lateinische Adjektiv altus bedeutet hoch und tief zugleich, sacer bezeichnet heilig und verflucht, Boden meint das Unterste und das Oberste in einem Haus. Zu diesen von Abel genannten Beispielen lässt sich auch noch das Adverb »einst« hinzufügen, das sich sowohl auf Vergangenheit als auch auf Zukunft beziehen kann.

Paul Watzlawick hat darauf hingewiesen, dass auch analoge Kommunikation voller widersprüchlicher Bedeutungen steckt: Es ist nicht immer klar zu unterscheiden, ob

---

38 Scharfenberg 1985, 51.
39 Ebd. 54.
40 Ebd. 54ff. Der Terminus Grundambivalenzen ist hier streng genommen falsch. Es handelt sich um grundlegende Polaritäten.
41 Winkler ²2000, 7.
42 S. Freud 1910.

Tränen Ausdruck eines Schmerzes oder der Freude sind, ob Lächeln Sympathie oder Verachtung bedeutet, ob Zurückhaltung Höflichkeit oder Gleichgültigkeit ausdrückt.[43]

Ambivalenz stellt also eine besondere Reaktion auf das verbreitete Konflikterleben dar. Ambivalenzen sind weder nach der einen noch nach der anderen Seite hin auflösbar, beide Pole bleiben gleichzeitig in Spannung zueinander im Individuum bestehen und – das ist nun eine Frage des subjektiven Erlebens und der Wertung, die auch wiederum von gesellschaftlichen Tendenzen abhängig ist – werden entweder (oder auch abwechselnd) als belastend und verunsichernd oder als befreiend und bereichernd erlebt und dargestellt.

> In jedem Fall schützt die Fähigkeit zum Ambivalenzerleben vor Polarisierrungen in Gestalt von schwarz-weiß-, gut-böse-Wertungen und fördert die Bereitschaft, Zwischenstufen, Schattierungen wahrzunehmen und anzuerkennen. Das scheint gerade für den Bereich der Religionen von besonderer Bedeutung.

Einschränkend muss allerdings auch gesagt werden: Nicht jeder Konflikt löst Ambivalenz aus. »In einem Konflikt mit einem politischen Gegner, oder einem Vertragspartner, von dem man sich betrogen fühlt, liegt keine Ambivalenz: Man will ihn gewinnen, und das ist alles. Erst wenn es die Geliebte ist, von der man sich betrogen fühlt, oder wenn der politische Gegner der eigene Sohn ist, tritt Ambivalenz auf den Plan.«[44]

Allerdings könnten auch im Konflikt mit dem politischen Gegner Ambivalenzgefühle entstehen, wenn man ihm wenigstens teilweise Recht gibt, es aber aus übergeordneten Motiven (Parteiräson etc.) nicht opportun erscheint, dies zum Ausdruck zu bringen.

2.5   Psychoanalytische Entwicklungspsychologie[45]

Von den Beobachtungen Freuds ausgehend ist das Ambivalenzkonzept ein selbstverständlicher Bestandteil der psychoanalytisch orientierten Entwicklungspsychologie geworden.

Während Freud Ambivalenz vorrangig triebtheoretisch im Modell der Ein-Personen-Psychologie erklärt, geht die spätere *Objektbeziehungstheorie*[46] davon aus, dass ambivalente Gefühle im Rahmen einer Zwei-Personen-Psychologie (Michael Balint) auch durch die realen Gegebenheiten der frühen Mutter-Kind-Beziehung ausgelöst werden: Beim Kind steht ganz im Vordergrund der intensive Wunsch nach Nähe, Geborgenheit und Liebe durch die Mutter (oder der bemutternden Person); da die Mutter jedoch unvermeidlich die unbegrenzten kindlichen Wünsche frustrieren muss

---

43 Watzlawick 1972, 66.
44 Jekeli 2002, 63.
45 S.u. Kap. 5, in dem entwicklungspsychologische Konzepte vorgestellt werden im Blick auf ihre Relevanz für das Verständnis des Glaubens.
46 Vgl. Hinz ²2002.

(sei es durch geringfügige Abwesenheiten oder weil sie die Quelle des Unbehagens eines Säuglings nicht sofort beseitigen kann), entstehen im Kind intensive Bedrohungsgefühle und Aggressionen. Ambivalenz entwickelt sich danach nicht allein im Inneren des Individuums, sondern wird angestoßen und ausgeprägt durch die Interaktion mit der Mutter, mit den Bezugspersonen.

Melanie Klein (1882–1960) gehörte zu den ersten psychoanalytisch ausgebildeten Personen, die sich auf die Analyse von Kindern spezialisierten.[47] Mit Hilfe von Spielzeug (Puppen, Tierfiguren, Autos etc.) deutete sie das Spiel von Kindern mit Fokus auf deren Ängste, die meistens auch der Anlass für eine Psychotherapie waren.

Aus der Beobachtung von Kindern entwickelte Klein weitreichende entwicklungspsychologische Theorien. Dazu gehört – darauf beschränke ich mich hier – die Charakterisierung zweier grundlegender »Positionen« gegenüber den jeweiligen Objekten. »Position« bedeutet für Klein eine Art von Einstellung, gekennzeichnet durch charakteristische Ängste, Abwehrmechanismen und Phantasien.

Die erste Position nennt Klein »paranoid-schizoide Position«: Die Hauptängste während der ersten vier Lebensmonate sind Verfolgungsängste, die vor allem mit dem Abwehrmechanismus der Spaltung bewältigt werden. Die Verfolgungsängste entstehen nach Klein durch den im Kind vorhandenen Todestrieb, der nach außen als Aggression in die Brust der Mutter projiziert wird und dann von der bedrohlichen Brust her wiederum gefürchtet wird (projektive Identifikation). Neben dieser triebtheoretischen Deutung stehen auch (weniger spekulative) objektbeziehungstheoretische Hypothesen: danach entsteht die Ambivalenz gegenüber der Mutter bzw. der Mutterbrust aus dem Wechsel von Zuwendung und Versagung von Seiten der Mutter. Diese Ambivalenz kann das kleine Kind noch nicht aushalten, es spaltet seine Gefühle, von denen es sich überwältigt erlebt, in eine gute und eine böse Brust.

Ungefähr ab dem vierten Monat beginnt das Kind, die Mutter zunehmend als Gesamtperson wahrzunehmen und zu erkennen, dass die bisher durch die Spaltung getrennten Eigenschaften von gut und böse in der Mutter tatsächlich zusammen fallen. In dieser »depressive Position« genannten Phase spürt das Kind langsam, dass die Mutter ein von ihm getrenntes, unabhängiges Wesen darstellt, von dem es zugleich völlig abhängig ist; entsprechend reagiert das Kind neben Gefühlen von Liebe auch mit Trauer und Angst (»depressiv« also nicht im klinischen Sinn verstanden). Liebe und Hass, Gefühle von Abhängigkeit und erstem Streben nach Unabhängigkeit beziehen sich jetzt auf ein und dasselbe Objekt und können zunehmend besser zusammen ausgehalten werden. Während also in der paranoid-schizoiden Position die Spaltung der Wahrnehmung und die Spaltung des Ichs noch überwiegen, vollzieht sich in der depressiven Position eine mehrfache langsame Integration (Integration des Objekts, Integration des Ich), die mit einer entsprechenden Ambivalenztoleranz einhergeht: Das Kind nimmt sich selbst nicht mehr als geteilt wahr und kann spüren, dass es gegenüber der Mutter sowohl Liebe als auch Hass empfindet.

Für den vorliegenden Zusammenhang besteht die wichtigste Erkenntnis darin, dass einer der entscheidenden Entwicklungsschritte des Säuglings im zunehmenden Er-

---

47 Zum Folgenden vgl. Riesenberg 1977; Hinshelwood 2011.

werb von Ambivalenztoleranz besteht. Zwar bleiben »primitive« Abwehrmechanismen wie Spaltung auch weiterhin bis ins Erwachsenenleben wirksam; wünschenswert ist jedoch die Fähigkeit (die dann als »erwachsen« bezeichnet wird), gegensätzliche Empfindungen in ihrer gleichzeitigen Zusammengehörigkeit spüren und aushalten zu können.

Margaret Mahler (1897–1985) hat mit ihren Beobachtungen der Interaktionen zwischen Kleinkindern und ihren Müttern die empirischen, im Vergleich zu Klein weit weniger spekulativen Grundlagen der Objektbeziehungstheorie gelegt. Sie beschreibt, wie ausgeprägt sich ambivalente Verhaltensmuster vor allem in der von ihr sogenannten »Wiederannäherungsphase« zwischen Mutter und Kind ausbilden: »Zwei charakteristische Verhaltensmuster des Kleinkindes – das ›Beschatten‹ der Mutter und das Weglaufen von ihr in der Erwartung, gejagt und dann in die Arme genommen zu werden – lassen sowohl den Wunsch nach Wiedervereinigung mit dem Liebesobjekt als auch die Angst, von ihm erneut verschlungen zu werden, erkennen.«[48] Der Wunsch nach Nähe und die Angst davor, das Streben nach Autonomie und die Sehnsucht nach symbiotischer Einheit bestehen zugleich und finden wechselnd und gleichsam ineinander Ausdruck. »So war es zum Beispiel typisch, dass Mark darauf bestand, dass die Mutter ihn hochhob, doch sobald sie ihn in die Arme nahm, verlangte er ärgerlich, losgelassen zu werden.«[49] Die Bereitschaft der Mutter, diese Ambivalenz zu akzeptieren, sich davon aber selbst in ihren Reaktionen nicht anstecken zu lassen, sondern konstant emotional verfügbar zu bleiben, beschreibt Mahler als wichtige Voraussetzung für die kindliche Identitätsentwicklung. Mutter und Kind müssen lernen, Ambivalenz als normalen Bestandteil der Beziehung anzunehmen und zu integrieren.

In der von *John Bowlby* (1907–1990) begründeten *Bindungstheorie* hat das Phänomen der Ambivalenz einen anderen, deutlich negativ konnotierten Stellenwert bekommen.[50] Die Bindungstheorie weist damit auf die potentiell destruktiven, pathologischen Seiten von Ambivalenz hin.

Die Bindungsforschung identifiziert drei unterschiedliche Bindungsstile, die sich im Lauf der ersten Lebensmonate zwischen Mutter (oder einer anderen Bezugsperson) und Kind herausbilden. Wichtig ist hierbei – und darin zeichnet sich eine Nähe zur soziologischen Ambivalenzforschung ab – dass Ambivalenz nicht im Triebleben der Kinder entsteht, sondern durch die Ambivalenz der Eltern bzw. der Beziehung zu ihnen in den Kindern generiert wird:

Eine *sichere Bindung* zwischen Kind und Mutter kann entstehen, wenn die Mutter feinfühlig und responsiv auf die Signale des Kindes reagiert; das Kind entwickelt dann die Zuversicht, dass die Eltern verfügbar und hilfsbereit sein werden, wenn das Kind in bedrohliche Situationen gerät. Mit diesem Gefühl der Sicherheit kann es seine Umwelt erkunden, sich also auch vorübergehend und ohne übergroße Angst von der Bezugsperson entfernen bzw. diese aus ihrem Sichtbereich entlassen.

---

48   Mahler 1980,102.
49   Ebd. 123.
50   Zum Folgenden vgl. Bowlby ³1999, 17–26.

In der *unsicher-ambivalenten Bindung* ist das Kind unsicher, »ob seine Eltern verfügbar, responsiv oder hilfsbereit sein werden, wenn es sie braucht. Aufgrund dieser Unsicherheit neigt das Kind zu Trennungsangst, klammert sich oft an und ist ängstlich in der Erkundung seiner Umwelt.«[51] Ein solches Muster entsteht, weil die Eltern sich wenig verlässlich, nicht kontinuierlich präsent und für das Kind schwer vorhersehbar verhalten, bis dahin, dass sie dem Kind damit drohen, es zu verlassen, wenn es nicht »lieb« ist oder nicht gehorcht.

In der *unsicher-vermeidenden Bindung* haben Kinder gelernt, kein Vertrauen auf liebevolle Unterstützung bei den Eltern zu setzen, sondern im Gegenteil Ablehnung zu erwarten. »Solche Individuen versuchen ein Leben ohne die Liebe und die Unterstützung anderer zu führen.«[52] D. h. sie vermeiden nach Möglichkeit Kontakt, um nicht zum wiederholten Mal zurückgewiesen oder verletzt zu werden.

Aus der kurzen Beschreibung der verschiedenen Bindungsstile wird deutlich, dass das Adjektiv »ambivalent« hier negativ konnotiert wird. Ein ambivalenter Bindungsstil gilt als potentiell pathologisch, eine ambivalent getönte Bindung wird als Defizit, als Ausdruck von mangelnder Sicherheit und Zuwendung gedeutet; eine ideale Entwicklung wird darin gesehen, dass die Bindung zwischen Mutter und Kind so verlässlich, feinfühlig und kontinuierlich gestaltet wird, dass ein Kind sich darin sicher und vertrauensvoll aufgehoben fühlen kann. Ob in einem sicheren Bindungsstil ambivalente Gefühle, wie die von Mahler beschriebenen, in begrenztem Maß Platz haben, wird nicht weiter erörtert. In jedem Fall jedoch generiert aus Sicht der Bindungstheorie die Haltung der Eltern entweder Gefühle von Sicherheit oder von Ambivalenz im Kind. Frühe Sicherheit wird damit zur Voraussetzung für die spätere Fähigkeit, Ambivalenzen wahrzunehmen und zum Ausdruck zu bringen.

Einen Beitrag zu diesem Spannungsfeld leistet auch *Erik Erikson* (1902–1994) mit seinem *epigenetischen Ansatz*. Erikson beschreibt die Intention seiner Arbeit folgendermaßen: »Das menschliche Wachstum soll hier unter dem Gesichtspunkt der inneren und äußeren Konflikte dargestellt werden, welche die gesunde Persönlichkeit durchzustehen hat...«[53] Innere, triebbedingte und äußere, von den gesellschaftlichen Erziehungsmaximen und dem tatsächlichen Verhalten der Eltern ausgelöste Spannungen bilden auf jeder Entwicklungsstufe des Kindes ein spezifisches Konfliktgemisch, das nicht einseitig aufgelöst werden kann, sondern in dieser Spannung durchlebt werden muss. Am Beispiel der Polarität von Urvertrauen und Urmisstrauen heißt das: Vertrauen in die Verlässlichkeit der Mutter und damit im übertragenen Sinn in die Verlässlichkeit der Welt überhaupt soll beim Kind zweifellos das Übergewicht gewinnen, doch bleibt ein Quantum von Misstrauen unvermeidbar und sogar notwendig, um das Vertrauen nicht in naive, blinde und unkritische Vertrauensseligkeit abgleiten zu lassen.[54] Dieses relative Gleichgewicht der Kräfte und Beziehungsmodalitäten kann man durchaus mit dem Begriff der Ambivalenz belegen: Immer wieder

---

51 Ebd. 25.
52 Ebd. 25.
53 Erikson 1973, 56.
54 Vgl. dazu Erikson ebd. 69, Anm. 4.

erlebt das Kind das spannungsvolle Miteinander von Vertrauen und Misstrauen, von Autonomiebestrebungen einerseits, Scham und Zweifel andererseits, von Identitätsgefühl und Identitätsverwirrung. Beides ist nötig, um produktiv voran zu kommen und sich weiter zu entwickeln. Nur wenn ein Mensch in der Lage ist, dieses spannungsvolle Miteinander einigermaßen in Balance zu halten, wird er offen und flexibel auf die Herausforderungen seiner inneren und äußeren Welt antworten können. Ambivalenz und der Prozess der Identitätsbildung sind also untrennbar miteinander verknüpft. Aber – und darauf verweist die Bindungstheorie – die Bedingung der Möglichkeit zum Wahrnehmen und Aushalten von Ambivalenzen liegt in der Erfahrung einer sicheren Bindung in der frühen Kindheit. Nur wer in frühen Jahren diese Sicherheit erlebt hat, kann es sich als Erwachsener leisten, Ambivalenz wahrzunehmen, sie zuzulassen und kreativ auszuleben. Wer selber unsicher ist und/oder unter verunsichernden Lebensumständen leben muss (Krankheit, soziale Unsicherheit verursacht durch Arbeitslosigkeit oder Armut), wird wahrscheinlich Ambivalenz eher abwehren.

Das gilt dann auch für spätere Lebensphasen: Gerade in Zeiten der Pubertät ist das Hin- und Hergerissen-Werden zwischen gegensätzlichen Impulsen besonders intensiv und macht den Jugendlichen und ihrem Umfeld deswegen große Mühe. »In diesem Lebensalter sind Trennung vom Elternhaus und Bindung an fremde Menschen gleichzeitig Aufgabe. Es sind nicht ›Alles- oder Nichts‹ Lösungen zu finden, sondern Gegensätze, Entfremdungen, Widersprüche müssen entstehen, ausgehalten werden, und zu neuen Qualitäten der Beziehungen und Weltanschauungen führen … Kennzeichnend für diesen Lebensabschnitt ist die *Gleichzeitigkeit* von allem Möglichen, die Aneignung des für einen selbst Möglichen, das Aushalten aller möglichen Widersprüche bei gleichzeitig vorliegender Unfähigkeit sie auszuhalten … Unbedingt dazu gehören auch Zweifel und das Verlangen nach Eindeutigkeit. Auch dass man manche Empfindungen gleichzeitig ausdrücken kann: Die Angst und die Liebe und den Hass und die Liebe, die Versagensangst und den Leistungsstolz, den festen Glauben, die feste Weltanschauung und die Neugier.«[55] Offenbar wird die Ambivalenz in dieser Lebensphase so intensiv und drängend erlebt, dass sie eher ängstigend als befreiend, eher bedrohlich als bereichernd erlebt wird – und insofern die Suche nach Eindeutigkeit und Verlässlichkeit, nach fundamentalistisch getönten Ideologien, in den Vordergrund tritt.[56] Gleichzeitig sind sich Entwicklungspsychologen einig, dass die Fähigkeit, Ambivalenzen wahrzunehmen, auszuhalten und nicht einseitig aufzulösen, als Charakteristikum des Erwachsenseins und damit als Zielpunkt der Psychogenese zu gelten hat.

In diesem Sinn kann man auch die *Persönlichkeitstypologie von Fritz Riemann (1902–1977)* vom Ambivalenzkonzept her verstehen:[57] Die von ihm herausgearbeiteten, in der Entwicklung der Person verankerten Polaritäten stellen sich jedem Menschen als zu bewältigende Herausforderung: Die Notwendigkeit, ein einmaliges Indi-

55 Dörner/Plog [8]1994, 150f. (Hervorhebung von mir, M.K.).
56 Erikson spricht in diesem Zusammenhang von Totalität, die dem Bedürfnis nach absolut gültigen Grenzziehungen entspringt. Vgl. Ders.1970, 80ff.
57 Riemann 1992.

viduum zu werden, bezeichnet Riemann als schizoide Tendenz (Distanz-Typ); die
gegenteilige Aufgabe, sich der Welt, dem Leben und den Menschen vertrauensvoll zu
öffnen, nennt Riemann depressiv (Nähe-Typ). Wunsch und Notwendigkeit, Dauer
anzustreben (zwanghaft – Dauer-Typ) steht der Bereitschaft, sich zu wandeln (hysterisch – Veränderungstyp) gegenüber. Das Spannungsfeld dieser Grundimpulse, dieser
»Antinomien des Lebens« ist in jedem Menschen enthalten – und Ziel jeder reifenden
Entwicklung sollte es sein, sie in »lebendiger Ausgewogenheit« zu leben. Vor allem die
jeweils unmittelbar gegenüberstehenden Pole schizoid – depressiv sowie zwanghaft –
hysterisch (oder in weniger klinifizierender Terminologie: Nähetyp – Distanztyp,
Dauertyp – Veränderungstyp) sind immer neu auszubalancieren, sollen in ihrer spannungsvollen und konfliktträchtigen Zusammengehörigkeit und Gleichzeitigkeit erlebt
und gelebt werden. Es scheint naheliegend, dieses Erleben als ein ambivalentes zu
bezeichnen, weil beide Strebungen gleichzeitig vorhanden sind und gleichzeitig erlebt
werden können (wenn nicht bereits eine deutliche Abwehr je einer Seite statt gefunden hat). Die Gleichzeitigkeit dieser Pole erzeugt eine bereichernde und kreative Ver-
haltensvielfalt, während die einseitige Gewichtung und Akzentuierung nur eines Pols
die Person auf wenige Strebungen und Verhaltensweisen reduziert.

Zusammenfassend sei festgehalten: Ambivalenz bezeichnet aus psychologischer
Sicht die »gleichzeitige Gegenwärtigkeit widersprüchlicher Empfindungen und Strebungen.«[58] Um sich von der umgangssprachlichen Verbreitung und entsprechender
Vagheit des Begriffs abzugrenzen, akzentuieren Laplanche/Pontalis noch schärfer: Es
geht um Konflikte, in denen »die positive und negative Komponente eines affektiven
Verhaltens gleichzeitig und unauflösbar in einem nicht-dialektischen Gegensatz gegenwärtig und unüberwindlich für das Subjekt sind, das gleichzeitig ja und nein
sagt …«[59]

2.6 Else Frenkel-Brunswik und die Ambivalenztoleranz

Eine wichtige Zwischenstellung zwischen einer psychologisch und einer soziologisch
orientierten Ambivalenzforschung nimmt die polnisch-österreichisch-amerikanische
Psychologin Else Frenkel-Brunswik (1908–1958) ein. Im Zusammenhang mit ihren empirischen Untersuchungen zur Entstehung von Vorurteilen zusammen mit Th. Adorno
und N. Sanford wurde für sie das Konzept der Intoleranz von Ambiguität, von Mehrdeutigkeit zentral.[60] In zahlreichen Experimenten und Interviews mit 12–15jährigen Jugendlichen und deren Eltern kommt Frenkel-Brunswik zu dem Ergebnis, dass Personen,
bei denen man auf Grund von Persönlichkeitstests eine hohe Vorurteilsneigung feststellen kann, die ausgeprägte Tendenz zeigen, Ambivalenz zu verleugnen bzw. abzuspalten.
Kinder mit hoher Vorurteilsneigung wachsen nach Frenkel-Brunswik häufig in einer familiären Umgebung auf, die durch rigide, nicht zu hinterfragende Regeln bestimmt ist.

---

58 Waldvogel [2]2002, 55.
59 Laplanche/Pontalis 1973, 57.
60 Zum Folgenden Frenkel-Brunswik1949, 108–143.

Hier lernen Kinder schwarz-weiß Stereotypien von »dominance – submission, cleanliness – dirtiness, badness – goodness, virtue – vice, masculinity – femininity … The absoluteness of each of these differences is considered natural and external, excluding any possibility of individuals tresspassing from the one side to the other. There is rigid adherence to these clearly delineated norms …«[61] Durch derartige Lernprozesse entsteht eine Wahrnehmungseinschränkung, bestimmte mehrdeutige Aspekte der Realität werden zwangsläufig ausgeblendet. Auf Dauer führt diese Einschränkung zu einer spezifisch rigiden, unflexiblen Persönlichkeit, zu einem Persönlichkeitsmerkmal, das eine Nähe zur autoritären Persönlichkeit, wie sie Adorno und Horkheimer beschrieben haben, aufweist.

Interessant erscheint mir Frenkel-Brunswiks Auseinandersetzung mit der selbst gestellten Frage, ob es denn nicht sein könne, dass z. B. ein Kind, das ausschließlich positiv über seine Eltern berichtet, tatsächlich so empfinde und wir nicht das Recht hätten, verdrängte negative Anteile zu unterstellen.

Die Autorin führt eine Reihe von Beobachtungen an, die ihre kritische Position stützen:

- Erzählungen von angeblich nicht ambivalent empfindenden Kindern über ein Elternteil erscheinen oft stereotyp und übertrieben, so dass sie eher wie Klischees und nicht wie der Ausdruck lebendiger, echter Gefühle wirken.
- Es werden mehr äußerliche Charakteristika erwähnt, die tieferen, z. B. emotionalen Seiten der Persönlichkeit, kommen nicht vor.
- Indirekt und andeutungsweise werden durchaus negative Zuschreibungen zum Ausdruck gebracht, so dass man eben doch eine latente Ambivalenz annehmen muss.

Solche Beobachtungen bringen Frenkel-Brunswik zu der Schlussfolgerung, »that the children concerned split the positive and negative side of their feeling and attitude rather than become aware of their coexistence.«[62]

In methodischer Hinsicht mag es berechtigte Anfragen an Frenkel-Brunswiks Untersuchungen geben. Für den vorliegenden Zusammenhang ist entscheidend, dass bei dieser Autorin zum ersten Mal deutlich die Verbindung von sozialer Umwelt und psychischer Reaktion thematisiert wird. Kinder, die in einem von rigiden Normen und Regeln dominierten Elternhaus aufwachsen, lernen, ihre Welt entsprechend schwarz-weiß wahrzunehmen. Die Gleichzeitig widersprüchlicher Gefühle und Gedanken wird als bedrohlich erlebt und ausgeschlossen. So entsteht »intolerance of ambiguity« mit einer entsprechenden Wahrnehmungs- und Realitätsverzerrung. Noch einmal zusammenfassend Frenkel-Brunswik:

»Too much existing emotional ambiguity and ambivalence are counteracted by denial and intolerance of cognitive ambiguity. It is as if everything would go to pieces once the existing discrepancies were faced. To avoid this catastrophe everything that

---

61 Ebd. 117.
62 Ebd. 116.

might abet the uncertainty and opaqueness of life is desperately avoided by a selection of undisturbing, clear-cut, and therefore too general or else too concrete aspects of reality … These considerations also show that intolerance of ambiguity is intrinsically equivalent to an oversimplified and thus reality-inadequate approach, characterized by the dominance of crude, relatively unessential aspects, and often combined with glaring omissions of fact.«[63]

Allerdings muss man an dieser Stelle auch fragen (und damit gleichsam noch einmal zu Bleulers Entdeckung des Ambivalenzkonzepts in der Behandlung von schizophren erkrankten Menschen zurückgehen), ob es ein Ausmaß an Ambiguität und Ambivalenz bzw. deren Wahrnehmung gibt, das destruktive Folgen zeitigt bzw. Ausdruck einer krankheitswertigen Störung darstellt. Psychiater bejahen diese Frage. Der Schizophrenieforscher Gaetano Benedetti charakterisiert die schizophrene Ambivalenz dadurch, »dass jeder Gedanke und jedes Gefühl vom jeweiligen Gegenteil *aufgehoben* werden …« »Der schizophrene Patient kann sich dann nicht mehr einig werden, ob er asketisch oder sinnlich ist, ob er abhängig oder frei sein will, ob er liebt oder ob er hasst, ob er ein Mann oder eine Frau ist. Jeder Gedanke von ihm wird von einem Gegengedanken durchkreuzt; und die Ambivalenz zerstört seine Selbstidentität.«[64]

Benedetti bringt diesen Zustand mit einer Reizüberflutung in Zusammenhang, die der Betreffende nicht mehr bewältigen kann. Die Unfähigkeit, eine Vielzahl von Reizen sinnvoll zu verarbeiten, also Ambiguität wahrzunehmen und Ambivalenz auszuhalten, setzt wiederum eine übergroße Verletzlichkeit voraus, die vermutlich auf Grund pathogener Faktoren in der Sozialisation entstanden ist und an einem bestimmten Punkt in der Biographie zum Ausbruch kommt. Wie immer man diesen Prozess im Detail beschreibt: Für unser Thema ist entscheidend, die Konzepte von Ambiguität und Ambivalenz nicht ausschließlich positiv zu vertreten, wie beispielsweise Bauman das getan hat, sondern auch die Grenzen des Konzepts zu kennen. »Gesunde« Ambivalenz impliziert, dass eine Person sie wahrnehmen und mit ihr umgehen, ihre verschiedenen Seiten erkunden kann; pathologische Ambivalenz bedeutet (nach Benedetti), dass jemand von ihr gleichsam überfallen wird und sich von ihr gelähmt fühlt.

2.7 Kommunikation und Ambivalenz

Menschliches Handeln ist in allen Fällen, in denen es über eingespielte und routinierte Verhaltensweisen hinausgeht, interpretationsoffen und interpretationsbedürftig.[65] Menschen nehmen einander wahr, aber sie kennen die Motive, den sozialen Sinn des Handelns der anderen nicht, sie sind auf Vermutungen und Unterstellungen angewie-

---

63 Ebd. 134.
64 Benedetti 1983, 124.
65 Zum Folgenden vgl. Nassehi ²2011, 31–50.

sen (die Systemtheorie spricht hier von doppelter Kontingenz[66]) – entsprechend sind
Missverständnisse und Ambivalenzen häufig. Kommunikation dient dazu, den sozialen Sinn des Handelns zwischen Akteuren transparenter zu machen: A kann sein
Verhalten erläutern, B kann den vermuteten sozialen Sinn mit dem wahrgenommenen abgleichen und überprüfen. Kommunikation schafft mehr Transparenz zwischen
zwei oder mehr Interaktionspartnern – aber Kommunikation ist in sich selbst so
komplex gestaltet, dass Zwiespältigkeiten und Ambivalenzen keineswegs ausgeschlossen sind, sondern im Gegenteil, ständig neu geschaffen werden.

Das zeigt ein Blick auf zwei Modellvorstellungen von Kommunikation sehr deutlich:

Der Kommunikationswissenschaftler Roland Burkart hat Kommunikation als einen Prozess des Austausches von Zeichen folgendermaßen skizziert:[67]

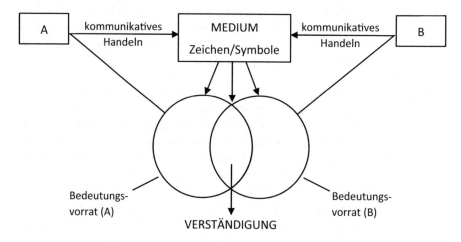

Abb. 2: Modell der Kommunikation. Burkart 1998, 56.

Bei jeder Interaktion zwischen Menschen kommt es zu einem Austausch von Zeichen
verschiedenster Art: verbale Zeichen, die man noch einmal unterteilen kann in Zeichen im engeren Sinn (Signale) und in Symbole (die in sich wiederum mehrdeutig
sind), dann nonverbale Zeichen wie Gestik, Mimik, Stimme, Nähe – Distanz etc., und
paraverbale Zeichen wie Dinge im Raum, Kleidung, Accessoires, Räumlichkeiten des
Kontextes etc. Alles teilt etwas mit – man kann nicht nicht kommunizieren, wie es
Paul Watzlawick formuliert hat.[68] Den Austausch von Zeichen kann man sich so
vorstellen: Das, was A verbal und nonverbal zum Ausdruck bringt, stellt eine bewusste
und z. T. unbewusste Verdichtung und Auswahl aus einer Fülle von Wahrnehmungen,
Gefühlen, Absichten, Erlebnissen und Erinnerungen dar; nur ein kleiner Teil dessen,

---

66 Vgl. Luhmann 2004, 315ff.
67 Burkart 1998, 56.
68 Watzlawick 1972, 50ff.

was in A vorgeht, gelangt auch tatsächlich zum Ausdruck. Und das, was B aufnimmt, hört, sieht und spürt, bildet wiederum eine Selektion, gefärbt durch eigene Bewertungen, Assoziationen und Gefühle. Wahrnehmung ist in hohem Maß immer auch »Wahrgebung«.[69] Oder: Kommunikation ist das Zusammenspiel von Information, Mitteilungsprozess und Verstehen.

Die Art der verwendeten Zeichen und Symbole ist sowohl durch einen jeweils besonderen, biographisch und persönlichkeitstypisch geprägten Erfahrungshorizont des kommunizierenden Akteurs, als auch durch dessen milieuspezifischen und kulturellen Kontext in hohem Maß subjektiv und milieuspezifisch gefärbt, die Differenz zwischen zwei kommunizierenden Individuen also in der Regel groß. Die Schnittmenge der Bedeutungsvorräte von A und B fällt, wie die Grafik zeigt, vergleichsweise oftmals gering aus, besonders bei interkulturellen Begegnungen,[70] insofern erscheint es erstaunlich, dass Verständigung häufig doch noch mehr oder weniger gelingt, dass Missverständnisse nicht noch häufiger auftreten. In jedem Fall führen die unterschiedlich belegten Konnotationen derselben Worte und die Unterschiede in verbalen, non- und paraverbalen Kommunikationsstilen bei Menschen, die miteinander in Interaktion treten, häufig zu Bedeutungsdifferenzen, die als unvermeidlich ambiguitär bzw. ambivalent erlebt werden. Im Alltag bemühen wir uns oft, über ein solches Ambivalenzerleben hinweg zu gehen, um den prekären Kommunikationsprozess nicht zu gefährden.

Zu ähnlichen Ergebnissen kommt das von Dietrich Ritschl vorgeschlagene »Sanduhrmodell« der Kommunikation:[71]

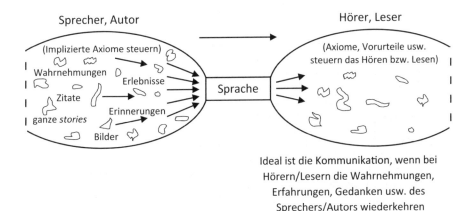

Ideal ist die Kommunikation, wenn bei Hörern/Lesern die Wahrnehmungen, Erfahrungen, Gedanken usw. des Sprechers/Autors wiederkehren

Abb. 3: Sanduhrmodell der Kommunikation. Ritschl/Hailer 2006, 365.

---

69   Klessmann [5]2015, 45 als Zitat von Gunter Schmidt.
70   Anschauliche Beispiele dafür bei Chang 2016, 181ff.
71   Ritschl/Hailer 2006, 365.

Was A mit Worten, Gestik und Mimik zum Ausdruck bringt, stellt das Ergebnis eines komplexen Selektionsprozesses aus bewussten und unbewussten, gedachten, erlebten, gefühlten und erinnerten Inhalten dar. Die jeweils nicht selektierten Dimensionen stehen im Hintergrund, bilden den unausgesprochenen Bedeutunghof eines Wortes, einer Aussage, einer Geste. Ganz analog wählt wiederum B aus Wahrgenommenen in einer Weise aus, die von den eigenen Erfahrungen, Gefühlen, Erinnerungen, Vorurteilen etc. gesteuert ist. Auf diese Weise können ein und dieselben Äußerungen mit jeweils sehr unterschiedlichen Intentionen verknüpft sein, was wiederum zu entsprechenden Wahrnehmungen von Differenz und Ambiguität führt.

Dieser Sachverhalt lässt sich teilweise erklären durch die Kommunikationsaxiome von Paul Watzlawick und ihre weitere Entfaltung in den Theorien von Friedeman Schulz von Thun.

Mit seinen bekannten pragmatischen Axiomen der Kommunikation hat der österreichisch-amerikanische Kommunikationsforscher Watzlawick beschrieben, wie der Ablauf von Kommunikation beinahe unvermeidlich Ambivalenzen generiert:

Das erste Axiom lautet: »Man kann nicht nicht kommunizieren.«[72] D. h.: alles Verhalten teilt etwas mit. Kommunikation in diesem weit verstandenen Sinn geschieht immer und überall, wo Menschen aufeinander treffen; sie ist nicht an bewusste Intention gebunden, im Gegenteil, die bewusste Intention des Kommunikators weicht häufig von der tatsächlichen Mitteilung ab oder kann ihr sogar direkt widersprechen. Im Hintergrund muss man hier die von der Psychoanalyse eingeführte Unterscheidung (und häufige Gegenläufigkeit) von bewussten und unbewussten Strebungen und Zielsetzungen annehmen, die gerade im Bereich der Kommunikation oft anzutreffen ist.

Zwei Beispiele aus dem Bereich der Kirche:

> Der in seiner Gemeinde umstrittene Pfarrer H. predigt im Zusammenhang der Perikope »vom reichen Jüngling« (Lk 18, 18ff) über die Gefahren des Reichtums und die Notwendigkeit, als Christ Verzicht zu üben und sich in materieller Hinsicht zu bescheiden. Viele in der Gemeinde wissen jedoch (und verbreiten sich darüber in genüsslichem Klatsch), dass Pfarrer H., dessen Ehefrau eine größere Erbschaft gemacht hat, gerade dabei ist, außerhalb der Gemeinde ein relativ aufwändiges Haus für seinen Ruhestand bauen zu lassen.
>
> Eine Vikarin macht in ihrer Dorfgemeinde einen Besuch bei einem 90. Geburtstag. Der im Dorf prominente Jubilar, seine Familie und Gäste sind alle festlich gekleidet, die Vikarin erscheint in ihrer Alltagskleidung, Jeans, Pullover und Turnschuhe. In der Nachbesprechung dieses Besuchs im Predigerseminar beklagt sie, dass sie das Gefühl gehabt habe, nicht wirklich in Kontakt zu dem Jubilar und seiner Familie gekommen zu sein. Von Teilnehmer*innen der Seelsorgegruppe wird die Diskrepanz in der Kleidung angesprochen: Es erscheint nahe liegend, dass der Jubilar und seine Gäste die äußere Erscheinung der Vikarin als Ausdruck mangelnden Respekts gelesen haben könnten, eine Lesart, die in direktem Gegensatz zur erklärten Absicht der Vikarin stand, aber die Distanz der Geburtstagsfamilie nachvollziehbar machen könnte.

Diskrepanzen zwischen beabsichtigter und unbeabsichtigter Kommunikation, zwischen verbaler Mitteilung und nonverbalem Verhalten treten häufig auf und lösen bei den Adressaten der Kommunikation mehr oder weniger tiefgehende Ambivalen-

---

72 Watzlawick/Beavin/Jackson 1972, 53.

zen aus. Sie nehmen zwei Kommunikationsabsichten zugleich wahr und reagieren auf beide.

Ähnliches gilt für das zweite von Watzlawick formulierte Axiom:»Jede Kommunikation hat einen Inhalts- und einen Beziehungsaspekt, derart, *dass letzterer den ersteren bestimmt* und daher eine Metakommunikation ist.«[73] Der Beziehungs- oder Gefühlsaspekt erweist sich als der stärkere, weil Menschen in der Interaktion sich eher vom Verhalten als von den Worten beeindrucken lassen. Das wiederum hat entwicklungspsychologisch erklärbare Ursachen: Der Säugling versteht nicht den Inhalt der Worte, die die Mutter spricht, sondern hört ihren Tonfall und spürt die darin enthaltene Zuneigung oder Ablehnung oder Gleichgültigkeit. Außerdem: Im Verhalten findet die gesamte Person Ausdruck, im Verhalten kann man sich schwerer verstellen, während man nur mit Worten sein Gegenüber leichter täuschen kann. Wenn eine Beziehung einigermaßen störungsfrei ist, tritt der Inhalt relativ unverzerrt in den Vordergrund; je stärker jedoch die Beziehung von aktuellen oder dauerhaften Irritationen geprägt ist, desto unwichtiger wird der Inhalt.

> Ein Paar sitzt wie immer nach dem Berufsalltag zum Abendessen zu Hause am Tisch; der Mann spielt mit seinem Smartphone und sagt, ohne aufzublicken:»Wie war's denn heute bei dir?« Die Frau schaut ihn an und sagt verärgert »Das interessiert dich doch gar nicht.«
> Zwei einander relativ gut bekannte Männer begegnen sich, auf die Frage von A. »wie geht's?« antwortet B. mit etwas deprimiert klingender Stimme und ohne A. anzusehen »ganz gut« - so dass sich B. bemüßigt fühlt, zu fragen: »Nanu, was ist denn los?«

In der Begegnung von Menschen ergeben sich ständig Diskrepanzen zwischen der Inhalts- und der Beziehungsebene der Kommunikation und führen wechselseitig zu ausgeprägten Ambivalenzen, die in die Fragen münden: Welchen Aspekt der Kommunikation soll man jetzt ernst nehmen? Auf welchen Aspekt antworten? Soll man, um des lieben Friedens willen, die Worte ernst nehmen oder eher dem eigenen Gefühl trauen und auf die nonverbale Ebene antworten, dann aber möglicherweise einen Konflikt riskieren? In manchen Situationen steht der »Reiz des Vieldeutigen« im Vordergrund,[74] in anderen wird die Vieldeutigkeit eher als unangenehme Spannung wahrgenommen.

In schwierigen, mehrdeutigen Lagen bleibt immer die Möglichkeit der Metakommunikation, also der Reflexion über den gerade stattfindenden Ablauf der Kommunikation; dieser Schritt ist jedoch weitgehend der professionellen Kommunikation in Psychotherapie oder Supervision vorbehalten; im Alltag wird er eher selten eingesetzt.

Noch komplexer erscheint der Kommunikationsprozess in der Analyse von Friedemann Schulz von Thun[75] und den von ihm herausgearbeiteten vier Seiten einer Nachricht (Sachebene, Selbstmitteilung, Beziehungsebene und Appell), vier Seiten, die sowohl beim Sender wie beim Empfänger eine Rolle spielen und insofern mindestens sechzehn Kommunikationsvarianten ausmachen, deren Überlagerungen zu vielfältigen Irritationen führen können. Die Mitteilung eines Inhalts wird von bestimmten

---

73 Ebd. 56 (Hervorhebung von mir, M.K.).
74 So der Titel eines Beitrags von Zeki 2010, 40–43.
75 Schulz von Thun 1981, 25ff.

Beziehungsmustern überlagert, entsprechend prägen solche Muster auch die Hörgewohnheiten – wobei sich beide Kommunikationswege häufig kreuzen: Eine Sachmitteilung wird auf der Beziehungsebene gehört, die Selbstmitteilung als Appell, der
Appell als Beziehungsbotschaft usw.

> Beim Dienstgespräch sagt die Pfarrerin, dass sich noch niemand für die Leitung des Kinder
> gottesdienstes am kommenden Sonntag eingetragen habe. Die Vikarin springt sofort an und
> erklärt sich bereit, diese Aufgabe zu übernehmen. Offenbar hat sie die zunächst als Sachmit
> teilung gedachte Information auf der Appellebene gehört und sich in diesem Sinn sogleich
> angesprochen gefühlt.
>
> Der Vorgesetzte sagt zu seiner Sekretärin:»Ich bin unsicher, ob wir dies Projekt bis Ende
> des Jahres tatsächlich fertig kriegen«. Die Sekretärin hört die Selbstmitteilung auf der Bezie
> hungsebene als latente Kritik daran, dass sie möglicherweise zu langsam arbeitet, und sagt in
> leicht gereiztem Tonfall:»Ich gebe mir alle Mühe, an mir liegt's nicht« – was den Vorgesetzten
> zu dem irritierten Gedanken führt »was hat sie denn jetzt schon wieder?«.

Durch die Überschneidung der verschiedenen Ebenen der Kommunikation sowohl
beim Sender wie beim Empfänger entstehen Ambivalenzen, die wiederum Auslöser
für Konflikte bilden. In der Regel sind solche Konflikte mit alltäglichen Mitteln der
Kommunikation lösbar, für Beziehungen bilden sie sogar ein Mittel der Verlebendigung.[76] Erst wenn Ambivalenzsituationen in Form von Missverständnissen wiederholt oder gar ständig auftreten, drohen sie, einen destruktiven Charakter zu bekommen.

2.8   Schluss: Ambivalenztoleranz als Autonomiegewinn und Quelle von Resilienz

Dieser Überblick über die Entstehung und Verbreitung des Konzepts der Ambivalenz
in der Psychologie bzw. Psychoanalyse zeigt eindrücklich, wie verbreitet, ja universell
das Phänomen der Ambivalenz im Bereich des menschlichen Zusammenlebens vorkommt. Zugleich lässt sich eine kontinuierliche Ausweitung des Konzepts beobachten:
Von der intrapsychischen Spannung zwischen gegensätzlichen Trieben oder Strebungen in der Psychiatrie und der frühen Psychoanalyse hin zu interpersonalen Differenzen zwischen verschiedenen Akteuren bis hin zur Kommunikationstheorie, die zwischen Psychologie und Soziologie angesiedelt werden kann. *Interaktion und
Kommunikation generieren in vielen Fällen nicht Eindeutigkeit (vor allem da, wo man
sich jenseits eingespielter Routinen bewegt), sondern Vieldeutigkeit (Ambiguität), die
entsprechende Ambivalenzen bei den Akteuren frei setzt.* Zugleich bestätigen die Untersuchungen von Frenkel-Brunswick, wie Betroffene zunehmend rigide werden und
Teile ihrer Lebendigkeit und Flexibilität verlieren, wenn sie Ambiguität und Ambivalenz grundsätzlich abwehren.

Menschen, die bewusst in einer zunehmend komplexen und fluiden Umwelt leben,
müssen in der Lage sein, die vielfältigen Ambiguitäten, Konflikte und Widersprüche

---

76 Vgl. Pohl 2003, 13: »Was Konflikte alles können.«

in den Beziehungen zu sich selbst, zu anderen, zur Umwelt und zur Transzendenz wahrzunehmen, sie auszuhalten und spielerisch mit ihnen umzugehen. Harmonievorstellungen, Eindeutigkeitsansprüche und duale Denk- und Verhaltensmuster (richtig – falsch, gut – böse etc.) helfen nicht weiter und setzen nicht mehr die für postmoderne Gesellschaften notwendige Flexibilität frei. Zeitgenossen müssen bereit sein, sich von Ganzheits- und Eindeutigkeitsvorstellungen und den dazugehörigen Idealen zu verabschieden, die Trauer über diesen Abschied wahrnehmen und sich einlassen auf die Vielfalt, die Unklarheiten und Ungewissheiten, aber auch den Reichtum und die Kreativität der postmodernen Weltwahrnehmung.

Insofern erscheinen Ambivalenztoleranz und Ambivalenzbereitschaft als notwendige Voraussetzung, um produktiv in postmodernen Lebensverhältnissen leben und arbeiten zu können. Man kann auch sagen: Ambivalenztoleranz bedeutet Autonomiegewinn[77] und die wiederum ist ein wichtiger Bestandteil von Resilienz.»Unter Resilienz wird die Fähigkeit von Menschen verstanden, Krisen im Lebenszyklus unter Rückgriff auf persönliche und soziale vermittelte Ressourcen zu meistern und als Anlass für Entwicklung zu nutzen.«[78] Metaphern für solche Prozesse sind: Elastizität und Biegsamkeit behalten angesichts von Umständen, die einen festlegen und niederdrücken wollen; in lebendiger Balance bleiben angesichts von Lebensereignissen, die einen aus dem Gleichgewicht werfen könnten; auf dem Weg weiter gehen, wenn man festzustecken droht; immer neu Beziehungen herzustellen und Netzwerke zu knüpfen.[79] Das kann nur gelingen mit der Fähigkeit zur Ambivalenz. Wer bereit ist, solche Ambivalenzen wahrzunehmen und ihre verschiedenen Seiten und Aspekte auszuloten, tiefer zu verstehen, in ihrer Bezogenheit aufeinander nachzuvollziehen, gewinnt zusätzliche Freiheit und kann sich bereichert fühlen.

Diese Gedanken sollen in späteren Kapiteln auf den Bereich des Glaubens und der Religion bezogen werden: Lässt sich das Konzept der Ambivalenz überhaupt auf den Glauben übertragen? Auch Glaube ist ein Beziehungsgeschehen zu einem Größeren, Transzendenten, Heiligen, das natürlich mit anderen Beziehungsmustern (zu sich selbst, zu signifikanten Anderen, zur Umwelt) in wechselseitiger Relation steht.[80]

Wie viel Offenheit, Unbestimmtheit, Unabhängigkeit und Ambivalenz ist Einzelnen und Gruppen in Glaubenszusammenhängen möglich? Und umgekehrt: wie viel Eindeutigkeit und Sicherheit, wieviel Abhängigkeit von Autoritäten werden gebraucht? Religiöse Autonomie zeichnet sich aus durch ein »Gleichgewicht zwischen Freiheit und Abhängigkeit, Heiligem und Profanem, Hoffnung und Absurdität, Transzendenz und Immanenz, Vertrauen und Verzweiflung, Zugriff und unbegreiflichem Hintergrund, zwischen Vergänglichem und zeitlich Unbegrenztem ...«[81] Was können religiöse Institutionen und Einzelne tun, um dieses Gleichgewicht lebendig und flexibel zu halten?

---

77 Vgl. Otscheret 148f.
78 Welter-Enderlin 2006, 13.
79 Levold 2006, 230–254.
80 Vgl. Morgenthaler/Schibler 2002, 188f.
81 Oser 1988, 47.

3. Soziologische Aspekte der Ambivalenz

3.1 Individualisierung als Voraussetzung von Ambivalenzwahrnehmung

Phänomen und Begriff der Ambivalenz sind zu einem charakteristischen Signum der Postmoderne geworden (▶ Kap. 1). Diese Tatsache setzt tiefgreifende gesellschaftliche Veränderungen seit dem ausgehenden Mittelalter voraus, die hier kurz angedeutet werden sollen.

Bis zum Ende des Mittelalters herrschte die aus der Antike stammende und in der Scholastik aktualisierte Vorstellung, dass die soziale Ordnung Teil und Abbild der von Gott geschaffenen Weltordnung, des Kosmos, darstelle.[1] Diese Ordnung wurde als gut, notwendig und unveränderlich angesehen; der Mensch hatte sich in sie einzufügen, indem er sich so verhielt, wie es seinem Stand entsprach. Die soziale Ordnung war eine hoch ritualisierte, zugleich religiös legitimierte und ethisch verbindliche Ordnung. Für individuell variierendes Verhalten und entsprechende Entscheidungen gab es nur geringen Spielraum.

Ökonomische Entwicklungen seit dem 13. Jahrhundert, die Entstehung einer Geldwirtschaft, vor allem die »Geburt der Stadt«, setzten bis dahin unbekannte Prozesse der sozialen Differenzierung in Gang. Der Humanismus der Renaissance und die Reformation untermauerten diese Entwicklungen aus philosophischer bzw. religiöser Sicht. Beispielhaft sei auf den italienischen Humanisten Pico della Mirandola verwiesen, der im Jahr 1486 in seiner »Rede über die Würde des Menschen« in einer für damalige Zeiten provokanten und ketzerischen Art und Weise Gott folgende an den Menschen adressierte Worte in den Mund legte:

»Wir haben dir keinen festen Wohnsitz gegeben, Adam, kein eigenes Aussehen noch irgendeine besondere Gabe, damit du den Wohnsitz, das Aussehen und die Gaben, die du selbst dir aussersiehst, entsprechend deinem Wunsch und Entschluss, habest und besitzest. Die Natur der übrigen Geschöpfe ist fest bestimmt und wird innerhalb von uns festgeschriebener Gesetze begrenzt. Du sollst die deine ohne jede Einschränkung und Enge, nach deinem Ermessen, dem ich dich anvertraut habe, selber bestimmen ..., damit du wie dein eigener, in Ehre frei entscheidender, schöpferischer Bildhauer dich selbst zu der Gestalt ausformst, die du bevorzugst.«[2]

---

1 Vgl. Oexle 1984, 773ff.
2 Zitiert nach Abels 2006, 84f.

Der Mensch soll frei und selbstständig entscheiden über die Gestaltung seines Lebens, auch gegenüber den Lehren der Kirche. Der etwa dreihundert Jahre später von Immanuel Kant verkündete »Ausgang des Menschen aus der selbstverschuldeten Unmündigkeit« nimmt hier seinen Anfang. Die Herauslösung des Menschen aus dem gesellschaftlichen Ordo bildet eine Grundvoraussetzung für die Möglichkeit, selbstverantwortlich zu wählen und freie Entscheidungen zu treffen. Der Mensch wollte und sollte ein *Selbst*bewusstsein entwickeln, sein eigenes Denken, seine innere Erfahrung zum Maßstab seines Handelns machen. Deswegen wuchs der Bildung ein nicht zu überschätzender Wert zu.

Die Reformation verstärkte diese Tendenzen, indem sie die Unmittelbarkeit des Menschen zu Gott im Glauben, ohne Vermittlung der Institution Kirche, in den Vordergrund stellte. Der Einzelne ist in Auseinandersetzung mit dem biblischen Zeugnis zur verantwortlichen Gewissens- und Glaubensentscheidung herausgefordert. Luther schreibt: Konzilien mögen beschließen, was sie wollen, »du kannst deine Zuversicht nicht darauf stellen noch dein Gewissen befrieden, du musst selber schließen, es gilt dir deinen Hals, es gilt dir dein Leben.«[3] Daraus resultiert eine prinzipielle Gleichheit aller Glaubenden vor Gott; sie werden in ihrer glaubenden Individualität aufgewertet: Vor Gott gelten auch die gläubigen Laien – und nicht nur der geistliche Stand – als Könige und Priester (nach 1 Petr 2,9). Sie sollen nicht länger einfach nur glauben, was und wie die Kirche glaubt (fides implicita), sondern ihre eigenen Glaubensentscheidungen treffen und verantworten. Damit geht eine Individualisierung der Gottes- bzw. Christusbeziehung einher:[4] Die im Bekenntnis gleichsam objektiv formulierten Inhalte des Glaubens müssen persönlich angeeignet werden, als »pro me« gültig erfahren werden. So heißt es dann in Luthers Katechismus: »*Ich* glaube, dass *mich* Gott geschaffen hat ... Jesus Christius sei *mein* Herr, der *mich* verlornen und verdammten Menschen erlöset hat ..., der Heilige Geist hat *mich* durch das Evangelium berufen ...«. Rituale wirken nicht mehr allein durch den Vollzug, ex opere operato, sondern nur, sofern sie subjektiv angeeignet werden.

Diese Wendung nach innen, die Betonung eigener Glaubenserfahrung, eigener Verantwortung und Entscheidungsfähigkeit (vgl. den exemplarischen Titel Luthers von 1523: »dass eine christliche Versammlung oder Gemeinde Recht und Macht habe, alle Lehre zu urteilen und Lehrer zu berufen, ein- und abzusetzen, Grund und Ursache aus der Schrift.«[5]) fördert ein Bewusstsein von Individualität und Subjektivität,[6] das allerdings immer an die Auseinandersetzung mit der Bibel und an die Gemeinschaft der Glaubenden zurückgebunden blieb und bleiben musste. Zwar hat Luther die ständische Gesellschaft seiner Zeit nicht in Frage gestellt, trotzdem wird man die

---

3 WA 10/1/2, 335. zitiert nach Hans-Martin Barth 2009, 48, Anm. 37.
4 Vgl. zum Folgenden Bobert 2010, 108ff.
5 WA 11, 408–416. Hier zitiert nach Luther ²1983, Bd. V., 7.
6 Vgl. Graf ²2010, 19: Der Protestantismus hat »eine intensive Kultur reflexiver Subjektivität hervorgebracht, die nicht an irgendwelchen ›Heilsobjekten‹ oder ›Anstalten der Heilsvermittlung‹ ..., sondern allein und emphatisch an der immer neuen Selbstreflexion des zutiefst widersprüchlichen, mit elementaren Ambivalenzen des eigenen Ich konfrontierten Individuums orientiert ist.«

Reformation als einen deutlichen Individualisierungsschub verstehen können. David Riesman sieht hier den Übergang von der Traditionsleitung zur Innen-Lenkung:[7] »Der Traditionsgeleitete dachte und handelte so, wie es ihm die Gemeinschaft, die nach dieser Tradition lebte, oder eine Ordnungsmacht vorschrieben. Der Innengeleitete begreift sich als Individuum, das allein die Verantwortung für sich und sein Handeln trägt. Er ist berechtigt, sein Schicksal selbst zu wählen. Wenn er sich aber entschieden hat, dann muss er seinen Weg konsequent gehen.«[8]

Auch wenn diese Charakterisierung von Riesmans These idealisierend klingt und die Moderne vorwegzunehmen scheint: Zumindest Ansatzpunkte in dieser Richtung kann man in Renaissance und Reformation feststellen.

Erst die Aufklärung macht konsequent »das eigene kritische Urteil zur allein ausschlaggebenden Instanz« gegenüber allen dogmatisch bestimmten, supranaturalistischen Wirklichkeitskonstruktionen.[9] So unterschiedlich die einzelnen Strömungen der Aufklärung ausfallen, das ihnen Gemeinsame liegt im Vertrauen auf die kritische Vernunft, auf die intellektuellen Fähigkeiten des Menschen, verbunden mit einem ausgeprägten Fortschritts- und Perfektibilitätsglauben. Berühmt geworden ist Immanuel Kants Definition von 1784: »Aufklärung ist der Ausgang des Menschen aus seiner selbstverschuldeten Unmündigkeit. Unmündigkeit ist das Unvermögen, sich seines Verstandes ohne Leitung eines anderen zu bedienen. Selbstverschuldet ist diese Unmündigkeit, wenn die Ursache derselben nicht im Mangel des Verstandes, sondern der Entschließung und des Mutes liegt, sich seiner ohne Leitung eines anderen zu bedienen. Sapere aude! Habe Mut, dich deines eigenen Verstandes zu bedienen! ist also der Wahlspruch der Aufklärung.«[10] Diese Maxime erscheint nur umsetzbar, wenn Bildung nicht nur einigen wenigen, sondern breiten Volksschichten zugänglich wird. Die Einführung der Schulpflicht – in Preußen im Jahr 1717 – war eine notwendige Voraussetzung. Nun konnten sich langsam auch breitere Kreise aus dem Bürgertum selbst informieren und sich durch ihr Wissen definieren und legitimieren.

Der »abstrakte Individualismus« der Aufklärung – alle Menschen sind vernünftig, frei und gleich – entwickelt sich weiter, vor allem durch Impulse aus der Romantik, zu einem »qualitativen Individualismus«, in dem nicht nur die prinzipielle Gleichheit postuliert wird, »sondern dass man dieser Bestimmte und Unverwechselbare ist.«[11] Im Rahmen von Freiheit und Gleichheit kommt jetzt die Einzigartigkeit in den Blick, das unverwechselbare und autonome Individuum. Aber: Einzigartigkeit und Mündigkeit sind anstrengend, sie müssen häufig gegen Ansprüche des Kollektivs verteidigt werden; und es ist natürlich innerpsychisch gesehen einfacher, sich im »man« gleichsam zu verstecken. Einzigartigkeit beschwört Konflikte herauf, man stößt auf Widersprüche durch das Denken anderer: Widersprüche und Spannungen, die nicht immer aufzulösen sind. Entweder werden solche Differenzen gewaltsam nivelliert, das ist die

---

7 Riesman 1958, 31.
8 Abels 2006, 119.
9 Beutel 1998, 932.
10 Zitiert bei Abels 2006, 134.
11 Georg Simmel, zitiert bei Abels 2006, 149.

Option des politischen und wissenschaftlichen Totalitarismus der Moderne; oder die Vielfalt der Erkenntnismöglichkeiten wird akzeptiert und ausgehalten, die Autonomie respektiert; diese Option und die mit ihr verbundene mehr oder weniger ausgeprägte Ambivalenz als Reaktion setzt sich erst sehr langsam in der Moderne und Postmoderne durch.

Gegenwärtig leben die meisten Zeitgenossen selbstverständlich ihre weltanschauliche Autonomie und setzen damit die Vielfalt der Glaubensweisen und -inhalte in ihr genuines Recht. Der Soziologe Hartmut Rosa spricht in diesem Zusammenhang von ethischer Autonomie und definiert sie so: Jeder muss für sich selbst entscheiden: »Welchem Gott wir … dienen wollen, welches Gewicht wir welcher Lebenssphäre – der Kunst, der Politik, der Ökonomie, der Familie, der Religion, dem Sport etc. – einräumen wollen und woran wir uns *in* diesen Sphären substantiell jeweils ausrichten sollen (ob wir beispielsweise Impressionist, Konservativer, Unternehmer, konventioneller Familienmensch und Protestant oder aber Expressionist, Sozialist, Wissensarbeiter, Regenbogenfamiliengründer und Buddhist sein wollen), wird uns niemand sagen können. Natürlich werden wir durch das Vorbild unseres Herkunftsmilieus in mehreren Hinsichten vorgeprägt sein, aber die ethische Verantwortung und Zurechnung haben wir alleine zu tragen.«[12]

Mit dieser Vielfalt, mit dieser Ambiguität, ist wohl nur angemessen umzugehen, wenn man Ambivalenz und Ambivalenztoleranz (bzw. Ambivalenzbereitschaft) als Möglichkeit der kreativen Bewältigung entdeckt, sie würdigt und ihre Fragen genauer und vertieft auslotet.

3.2 Soziale Strukturen generieren Ambivalenz

In der Geschichte des Ambivalenzbegriffs lässt sich eine sukzessive Ausweitung und Neudeutung seines Verständnisses beobachten. Die klassische Psychoanalyse begreift Ambivalenz als Produkt der Spannungen zwischen verschiedenen Strebungen (Trieben) und Instanzen innerhalb der Psyche des Menschen, also als *intrapsychisch* verursacht: Liebe und Hass entstehen unvermeidlich aus dem Miteinander von sexuellen und aggressiven Trieben. Die Objektbeziehungstheorie geht einen Schritt weiter und sieht über die Triebkonflikte hinaus die unvermeidlich immer auch zwiespältigen, von Liebe und Frustration, Nähe und Distanz, Hinwendung und Abwendung geprägten Beziehungen zwischen Mutter (oder anderen Bezugspersonen) und Kind, also *interpersonale* Faktoren, als Auslöser für ambivalente Gedanken, Gefühle und Willensbekundungen (ausführlicher ▶ Kap. 2).

Soziologische Untersuchungen weiten den Blick noch einmal und sehen die Entstehung von Ambivalenz im Kontext der Strukturen postmoderner Gesellschaften, ihrer charakteristischen Pluralisierungen und der sich daraus ergebenden spannungsvollen Rollenerwartungen, in komplexen Generationsbeziehungen und anspruchsvollen Identitätsbildungsprozessen.

---

12 Rosa 2016, 41f.

Die heuristische Hypothese[13] »Ambivalenz« erstreckt sich damit sehr umfassend auf alle postmoderne Lebensverhältnisse und soziale Interaktionen insgesamt.

3.2.1   Rolle und Ambivalenz

Den ersten bahnbrechenden Beitrag zur soziologischen Dimension des Themas Ambivalenz haben die US-amerikanischen Soziologen Robert K. Merton & Elinor Barber 1963 veröffentlicht.[14] Sie stellen zunächst fest, dass in der Analyse des Phänomens der Ambivalenz die sozialen Beziehungen bislang nicht berücksichtigt worden seien, sie würden einfach als gegeben vorausgesetzt. Dabei füge eine Berücksichtigung der sozialen Strukturen dem Konzept der Ambivalenz eine neue Dimension hinzu. Am Beispiel des Verhältnisses von Meister und Lehrling könne man das gut zeigen: Der Lehrling verehrt seinen Meister (im besten Fall) und nimmt ihn sich zum Vorbild, zugleich möchte er irgendwann dessen Stelle einnehmen und ihn deswegen in Zukunft gleichsam aus dem Weg räumen. Die dadurch ausgelöste Ambivalenz kann intensiv sein; und sie variiert in der Stärke je nach wirtschaftlichem Kontext, also ob potentielle Stellen für den Lehrling knapp oder reichlich vorhanden sind.

Das bedeutet in der Konsequenz: »The sociological theory of ambivalence ... refers to social structure, not to the personality. *In it's most extended sense*, sociological ambivalence refers to incompatible normative expectations of attitudes, beliefs, and behavior assigned to a social status (i.e. a social position) or to a set of statuses in a society. *In it's most restricted sense*, sociological ambivalence refers to incompatible normative expectations incorporated in a *single* role of a *single* social status ...«[15]

Rolle bezeichnet ein Bündel an normativen Erwartungen von Seiten der Gesellschaft bzw. einer Organisation, denen ein Rollenträger mehr oder weniger entsprechen soll; man spricht hier von Rollenübernahme, die zugleich ein gewisses Maß an Rollendistanz enthält, weil die Person in aller Regel nicht völlig in der Rolle aufgeht. Das Bündel an Erwartungen setzt sich häufig aus widersprüchlichen Erwartungen zusammen, die unvermeidlich zur Quelle von Ambivalenzgefühlen werden. Merton & Barber illustrieren dies weiterhin am Beispiel verschiedener Berufe, vor allem der klassischen Professionen: Der Vertreter einer Bürokratie ist zu allgemeiner und unpersönlicher Behandlung aller Kunden, ohne Ansehen der Person, verpflichtet, während die Kunden individualisierte und persönliche Aufmerksamkeit erwarten. So reagieren sowohl der Rolleninhaber als auch die Kunden angesichts dieser Diskrepanz mit entsprechenden Ambivalenzen.

Im Fall des Arztberufs bedeutet das: Ein Arzt soll medizinische Fachkompetenz besitzen; Bestandteil dieser professionellen Kompetenz ist eine emotional distanzierte, objektivierende Betrachtungsweise der Krankheit und des Kranken; individuelle Phänomene müssen im Prozess einer Diagnosefindung abstrahiert und generalisiert werden. Gleichzeitig möchte ein Patient als unverwechselbares Individuum wahr- und

---

13   Im Anschluss an die erkenntnistheoretische These von Lüscher 2009, 35.
14   Merton/Barber 1963.
15   Ebd., 94f.

ernst genommen werden; vom Arzt erwartet er eine einfühlende, mitfühlende und auf die individuelle Person eines Kranken zugeschnittene Zuwendung. Häufig entstehen dann charakteristische Mischungen aus Respekt, Bewunderung und übertriebenen Erwartungen einerseits, aus Angst, Hass, Verachtung und enttäuschten Erwartungen andererseits.[16]

> Überträgt man das Konzept von Merton & Barber auf die Rolle des Pfarrers, der Pfarrerin, so hieße das: Einerseits gelten der Pfarrer/die Pfarrerin als Repräsentanten der Institution Kirche, sie sind Amtsträger, die ihr berufliches Handeln an den Vorgaben von Bibel, Bekenntnis, Kirchenordnung und Ordinationsverpflichtung orientieren und damit speziellen berufsethischen Verpflichtungen unterliegen. Andererseits sollen und wollen sie als Menschen, als individuelle Personen mit eigenen Gedanken und Gefühlen erkennbar werden, sollen in subjektiv glaubwürdiger, den einzelnen Menschen zugewandter Art und Weise ihre Aufgaben erfüllen. In diesem Spannungsfeld entstehen unvermeidlich Ambivalenzen, deren bewusste Wahrnehmung erweiterte und kreative Handlungsoptionen eröffnet.[17] Auch Religionspädagogen/Religionspädagoginnen sind mit vergleichbaren Spannungen im Gegenüber zu ihren Schüler*innen konfrontiert.

Darüber hinaus identifizieren Merton & Barber noch weitere strukturelle Anlässe, die Ambivalenzen auslösen:

- Innerhalb eines bestimmten gesellschaftlichen Status lassen sich konflikthafte Werte und Verhaltenserwartungen ausmachen: Frauen sollen, so wird es in modernen Gesellschaften erwartet, berufstätig sein und zugleich die Bedürfnisse der Familie angemessen berücksichtigen; ein religiös orientierter Mensch soll in seinem Beruf professionellen Standards gerecht werden und zugleich seine religiösen Werte nicht verleugnen; ein Pfarrer soll primär Seelsorger sein, jedoch auch die mit konflikthaften Entscheidungen verbundene Leitungsfunktion in seiner Gemeinde und ihren Gremien ausüben usw.
- Bestimmte Rollen setzen sich aus Teilrollen zusammen, die miteinander in Konflikt geraten können: Der Universitätsprofessor ist zugleich Forscher, Lehrer und Administrator; häufig kollidiert die Rolle des Lehrers und Administrators mit der Erwartung, umfassende Grundlagenforschung betreiben zu können. Oder: Die Pfarrerin hat gleichzeitig die Rollen der Predigerin, Seelsorgerin, Lehrerin, Verwalterin, Freizeitanimateurin etc. inne. Die Notwendigkeit, diese sehr unterschiedlichen Teilrollen zusammen zu halten, kann intensive Ambivalenzen auslösen.
- Bestimmte kulturelle Werte bringen die Mitglieder einer Gesellschaft in potentielle Konflikte: Unausgesprochen wird von jedem erwartet, dass er beruflich bzw. wirtschaftlich erfolgreich sein soll – aber dann heißt es immer wieder, die Person sei wichtiger als der materielle Erfolg. Oder: Ehrlichkeit gilt als ein höchster ethischer Wert – aber, so wird mehr oder weniger selbstverständlich unterstellt, im Geschäftsleben oder in der Politik kann man natürlich nicht immer vollständig ehrlich sein und kleinere Vergehen, die man dann auch noch beschönigend »Kavaliersdelikte« nennt, werden einem selbstverständlich nachgesehen.

---

16 Ebd. 105ff.
17 Vgl. Klessmann, Pfarramt 2012, 206ff.

- Menschen, die in unterschiedlichen sozialen oder kulturellen Kontexten leben – beispielsweise Migranten – fühlen sich oft hin und her gerissen zwischen den Normen und Werten ihres Herkunftslandes und denen, die in der neuen Mehrheitsgesellschaft gelten.

Zusammengefasst heißt das in den Worten von Merton/Barber: »The core-case of sociological ambivalence puts contradictory demands upon the occupants of status in a particular social relation. And since these norms cannot be simultaneously expressed in behaviour, they come to be expressed in an oscillation of behaviors: of detachment and compassion, of discipline and permissiveness, of personal and impersonal treatment.«[18]

Über Merton & Barber hinausgehend möchte ich allerdings betonen, dass rollenbezogene Ambivalenzen *auf beiden Seiten einer professionellen Beziehung* entstehen können – am Beispiel des Arztberufs wird das besonders deutlich: Die *Rolleninhaber* reagieren auf die ihnen entgegen gebrachten Rollenerwartungen; die Rollenerwartungen setzen sich zusammen zum einen aus fachlichen Erwartungen, die mit einer Profession qua Professionsstandards verknüpft sind, zum anderen aus persönlichen Erwartungen der Klienten: Letztere müssen angemessene Fachlichkeit einfach voraussetzen, da sie sie selbst nicht beurteilen können; deswegen richtet sich ihre hauptsächliche Erwartung auf eine zugewandte Menschlichkeit des Professionellen. Diese Menschlichkeit kommt darin zum Ausdruck, dass sich ein Arzt Zeit nimmt, zuhören und medizinische Sachverhalte in verständlicher Sprache erläutern kann. Entsprechend oszillieren die Rolleninhaber zwischen unterschiedlichen Verhaltensmustern, um den generellen und den situativen Erwartungen gerecht zu werden.

Aber auch die *Klientenrolle* ist von Diskrepanzen und entsprechenden Ambivalenzen geprägt: Patienten sind bereit, dem Arzt einen Vertrauensvorschuss zu geben, indem sie ihr Schicksal vertrauensvoll in seine Hände legen; je nach Leidenszustand und individueller Regressionsbereitschaft ist diese Haltung mehr oder weniger ausgeprägt. Gleichzeitig bleibt in den meisten Fällen der Impuls bestehen, sich nicht in allzu große Abhängigkeit zu begeben, sondern selbstständig Sachverhalte beurteilen und mit entscheiden zu wollen und damit einen Rest an Kontrolle zu behalten. Die inzwischen verbreitete Rede vom mündigen, vom informierten Patienten kommt dieser Tendenz entgegen. Im Internet leicht zugängliche medizinische Informationen erhöhen die Chance, sich selbst kundig zu machen, erheblich. Allerdings werden mit diesem Anspruch in vielen Fällen die psychischen und intellektuellen Ressourcen mancher Patienten überfordert, die Internetangebote erzeugen Halbwissen, das wiederum von ambivalenten Gefühlen begleitet wird: Einerseits weiß es der Arzt sicherlich doch besser, andererseits möchte der Patient aber die Kontrolle über seinen Behandlungsverlauf behalten.

An diesen Beispielen kann man eindrücklich sehen, wie berufliche Rollen, die eigentlich dazu dienen, Verhaltenserwartungen zu klären und zu vereindeutigen (man erwartet vom Chef Leitungsentscheidungen und nicht kumpelhaftes Betragen; man

---

18 Merton/Barber 1963, 96.

muss beim Pfarrer nicht befürchten, dass er einem eine Versicherungspolice verkaufen will) und auf diesem Weg Ambivalenz gerade zu reduzieren, gleichzeitig doch in erheblichem Ausmaß neue Ambivalenzen generieren.

Diese Einsicht ist aber nicht grundsätzlich negativ zu bewerten, im Gegenteil, sie eröffnet den Rolleninhabern und den Klienten ein breiteres Verhaltensrepertoire, das zwar spannungsvoller wird, aber auch mehr Freiheit erlaubt. Allerdings setzt es auf beiden Seiten die Fähigkeit voraus, mit dieser zunehmenden Ungewissheit umgehen zu können, d. h. sie als Freiheitsgewinn zu schätzen. Die Fähigkeit zur Metakommunikation über diesen Sachverhalt erhöht zweifellos die Möglichkeit, die Spannungen produktiv zu nutzen.

3.2.2 Ambivalenz in Generationenbeziehungen

Während Merton & Barber das Thema Ambivalenz rollentheoretisch bearbeitet haben, übertragen die Schweizer Soziologen Kurt Lüscher und Karl Pillemer es auf Generationenbeziehungen und weiten es damit noch einmal aus.[19] In Eltern-Kind-Beziehungen ist das Ausmaß an Ambivalenz besonders ausgeprägt, das weiß eigentlich jede/r aus eigener Erfahrung. Umso bemerkenswerter ist es, dass in der soziologischen Generationenforschung bislang das Konzept der wechselseitigen Fürsorge und Solidarität (solange die Kinder klein sind, sorgen Eltern für die Kinder, wenn die Eltern alt und schwach werden, kümmern sich Kinder verstärkt um die Eltern) weithin unhinterfragt leitende Grundannahme war. Dabei zeigt sich bei genauerem Hinsehen schnell, dass das Ideal wechselseitiger Solidarität und Fürsorge konflikthaft durchkreuzt wird von der ungleichen Macht- und Wissensverteilung in Generationenbeziehungen: Die Eltern verfügen in der Regel, zumindest in der Mittelschicht, über einen gesellschaftlichen Status, ein gewisses Maß an Unabhängigkeit, an Besitz und Wissen, Faktoren, die die Kinder mit Hilfe der Eltern oder manchmal auch gegen deren Absichten erst erwerben wollen bzw. müssen. »There is a paradox in contemporary society where, on the one hand, it is believed that adults will strive to become both psychologically and economically autonomous and self-reliant, while, on the other hand, findings from systematic investigations of family life show that dependence across generations is the typical mode of intergenerational relations, including the interdependence of very old parents on their middle-aged offspring.«[20] Das bekannte Ausmaß an Gewalt gegenüber älteren Menschen gibt ein erschreckendes Zeugnis davon ab, wie ausgeprägt ambivalente Gefühle in Generationenbeziehungen sein können.

Zusätzlich zu den genannten Faktoren identifizieren die Autoren weitere Voraussetzungen, die die Ausbildung von Ambivalenzen in Generationenbeziehungen besonders begünstigen:[21]

---

19 Zum Folgenden Lüscher/Pillemer 2009, 34ff.
20 Ebd. 31 als Zitat einer Untersuchung von Cohler und Grunebaum von 1981.
21 Ebd. 12ff.

- In Beziehungen, die von unbegrenzter Dauer und prinzipiell nicht auflösbar sind (man bleibt sein Leben lang Elternteil bzw. Sohn oder Tochter oder Geschwister, sogar wenn der Kontakt von einer Seite abgebrochen worden ist), ist das Maß an Ambivalenz sicher höher, als da, wo man vorhandene Unzufriedenheit durch die Beendigung der Beziehung zum Ausdruck bringen kann (wie etwa in Beziehungen zwischen Arbeitgeber und Arbeitnehmer).
- Beziehungen, die durch ein Autoritätsgefälle gekennzeichnet sind (das gilt für professionelle wie intergenerationale Beziehungen gleichermaßen), lösen besonders intensive Mischungen von Respekt, Bewunderung, Liebe einerseits, von Angst, Verachtung, Hass andererseits aus.
- Ambivalenzen erwachsen auch aus verschiedenen Positionen in der sozialen Struktur: Unterschiede zwischen alt und jung, zwischen wohlhabend und arm, Arbeitgeber und Arbeitnehmer, Akademiker und Nicht-Akademiker etc. gehen häufig einher mit bestimmten sozialen (teils bewussten, teils unbewussten) Ansprüchen und Erwartungen, die deutlich konflikthaft geprägt sein können.
- In Phasen von »Status-Transitionen« kann Ambivalenz besonders ausgeprägt zum Ausdruck kommen, weil in der Regel beide Generationen davon betroffen sind: Der Wechsel von einer Status-Position in eine andere (z. B. vom Kind, das von den Eltern abhängig ist, zum berufstätigen, und damit finanziell unabhängigen Erwachsenen; oder vom autonomen Erwachsenen zum betreuungs- oder pflegebedürftigen Elternteil) verlangt Abwendung von alten Identifikationen und Entwicklung neuer, zunächst fremder und befremdlicher Lebensvorstellungen und Beziehungsmuster.
- Je stärker die Generationenbeziehungen idealisiert werden und die Selbstverständlichkeit gegenseitiger Liebe und Fürsorge normativ und exklusiv unterstellt wird, desto stärker kann die komplexe, vom Ideal deutlich abweichende Realität der Beziehungen ambivalente Gefühle generieren.

Vor dem Hintergrund dieser Beobachtungen kommen Lüscher/Pillemer zu folgender Definition von Ambivalenz: »Als allgemeines soziologisches Konzept soll der Begriff der Ambivalenz verwendet werden, um Erfahrungen und Einsichten von Widersprüchen des Handelns, sozialer Strukturen, individueller und gesellschaftlicher Entwicklungen im Horizont einer prinzipiellen Unauflösbarkeit zu bezeichnen … Das Konzept der Ambivalenz hat somit zwei Dimensionen Die eine betrifft soziale Tatsachen (Handlungen, Strukturen, Entwicklungen). Ihr empirisches Äquivalent sind Verhalten bzw. aggregierte Verhaltensweisen. Die andere Dimension betrifft Gefühle, Wissen und Überzeugungen. Deren empirisches Äquivalent sind sprachliche Äußerungen.«[22]

Beide Dimensionen sind unlöslich miteinander verknüpft dergestalt, dass die sozialen Tatsachen individuell verarbeitet und angeeignet werden müssen. Aber was bedeutet das? Man kann der Ambiguität moderner sozialer Strukturen nicht entgehen, man kann versuchen, sich von ihnen abzugrenzen oder sich ihnen möglichst anzupassen. In jedem Fall ist es hilfreich, die in diesem Zusammenhang auftauchenden Ambi-

---

22 Ebd. 14.

valenz genauer anzuschauen und kennen zu lernen, um flexible persönliche Reaktionsmöglichkeiten zu finden und nicht in den Extremen von Ablehnung oder Anpassung stecken zu bleiben.

3.2.3 Patchwork-Identität und Ambivalenz

In postmodernen Gesellschaften ist auch der Prozess der Identitätsentwicklung in hohem Maß von Ambivalenzen geprägt.[23] Während Identitätsentwicklung bei Erik Erikson in den 50er Jahren des 20. Jahrhunderts in mehr oder weniger geregelter Phasenhaftigkeit mit der Zielperspektive von Einheitlichkeit und Kontinuität entworfen worden ist (s. o. ► Kap. 1.1.4), stehen postmoderne Zeitgenossen vor der Notwendigkeit, sich ständig und unvermeidlich mit spannungsvollen und widersprüchlichen gesellschaftlichen Herausforderungen auseinanderzusetzen, so dass Sozialpsychologen wie Heiner Keupp und andere das Konzept einer Patchwork-Identität oder einer Identitätscollage entwickelt haben. Veranschaulichen lässt sich das in der bereits während der dreißiger Jahre des vergangenen Jahrhunderts von George Herbert Mead getroffenen Unterscheidung zwischen »I« und »me«: Das »me« stellt die Rollenerwartungen der anderen (des verallgemeinerten Anderen) dar, die jeder Mensch in irgendeiner Weise verinnerlicht, das »I« bezeichnet die subjektive Reaktion auf diese Erwartungen. In Meads Worten: »Die Haltungen der anderen bilden das organisierte ›me‹, und man reagiert darauf als ein ›I‹.«[24] Diese beiden »Teile« der Person stehen ständig in Spannung zueinander: In dem Maß, in dem sich die gesellschaftlichen Erwartungen pluralisieren, kann und muss auch das »I« zunehmend flexibel reagieren und wählen. Lothar Krappmann hat aus diesem spannungsvollen Gegenüber das Konzept einer »balancierenden Identität« entwickelt: Sie wird bestimmt »durch die Art, das Verschiedenartige, Widersprüchliche und Sich-Verändernde wahrzunehmen, es mit Sinn zu füllen und zusammenzuhalten … Dieses mühevolle Balancieren zwischen Erwartungen, Zuschreibungen und eigenen Interessen und Sehnsüchten ist kein Jonglieren aus Übermut, sondern entspringt der Not, seinen Platz in einer widersprüchlichen, sich wandelnden Gesellschaft zu bestimmen. Erreichbar ist trotz dieses Aufwands keine ein für allemal gesicherte Identität, sondern lediglich, sich trotz einer immer problematischen Identität die weitere Beteiligung an Interaktion zu sichern.«[25] Klassische Mechanismen der »Einbettung« (embedding) des Individuums in die Gesellschaft, in Familie, Vereine, Traditionen und Institutionen sind inzwischen »entbettet« (disembedded) worden, so sagt es Anthony Giddens,[26] und tragen deswegen auch den Charakter von »Multioptionalität«. Was in früheren Zeiten Identität stabilisiert und festgeschrieben hat, ist heute angesichts der Vielfalt der Möglichkeiten gar nicht mehr wünschenswert. Heiner Keupp spricht in diesem Zusammenhang von der »verzweifelten Suche des postmodernen Nomaden«, »denen jedes gesicherte Gefüge, jeder

---

23 Zum Folgenden vgl. Lüscher, Weiterschreiben, 2011, 373ff., speziell 383ff.
24 Mead 1973, 218.
25 Krappmann 1997, 81.
26 Giddens 1995.

verlässliche Ort und eine ungefährdete Gemeinschaftseinbindung abhanden gekommen sind.«[27] »Es fehlen sowohl ein schützendes Dach als auch ein tragendes Fundament.«[28]

Wie zutreffend diese Charakterisierung ist, lässt sich am Beispiel des von Hilarion Petzold vorgestellten Modells der fünf Säulen der Identität zeigen – soziales Netz, Arbeit, Leiblichkeit, Besitz, Werte:[29] Die Formulierung »Säulen der Identität« legt nahe, dass es hier um stabile und belastbare Träger von Identität geht. Bei genauerem Hinsehen zeigt sich jedoch, dass auch diese einzelnen Pfeiler in hohem Maß variabel und fluide geworden sind und in ihrem Wechselspiel und gegenseitiger Abhängigkeit im Gegenteil eine Fülle von Ambivalenzen generieren:[30]

Grundlegend für jede Identitätsentwicklung ist das Beziehungsnetz eines Menschen. Einzelne können sich nur im Spiegel und in Resonanz mit anderen erkennen und entwickeln; die Entwicklungspsychologie hat eindrücklich bestätigt, welche Bedeutung der emotionalen Resonanz, der Affektabstimmung, speziell dem wechselseitigen Blick, zukommt. Immer wieder geht es um das Hin und Her zwischen sehen und gesehen werden.[31] In dieser Wechselseitigkeit bleibt immer Raum für Uneindeutigkeit und Unsicherheit: Was bedeutet dieser Blick jetzt? Werde ich wirklich liebevoll angesehen oder eher ausgelacht? Oder beides zugleich? Und wie verhält sich das Nonverbale zum verbalen Ausdruck? Nonverbale Kommunikation bleibt immer mehrdeutig, gibt also reichlich Gelegenheit für ambivalente Reaktionen.

Darüber hinaus bietet gegenwärtig die Herkunftsfamilie allein schon keine eindeutigen und verlässlichen Strukturen und Orientierungen mehr (im Vergleich zu früheren Generationen). Lippmann zählt auf, wie neben der traditionellen Vater-Mutter-Kind-Familie mit zunehmender Häufigkeit patchwork-Familien der verschiedensten Art zu finden sind: Schon beinahe wieder klassisch zu nennen sind die patchwork-Familien, die durch Trennung/Scheidung und Wiederzusammenleben/Wiederheirat entstehen; daneben gibt es Familien, die durch Adoption, Samenspende, Eizellenspende, Leihmutterschaft, »single mothers by choice«, durch das Zusammenleben homosexueller Partner oder den Wechsel des Geschlechts eines Elternteils zustande kommen. Welche Auswirkungen haben diese komplexen Paar- und Familienstrukturen und die damit verknüpften vielfältigen Lebensstile und Lebenserfahrungen auf die Identitätsentwicklung des Kindes? Und: Welche Auswirkungen hat die Dekonstruktion klassischer Geschlechterrollen für Kinder? Diese Fragen sind noch weitgehend unerforscht. In jedem Fall gilt: Identität lässt sich vielfach nicht mehr durch eine kontinuierliche Geschichte und einige wenige weitgehend konstante Bezugspersonen begründen, »eine multiple Identität wird immer häufiger dem Individuum schon in die Wiege gelegt.«[32] Das gilt besonders für nationale oder kulturelle »Mischidentitäten« bei Menschen mit Migrationshintergrund. Die multikulturelle und multireligiöse

---

27 Keupp 1997, 24.
28 Keupp, ebd. 26.
29 Vgl. Rahm u. a. 1993, 155f.
30 Das Folgende im Anschluss an Lippmann 2013, 33ff.
31 Vgl. Kohut 1976, 141; vgl. auch Schneider/Lindenberger 2012, 177.
32 Lippmann 2013, 44.

Gesellschaft mit ihrer Norm- und Optionsvielfalt stellt spezielle Herausforderungen an die Fähigkeit von Einzelnen und Gruppen, im großen Mix der Möglichkeiten einen eigenen Weg zu finden. Auch die Fähigkeit, sich auf Fremde bzw. Fremdes einzulassen und entsprechende Toleranz zu entwickeln, ist in diesem Zusammenhang besonders gefragt. Grundsätzliche, quasi fundamentalistische Abschottung fördert eher eine rigide Identität.

In diesen Kontext gehört auch die Tatsache, dass Menschen in zunehmendem Maß durch das Internet virtuelle Beziehungen eingehen. Was bedeutet es für das Identitätsgefühl, wenn mehr oder weniger große Teile der Alltagskommunikation im Netz (im Chat) und möglicherweise unter einer für diesen Zweck angenommenen Identität (einem selbst gewählten Nickname[33]) geführt wird?

Auch im Bereich von *Arbeit und Leistung*, der zweiten Säule der Identität im Konzept von Petzold, über die die meisten Mitglieder der Leistungsgesellschaft sich selbst in besonderem Maß definieren, steigt die Zahl der Wahlmöglichkeiten konstant an. Berufstätigkeit bzw. Erwerbsarbeit richtet sich nicht mehr zwangsläufig nach dem, was man einmal gelernt hat, sondern nach den Angeboten des Marktes und den individuellen Möglichkeiten der Anpassung und der Selbstvermarktung. Längerfristige Bindungen an *eine* Firma werden zunehmend weniger wichtig. In Großbritannien muss ein Hochschulabsolvent sich darauf einstellen, im Lauf seines Berufslebens etwa zwölf Mal den Arbeitgeber zu wechseln.[34] Flexibilität und kreativer Opportunismus sind wichtiger als Loyalität und Kontinuität. Kurz: »Erwerbsarbeit als Basis der Identitätsbildung wird brüchig.«[35] Allerdings kann der so entstehende »flexible Mensch« (Richard Sennett) unterschiedlich beurteilt werden: Als gefährliche Fragmentierung oder als chancenreiche Fähigkeit zur Anpassung. Und in beiden Fällen bleibt die Ambivalenz: als Verunsicherung und als reizvolle Herausforderung.

Selbst die *Leiblichkeit* des Menschen, lange Zeit als kaum veränderbare Basis jeder Identität verstanden, unterliegt gegenwärtig vielfältigen Gestaltungs- und Veränderungsmöglichkeiten: Der Leib ist zum Projekt geworden, das man verjüngen und verhübschen kann und muss, dessen Alt-werden man durch Anti-Aging-Mittel aufhalten und verschleiern kann; selbst die Geschlechtszugehörigkeit ist nicht mehr eindeutig festgelegt und durchaus veränderbar. Insofern liefert selbst die Leiblichkeit keine eindeutige Identitätsbasis mehr (► Kap. 4.1).

Besitz und Eigentum sind für wenige zu einer sicheren Basis ihres Lebens geworden, für die meisten haben sie eher gefährdeten, wenig verlässlichen Charakter: Unsichere Arbeits- und Verdienstmöglichkeiten, Finanzkrisen, wild gewordene Aktienmärkte, sinkendes Rentenniveau, drohende Altersarmut – all das verunsichert Zeitgenossen erheblich. Heiner Keupp postuliert, dass Identitätsentwicklung als Ressource u. a. eine halbwegs stabile materielle Sicherheit braucht – aber eben die erscheint doch für viele Menschen in der kapitalistischen Gesellschaft eher fragil und prekär.

---

33 Zur bewussten und unbewussten Bedeutungsvermittlung solcher nicknames wie »tragic angel«, »no one« oder »sad rose« vgl. Knatz 2013, 51ff.
34 Lippmann 2013, 78.
35 Keupp 1999.

Besitz und Eigentum sind aber nicht nur materieller Natur: Bildung als Verfügung über Wissensressourcen und als Fähigkeit, selbstständig Zusammenhänge erschließen zu können und Grundlagen sowohl für Erwerbsarbeit als auch für eine zufrieden stellende private Lebensführung legen zu können, stellt eine höchst wichtige Form von symbolischem Besitz dar.

Zur Bildung gehört dann auch eine Sprachfähigkeit, mit deren Hilfe man in der Lage ist, die mehrdeutigen Zeichen, Bilder und Worte der Sprache differenziert handhaben zu können, um die notwendigen Prozesse des ständigen Aushandelns zwischen Anpassung, Differenz und Widerspruch überhaupt leisten zu können. Fremdsprachenkompetenz, speziell im Englischen (Popmusik, Medien etc.), hat inzwischen einen hohen Stellenwert und schließt einen erheblichen Teil der Bevölkerung, die nie gründlich Englisch gelernt haben, von der Teilhabe an vielen Diskursen aus. Zusätzlich verlangt die Digitalisierung des wirtschaftlichen und auch des alltäglichen Lebens in zunehmendem Maß entsprechende Kompetenzen.

Die letzte Säule der Identität, *Werte und Sinnannahmen*, erweist sich als besonders prekär: Ein die Gesellschaft überwölbender christlicher Kosmos, der die Maßstäbe und Werte der Lebensführung sowohl der Gesellschaft im Ganzen als auch der in ihr lebenden Einzelnen fundiert und weitgehend bestimmt hat, ist lange zerbrochen; im Zeitalter der Globalisierung gilt es, in der unüberschaubaren Vielfalt von Werten und religiösen oder nicht-religiösen Sinnannahmen je nach sozialer Zugehörigkeit und individuellem Gusto zu wählen (Peter Berger spricht vom »Zwang zur Häresie«, soll heißen: Vom Zwang zur Wahl) und sich – erlebnisrational – von dem bestimmen zu lassen, was gefällt und einen Erlebniswert hat.[36] Die großen Meta-Erzählungen haben ihre selbstverständliche Bindungskraft verloren, die Einzelnen werden zu »individualisierten Sinn-Bastlern«;[37] auch im Blick auf die vor allem in Bayern oft beschworene »Leitkultur« und »das christliche Abendland« weiß niemand mehr so genau, was damit eigentlich gemeint ist. Und dass jemand im Lauf seiner Biografie mehrfach die weltanschaulichen Orientierungen wechselt, gilt keinesfalls mehr als ungewöhnlich. Was gibt dann Orientierung und Halt?

Bei genauerem Hinsehen entpuppen sich also diese sog. Säulen der Identität gerade nicht als stabile Eckpfeiler, sondern als Quellen großer Vielfalt, einer reichhaltigen Palette an Möglichkeiten. Angesichts dieser Vielfalt von Wahlmöglichkeiten und –notwendigkeiten wird ständige »Identitätsarbeit« oder »Identitätsmanagement« notwendig, ein immer wieder neu zu leistender emotional getönter Reflexionsprozess, in dem die unterschiedlichen Identitätsanteile und Rollen organisiert, miteinander vermittelt und irgendwie zusammen gehalten werden müssen[38] – was wiederum nur möglich ist, wenn jemand ausreichende Ambiguitäts- und Ambivalenztoleranz und -bereitschaft mitbringt.

Identitätsarbeit und die dazugehörige Ambiguitäts- und Ambivalenztoleranz kann scheitern, wenn nicht bestimmte Ressourcen und Kompetenzen vorhanden sind.[39] Dazu gehören

---

36 Vgl. dazu ausführlicher Schulze 1995.
37 Keupp 1999, 143.
38 Zum Folgenden Lippmann 2013, 60ff.
39 Vgl. zum Folgenden Lippmann 2013, 82 sowie Keupp 1999, 147ff.

- Eine gewisse materielle Absicherung
- ein tragfähiges Beziehungsnetz
- Beziehungs-, Kommunikations- und Konfliktfähigkeit
- Ein gewisses Maß an Selbstorganisations- und Gestaltungskompetenz
- Die Fähigkeit, Unsicherheiten auszuhalten und angesichts einer Vielzahl von Optionen eine Entscheidung zu treffen.

Der Hinweis auf die notwendigen Ressourcen verdeutlicht, wie anspruchsvoll das Projekt einer postmodernen Identitätsarbeit ist und wie leicht jemand im Verlauf dieses Prozesses scheitern kann. Besondere Belastungen und Lebenskrisen (Krankheit, Unglücksfall, Arbeitslosigkeit, geringes Einkommen, gesellschaftliche Krisenzeiten) erschweren oder verunmöglichen diese Art der Identitätsarbeit und die entsprechende Ambivalenztoleranz.[40]

Die Komplexität und Fluidität postmodernen Identitätserlebens ist nur möglich, wenn sie von wechselseitiger Anerkennung getragen ist. Schon Erik Erikson hatte von der »identitätsverleihenden Macht der Augen« gesprochen;[41] Friederike Werschkull formulierte:»Urheber des Selbst sind andere ...«[42] Einerseits erfahren Menschen Anerkennung als eine Form von Liebe, Wertschätzung und Respekt vorgängig und unverdient (wie man am Beispiel der Beziehung von Mutter und Kind sehen kann), andererseits muss Anerkennung in vielen Fällen, vor allem im Erwachsenenleben, immer neu erworben werden, insofern ist und bleibt sie eine hoch prekäre Erfahrung.

Wenn man den Prozess der Identitätsbildung so beschreibt, beantwortet sich die Frage, ob es so etwas wie einen Identitätskern geben muss, ein »Kernselbst« oder »wahres Selbst«, eine »Oberinstanz«, die Organisations- und Integrationsaufgaben zwischen den verschiedenen Teilen übernimmt, von selbst. Zwar gehen hier die Meinungen in der Forschung nach wie vor auseinander. Interessant ist jedoch, dass bereits seit Freuds Zeiten unterschiedliche innere Instanzen, Persönlichkeitsanteile, innere Rollen, ein inneres Parlament in der »Psyche« des Menschen etc. angenommen worden sind, die miteinander interagieren; in diesen Interaktionsprozessen werden erfolgreiche oder gescheiterte, lustvolle oder schmerzvolle Begegnungen und Widerfahrnisse zu Erfahrungsmustern abgespeichert, die wiederum die weiteren Interaktionen in kreativ-ambivalenter Weise prägen und bestimmen.

3.3   Ambivalenz als Oszillieren

Während in der Psychoanalyse Ambivalenz durch eine *Gleichzeitigkeit* widersprüchlicher Gefühle, Gedanken und Verhaltensweisen charakterisiert wird, taucht in der soziologischen Ambivalenzanalyse von Robert Merton eher beiläufig der Begriff des

---

40 Lippmann 2013, 182 und andere sprechen bereits nicht mehr von Ambiguitätstoleranz, sondern von Multiguitätstoleranz und einer inneren Pluralitätskompetenz.
41 Erikson 1971, 81.
42 Werschkull 2007, 82.

Oszillierens auf; Kurt Lüscher macht den Begriff anschließend zu einem zentralen Terminus seines Konzepts. Der aus der Physik entlehnte Begriff des Oszillierens bezieht sich auf ein Pendel, das sich ständig und schnell hin und her bewegt und eben darin seine Funktion erfüllt.

So kann man sich Ambivalenz analog vorstellen: Ein schnelles Wechseln zwischen gegensätzlichen Gedanken, Gefühlen, Verhaltensweisen »...of detachment and compassion, of discipline and permissiveness, of personal and impersonal treatment«[43] gegenüber der Vielfalt und Widersprüchlichkeit der Phänomene in der postmodernen Gesellschaft. Das Oszillieren stellt eine angemessene, flexible und produktive Antwort auf die Vielfalt der Prozesse dar. Ein Ende des Pendelns würde Stillstand, den Verlust von Flexibilität und Lebendigkeit bedeuten! Man könnte sich gleichsam nicht mehr verhalten in den vielfältigen Segmenten und Herausforderungen der Gesellschaft.

Einige Beispiele sollen noch einmal verdeutlichen, wie unterschiedliche gesellschaftliche Erwartungen, Informationen und Werte ambivalentes Oszillieren geradezu provozieren:

- Der Anspruch von Frauen, die Anforderungen von Beruf und Familie bewältigen und miteinander vereinbaren zu wollen, stellt sie vor intensive Konflikte: Immer noch verbreitet sind die Klischees, denen zufolge eine berufliche erfolgreiche Frau im Grunde eine Rabenmutter sei, während die nicht berufstätige Frau, die sich der Erziehung ihrer Kinder widmet, als »Heimchen am Herd« verspottet wird. Frauen müssen einerseits lernen, mit solchen Ambivalenzen zu leben und andererseits und gleichzeitig ihre eigenen Ziele angesichts der vielen Möglichkeiten zu erkennen und umzusetzen.
- Die Umwelt- und Klimathematik löst ständig zwiespältige Reaktionen aus: Wir haben umfangreiches Wissen darüber, welche Auswirkungen der Lebensstil in den westlichen Industrienationen auf Umwelt und Klima haben (vgl. das Stichwort vom ökologischen Fußabdruck); diese Informationen geraten immer wieder in Konflikt mit subjektiven Beharrungs- und Bequemlichkeitstendenzen. Wir wissen ziemlich genau, was wir eigentlich tun oder lassen sollten, um Ressourcen zu schonen oder zu einer deutlichen Reduktion von CO_2-Emissionen beizutragen; wir tun es häufig nicht, weil damit erhebliche Anstrengungen und Einschnitte im Lebensstil verbunden wären. Wir suchen dann nach Ausreden (»einer alleine bewirkt ja doch nichts« etc.), die anzeigen, dass die Spannung zwischen Einsicht und Verhalten u. U. als emotional belastend erlebt wird. Verändertes Verhalten aber erwächst nur aus der Wahrnehmung eben dieser Spannung und dem dann möglichen differenzierten Abwägen zwischen den Polen.
- Wähler mögen sich an einer bevorzugten Partei orientieren, gleichzeitig jedoch bestimmte Anliegen in einer anderen Partei besser aufgehoben sehen als in ihrer eigenen. Dadurch kommt es zu einem Pendeln zwischen Sympathie und Antipathie, Nähe und Distanz gegenüber der eigenen Partei.

---

43 Merton/Barber 1963, 96 (Hervorhebung von mir, M.K.).

- Menschen fühlen sich aus bestimmten Gründen (aus Überzeugung, aus Konvention etc.) Religion und Kirche verbunden. Gleichzeitig erleben sie, wie bestimmte Strukturen der Kirchen oder deren öffentliche Äußerungen oder das Verhalten von deren Repräsentanten mit ihren Präferenzen nicht komplett kompatibel sind. Wie sollen sie auf solche Diskrepanzen reagieren? Ihr Glaube, ihre Spiritualität ist ihnen wichtig, aber die traditionellen Ausdrucksformen entsprechen nicht mehr ihren Bedürfnissen und Wünschen.

Zwar »sind« die gesellschaftlichen Verhältnisse nicht per se und immer und überall ambivalent;[44] eine solche Verdinglichung würde den Begriff eher unscharf werden lassen. Aber viele Verhaltensweisen lassen sich mit Hilfe des Konzepts der Ambivalenz besser und umfassender verstehen. Das Konzept der Ambivalenz dient dazu, »Erfahrungen eines zeitweiligen oder dauernden Oszillierens zwischen polaren Gegensätzen zu umschreiben, denen Bedeutung für die Identität und dementsprechend für die Handlungsbefähigung, die sozialen Beziehungen sowie die Gesellschaftlichkeit individueller und kollektiver Akteure zugeschrieben werden kann.«[45]

Der Begriff des Oszillierens verändert das Ambivalenzkonzept. Es entspricht der soziologischen Analyse besser, weil im Bereich des Denkens und Verhaltens kaum wirkliche Gleichzeitigkeit, sondern eher kurzfristiges Nacheinander bzw. Hin und Her anzutreffen sind. Insgesamt hält der Begriff der Ambivalenz die Vielfalt unserer Lebenserfahrungen offen, verweigert eine Festlegung auf »entweder – oder« und hat gerade darin sein kreatives und befreiendes Potential.

3.4 Gesellschaftliche Abwehr von Ambivalenz

Lange Zeit hindurch haben gesellschaftliche Strukturen Ambivalenz gar nicht erst aufkommen lassen bzw. unterdrückt. In autoritären, klar hierarchisch strukturierten Gesellschaften gibt es relativ wenig Raum für die Wahrnehmung und den Ausdruck von Ambivalenzen. Aber auch in der Postmoderne gibt es neben einer *individuellen* Sehnsucht nach Eindeutigkeit und Harmonie auch *gesellschaftliche* Interessen, Ambivalenzen zu minimieren. Denn *Ambivalenz hat ein institutionskritisches, ein machtkritisches Potential.* Macht etabliert sich durch vermeintliche Eindeutigkeit und Einseitigkeit – während Ambivalenz immer mit mindestens zwei Seiten einer Medaille rechnet; das ist der Durchsetzung von Machtpositionen abträglich. Am Beispiel des Nationalsozialismus und einer seiner Führungsfiguren, Robert Ley, dem Leiter der Deutschen Arbeitsfront (DAF), hat Ina Jekeli gezeigt, wie einerseits der Drang nach Einheit, Harmonie und einfachen Lösungen, andererseits die Abwehr von Ambivalenz bzw. ihre Spaltung in gute und böse, reine und unreine Seiten in der NS-Diktatur eine

44 So Lüscher 2009, 44.
45 Lüscher ebd, 44.

charakteristische Ambivalent*in*toleranz entstehen ließ.[46] Individuelle und kollektive Ambivalenzabwehr haben sich hier gegenseitig verstärkt.

Die Ambivalenz*in*toleranz des Nazi-Regimes stellt sicherlich ein extremes Beispiel dar; jedoch lassen sich auch gegenwärtig vielfältige Formen von kollektiver Ambivalenzabwehr bzw. –intoleranz beobachten. Sie sollen kurz angedeutet werden:

Zunächst ist zu erinnern an die von Theodor Adorno u. a. beschriebene *Struktur des »autoritären Charakters«*: Auch wenn die methodischen Probleme dieser Untersuchung eine Übertragung auf die Gegenwart nicht ohne Weiteres erlauben, so kann man doch bestimmte Merkmale eines solchen autoritären Persönlichkeitstypus nach wie vor erkennen: eine Art von Hörigkeit gegenüber höher gestellten Personen verbunden mit entsprechender Unterwürfigkeit, Unselbstständigkeit, rigiden Moralvorstellungen, starken Vorurteilen gegenüber bestimmten gesellschaftlichen Gruppen verbunden mit ausgeprägten Aggressionen.[47] Wilhelm Heitmeyer hat in seinen Untersuchungen der deutschen Gesellschaft seit dem Fall der Mauer 1989 das Syndrom einer »gruppenbezogenen Menschenfeindlichkeit« beschrieben, das sich aus zehn Symptomen zusammensetzt und manche Elemente des autoritären Charakters spiegelt: Sexismus, Homophobie, Antisemitismus, Fremdenfeindlichkeit, Rassismus, Abwertung von Langzeitarbeitslosen, Abwertung von Behinderten, Abwertung von Obdachlosen, Islamophobie, Einfordern von Etabliertenvorrechten.[48] Als Folge sozialen Abstiegs, zunehmender Desintegrationserfahrungen, Krisenwahrnehmungen und Orientierungslosigkeit werden Minderheiten abgewertet, um dadurch das eigene Selbstwertgefühl zu stabilisieren. Ambivalenz hat in dieser rigiden Persönlichkeitsstruktur keinen Platz.

Erziehung stellt immer auch einen Prozess der Anpassung dar, in dem zu stark abweichende Informationen und Meinungen ausgeschlossen werden können und sollen. Rein formal bezeichnet Erziehung den Einfluss, den die Gesellschaft, vermittelt durch Eltern, Kindergarten und Schule, auf die in ihr Heranwachsenden ausübt, ein Prozess, der je nach geschichtlicher Epoche und kultureller Ausprägung höchst unterschiedliche Ziele verfolgt. Lange Zeit hindurch hat man das Moment der Anpassung an dominante Wertvorstellungen und Kulturtechniken gefordert (Gehorsam!), erst seit der Aufklärung tritt dem spannungsvoll das sog. »Eigenrecht des Kindes« gegenüber. In diesem Spannungsfeld entstehen eine Fülle von Ambivalenzen sowohl bei den Erziehenden wie bei den zu Erziehenden – Ambivalenzen, die nur fruchtbar werden, wenn sie offen gelegt, angesprochen und bearbeitet werden können. Die bewusste Wahrnehmung und das Aussprechen von Ambivalenzen hat, wie schon erwähnt, ein machtkritisches Potential; deswegen wird sie von denen, die über (Erziehungs-)Macht verfügen (die sog. Erziehungsberechtigten), in der Regel nicht besonders geschätzt.

Zu den gesellschaftlichen Abwehrmechanismen von Ambivalenz zählen erstaunlicherweise auch *Religion und Religiosität*. Respekt vor den Fremden und ihr Schutz gehören zu den zentralen ethischen Motiven der jüdisch-christlichen Tradition – und zwar mit der Begründung, dass das Volk Israel in Ägypten selber ein Fremdling

---

46 Jekeli 2002, 217ff.
47 Vgl. Großes Wörterbuch Psychologie, Art. Autoritäre Persönlichkeit. München 2005, 26.
48 Heitmeyer 2009, 36ff.

war: »Die Fremdlinge sollst du nicht bedrängen; denn ihr seid auch Fremdlinge in Ägyptenland gewesen.« (Ex 22,20 u.ö.). Im NT wendet sich Jesus wiederholt und gezielt Menschen zu, die in der damaligen Gesellschaft fremd und marginalisiert waren; und die frühen Christen verstanden ihre gesellschaftliche Außenseiterposition von der Metapher des Fremdlings her (Hebräerbrief) geradezu als Bevorzugung durch Gott. Und schließlich bezieht sich das Liebesgebot »liebe deinen Nächsten wie dich selbst« natürlich auch und ausgesprochenermaßen auf den Fremdling, der wegen seiner Fremdheit vielleicht sogar als Feind wahrgenommen wird.

Fremde lösen immer Beides aus: Neugierde und Unsicherheit, Wunsch nach Nähe und Abgrenzung; Gefühle von Fremdheit und Vertrautheit wechseln einander ab oder durchdringen einander.

Die jüdisch-christliche Tradition hat also zahlreiche Vorbilder für einen produktiven Umgang mit Fremden und die dazugehörige Ambivalenz. Umso mehr überrascht es, dass sich bei vielen Anhängern der christlichen Religion eine deutliche Vorurteilsneigung, die mit Ambivalenz*in*toleranz einhergeht, beobachten lässt.

Schon Gordon Allport hat 1950 in seinem Buch »The Individual and his Religion«[49] festgestellt, dass zumindest extrinsisch motivierte religiös orientierte Personen zu mehr Vorurteilen (was Ambivalenzabwehr einschließt) neigen als nicht religiös orientierte.[50] Die bereits zitierte Forschungsgruppe von W. Heitmeyer bestätigt diese Tendenz unverändert auch für die Gegenwart, sogar ohne Hinweis auf die Differenzierung von extrinsisch oder intrinsisch motivierter Religiosität: »Eine Studie in elf europäischen Ländern zeigt jedoch, dass Katholiken und Protestanten mehr Vorurteile gegenüber ethnischen Minderheiten haben als Nicht-Religiöse, und dass ihre Vorurteile um so stärker sind, je häufiger sie in die Kirche gehen ... Insgesamt neigen Konfessionslose weniger zu Vorurteilen.[51]«

Dieser für die Kirchen bestürzende Befund zeigt, wie bedrohlich Differenzierung und die damit häufig einhergehenden Ambivalenzen von vielen traditionell kirchlich orientierten Menschen erlebt werden. Die vermeintliche Festigkeit und Eindeutigkeit des Glaubens, garantiert durch die Autorität der Kirchen und ihrer Repräsentanten (man denke an das Dogma von der Unfehlbarkeit des päpstlichen Lehramts!), soll vor unliebsamen Zwiespältigkeiten schützen. Offenbar ist das Bedürfnis nach Sicherheit, Gemeinschaft und Vertrautheit, also nach Ambivalenzabwehr, bei vielen Kirchenmitgliedern doch stärker als die »fremdenfreundliche« biblische Tradition.

Das sozialpsychologische *Konzept der kognitiven Dissonanz*, das Leon Festinger entwickelt hat, versucht zu erklären, wie es zu Ambivalenzabwehr bzw. –intoleranz kommt.[52] Festinger geht davon aus, dass Menschen ein Gleichgewicht in ihrem kognitiven System anstreben – wobei mit Kognitionen alle Gedanken, Meinungen und Werthaltungen im

---

49 Allport 1969.
50 Vgl. die Zusammenfassung bei Grom 1992, 375. Extrinsisch motivierte Religiosität versteht Allport als eine, die sich an gesellschaftlichen Beziehungen, Prestige und Erwartungen von Anderen orientiert, während intrinsisch motivierte von innen heraus vom Glauben erfüllt sind und ihn leben wollen.
51 Küpper/Zick 2006, 180 und 182.
52 Vgl. zum Folgenden Frey/Greif ²1987,147–153.

Blick auf sich selbst und die Welt im Ganzen gemeint sind. Im Alltag kommt es ständig zu Dissonanzen in den eigenen Kognitionen: »Ich rauche«; zugleich weiß ich »Rauchen erzeugt Krebs«. Oder: »Ich soll ehrlich sein«, aber ich »schummele« bei der Steuererklärung. Oder: Ich halte mich grundsätzlich an die Verkehrsregeln, aber manchmal fahre ich noch über die Ampel, wenn sie gerade auf »rot« gewechselt hat usw. Dissonanzen erzeugen ein mehr oder weniger starkes Unwohlsein und Ambivalenzgefühle; deswegen praktizieren wir bestimmte Strategien, um wieder Konsonanz und damit Ambivalenzfreiheit herzustellen: Durch Addition (z. B. indem man Unterstützung der eigenen Meinung durch anerkannte Autoritäten sucht), Subtraktion (man verdrängt bzw. vergisst Thesen oder Erkenntnisse, die der eigenen Meinung widersprechen) oder Substitution (man ersetzt störende Kognitionen durch solche, die besser passen [z. B. auch Raucher können sehr alt werden; bei der Steuer schummeln doch alle etc.]). Diese Art der kognitiven Dissonanz wird man auch im Bereich der Kirchenmitglieder unterstellen müssen: Wir wissen zwar, dass wir die Fremden respektieren sollen, aber erst einmal sind uns die eigenen Leute doch lieber.

Es dürfte noch lange Zeit vergehen, bis die Wahrnehmung von individueller und gesellschaftlicher Ambivalenz als Zugewinn an Freiheit und Wahlmöglichkeiten wert geschätzt werden kann und nicht mehr mit Hilfe der angedeuteten Mechanismen unterdrückt werden muss.

3.5   Thesen: Ambivalenz gestalten

Entgegen allen individuellen und gesellschaftlichen Intentionen, Ambivalenz zu meiden und zu verdrängen, muss daran festgehalten werden, was hier bereits mehrfach genannt wurde, dass Ambivalenz eine angemessene Reaktion auf das Ende der Eindeutigkeit, auf ein Leben mit großer Vielfalt und Überkomplexität sowie der daraus resultierenden Unsicherheit und Ungewissheit in der Postmoderne darstellt. In den Worten von Elisabeth Otscheret: Ambivalenz sollte gedacht werden »als Fähigkeit, Gegensätze auszuhalten und zu integrieren ..., nicht mehr als eine pathologische Haltung, sondern als Zeichen der Reife.«[53] Außerdem entstehen neue, kreative Verhaltensmöglichkeiten, wenn man die verschiedenen Seiten der Ambivalenz erkunden und spielerisch mit ihnen umgehen kann.

Wie erreicht man diesen Status? Wie können Ambiguitäts- und Ambivalenz-Toleranz, ja -bereitschaft entwickelt und gestärkt werden?

Eine Reihe von Denk- und Verhaltensschritten lassen sich thesenartig nennen; im Schlusskapitel (► Kap. 9.6) werden diese Schritte noch einmal aufgenommen und explizit auf den Glauben hin fokussiert:

1. Menschliche Beziehungen und gesellschaftliche Verhältnisse sollten generell als plural, different, offen, widersprüchlich und konflikthaft verstanden werden; das impliziert den Abschied von Einheits-, Totalitäts- und Harmonievorstellungen.

---

53   Otscheret 1988, 68.

Ulrich Beck hat bereits 1986 die Postmoderne als einen Prozess der Freisetzung aller Lebensstile und Denkmuster aus traditionellen Sozialformen wie Klasse, Schicht, Familie, Geschlechtsstereotypien charakterisiert.[54] Zu konstatieren ist ein tiefgreifender »Wandel der Sozialcharaktere und Normalbiographien, der Lebensstile und Liebesformen, der Einfluß- und Machtstrukturen, der politischen Unterdrückungs- und Beteiligungsformen, der Wirklichkeitsauffassungen und Erkenntnisnormen«. Diese Freisetzung macht den Abschied von Einheits- und Harmonievorstellungen notwendig. Nicht Kohärenz und Kontinuität sind »das Normale«, sondern im Gegenteil Differenz, Widersprüchlichkeit, Diskontinuität und Konflikt.

In einem solchen gesellschaftlichen Kontext können Ambivalenzgefühle als angemessen und normal und nicht als etwas, das nicht sein sollte, verstanden werden.

Das bedeutet beispielhaft, dass man nicht das ganze Programm einer Partei in toto bejahen muss. Es geht nicht länger um pauschale Zustimmung oder Ablehnung, sondern darum, auszuwählen und differenziert einzelne Punkte zu schätzen und gleichzeitig andere abzulehnen, falsch zu finden oder modifizieren zu wollen.

Ein solches Bemühen um Differenzierung ist vielleicht mental und emotional anstrengend, es entspricht jedoch den pluralistischen Gegebenheiten der postmodernen Welt. Mit dem Konzept der Ambivalenz verabschieden wir uns von potentiell gewaltsamen und übergriffigen Einheits- und Totalitätsvorstellungen.

2. Ambivalenzwahrnehmung setzt Ich-Stärke voraus und fördert sie zugleich.

   Nicht Anpassung an gesellschaftlich dominante Werthaltungen und Normen ist gefordert, sondern die Bereitschaft und Fähigkeit, eigenständige Positionen zu entwickeln und zu vertreten. Das wiederum verlangt die Bereitschaft zum Diskurs und einen gewissen Mut, das Risiko einer abweichenden Meinung einzugehen. Wenn ein solches situatives Pendeln zwischen Anpassung und Widerstand oder Abgrenzung gegenüber gesellschaftlichen Trends gelingt, verstärkt es wiederum das Selbstwertgefühl und die Ich-Stärke der Akteure.

3. Die Wahrnehmung von Ambivalenzen lädt ein zum Innehalten, zur gründlichen Reflexion, zum Verzicht auf Komplexitätsreduktion:

   Wer Ambivalenzen wahrnimmt, unterbricht gängige Selbstverständlichkeiten und Routine-Abläufe. »Durch Verzicht auf vorschnelle Komplexitätsreduktion und die Bereitschaft zum selbstreflexiven Umgang mit Ambivalenz in unübersichtlicher Entscheidungssituation erweitern sich Handlungsoptionen, und neue Lösungsmöglichkeiten können sich öffnen«, schreibt Markus Binswanger, Direktor einer psychiatrischen Klinik in der Schweiz, mit Blick Stellung von Einzelnen angesichts der Unübersichtlichkeit von und in Organisationen.[55]

4. Zur Wahrnehmung von Ambivalenz gehört, ihre beiden Seiten genauer zu erkunden; erst dann erschließt sich die Vielfalt von Motiven, Gefühlen und Gedanken und kann produktiv genutzt werden.

   Wenn jemand die verschiedenen Seiten seiner Ambivalenz erforscht, zeigen sich in der Regel eine ganze Bandbreite von Motiven und Gefühlen, die bis dahin nicht bewusst

---

54 Beck 1986, 25.
55 Binswanger 2011, 347.

wahrgenommen worden waren. D. h. durch das Explorieren der Ambivalenz entsteht ein erweiterter Wahrnehmungs- und Handlungsspielraum.

In der Gestalttherapie etwa wird eine solche Exploration durch die Arbeit mit zwei Stühlen gefördert.[56] Wenn beispielsweise ein Mann in der Beratung über die Möglichkeiten einer Trennung von seiner Partnerin sprechen will, aber in der Ambivalenz quasi stecken bleibt, ist es hilfreich, das »pro« und »contra« auf unterschiedliche Stühle zu setzen und mit beiden Polen einen Dialog zu beginnen, um genauer herauszufinden, welche Motive, Gefühle und Gedanken auf jeder Seite im Spiel sind.

Auch mit Hilfe des Konzepts vom inneren Team kann man die verschiedenen Motive, Gefühle und Interessen der Beteiligten abbilden, die Ambivalenzen besser verstehen und einen Aushandlungsprozess initiieren, dessen offenes Ergebnis von den Beteiligten mit Zufriedenheit angenommen werden kann (► s. o. Kap. 0.4).[57]

5. So verstandene Ambivalenz kann dann als Bedingung und Ausdruck von Freiheit und Kreativität gewürdigt werden.

    Wenn sich die Dominanz bestimmter Normen und Wertvorstellungen (z. B. das Bild der lebenslangen Ehe) auflöst, entsteht Raum für abweichende, neue, bisher ungewohnte Denkformen und Lebensstile. Bisher marginalisierte Lebensgestaltungen können sich entfalten und damit das Spektrum individueller und gesellschaftlicher Möglichkeiten vergrößern.

    Ambivalenz hat den Charakter eines »sensibilisierenden Konzepts«, das für die Chancen der Vielfalt öffnet, ohne die möglichen Schwierigkeiten zu unterschlagen.[58]

6. Es genügt nicht, Ambivalenzen individuell wahrzunehmen, sie müssen auch mitgeteilt und zum Ausdruck gebracht werden, um ihnen so etwas wie öffentliche Aufmerksamkeit zu verschaffen.

    Ambivalente Gedanken und Gefühle werden häufig immer noch als schambesetzt verschwiegen und verschleiert; verbreitet ist immer noch die Erwartung, man solle klar und eindeutig Stellung beziehen. Umso wichtiger scheint es, dieser Abwertung entgegen zu treten und die produktiven und kreativen Seiten der Ambivalenz hervorzuheben und zu stärken, indem ihr Ausdruck vor und mit anderen ermutigt wird. Die Normalität von Ambivalenz muss Bestandteil des öffentlichen Bewusstseins werden, erst dann kann sie im vollen Maß ihre Kreativität entfalten.

7. Zur Wahrnehmung von Ambivalenz gehört, ihre Veranlassung »von innen« oder »von außen« zu unterscheiden.

8. Wahrnehmung von Ambivalenz hilft zur Dekonstruktion von etablierten Machtstrukturen und dualistischem Denken.

    Macht im klassischen Verständnis nach Max Weber als Fähigkeit, anderen den eigenen Willen aufzuzwingen,[59] setzt hierarchische Strukturen und eindeutige Ursache-Wirkungs-Zuschreibungen voraus. In dem Maß, in dem Wahrnehmung von Ambivalenz als möglich und normal gilt, lockern sich Machtkonstellationen auf:

---

56 Vgl. Rahm 1993, 412ff.
57 Ein Beispiel für eine Paarberatung mit Hilfe des inneren Teams gibt Bielecke 2012.
58 Vgl. Lüscher 2010.
59 Vgl. Luhmann 2012, 13.

Denn Ambivalenz kann verstanden werden als »Dekonstruktion dualistischen Denkens«, als »die konsequente Irritation der als selbstverständlich erscheinenden, diskursiv gesetzten ›Positiv-Negativ-Wertungen‹ dualistischen Denkens.« Das »sowohl – als auch« der Ambivalenz »führt zum Versagen der konventionellen Wertmaßstäbe.«[60] Dann aber entsteht »Raum für Neues, Unerwartetes, für neue Orientierungen, neue Optionen, neue Perspektiven.«[61] Oder, noch einmal anders, mit Ambivalenzwissen kommt Sand ins Getriebe eingefahrener Machtapparate, selbstverständlicher Leistungs- und Gehorsamsautomatiken.[62] Es entsteht Raum für soziale Kreativität.

9. Wahrnehmung von Ambivalenzen kann zur Quelle mentaler und emotionaler Beweglichkeit und Freiheit werden.

Ambivalenzen wahrzunehmen, erfordert mentale und emotionale Beweglichkeit; man muss sich verabschieden von dualen Mustern à la schwarz – weiß, gut – böse, richtig – falsch, von traditionsorientierten Selbstverständlichkeiten (»das haben wir schon immer so gemacht«), von machtbasierten Eindeutigkeiten. Diese Abschiede fallen zunächst nicht leicht, weil solche Muster Sicherheit bieten. Erst bei genauerem Hinsehen wird deutlich, in welchem Maß sie auch einschränken und festlegen.

Je häufiger also jemand seine Ambivalenzen wahrnimmt, aushält und erkundet, desto mehr wächst die innere Beweglichkeit, die Spannungstoleranz, die Fähigkeit, gründlich und kritisch abzuwägen und die Komplexität der Dinge und Beziehungen als Chance für die Buntheit und Kreativität des Lebens wert zu schätzen.

3.6 Exkurs: Zum Umgang mit strukturell bedingter Ambivalenz am Beispiel der Krankenhausseelsorge

Der schweizerische Praktische Theologe Christoph Morgenthaler hat am Beispiel der Krankenhausseelsorge gezeigt, wie strukturell verursachte Ambivalenzen von den Rollenträgern erlebt werden, wie sie sich auf die berufliche Identität auswirken und wie sie im beruflichen Feld produktiv gestalterisch genutzt werden können.[63]

Krankenhausseelsorge geschieht in einem besonderen Spannungsfeld: Sie wird u. a. mit dem jesuanischen bzw. kirchlichen Auftrag, Kranke zu besuchen, begründet (Mt. 25, 31ff.), ist deswegen seit alters zentraler Bestandteil pastoraler Aufgaben und kirchlicher Versorgungsstrukturen.[64] Andererseits geschieht Krankenhausseelsorge in einer der Kirche völlig fremden Institution, im modernen Krankenhaus, das auf Grund seiner naturwissenschaftlich-technischen Binnenlogik keinen Auftrag für so etwas wie kirchliche Seelsorge und deren religiöse Wirklichkeitsdeutung vorsieht; Seelsorge er-

---

60 Haller 2011, Zitat 360f.
61 Gast 2011, 355.
62 Im Anschluss an Otscheret 1988, 126, die sich wiederum auf Sloterdijk bezieht.
63 Zum Folgenden Morgenthaler 2009, 145–158.
64 Zur Geschichte der Krankenhausseelsorge vgl. Klessmann 2013, 77–85.

scheint in der naturwissenschaftlichen Institution als strukturell fremd, befremdlich, wenn nicht gar überflüssig.[65]

Wie können diejenigen, die Krankenhausseelsorge ausüben, mit dieser Grundspannung umgehen? Wenn sie sich vorrangig den kirchlich orientierten Patienten im Krankenhaus zuwendeten, würden sie einen Großteil der anderen Patienten und Mitarbeitenden vernachlässigen. Wenn sie sich primär als im Auftrag der Institution handelnde Professionelle (wie das neuerdings im Selbstverständnis der Palliativmedizin geschieht bzw. geschehen soll) verstünden, würden sie ihr Profil als kirchliche Seelsorge gefährden.

Krankenhausseelsorge sieht sich also einer besonderen Gemengelage an Wünschen, Erwartungen, Normen, Werten und Strukturen gegenüber, auf die sie nur so angemessen antworten kann, dass sie die verschiedenen Ansprüche gleichzeitig – oder oszillierend – zu berücksichtigen versucht. Das hieße – mit Morgenthaler – konkret:

>»Seelsorgende sollen Leben im Horizont des christlichen Glaubens auslegen können. *Aber*: Sie sollen sich auch mit Menschen verständigen können, die genau diesen Horizont ablehnen.
>Sie sollen ihren Glauben authentisch verkörpern. *Aber*: Sie sollen diesen Glauben in der Begegnung mit fremdreligiösen Menschen auch in Klammer setzen können.
>Sie sollen überzeugt sein von ihrem Glauben. *Aber*: Sie sollen andere Menschen von ihrem Glauben nicht überzeugen wollen.
>Sie sollen sich in die zweckrationalen Abläufe der medizinischen Institution einfügen können. *Aber*: Sie sollen sich in diese Abläufe nicht einmischen.«[66]
>Sie sollen nachweisen können, dass sich ihr spirituelles Handeln auf Gesundheit und Wohlbefinden positiv auswirkt. *Aber*: Sie sollen sich auch daran erinnern, dass der Glaube ein unverfügbares Geschenk Gottes ist und deswegen, wie ich hinzufüge, auf keinen Fall instrumentalisiert werden kann und darf.

Die genannten Grundambivalenzen verkomplizieren sich weiterhin, wenn man die zwei unterschiedliche Ebenen, auf denen sie wahrgenommen werden, berücksichtigt: Zum einen geht es um divergente Rollenerwartungen, die an die Rollenträger *von außen* (und zwar von Kirche *und* vom Krankenhaus) herangetragen werden, zum anderen müssen zugleich die internen, intrapersonalen Spannungen in den Blick kommen: Sie erwachsen daraus, wie ein Rollenträger die Institution wahrnimmt, welche Erwartungen er an sich selbst und an seine Berufsausübung richtet, was wiederum viel mit seiner theologischen Einstellung, seinem Glauben und seinem Pfarrbild zu tun hat.

Nun wäre es wenig hilfreich, die genannten Grundambivalenzen polar zu verstehen, als stünden sich die Orientierung an der Kirche oder am Krankenhaus gleichsam feindlich und exkludierend gegenüber. Es geht ja im Ambivalenzkonzept gerade darum, die Chancen der Gleichzeitigkeit verschiedener Einstellungen zu erkennen und durchzuhalten. Dann empfiehlt sich – so Morgenthaler – ein polygones Modell, in dem es möglich ist, die unterschiedlichen *Schattierungen* der Grundambivalenz wahrzunehmen und kreativ zu nutzen.

---

65 Vgl. Klessmann ebd.15ff.

66 Gelegentlich, so füge ich hinzu, sollen sie jedoch auch »Sand im Getriebe« sein und bestimmte Routinen auch stören.

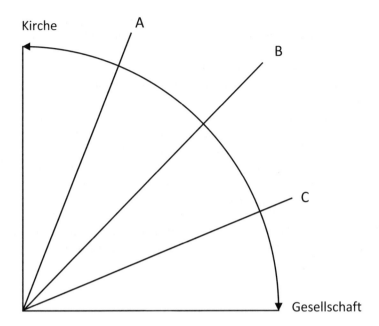

Abb. 4: Polygones Modell der Krankenhausseelsorge. Morgenthaler 2009, 153.

Zunächst würde es darum gehen, konzeptionell verschiedene Ausrichtungen von Krankenhausseelsorge und die darin zum Ausdruck kommenden Interessen zu bestimmen: Vektor A bezeichnet eine stärker kirchlich-konfessionell ausgerichtete Seelsorge, Vektor C eine, die sich kirchlich distanzierten Menschen zuwendet und stärker interreligiöse Spiritualität vertritt. Bei beiden Vektoren ginge es darum, konzeptionell die Differenzen in der Grundspannung wahrzunehmen und stark zu machen. Vektor B würde demgegenüber ein integratives Interesse bezeichnen. Von den Personen, die Krankenhausseelsorge ausüben, würde dann erwartet, dass sie in der Lage sind, zwischen den verschiedenen Vektoren gleichsam oszillierend hin und her zu pendeln, abhängig von der jeweiligen Situation und dem Gesprächsgegenüber. Die Kunst besteht darin, so die Schlussfolgerung, die unterschiedlichen Vektoren zusammen zu halten und situativ flexibel mit ihnen umgehen zu können, also strukturelle Ambiguitäts- und Ambivalenztoleranz zu üben.

Die unterschiedlichen konzeptionellen Ausrichtungen sind dann nicht einfach als Ausdruck individueller Präferenzen der Krankenhausseelsorgenden zu verstehen, sondern als notwendige und angemessene Antwort auf die Diversität der weltanschaulich-religiösen Bedürfnisse und Interessen der Institution Krankenhaus bzw. ihrer Repräsentanten und der Menschen, die in ihr leben und arbeiten.

Aus den verschiedenen konzeptionellen Akzenten wiederum lassen sich unterschiedliche seelsorgliche Gesprächsmethoden ableiten: Traditionell kirchlich zu arbeiten mit Hilfe von Gebet und bekannten Ritualen (Vektor A), andererseits auch die Praxis und Rituale anderer Religionen zu fördern und ihnen Raum zu geben (Vektor C) oder – wie es inzwischen aus der systemischen Therapie bekannt ist – Rituale mit und für die Institution und die Mitarbeitenden zu deren Entlastung und Heilung zu entwickeln (Vektor B). Auch die Ansätze und Methoden der Gesprächsführung könnte man in diesem Spannungsfeld verorten.

Schließlich sieht Morgenthaler die Möglichkeit, den genannten strukturellen Ambivalenzen auch in der Gestaltung von Räumlichkeiten Ausdruck zu geben: Eine christliche Kapelle im Krankenhaus, ein interreligiöser Raum der Stille und, als Versuch der Integration, das Krankenhaus selbst als »Raum der cura« zu verstehen: Als Raum, in dem hinter allem zweckrational-technischen Handeln das zentrale religiöse Motiv der Hilfe für kranke und behinderte Menschen durchscheint.

Krankenhausseelsorge kann dergestalt verdeutlichen, wie grundlegende strukturelle Ambivalenzen im Spannungsfeld von Kirche und Gesellschaft, von Theologie und Naturwissenschaft ausgehalten, zusammengehalten und kreativ-bereichernd genutzt werden können. Unterschiedliche Konzeptionen dieses Arbeitszweigs stehen sich dann nicht mehr alternativ-abgrenzend gegenüber, sondern können, je nach Situation und den beteiligten Personen, zugleich und alternierend/oszillierend praktisch werden.

4. Der Mensch im Widerspruch: Anthropologische Grundlagen von Ambiguität und Ambivalenz

Rabbi Bunam sprach zu seinen Schülern:
»Jeder von euch muss zwei Taschen haben,
nach Bedarf in die eine oder andere greifen zu können:
in der rechten liegt das Wort:
›Um meinetwillen ist die Welt erschaffen worden‹,
und in der linken: ›Ich bin Erde und Asche.‹«[1]

»Der Mensch ist nicht bloß das, was er ist; er ist das Wesen, das sich selbst erst sucht ...
Der Mensch ist bei sich nicht zu Hause; er hält es mit sich, so wie er ist, nicht recht aus.
Er will der sein ..., der er ist, und will doch auch gerade der nicht sein, der er ist. Darum
drapiert er sich mit seinen Idealen. Er schämt sich seines nackten Soseins ... So ist er ...
ein gespaltenes Wesen und ist sich seiner Gespaltenheit auch immer irgendwie bewusst.«[2]

Wer nach dem Menschen fragt, stößt bei möglichen Antworten schnell auf Differenz-
erfahrungen, Widersprüche und Unstimmigkeiten. Sie sind offenbar häufiger und cha-
rakteristischer als Erfahrungen von Einheit, Stimmigkeit und Harmonie. Differenzerfah-
rungen haben, wie Emil Brunner in seinem Text andeutet, mit Normen, Wünschen und
Idealen zu tun; wenn diese nicht erreicht, nicht gelebt werden können – was häufig der
Fall ist – entstehen Schamgefühle, entstehen Ambivalenzgefühle: Wer bin ich angesichts
der Spannung von Ideal und Realität? Wer will ich sein? Wer kann ich sein? Wer bin ich
vor mir selbst und im Gegenüber zu anderen? Wie gehe ich mit den Ressourcen um, die
mir zur Verfügung stehen und den Grenzen, die mir gesetzt werden?

Versuche, dieses widersprüchliche, gespaltene Wesen »Mensch« irgendwie festzustellen, es *eindeutig* zu machen und zu definieren, sind Legion im Lauf der Mensch-
heitsgeschichte. Jedes Zeitalter, jede Kultur, jede Religion, jede Philosophie, schließlich
auch jedes Individuum sucht nach Antworten auf die Frage: Was ist der Mensch?
Wer bin ich?

Antworten fallen höchst vielfältig und gegensätzlich aus. Es geht um Spannungen und
Polaritäten, die nicht einseitig aufgelöst, sondern in ihrem spannungsvollen Charakter
unbedingt zusammen gehalten werden müssen, um die Ganzheitlichkeit und innere Vielfalt des Menschen in den Blick zu bekommen und fest zu halten. Im Alltag nehmen wir
solche Spannungen kaum wahr, es sind die Grenzsituationen, die Durchbrechungen des
Alltags, die uns bewusst machen, in welchem Maß unser Leben von Differenzen und Dis-

---

1 Buber 1949, 746.
2 Brunner ³1941, 6f.

sonanzen geprägt ist. Wahrnehmungen von Ambivalenzen als Reaktion auf diese Spannungen sind dann die unausbleibliche und zugleich potentiell kreative Folge.

Das Ambivalenzkonzept wirkt wie ein Prisma, das uns die Zwiespältigkeit menschlichen Lebens noch einmal genauer und vertieft wahrnehmen lässt. Das soll im Folgenden geschehen, indem eine Reihe von philosophisch–anthropologischen Teilaspekten exemplarisch vorgestellt und in ihrer Ambivalenzhaltigkeit entfaltet werden. Die Universalität von Ambivalenz als Grundstruktur menschlichen Erlebens wird damit anschaulich.

4.1   Der Mensch als Leib und Seele[3]

Bei der Frage nach dem, was der Mensch ist, fällt als erstes dessen Körperlichkeit ins Auge. Den Körper eines anderen Menschen und auch den eigenen kann man sehen, spüren, riechen, er ist objektivierbar und messbar nach Größe, Gewicht, Beweglichkeit und vielen anderen Parametern. Im Körper haben wir den Menschen sozusagen handfest vor uns. Das physiologische Substrat des Körpers, seiner Organe, speziell seines Gehirns, bildet die Grundlage für alle Lebensprozesse, für die Sinneswahrnehmungen und ihre Verarbeitung.

Aber die vermeintliche Objektivität des Körpers täuscht darüber hinweg, dass wir unseren eigenen – und auch fremde – Körper nie sachlich-neutral wahrnehmen, sondern immer schon vermittelt über ein vorwiegend unbewusstes, kultur- und milieuspezifisches Körperbild oder Körperschema, das sich im Lauf der Sozialisation durch die Interaktion mit anderen gebildet hat: Welches Körperbild ist in einem bestimmten Milieu dominant? Wie geht man mit Nacktheit des Körpers um? Welche Verhüllungen werden vorgeschrieben? Welche Schönheitsideale gibt es? Usw. Und dann, auf der Mikroebene: Wie hat eine Mutter den Körper ihres Säuglings angeschaut, berührt und behandelt? Mit Lust und Liebe oder eher etwas angeekelt? Kurz und unsanft oder mit viel Zeit und Zärtlichkeit? Konzentriert oder abgelenkt? Welche Regeln und Schamgrenzen im Blick auf den Körper galten in einer Familie, in einem Milieu? Wie haben andere auf die sich verändernde Körperlichkeit in der Pubertät reagiert: Wertschätzend oder beschämend? etc[4]. Der Extremfall der Magersucht verdeutlicht, wie das jeweilige individuelle Körperbild die Wahrnehmung des Körpers völlig verzerrend dominieren kann. Außerdem nehmen wir den Körper nicht einfach hin, wie er ist, sondern gestalten ihn: Sozialisation bedeutet immer auch – je nach Epoche und Kultur unterschiedlich – den Körper herzurichten, zu formen, zu pflegen, zu schmücken und gesund zu halten.

Schon aus der Alltagserfahrung – also vor aller philosophischen Reflexion auf das komplexe Leib-Seele-Verhältnis – wissen wir, dass der Körper mehr ist als seine Physiologie. Wir haben im Körper (zu dem natürlich auch das Gehirn gehört) Gedanken, Fantasien, Wünsche, Ängste, Hoffnungen; wir wissen, wie der Körper in seinen Funktionen

---

3   Zum Folgenden vgl. Jüttemann/Sonntag/Wulf 1991; Will 1995; Riess 1997.
4   Vgl. Klessmann 1997, 80ff.

abhängt von unseren Stimmungen und Motiven, wie er ein Gedächtnis (»Leibgedächt-nis«) und Ziele (»Selbstaktualisierung«) hat. Da verwandelt sich der Körper als Objekt, das ich habe, in den Leib, der ich bin. Merleau-Ponty hat das anschaulich so beschrieben: »Wenn meine rechte Hand meine linke berührt, empfinde ich sie als ein ›physisches Ding‹, aber im selben Augenblick tritt, wenn ich will, ein außerordentliches Ereignis ein: Auch meine linke Hand beginnt meine rechte Hand zu empfinden, das Ding verändert sich, es wird Leib, es empfindet ... Ich berühre mich also berührend, mein Leib vollzieht ›eine Art Reflexion‹ ... Die berührte Hand wird zur berührenden, und ich muss sagen, dass das Berühren hier im ganzen Leib verbreitet ist, und dass der Leib ›empfindendes Ding‹, ›subjektives Objekt‹ ist.«[5]

Gleichwohl ist der Begriff des Leibes als das subjektive Objekt, das ich als solches wahrnehme, aus der Mode gekommen, so dass Linus Geissler geradezu von einem »Verschwinden des Leibes« gesprochen hat.[6] Im alltäglichen Sprachgebrauch spielt er keine Rolle; im Fitnesstraining, in der Mode, im Gesundheitswesen geht es um den Körper, um ein trainierbares und ständig zu optimierendes Objekt, das wie eine Maschine funktionieren soll. Für die grundlegenden körperlichen Vorgänge wie Bewegung, Ernährung und Ausscheidung brauchen wir offenbar auch keine Seele in Anspruch zu nehmen. Und selbst Identität machen wir in hohem Maß an der Körperlichkeit fest: Der Blick des Anderen, der für meine Identität mitkonstitutiv ist, sieht als erstes meinen Körper und seine äußere Gestaltung.

Sollen wir die Prozesse im Inneren des Körpers Seele nennen? Also als Metapher verwenden für so etwas wie die mentale Innenausstattung, für die Entelechie, die Kraft, das Ziel, die Lebendigkeit des Leibes? Oder, im Anschluss an Platon und Descartes, für einen unsterblichen, den Körper überlebenden Kern des Menschen? Oder für seine grundsätzliche Weltoffenheit, zu der dann auch die Bereitschaft und Offenheit zählt, sich von anderen, von der Mitwelt und von der Transzendenz, von Gott, ansprechen zu lassen? Diese Fragen sind schwer eindeutig zu beantworten. Denn: Die Seele ist ein Konstrukt, substanzlos, immateriell, »sie verweist auf eine Leerstelle im Menschen, ...die das Denken beunruhigt.« Wir brauchen Metaphern, um uns ihr zu nähern, Luft, Atem, Feuer, Vogel, Schmetterling etc. »Vielleicht ist die Seele selbst eine Metapher für das Leben, den Menschen, für eine Bewegung über den Menschen hinaus ...«[7]

Weniger poetisch ausgedrückt: »Seele‹ ist ... ein Sammelbegriff, und zwar für die inneren Abläufe und Tätigkeiten des Menschen, angefangen bei den Wahrnehmungsprozessen und den affektiven Reaktionen über die Regulierung der Stimmungen und die Handlungssteuerung bis hin zu den höchsten ›geistigen‹ Funktionen und Leistungen des Menschen.« In diesem Sinn bezeichnet Seele eine Funktion des Gehirns, Gehirn aber zugleich auch eine Funktion der seelischen Tätigkeiten.[8]

Im alltäglichen Erleben machen wir uns kaum Gedanken über unseren Leib und seine Seele, spüren ihre Differenz zum Körper nicht. Erst in Grenzerfahrungen, in

---

5 Zitiert nach Thompson 2011, 132.
6 Zitiert bei R. Riess 1997, 192.
7 Wulf, in Jüttemann/Sonntag/Wulf 1991, 5.
8 Zum Vorangehenden Will 1995, 62ff.

Krankheitserfahrungen etwa, wird uns deutlich, mit welcher Intensität Leib und Seele »miteinander umgehen«, wie Victor von Weizsäcker formuliert hat, einander vertreten und sich gegenseitig erläutern: der Körper kann zur Sprachgestalt der Seele werden, die Seele zur Ausdrucksform des Körpers.[9]

Aber die Psychosomatik als medizinische Disziplin und grundlegende Perspektive auf menschliches Leben erfreut sich keiner besonderen Popularität. Zwar sind grundlegende psychosomatische Zusammenhange inzwischen auf breiter Basis bekannt (z. B. dass Stress oder Trauer die Immunabwehr reduzieren und damit Krankheitsanfälligkeit erhöhen; dass umgekehrt körperliche Krankheit schwere seelische Störungen nach sich ziehen kann). Aber sowohl die Schulmedizin als auch ihre Zielgruppen, die Patienten, ziehen es mehrheitlich vor, sich auf angeblich harte Fakten körperlich feststellbarer Störungen zu konzentrieren, statt mit dem Thema Seele die ganze Person mit ihrer Art der Lebensgestaltung, mit ihren Wünschen und Ängsten, Zielen und Hoffnungen – und dadurch eben auch mit ihrer Verantwortung – in das Krankheitsgeschehen einzubeziehen.

Nur bei Sterben und Tod schreiben wir der Annahme einer Seele eine nützliche Funktion zu: Im Dualismus des Alltags – hier der Körper, da die Seele – erleiden Menschen in Krankheit und Schmerzen und schließlich im Sterben die Begrenztheit und Hinfälligkeit des Körpers. Da erscheint es doch tröstlich, an eine unvergängliche Seele zu glauben, die den Leib im Tod verlässt, »in den Himmel« aufgenommen wird und dort die Unvergänglichkeit der Existenz unter anderen Bedingungen garantiert.

Schon dieser kurze Blick auf das Thema von Leib und Seele zeigt die grundlegenden Ambiguitäten und Ambivalenzen, die sich an dieses Thema anlagern. Das scheinbar Eindeutige, unsere Körperlichkeit, erweist sich bei genauerem Hinsehen als vielschichtig und vieldeutig, verlangt immer wieder neue Klarstellungen und die Bereitschaft, die Spannungsvielfalt auszuhalten und nicht einseitig aufzulösen. Nur in dieser Ambivalenz gerät der Reichtum des Menschlichen, speziell der menschlichen Leiblichkeit angemessen in den Blick.

4.2   männlich – weiblich – transgender

Menschliche Leiblichkeit ist immer geschlechtlich determiniert. Was das allerdings im Detail bedeutet, ist vieldeutig, kulturell abhängig und entsprechend strittig.

In der Schöpfungsgeschichte der Bibel heißt es: Als Mann und als Frau schuf er ihn (den Menschen) (Gen 1, 27). Diese Polarität der Geschlechter galt jahrhundertelang als unzweideutig und unumstößlich. Zwar hat es in Mythologie und Kunst immer auch Darstellungen des Menschen als Misch- oder Zwitterwesen gegeben (Hermaphroditen, Kentauren, Sphinx u. a.), aber die grundlegende Dualität von Mann und Frau galt als Teil der Schöpfungsordnung und wurde durch solche als heidnisch apostrophierten Erscheinungen nicht ernsthaft in Zweifel gezogen.

---

9 Nach Riess' (1997, 200) Zusammenfassung des Ansatzes von V. von Weizsäcker.

Erst in der Moderne mit ihrem tiefgehenden Strukturwandel aller Lebensbereiche wurde das zweigeschlechtliche Klassifikationssystem als soziale Konstruktion erkannt, nicht länger als unverrückbare biologische Gegebenheit angesehen.[10] »Selbstverständlich gibt es Unterschiede zwischen männlichen und weiblichen Körpern, aber diese Unterschiede werden erst durch kulturelle Praktiken und Deutungen sozial folgenreich ausgebaut und zum Teil überhaupt erst produziert.«[11] Die deutsche Sprache spielt bei diesen Prozessen eine wichtige Rolle: Unsere Sprache ist durch Artikel, Pronomina und Anredeformen (trotz der grammatikalischen Form des Neutrums) grundlegend zweigeschlechtlich aufgebaut, wir können nur zwei gender differenzieren und erkennen. Dabei verweist die Existenz von Personen, die wir transsexuell, transgender, transident oder intersexuell nennen, darauf, dass unser gängiges duales Geschlechtersystem keinesfalls die »Natur« zureichend abbildet.[12] In einigen Ethnien und Sprachen gibt es durchaus mehrere Geschlechter, Mehrfach-gender, z. B. in Gestalt von Personen, die anatomisch Männer sind und sich sozial wie Frauen verhalten und umgekehrt.[13]

In der Tiefenpsychologie ist schon lange davon die Rede, dass Männer weibliche Anteile haben und Frauen männliche (C.G. Jung spricht vom animus in der Frau und von der anima im Mann[14]) und dass es zur Reifung der Persönlichkeit gehört, die jeweils gegengeschlechtlichen Anteile in sich wahrzunehmen und auszubilden. Die Mode in den westlichen Gesellschaften übt einerseits in binäre Geschlechterstereotypen ein (das beginnt bereits mit der Zuteilung der Farben blau und pink in der Baby- und Kinderkleidung), andererseits verwischt sie diese Orientierung und fördert den androgynen Menschen (»femiman«) und damit die uneindeutige Vielfalt.[15]

Diese Uneindeutigkeit und die damit einher gehende Ambivalenz im Blick auf das, was traditionell als sicher und eindeutig galt (die Leiblichkeit, die Geschlechtlichkeit), wird von vielen als befremdlich und ängstigend erlebt, für Betroffene jedoch als Bereicherung und Chance, bisher unterdrückte Ressourcen angstfrei zu leben und zu gestalten. Und auch für die Gesellschaft als ganze wie für die Religionsgemeinschaften ermöglicht diese Vieldeutigkeit, die bisherige »repressive Kraft der binären Genderordnung«[16] aufzulockern und der Vielfalt des Lebens neue Spielräume zu eröffnen.

4.3   Der Mensch als Individuum in der Gesellschaft

Als einzelner Mensch zu leben ist nur möglich im Rahmen einer Gesellschaft: Gesellschaft soll hier verstanden werden als Bezeichnung für Formen eines organisierten

---

10 Vgl. zum Folgenden Karle 2006.
11 Karle ebd. 110f.
12 Das Bundesverfassungsgericht hat in einem Urteil vom 8.11.2017 die Regierung der BRD dazu verpflichtet, dafür Sorge zu tragen, dass im Geburtenregister in Zukunft eine Kategorie für ein »drittes Geschlecht« bereit gestellt wird.
13 Karle ebd. 88ff.
14 Vgl. Jung 1968, 177ff.
15 Vgl. dazu Lippmann 2013, 117ff.
16 Karle 2006, 97.

menschlichen Zusammenlebens, in dem sich Institutionen, Organisationen und Kulturmuster ausbilden, um die Grundlagen des Lebens unter den Mitgliedern der Gesellschaft zu sichern.[17] Eine Gesellschaft bildet eine Art von Rahmen (der Begriff Gesellschaft stammt aus dem althochdeutschen sal = Raum) in Gestalt von Gesetzen, Normen, Regeln und Sinnannahmen, welche – so wenigstens in den bürgerlichen Gesellschaften des Westens – »Freiheit, Gleichheit und Brüderlichkeit« aller und damit die Möglichkeiten eines guten Lebens der Einzelnen garantieren sollen. Der Rahmen gibt Stabilität, Halt und Orientierung, zugleich engt er ein, begrenzt individuelle Freiheit.

Bis in die Neuzeit war der Mensch in hohem Maß gesellschaftsbestimmt; die Ordnungen, Regeln und Sinnannahmen (Religion!) einer Gesellschaft gaben fraglos vor, wie die Einzelnen ihr Leben zu führen hatten. Die Zielsetzung des Lebens bestand darin, sich in die Vorgaben der Gesellschaft und der Kirche einzuordnen, darin seinen Platz zu finden und in diesem Sinn ein vollgültiges und anerkanntes Mitglied der Gesellschaft zu werden. David Riesman spricht von einer traditionsgeleiteten Gesellschaft, in der »die Verhaltenskonformität des Individuums in hohem Maße durch die verschiedenen Einflußsphären der Alters- und Geschlechtsgruppen, der Sippen, Kasten, Stände und so fort vorgegeben« waren.[18] Nicht nur das äußerlich beobachtbare Verhalten war traditionsgeleitet, auch das dahinterstehende Denken und Fühlen, die Lebensvorstellungen, also das, was seit der Romantik die Innerlichkeit des Menschen genannt wurde.

In deutlichem Kontrast zu traditionsgeleiteten gesellschaftlichen Verhältnissen hat Ulrich Beck für die Postmoderne einen Prozess der Freisetzung der Einzelnen aus vorgegebenen gesellschaftlichen Normen, Rollen und Traditionen als eine neue Art von Vergesellschaftung in einem dreifachen Sinn beschrieben:[19]

1. Eine Herauslösung der Einzelnen aus historisch vorgegebenen Sozialformen und -bindungen ist zu beobachten; Normalbiografie wird zur Wahlbiografie; das Leben wird zur Aufgabe individueller Gestaltung.
2. Diese Freisetzung geht einher mit dem Verlust traditionaler Sicherheiten; bisher selbstverständlich geltende Normen, Glaubenssätze und Strukturen des Zusammenlebens werden brüchig und müssen jeweils neu erarbeitet und abgestimmt werden.
3. Gleichzeitig entstehen neue Arten der sozialen Einbindung: Es ist ja nicht so, dass mit der Freisetzung nun auch grenzenlose individuelle Freiheiten einkehrten, vielmehr entwickeln sich neue, meistens unbegriffene, unbewusste Abhängigkeiten von Marktgesetzen, Medien und Moden.

Auch die gegenwärtigen neuen Formen individualisierten Lebens sind nur realisierbar, wenn es einen sie schützenden Rahmen gibt in Gestalt von Gesetzen, Regeln und gemeinschaftlichen Zielen. Gesellschaftliche Rahmenbedingungen und individuelles

---

17 Vgl. Schäfers 1988.
18 Riesman 1958, 27.
19 Beck 1986, 205ff.

Freiheitsbedürfnis stoßen dabei direkt aufeinander und lösen vielfältige Konflikte und entsprechende Ambivalenzen aus.

Gesellschaft und ihre Rahmenbedingungen vermitteln sich den Einzelnen auf dem Weg der Sozialisation: Der Begriff der Sozialisation (oder auch Enkulturation) bezeichnet einen lebenslangen Prozess, in dem die Kulturtechniken einer Gesellschaft durch die Erziehung der Eltern, durch Kindergarten, Schule, Berufsausbildung vermittelt bzw. übernommen und milieuspezifisch und individuell angeeignet und abgeändert werden. Das Ziel besteht darin, eine Identität auszubilden, die es erlaubt, sowohl in sinnvoller Bezogenheit auf das Ganze der Gesellschaft und die in ihr agierenden Anderen als auch eigenständig und selbstbestimmt zu leben. Der Sozialisationsprozess changiert je nach gesellschaftlich-kulturellen Wert- und Identitätsvorstellungen mal mehr zur Seite der Anpassung und Unterwerfung unter die Vorgaben der Gesellschaft, mal mehr zur Seite der Förderung von Freiheit und Autonomie. Beide Pole werden nie rein erreicht, doch gibt es deutlich unterschiedliche Akzentuierungen, die man idealtypisch in den Erziehungsidealen des Nationalsozialismus (Gehorsam, Anpassung) einerseits oder der 68er Bewegung (Freiheit, Selbstbestimmung) andererseits erkennen kann (▶ Kap. 5.1 »die Modernisierung der Seele«). In konkreten Sozialisationsprozessen mischen sich in der Regel beide Pole und lösen entsprechende Unsicherheiten aus. Auch der individuelle Sozialisationsprozess ist widersprüchlich strukturiert: Es bedarf einer sicheren Bindung des Säuglings an die Mutter, um die Grundlage für spätere relative Autonomie zu legen. Frühkindliche sichere Bindung bildet eine notwendige Voraussetzung späterer Freiheit (▶ Kap. 2.5).

Damit dürfte deutlich sein, dass Ambivalenzerleben regelmäßig und normal dazu gehört, wenn man das Verhältnis der Individuen zu der sie umgebenden Gesellschaft betrachtet.

4.3.1 Die »Gemeinschaft der Heiligen« (Kirche) und Individualität

Als *Sonderfall* des Verhältnisses von Individuum und Gesellschaft kann die Beziehung der Einzelnen zur Kirche, zur »Gemeinschaft der Heiligen« gelten. Inhalte und Formen des Glaubens müssen uns von anderen vermittelt werden, gleichzeitig ist Glaube letztlich unvertretbar individuell. Wir haben es also in der Kirche in besonders intensiver Weise mit der Spannung von Individualität und Zugehörigkeit zu tun.

Die protestantischen Kirchen stecken in einem besonderen Dilemma: Einerseits hat der Protestantismus theologiegeschichtlich gesehen einen entscheidenden Impuls zur Stärkung von Individualität gesetzt mit der These, dass der Einzelne unmittelbar, ohne Vermittlung von Kirche und Papsttum, vor Gott steht.[20] Andererseits versteht sich Kirche als »communio sanctorum«. Der Gedanke der communio, griechisch koinonia, bezeichnet in der spätantiken griechischen Kultur die Vorstellung eines organischen und organi-

---

20 In der Protestation von Speyer von 1529 heißt es, dass »in den Sachen Gottes Ehre und unser Heil und Seligkeit belangend ein jeglicher für sich selbst vor Gott stehen und Rechenschaft geben muss.« Vgl. ausführlicher Klessmann 2015 (Individualität), 133–158.

sierten Zusammenlebens.[21] Dahinter steht das Ideal der Gemeinsamkeit, eines freund-schaftlichen und verwandtschaftlichen Zustandes, in dem die individuellen Differenzen in den Hintergrund treten. Im Christentum kommt als Besonderheit hinzu, dass die Ge-meinschaft der Glaubenden ihren Mitgliedern eine neue kollektive und unbedingte Iden-titätszuschreibung vermittelt. Angesichts der Naherwartung stehen in der Gemeinde ge-mäß Gal. 3,28 nicht mehr die jeweilige Herkunft und der gesellschaftliche Status der Einzelnen als Jude oder Grieche, Sklave oder Freier, Mann oder Frau, alt oder jung, reich oder arm im Vordergrund, sondern die durch die Zugehörigkeit zu Jesus Christus erwor-bene neue Identität. Die bisherigen sozialen Zuschreibungen verlieren mit dieser neuen Identitätszusage ihre Gültigkeit im Glauben, obgleich sie ihre soziale Relevanz behalten; der von Christus im Glauben angesprochene Mensch wird als ein aus den üblichen sozia-len Kategorisierungen Herausgerufener verstanden (ekklesia: die Gemeinschaft der He-rausgerufenen). Nicht zufällig ist in den paulinischen Briefen mehrfach vom »neuen« Menschen die Rede (z. B. 2 Kor 5, 17) oder davon, dass das »Ich« bestimmt wird nicht mehr von eigenen Wünschen und Bedürfnissen, sondern von Jesus Christus. In Gal 2,20 heißt es entsprechend: »nicht mehr ich lebe, sondern Christus lebt in mir.«

Damit entsteht eine paradoxe Struktur: Der Einzelne wird von Gott oder Christus angesprochen und zur Gemeinschaft eingeladen, aber gerade das, was den einzelnen im gesellschaftlichen Kontext als Einzelnen ausmacht und von anderen unterschei-det – unverwechselbare Körperlichkeit, einzigartige Biografie, soziale Statusmerk-male – spielen im Glauben keine Rolle mehr. Zusätzlich steht dieser Sachverhalt unter einem eschatologischen Vorbehalt: Im Glauben haben wir »schon« Anteil an der Ge-meinschaft mit Christus, in der jetzigen Realität dagegen »noch nicht«. Wie leben wir mit dieser Spannung?

Im Abendmahl bildet sich der beschriebene Sachverhalt sinnenfällig ab: Alle, die an dem Ritual teil nehmen, bilden eine communitas, wie es der Ethnologe Victor Turner be-schrieben hat, in der die üblichen gesellschaftlichen Rollendifferenzierungen als aufgeho-ben gelten bzw. gelten sollen.[22] Durch die Teilnahme am Ritual und seine communitas verliert der Einzelne seine Einzigartigkeit zugunsten der Gleichheit aller Ritualteilnehmer. Einerseits erleben die Beteiligten darin eine Befreiung von sozialen Zuschreibungen und Zwängen, andererseits wird eine neue Art von Vereinheitlichung in der Gemeinschaft her-gestellt. Individualität wird in dieser Gemeinschaft vorübergehend nivelliert – mit dem idealen Ziel, dann wieder gestärkt als einzelne in der gegebenen Sozialstruktur leben und diese verändern zu können. Allerdings: Nach der Beendigung des Rituals ist alles wieder beim Alten, die innere geistliche Kraft, die das Ritual frei setzt, ist in der Regel nicht so stark, dass sie die sozialen Differenzierungen wirklich aufbräche oder gar überwände. Schon bei Paulus kann man beobachten, wie die theologische Zuschreibung einer neuen Identität den sozialen Status als Sklave nicht aufzuheben vermochte (vgl. 1 Kor 7, 17ff.).

Einen ähnlichen Vorgang kann man bei der in der Ekklesiologie wichtigen Meta-pher vom Leib Christi feststellen, wie sie Paulus 1 Kor 12 verwendet: Die Glieder des Leibes haben zweifellos unterschiedliche Funktionen und sind insofern in ihrer

---

21 Vgl. Popkes ²2010, 712ff.
22 Turner 2000, 94ff.

Einzigartigkeit und Unersetzlichkeit wertzuschätzen; der Zweck der einzelnen Glieder liegt jedoch gerade nicht in ihnen selbst, sondern darin, das Ganze des Leibes funktionsfähig zu machen und zu halten; die Einzelfunktionen treten in den Hintergrund zugunsten der Gesamtfunktionalität des Leibes.

Vor dem Hintergrund dieser Metaphorik ist es nicht verwunderlich, dass im weiteren Verlauf der Kirchengeschichte der/die Einzelne mit seiner Individualität in der Kirche als Gemeinschaft gerade nicht gestärkt, sondern eher als Störenfried wahrgenommen wurde – und teilweise immer noch wird.[23]

Protestantismus und Kirche, so könnte man schlussfolgernd zusammenfassen, stehen in einer notwendigen und nicht aufhebbaren, sehr ambivalenzträchtigen Spannung zueinander: Während der Protestantismus als Prinzip die Ideale und Ziele von mündiger Individualität und Individualisierung vom Ansatz her fördert und unterstützt, sind die Kirchen empirisch gesehen in einer deutlich schwierigeren Lage: Sie haben die Chance, Individualität durch und in Gemeinschaft zu stärken – das ist grundsätzlich eher in der Volkskirche der Fall, die Pluralität und damit Individualisierung erlaubt und ermutigt. Andererseits müssen Kirchen fast zwangsläufig Individualität begrenzen und Konformität erzeugen, um die geistliche Gemeinschaft und die Organisation dieser Gemeinschaft nicht zu sprengen. Je mehr Kirche vereinskirchlich organisiert ist, je mehr sie freikirchlich-evangelikale, charismatische oder pietistische Züge trägt (von fundamentalistischen Zügen ganz zu schweigen), je stärker sie homogenen Charakter annimmt, desto mehr wächst der Anpassungsdruck und desto ausgeprägter finden sich autoritäre Strukturen mit einer Tendenz zur sozialen Kontrolle der Einzelnen.

Wie gehen die Einzelnen, wie gehen Repräsentanten kirchlicher Strukturen mit dieser Spannung um? Erlauben sie die auftretenden Ambivalenzen und fördern gerade damit Individualität in der Vielfalt der Möglichkeiten oder streben sie eher die Auflösung der Spannung zugunsten von Anpassung und Konformität an? Da Ambivalenz immer auch macht- und institutionskritische Aspekte besitzt (▶ Kap 3.4), wird man wohl nicht fehlgehen, wenn man der Institution eine (unbewusste) Förderung von Konformität unterstellt.

4.4 Der Mensch zwischen Abhängigkeit und Streben nach Autonomie

Der moderne Identitätsdiskurs suggeriert, dass der Mensch seiner selbst mächtig sei und das Patchwork seiner Identität unter günstigen Bedingungen selber konstruieren und immer wieder neu konstellieren könne und müsse (▶ Kap. 3.2.3). Dabei wird übersehen – weil diese Einsicht eine weitere Kränkung der Selbstliebe des Menschen beinhalten würde[24] – dass der Mensch zutiefst sich selbst, seiner eigenen Kontrolle, seiner Verfügung über

---

23 Bernet 1988 hat das eindrücklich an der Geschichte der Seelsorge gezeigt.

24 Sigmund Freud hat von den drei »großen Kränkungen der naiven Eigenliebe« der Menschheit gesprochen, die mit den Namen Kopernikus, Darwin und Freud verknüpft sind. Vgl. S. Freud, 1916/17, 283f.

sich selbst, entzogen ist. Menschliches Leben ist von einer grundlegenden Abhängigkeit und Passivität gekennzeichnet: Wir werden geboren, wir werden geatmet, müsste es eigentlich heißen, weil der Atem in der Geburt spontan beginnt und erst im Tod endet, wir werden erwachsen, wir werden von Emotionen oder Affekten durch äußere Reize oder Vorstellungen affiziert oder bewegt,[25] wir werden verstanden (und können es nicht verhindern, dass wir häufig missverstanden werden), wir werden geliebt, unverdient (Liebe lässt sich nicht erzwingen und nicht herstellen), wir werden – spätestens am Ende des Lebens – schwach und krank, wir erleiden Sterben und Tod. Die wichtigsten Eckdaten des Lebens sind unserer Selbstbestimmung entzogen, sie kommen auf uns zu, wir sind ihnen, im Schmerzlichen wie im Erfreulichen, ausgesetzt und ausgeliefert. Der Begriff »Subjekt« stammt vom lateinischen Wort subjectum und meint ursprünglich: unterworfen, preisgegeben, ausgesetzt.

Aus dieser grundlegenden Passivität folgt, dass wir angewiesen sind auf Hilfe, Beistand und Begleitung durch andere. Niemand kommt, vor allem am Anfang und am Ende des Lebens, ohne Begleitung und Hilfe anderer aus. Sprachlich kommt diese Angewiesenheit in Bitte und Dank zum Ausdruck. »Wer eine Bitte äußert, macht auf die Dimension des gegenseitigen Angewiesenseins aufeinander aufmerksam.« Zugleich zeigt sich darin etwas vom unveräußerlichen Wesen des Menschen: »Ich kann mir selbst nicht helfen, sondern auch um das Gelingen meines fragilen Wesens nur bitten …«[26] Die Sprachhandlungen des Bittens und Dankens offenbaren etwas von der unausweichlichen Bezogenheit auf andere in der conditio humana.

Die grundlegende Passivität wollen Menschen nicht gern wahrhaben, sie ist im Kontext einer Leistungsgesellschaft schmerzlich; G. Schneider-Flume spricht von »ärgerlicher« Passivität.[27] Diese Passivität – man kann auch von Verwundbarkeit, Endlichkeit, Fragmenthaftigkeit, Sterblichkeit sprechen – gerät in ständigen Konflikt mit dem menschlichen Wunsch nach Selbstkontrolle, Selbstbestimmung und Unabhängigkeit. Seit der Aufklärung zählen der Begriff und die Vorstellung von Autonomie zu den Kennzeichen der Moderne: Individuen, aber auch Gruppen, Institutionen und Staaten wollen autonom – selbstbestimmt, souverän, unabhängig, emanzipiert, mündig – leben und handeln und keine Fremdbestimmung, keine Heteronomie dulden, mögliche Reste von Passivität und Abhängigkeit möglichst abschütteln.

Der Philosoph Odo Marquardt hat in diesem Zusammenhang vom Ende des Schicksals gesprochen und die bisherige Vorstellung eines Schicksals – das Verhängte, das Notwendige, das Unvermeidliche – kontrastiert mit einem typisch spätmodernen Konzept, das er »Machsal« nennt: »Heutzutage lebt jeder mündig sein Leben selber … Die Umstände werden – durch Selbstbestimmung – von dem Menschen selber gestaltet und hergestellt: dagegen kommt – scheint es – das Schicksal nicht mehr an …. Alles ist machbar, alles steht zur Disposition, alles kann und muss verändert werden.«[28]

---

25 »Wir erleben …Gefühle als unmittelbar gegebene Phänomene, denen wir mehr oder weniger ausgeliefert sind und die wir ›erleiden‹.« Legewie/Ehlers 1999, 161.

26 Korsch 2000, 34.

27 Schneider-Flume 2002, 11.

28 Marquard 2005, 69.

Entwicklungspsychologisch kann man hier den Konflikt zwischen Abhängigkeit und Streben nach Autonomie erkennen. Der Säugling ist grundlegend abhängig, wenn andere nicht seine Bedürfnisse befriedigen, geht er zugrunde. Gleichzeitig jedoch ist schon beim Säugling ein Drang noch Autonomie zu beobachten. Die in der zweiten Hälfte des 20. Jahrhunderts entstandene Säuglingsforschung sieht den Säugling keineswegs als nur hilflos und passiv, sondern schreibt ihm bereits erstaunliche Fähigkeiten zu, die sich in dem Buchtitel »der kompetente Säugling« spiegeln.[29]

Eine etwas spätere Lebensphase, zwischen dem ersten und zweiten Lebensjahr, charakterisiert E. Erikson ausdrücklich mit der Polarität von Autonomie versus Scham und Zweifel.[30] Die Fähigkeit zu krabbeln und zu laufen bildet die Grundlage dafür, dass sich das Kleinkind von der Mutter wegbewegen und seine eigenen Wünsche verfolgen kann. Gleichzeitig stößt das Kind dann immer wieder schnell an die Grenzen seines Könnens. Wünsche und Fantasien sind wesentlich größer als die tatsächlichen Möglichkeiten. Angesichts dieses Zwiespalts erleben Kinder, wie sie von Erwachsenen ausgelacht werden, Scham und Selbstzweifel stellen sich ein.

Dieser Zwiespalt zwischen dem Wunsch nach Selbstständigkeit und Selbstkontrolle sowie den damit verbundenen Größenfantasien einerseits und der tatsächlichen Erfahrung, immer wieder an Grenzen der eigenen Kompetenz zu stoßen und sich hilfsbedürftig und abhängig zu erleben andererseits, durchzieht das Leben nicht nur von Kindern, sondern auch von Erwachsenen.

Letztlich hat wohl auch die viel zitierte Verdrängung des Todes mit diesem Konflikt zu tun: Der Tod stellt in besonders eklatanter Weise die menschliche Fähigkeit, das Leben selbst zu gestalten und zu bestimmen, in Frage. Nicht erst am Ende des Lebens beherrscht er uns, er ragt bereits viel früher in Gestalt von Krankheiten, unvermeidlichen Abschieden und genereller Begrenztheit in unser Leben hinein.[31] Wie sollen wir uns verhalten angesichts dieses nicht auflösbaren Zwiespalts?

Die Ambivalenz, die an dieser Schnittstelle zwischen dem Streben nach Selbstbestimmung und Selbstkontrolle einerseits und der unvermeidlichen Erfahrung von Selbstentzogenheit, Begrenztheit, Fremdbestimmung und Abhängigkeit andererseits entsteht, erscheint höchst angemessen. Es ist beunruhigend, sowohl die Schicksalhaftigkeit des Lebens als auch die großen, mit Hilfe moderner Technik sich ständig ausweitenden Möglichkeiten der Selbstverfügung *gleichzeitig* wahrzunehmen. Aber nur, wenn beide Pole dieser Ambivalenz ernst genommen und genauer erkundet werden, entsteht ein realistisches Verhältnis zur Wirklichkeit des Lebens. Wer die Wahrnehmung der Ambivalenz scheut, wird tendenziell entweder depressiv angesichts der Begrenztheit und Fragmenthaftigkeit des Lebens oder größenwahnsinnig im Blick auf die großartigen, beinahe endlos erscheinenden Gestaltungsmöglichkei-

---

29 Dornes 2011, 21 gibt folgende sehr knappe Zusammenfassung der neueren Säuglingsforschung: »Der Säugling erscheint nun als aktiv, differenziert und beziehungsfähig, als Wesen mit Fähigkeiten und Gefühlen, die weit über das hinausgehen, was die Psychoanalyse bis vor kurzem für möglich und wichtig gehalten hat.«

30 Erikson [4]1971, 241ff.

31 Vgl. das Märchen der Gebrüder Grimm »Die Boten des Todes«, in dem Krankheiten, Unpässlichkeiten und bereits der Schlaf als Boten des Todes gedeutet werden.

ten. Erst die Wahrnehmung der Gleichzeitigkeit beider Erfahrungen lässt Menschen eine realistische, eine weise Einsicht in die Qualität ihres Lebens gewinnen.

4.5   Der Mensch als dialogisches Wesen

Der Mensch wird er selbst nicht durch sich selbst, sondern durch die Beziehungen zu anderen, zu vertrauten und zu fremden Personen. Wechselseitigkeit mit anderen ist grundlegend für die Menschwerdung, Subjektivität erwächst aus Intersubjektivität. In der Begegnung mit Anderen begegnet der Einzelne den Anderen und darin zugleich sich selbst, entfaltet seine Identität in Übereinstimmung und Differenz mit eben diesen Anderen. Martin Buber hat in dem von ihm begründeten Personalismus eindringlich die These entfaltet, dass das Ich am Du entsteht: »Ich werde am Du; Ich werdend spreche ich Du. Alles wirkliche Leben ist Begegnung.«[32]

Die Entwicklungspsychologie kann überzeugend zeigen, in welchem Maß Entwicklung und Identität des Menschen an die Interaktion mit Anderen gebunden sind. Der Mensch wird mit der »Fähigkeit zu reziproker Interaktion« geboren.[33] Diese Reziprozität bezieht sich zunächst auf die vorwiegend physiologischen Prozesse, die Regulierung und Stabilisierung von Schlaf- und Wachzyklen sowie von Hunger und Sättigung. Damit bildet eine »primäre Reziprozität« das Grundmuster späterer Objektbeziehungen. Neben der Regulierung physiologischer Bedürfnisse ist es eine »symbolische« Wechselseitigkeit, wie sie sich im Blickkontakt zwischen Mutter und Kind zeigt: »Die weit geöffneten Augen des Säuglings [treffen] auf den bewundernden Blick der Mutter«;[34] Heinz Kohut spricht geradezu poetisch vom »Glanz in den Augen der Mutter«, wenn sie im Kontakt mit ihrem Kind ist.[35] Liebe, Freude und Stolz in den Augen der Mutter bilden die Grundlage für Wohlbefinden, Sicherheit und ein stabiles Selbstwertgefühl des Kindes. Diese sog. »Affektabstimmung« zwischen Mutter und Kind ist eine wesentliche Grundlage für die weitere Identitätsentwicklung des Kindes. Schneider/Lindenberger fassen den frühen Entwicklungsprozess so zusammen: »Das Kind ist von Anfang an darauf angewiesen, mit anderen Menschen in Kontakt zu treten. Fehlt die Erfahrung des sozialen Austausches, besteht die Gefahr einer nachhaltig gestörten Entwicklung.«[36] Die Hospitalismusforschungen, die Rene Spitz und andere in der ersten Hälfte des 20. Jahrhunderts betrieben haben, zeigen in erschreckender Weise, wie Kinder in ihrer Entwicklung schweren Schaden nehmen, wenn der liebevolle Austausch mit anderen Menschen fehlt.[37]

---

32 Buber 1965, 15. Vgl. zu diesem Thema auch Otscheret 1988, 145ff.
33 Tyson/Tyson ²2001, 107.
34 Ebd. 108.
35 Kohut 1976, 141.
36 Schneider/Lindenberger ⁷2012, 177.
37 Vgl. dazu Tyson/Tyson 2001, 63f.

Im Säuglingsalter hat diese Wechselseitigkeit unmittelbar überlebenswichtigen Charakter, im Grunde bleibt sie auch darüber hinaus – auf einer symbolischen Ebene – ein Leben lang bestehen.

Diese Konstitution des Menschen als soziales Wesen muss nun auch als Quelle ständiger Ambivalenz gesehen werden. Denn im Dialog mit anderen, in der unverzichtbaren Wechselseitigkeit mit anderen erfährt jede der beteiligten Personen neben Vertrautheit, Anerkennung und Wertschätzung auch Unterschiedlichkeit, Fremdheit und Andersartigkeit, die einerseits bereichert und kreativ herausfordert, andererseits aber auch verunsichern und irritieren kann. Wechselseitigkeit stellt die Grundlage des Selbstwertgefühls und der Identitätsbildung dar, zugleich erfährt sich der Einzelne in dieser Wechselseitigkeit und Spiegelung mit anderen nie als völlig eindeutig und als immer derselbe.

In monokulturellen Begegnungen gibt es eine »gemeinsam geteilte kulturelle Basis«, »eine stumme, implizite Matrix«,[38] die Gemeinsamkeit und scheinbar leichtes und problemloses gegenseitiges Verstehen suggeriert. Erst bei genauerem Hinsehen zeigt sich, wie viel an Fremdheit auch in dieser gemeinsamen Matrix erhalten bleibt. Um wie viel stärker wird Fremdheit in interkulturellen und interreligiösen Begegnungen erlebt.

Der Psychiater Klaus Dörner hat dazu pointiert formuliert: »In der Begegnung begegnen sich Gegner«. Dörner will mit dieser Aussage die Romantisierung des Begriffs der Begegnung,[39] wie sie im Personalismus zu beobachten war, in Frage stellen und klar machen, in welchem Maß Fremdheit, Unsicherheit, Angst, ja Gegnerschaft in der Begegnung auch unter bekannten und einander vertrauten Menschen bestehen bleiben. Auch in vermeintlich vertrauten Kontexten machen wir ständig Fremdheitserfahrungen. Fremdheitserfahrungen lösen sowohl Neugier als auch Furcht und Irritation aus; die Reaktion auf den oder das Fremde ist immer ambivalent. Diese Ambivalenz gilt es auszuhalten und wertzuschätzen; andernfalls besteht die Gefahr, dass man entweder das Fremde vereinnahmt oder es als uneinfühlbar ausstößt und eliminiert.[40] Wer dagegen bereit ist, die Ambivalenz gegenüber dem Fremden auszuhalten und zu erkunden, wird bereichert, weil er Stereotype durchbricht und neue Perspektiven in der Begegnung mit anderen entdecken kann.

---

38 Cogoy 2004, 339.

39 Dörner/Plog 1994, 10, sprechen von der »sentimentalen Soße des Begegnens und Verstehens« und betonen demgegenüber die Fremdheit und Unterschiedlichkeit in jeder Begegnung.

40 Der Religions- und Missionswissenschaftler Theo Sundermeier (1996, 72ff.) hat drei Begegnungsmodelle skizziert, die in der Konsequenz dazu führen, den Fremden als solchen nicht wahrzunehmen und seine Fremdheit zu verdrängen: im Gleichheitsmodell wird Fremdheit grundsätzlich negiert, im Alteritätsmodell ist Fremdheit das Beunruhigende, das vernichtet werden muss oder dem man sich diakonisch zuwenden kann; im Komplementaritätsmodell wird der Fremde angeeignet, indem er auf die Bereicherung meiner Welt reduziert wird. Das homöostatische Modell dagegen denkt Differenz und Zusammengehörigkeit als gleich ursprünglich: Im Netz von Beziehungen, in dem wir leben, findet ständig wechselseitiger Austausch statt, aber keine Verschmelzung. Zugleich sind die Fremden »Mitkonstituenten«: »Wir sind voneinander wechselseitig abhängig. Jeder konstituiert des anderen Identität« (135).

4.6   Der Mensch als Konfliktwesen

Eine weitere Zuspitzung erfährt das Ambivalenzkonzept in der Reflexion der Bedeutung von Konflikten für menschliches Zusammenleben:

Das Leben der Menschen – als Einzelne, in Gruppen, in Organisationen, in Staaten – ist geprägt von Konflikten; es gibt keine konfliktfreien Bereiche menschlicher Sozialität. Ständig treten Differenzen und Spannungen auf; nur das Ausmaß, mit dem sie verborgen oder offen gelegt werden, variiert erheblich.

Morton Deutsch definiert in seinem zum Klassiker gewordenen Buch »Konfliktregelung«: Ein Konflikt liegt dann vor, »wenn nicht zu vereinbarende Handlungstendenzen aufeinanderstoßen.«[41] Handlungs*tendenzen* sind Bedürfnisse, Motive, Interessen und Normen. Johan Galtung bestimmt einen Konflikt als »Inkompatibilität zwischen Zielsetzungen oder Wertvorstellungen von Akteuren in einem Gesellschaftssystem.«[42]

Zu unterscheiden sind intrapersonale oder intrapsychische Konflikte (1) von interpersonellen (2), von Rollenkonflikten (3) und strukturellen Konflikten (4).

In der Öffentlichkeit – selbst in den Soziawissenschaften – wurden und werden Konflikte weitgehend negativ konnotiert als etwas, das eigentlich nicht sein bzw. möglichst schnell und effektiv aus der Welt geschafft werden sollte. Deswegen wird in zwischenmenschlichen Beziehungen und in Organisationen viel dafür getan, wenigstens nach außen den Schein von Harmonie und Einverständnis zu wahren.

In der Konfliktforschung ist es dagegen inzwischen weitgehend Konsens, dass Konflikte unverzichtbar sind, dass sie zur Reifung und Entwicklung von Einzelnen, Gruppen und Organisationen notwendig sind. »Ein Zustand der Konfliktlosigkeit ist im Grunde ein Zustand der Leblosigkeit … Ich bin daher davon überzeugt, dass der Konflikt so viele grundlegende Bedürfnisse befriedigt, dass er eingeführt werden müsste, wenn es ihn nicht gäbe.«[43]

Bereits diese grundlegende Einsicht löst Ambivalenzen aus: Ein inner- und zwischenmenschliches Geschehen, das vielfach Angst macht und verunsichert, soll produktive Wirkungen haben und unverzichtbar sein? Wie ist diese Spannung für Betroffene zu bewältigen?

Die verschiedenen Konfliktarten sollen im Folgenden nicht in ihrer Genese, ihren Auswirkungen und den Möglichkeiten eines konstruktiven Umgangs damit dargestellt werden, sondern ausschließlich im Blick darauf, wie sie von Ambivalenzerleben begleitet werden.

4.6.1   *Intra*personale Konflikte

»Die Psychoanalyse betrachtet den Menschen als Konfliktwesen, dessen Leben geprägt ist durch die immer wieder neu sich aufwerfenden Gegensätzlichkeiten von

---

41 Deutsch 1976, 18.
42 Galtung 1975, 110.
43 Galtung ebd. 116f.; vgl. auch Pohl 2003. Darin speziell das Schaubild 2, 13: »Was Konflikte alles können«,

Bedürfnissen, personalen und sozialen Lebensbedingungen und Normen.«[44] Klaus Winkler nennt Konflikte »daseinsbestimmend«:[45]

Die klassische Psychoanalyse fokussiert auf die Konflikte zwischen dem unbewussten und dem bewussten Seelenleben (▶ Kap. 2.4.2).[46] Im Unbewussten verbergen sich vor allem aggressive und/oder lustvolle, libidinöse Regungen und Motive (Freud spricht von Trieben und Triebrepräsentanzen), die im Widerspruch stehen zum Bewusstsein mit seinen in der Sozialisation erworbenen kulturellen, ethischen und religiösen Normen; je normativ strenger eine Sozialisation abläuft, desto heftiger können die Konflikte ausfallen.

Eine andere Konfliktebene, die nicht mit der Unterscheidung von bewusst – unbewusst identisch ist, hat Freud mit der Differenzierung der seelischen Instanzen von ES, ICH und ÜBER-ICH eingeführt: Die Triebhaftigkeit des ES gerät in Konflikt mit den im ÜBER-ICH gespeicherten, teilweise ebenfalls unbewusst gewordenen gesellschaftlichen, familiären und religiösen Normen und Werten. Zwischen beiden Instanzen muss das ICH vermitteln, fühlt sich dabei aber eher als schwacher Reiter auf einem starken Pferd: »Im ganzen muss das ICH die Absichten des ES durchführen … Man könnte das Verhältnis des ICHs zum ES mit dem des Reiters zu einem Pferd vergleichen. Das Pferd gibt die Energie für die Lokomotion her. Der Reiter hat das Vorrecht, das Ziel zu bestimmen, die Bewegung des starken Tieres zu leiten. Aber zwischen ICH und ES ereignet sich häufig der nicht ideale Fall, dass der Reiter das Roß dahin führen muss, wohin es selbst gehen will.«[47]

Die Schlussfolgerung aus dieser Situationsanalyse ist für Freud eine doppelte: Der Mensch und sein Ich sind nicht Herr im eigenen Haus[48] – aber die Psychotherapie zielt hoffnungsvoll darauf ab, dass ICH werden soll, wo ES war.[49]

Die Wahrnehmung solcher intrapsychischer Konflikte kann tief greifende Ambivalenzen im Blick auf das eigene Selbstbild auslösen. In der Selbstwahrnehmung wollen die meisten Menschen selbstbestimmte, kompetente, vernünftige und freundliche Zeitgenossen sein. Nach der angedeuteten psychoanalytischen Konflikttheorie täuschen sie sich jedoch über sich selbst. Nicht Vernunft und gute Absichten (»edel sei der Mensch, hilfreich und gut«) erscheinen aus dieser Sicht als die letztlich wirksamen seelischen Kräfte; sondern sexuell und aggressiv getönte Triebhaftigkeit mit dem inne wohnenden Lustprinzip bildet die eigentliche Dynamik des Lebens. Insofern ist von einem ständigen Kampf und den dazugehörigen Ambivalenzen zwischen bewussten und unbewussten Strebungen, zwischen idealen und realistischen Selbstwahrnehmungen und Handlungsimpulsen auszugehen.

Noch deutlicher wird das Ambivalenzerleben, wenn man die Systematik innerpsychischer Konfliktfelder zugrunde legt, die der Arbeitskreis Operationalisierte Psychodynamische Diagnostik (OPD) als zentral für menschliches Erleben benennt:[50] Es geht um

44 Schüßler ²2002, 385.
45 Winkler ²2000, 7.
46 Ausführlicher zum Folgenden vgl. Klessmann ⁵2014, 120ff.
47 Freud 1933, 514.
48 Freud 1916/17, 284.
49 Freud 1933, 516.
50 OPD 2006, zitiert in Wöller/Kruse 2014, 142.

Individuation versus Abhängigkeit, Unterwerfung versus Kontrolle, Versorgung versus Autarkie, Selbstwertkonflikte, Schuldkonflikte, ödipale Konflikte, Identitätskonflikte.

Eine Reduktion auf nur eine Seite, um das Ambivalenzerleben zu vermeiden, würde der Komplexität der innerpsychischen Realität nicht gerecht.

4.6.2   *Inter*personale Konflikte

Wesentlich leichter zu beobachten sind interpersonale Konfliktlagen und die durch sie ausgelösten Ambivalenzen. Interpersonale Konflikte entstehen aus unvereinbaren Interessen, Motiven und Bedürfnissen der an einer Interaktion Beteiligten, seien es Individuen, Gruppen, Institutionen oder Staaten. Aus der vermeintlichen Unvereinbarkeit der Motive und Interessen erwachsen wechselseitig Ungeduld, Anspannung, Ärger und Streit. Interpersonale Konflikte neigen dazu, zu eskalieren und destruktiv zu werden.[51] Andererseits können sie, wie schon erwähnt, konstruktive, kreative Wirkungen haben: Sie tragen dazu bei, in Beziehungen, Gruppen und Institutionen neue Impulse zu geben, Grenzen neu zu definieren, Nähe und Distanz anders als bisher auszutarieren und eingefahrene, unproduktiv gewordene Routinen aufzulockern.

Interpersonale Konflikte leben oft von Feindbildern bzw. werden von Feindbildern gleichsam befeuert. Feindbilder wiederum sind von dualem Denken geprägt: schwarz – weiß, richtig – falsch, angenehm – unangenehm, freundlich – feindlich. Feindbilder bestehen häufig aus Projektionen: Der eigene Ärger, die eigene Unsicherheit wird auf den Anderen projiziert und in diesem Prozess noch zugespitzt und verschärft. Friedensforscher sprechen im Blick auf Feindbilder geradezu von einer Dämonisierung des Anderen. Eine solche Dämonisierung entsteht und wird aufrecht erhalten durch eine ausgeprägte Ambivalenz*in*toleranz, durch Angst vor Ambivalenz, vor der Gleichzeitigkeit widerstreitender Gedanken und Gefühle. Ambivalenz wahrzunehmen und auszuhalten setzt die Bereitschaft und Fähigkeit voraus, Unsicherheit zu ertragen und die eigenen Positionen nicht absolut zu setzen – was vielen Menschen schwer fällt. Die ganze Reihe der von der Psychoanalyse beschriebenen Abwehr- oder Bewältigungsmechanismen dient dazu, solche Unsicherheiten und Ängste abzuwehren[52] und in besser erträgliche scheinbare Eindeutigkeiten zu überführen – um den Preis, dass die Wahrnehmung der Komplexität der Realität erheblich eingeschränkt wird.

Anleitung und Bereitschaft zur Ambivalenztoleranz dient dagegen implizit dem Abbau von Feindbildern und Dämonisierungen, führt zu einer Relativierung von eigenen Interessen und Zielen, auch von Bildern der anderen Seite: Auf diese Weise wird die Fähigkeit zur Kompromissbildung gestärkt. Wer seine Ambivalenzen wahrnimmt, kann nicht länger im Modus von schwarz – weiß, gut – böse denken und empfinden.

Interpersonale Konflikte lösen auf zusätzliche Weise Ambivalenzen aus:

- Viele Menschen haben Angst vor Konflikten, weil sie nur den Ärger, den Streit und das destruktive Eskalationspotential kennen; gleichzeitig spüren sie, dass eine

---

51 Diese Tendenz hat Glasl differenziert beschrieben in ³2002.
52 Vgl. Ehlers ²2002, 12–24.

Neuorientierung sinnvoll und hilfreich sein und das Austragen des Konflikts dazu den entscheidenden Anstoß geben könnte. Sie bleiben dann in der Spannung von Veränderungswunsch und Angst stecken.

- Bereits die Vielzahl der an einem Konflikt beteiligten Variablen relativiert für den nachdenklichen Konfliktpartner die eigene Position. Wenn es so viele Faktoren gibt, die eine Position beeinflussen, wie kann man der eigenen ganz sicher sein? Muss man dann nicht auch in Rechnung stellen, dass ganz andere Positionen möglich sind? Gegen diese Einsicht sperrt sich jedoch der Wunsch, Recht zu behalten und sich nicht mit neuen Einsichten auseinandersetzen zu müssen.

- Man möchte sich mit seiner eigenen Position durchsetzen, Macht ausspielen und Recht behalten; gleichzeitig möchte man auch in gutem Einvernehmen mit der anderen Seite leben, für Frieden und Harmonie sorgen. Wie passt Beides zueinander?

4.6.3 Rollenkonflikte

Interpersonale Konflikte werden verschärft durch vielfältige Rollenkonflikte, in die fast alle Menschen in postmodernen Gesellschaften verstrickt sind: Eine Person übt mehrere und ganz unterschiedliche (Teil-)Rollen aus, die zueinander in Spannung stehen (▶ vgl. auch oben Kap. 3.2.1).

Der Begriff Rolle soll hier ein Bündel von Erwartungen bezeichnen, das an einen Menschen, der eine bestimmte Funktion ausübt, gerichtet wird. Generelle Rollen (wie Vater oder Mutter, Sohn und Tochter) sind zu unterscheiden von Berufsrollen (Gärtner, Steuerberater, Anwalt) und privaten Rollen (Liebhaber, Sportler etc.). Rollen geben den Rolleninhabern und denen, mit denen sie zu tun bekommen, Sicherheit: Man weiß, was man von einem Pfarrer oder einer Ärztin erwarten kann und was nicht. Jede Rolle verlangt ein gewisses Maß an Rollenübernahme und zugleich an Rollendistanz. Einerseits müssen sich Menschen mit ihren Rollen identifizieren. Andererseits wird auch erwartet, dass in beruflichen Rollen die Individualität des Rollenträgers durchscheint, also eine gewisse Rollendistanz erkennbar wird und die Rolle auf diese Weise eine persönliche Note bekommt. Auf jeden Fall geraten die unterschiedlichen Rollenerwartungen leicht in Spannung miteinander und setzen, da es meistens keine einfachen Lösungen gibt, Ambivalenzen frei.

Rollenkonflikte und die von ihnen ausgelösten Ambivalenzen sind kaum zu vermeiden. Je klarer und bewusster jedoch die unterschiedlichen Rollen wahrgenommen und ausgeübt werden, desto eher lassen sich auch die Rollenkonflikte einer kreativen Lösung zuführen. Gleichzeitig trägt die Reflexion der in diesen Zusammenhängen auftretenden Ambivalenzen zu einer weiteren Klärung der Rollenerwartungen bei.

4.6.4 Strukturelle Konflikte

Der Terminus »strukturelle Konflikte« bezieht sich auf gesellschaftliche Verhältnisse, die *strukturell* durch Ungleichheit, Benachteiligung, Ungerechtigkeit und Diskriminierung zwischen verschiedenen Gruppierungen gekennzeichnet sind. Ungleiche ökonomische Bedingungen, Feindbilder und Stereotype führen dazu, dass bestimmte Personengruppen weniger Ansehen genießen, entsprechend in Berufsausbildung und Berufsausübung benachteiligt werden, weniger verdienen, schlechtere Wohnverhältnisse hinnehmen müssen etc. Die auf diese Weise entstehenden realen Benachteiligungen verstärken wiederum die Vorurteilsbildung usw.

Beispiele für solche Art struktureller Konflikte sind:

- Die Benachteiligung von Frauen im Erwerbsleben (geringere Bezahlung im Vergleich zu Männern, geringere berufliche Aufstiegschancen etc.) in wohl allen Staaten der Erde;
- Die Benachteiligung der Arbeiterschaft gegenüber den Arbeitgebern mit ihrem Besitz der Produktionsmittel;
- Die verbreitete Benachteiligung von Minderheiten (Menschen mit anderer Hautfarbe, Nationalität, Religion etc.) in der Mehrheitsgesellschaft, auf dem Arbeitsund Wohnungsmarkt.

Auf den ersten Blick lösen strukturelle Konflikte keine Ambivalenzen aus, weil man es hier mit einen relativ klaren Gegenüber, sprich Gegner zu tun hat. Bei genauerem Hinsehen zeigt sich jedoch, wie solche Fronten doch intensive Ambivalenzen frei setzen spätestens dann, wenn es zu persönlichen Begegnungen zwischen Personen aus den unterschiedlichen Gruppierungen kommt: Für eine Frau mag ein bestimmter Mann ein verachtenswerter Vertreter einer dominanten patriarchalen Kultur darstellen, aber u. U. wirkt er persönlich charmant und freundlich – wie ist damit umzugehen? Der Arbeitgeber tritt arrogant und herablassend auf, aber der Arbeiter ist auf sein Wohlwollen angewiesen, wenn er befördert werden möchte; der Pfarrer vertritt aus der Sicht eines Außenstehenden merkwürdige theologische Positionen, aber als Person erscheint er freundlich und gewinnend.

Zusammenfassend ist zu sagen: Die Ausdifferenzierung des Konfliktbegriffs bestätigt die Universalität von Konflikten. Leben ist ohne Widerstreit, Zerrissenheit und Zwiespältigkeit nicht denkbar, ja Leben zeichnet sich gerade durch solche Spannungsfelder aus. Dann aber gilt es die Bereitschaft zu fördern, Konflikte und Widersprüche im individuellen und kollektiven Wahrnehmen und Erleben anzuerkennen und zuzulassen, sich für spannungsvolle Beziehungen zu öffnen und zu sensibilisieren, Differenzierungen aufzusuchen und nachzuvollziehen.

Leben ist aus philosophischer Sicht als Prozess des Werdens aufzufassen, als »ein beständiger Prozess von Differenzierung, Integration und Kreation …, ein Prozess, der in stetem Fluss immer neue Formen und in steten Metamorphosen Welt- und Lebensvielfalt hervorbringt.«[53] Das Konzept universaler Ambivalenz erscheint dann als angemessene Antwort auf die fluide und fragile Situation der Weltwahrnehmung des Menschen.[54]

---

53 Petzold 1993, 462.
54 Vgl. Pirker 2013.

4.7 Der Mensch zwischen Sein und Sollen

Jeder Mensch erlebt eine Spannung zwischen Sein und Sollen, zwischen einem bloßen, biologisch gegebenen Dasein und einer Bestimmung zu etwas, das mit dem Dasein nicht schon einfach festgelegt ist. Die Spannung von Sein und Sollen bezieht sich nicht nur auf explizit ethische Konfliktbereiche, sondern betrifft das ganze Leben jedes Individuums. Dietrich Korsch macht diese Spannung bereits in der Entstehung von Sprache fest: Ein Kind lernt sprechen, indem es angesprochen wird; in dem Angesprochen-werden steckt bereits die unausgesprochene Aufforderung: »Du sollst ...auch sprechen«, du sollst antworten.[55]

Das implizite und im Lauf der Sozialisation immer stärker ausdrücklich werdende »du sollst« bringt den Menschen auf Distanz zu seinem unmittelbaren So-Sein, spricht den Willen an, und eröffnet Möglichkeiten des Selbst-Seins, die über das So-Sein deutlich hinausgehen. »Durch das Sollen ... wird die Selbstdifferenzierung ermöglicht,«[56] die wiederum unabdingbar ist für den Aufbau einer intersubjektiv geteilten Welt.

Diesen Prozess kann man auch so beschreiben: Jeder Mensch kommt mit einer Fülle von Anlagen und Ressourcen auf die Welt, aber diese Anlagen und Ressourcen müssen herausgelockt und gefördert werden, sonst kann es geschehen, dass sie verkümmern. Im schon erwähnten Beispiel der Sprache ist es überdeutlich: Ein Kind muss angesprochen werden, um selber sprechen zu lernen. Das Sprechen-lernen (durch Nachahmung der gehörten Sprache und entsprechende Verstärkungen, durch Einsicht und Erkennen) geschieht zunächst spontan; wenn die Sprachfähigkeit sich jedoch differenzieren und den Ansprüchen einer Bildungsgesellschaft genügen soll, braucht es strukturierte Lerngelegenheiten, um dieses Ziel zu erreichen (Verschränkung von Reifungs- und Lernprozessen). Lernen vollzieht sich häufig in der Spannung von Neugier und Entdeckungsdrang auf der einen Seite und Stimulation, Herausforderung und Verpflichtung zum Üben, Wiederholen und Differenzieren auf der anderen Seite. Da gerät das Sollen durchaus in Konflikt mit dem So-Sein, salopp gesagt, mit Bequemlichkeit und Lethargie. In jeder Schule kann man diesen Konflikt ständig besichtigen: Um die Kulturtechniken unserer Gesellschaft an die nachfolgenden Generationen weiter zu geben, brauchen wir Schule als organisierte Lerngelegenheit.

Schulische Lernprozesse sind eingebettet in gesellschaftliche und z. T. religiös begründete Normen und Werte, von denen die Gesellschaft überzeugt ist, dass sie für ein produktives Zusammenleben ihrer Mitglieder unverzichtbar sind. Die Einhaltung solcher Normen und Werte geschieht nicht selbstverständlich, weil sie oftmals nicht kompatibel ist mit den Neigungen und Strebungen des Einzelnen.

In der Postmoderne kommt erschwerend hinzu (▶ Kap. 1.), dass sich die gesellschaftlichen und religiösen Normen und Werte pluralisiert haben, strittig werden und damit ständiger Reflexion und Legitimation unterzogen werden müssen. Die Ethik-

---

55 Vgl. Korsch 2000, 30ff.
56 Korsch ebd. 31.

Kolumnen vieler Zeitungen und Zeitschriften legen davon beredtes Zeugnis ab: Eine Pflichtethik im Sinne des kategorischen Imperativs gilt eben nicht mehr als selbstverständlich, sondern muss sich immer wieder vor utilitaristischen Abwägungen rechtfertigen.

Damit ziehen Ambivalenzerfahrungen in zentrale Bereiche menschlicher Entwicklung und seines Verhaltens ein. Die angedeuteten Spannungen von Sein und Sollen in den Prozessen der Entwicklung, der Sozialisation sind meistens konfliktträchtig; durch die zunehmende Uneindeutig dessen, welches »Sollen« von Einzelnen und Gruppen gefordert wird, wächst das Ausmaß an Ambivalenzgefühlen: Was will ich selbst? Was soll ich? Was soll ich und kann ich wollen? Was wird von mir erwartet? Sind die Erwartungen berechtigt oder gar notwendig? Welche Optionen stehen zur Verfügung? Das genaue und vertiefte Erkunden der verschiedenen Optionen führt dazu, dass man neue, zusätzliche Wahrnehmungs- und Handlungsmöglichkeiten gewinnt.

4.8   Die vieldeutige Sprache des Menschen

>>Worte und Sätze können ebensowohl Gärten wie Kerker sein.«[57]

Die Sprache des Menschen ist in hohem Maß uneindeutig und damit ambivalenzhaltig. »Unmissverständlichkeit«, so schreibt Wolf Schneider, war »noch nie, in keiner Sprache, in keiner Kultur, für die Mehrheit der Sprechenden und Schreibenden das oberste der Ziele.«[58] An drei Aspekten, dem kommunikationstheoretischen, dem linguistischen, und dem religiösen, lässt sich das beispielhaft zeigen (▶ Kap. 2.7):

1. In Kap. 2.7 habe ich bereits dargestellt, wie die Kommunikationsaxiome, die Paul Watzlawick aufgestellt hat, und die Thesen von Friedemann Schulz von Thun von den vier Seiten einer Nachricht ein Gutteil der Komplexität und des häufigen Misslingens von Kommunikation erklären können. Die Komplexität der Sprache erhöht sich weiter durch lexikalische Probleme und solche, die mit dem Symbolcharakter der Sprache zu tun haben: Viele Wörter unserer Sprache sind polysem, haben mehrere Bedeutungen, z. B. »Läufer« (Sportler, Teppich, Figur im Schachspiel, Teil in Motoren etc.) oder »Flügel« (Schwinge, Gebäudeteil, Musikinstrument). »Ich wünsche mir« ist ein Wunsch, »Ich wünsche, dass …« dagegen ein Befehl. Viele Sätze bekommen erst durch den Satzkontext ihre spezifische Bedeutung, bleiben aber trotzdem mehrdeutig und insofern missverständlich.

   Gleichzeitig sind viele Wörter mit einer Fülle von sich ergänzenden oder sogar widersprüchlichen Konnotationen aufgeladen, werden auf diese Weise zu Metaphern und Symbolen, die per se mehrdeutig und doppelsinnig sind (z. B. Sonne, Schatz, Rose etc.), zum Denken anregen, Bereiche des Lebens zur Sprache bringen,

---

57 Dolf Sternberger, zitiert bei Grözinger 1991, 11.
58 Schneider, Wolf, [10]2002, 67.

die diskursiv schwer zu erfassen sind (von Gott oder der Liebe kann man nur in Symbolen reden), aber eben auch Verwirrung stiften können.[59]
Die hohe Komplexität des Kommunikationsvorgangs macht also deutlich, warum Verstehen eher die Ausnahme und Missverstehen fast die Regel in unseren alltäglichen Kommunikationsprozessen darstellt und warum Kommunikation so vielfältige Unsicherheiten und Ambivalenzen auslöst. Dieser Sachverhalt wirkt sich unmittelbar aus auf das Thema »Glauben«, da christlicher Glaube aus dem Sprechen und Hören von Worten, aus Kommunikation lebt.

2. Die sog. »linguistische Wende«[60] in der Philosophie hat gezeigt, dass die positivistische Annahme, man könne die Wirklichkeit sprachlich entdecken und beschreiben »wie sie ist«, eine Illusion darstellt. Wir haben Wirklichkeit immer nur sprachlich vermittelt und damit auf radikal plurale Art und Weise. Jede historische Epoche und jede Kultur hat ihre eigene Sprache und Sprachvorstellungen, die notwendigerweise das Verständnis von Wirklichkeit verändern. Selbst Wissenschaft kann nicht etwas »Reales« als »Tatsache« entdecken; auch Wissenschaft und Forschung sind immer auf vorgängige Interpretation angewiesen und von bestimmten (oft unausgesprochenen) Interessen geleitet. »Wir interpretieren mit Wissenschaft die Welt und finden sie nicht einfach ›da draußen‹ vor. Wirklichkeit ist das, was wir unsere beste Interpretation nennen.«[61]

Im alltäglichen Verständnis gehen wir davon aus, dass es »da draußen« eine Wirklichkeit gibt, für deren Verstehen wir nachträglich Sprache finden; dieses instrumentelle Verständnis von Sprache ist sicher falsch: Wir verstehen »in und durch die Sprachen, die uns zur Verfügung stehen.«[62] Jeder Mensch wächst in einer schon vorhandenen gesellschaftlichen, milieu- und familienspezifischen Sprache auf und versteht das, was ihm begegnet, von den Mustern dieser Sprache her. »Ich gehöre meiner Sprache weit mehr, als sie mir gehört, und durch diese Sprache erkenne ich, dass ich an dieser bestimmten Geschichte und Gesellschaft teilhabe.«[63] Die Vorgängigkeit der Sprache bedeutet auch, »das autonome Ich abzubringen von seinen falschen Ansprüchen auf Herrschaft und Gewißheit ... wir sind heute alle de-zentrierte Egos ...«[64] Ambiguität und Ambivalenz bilden ihre unvermeidlichen und kreativen Begleiterscheinungen.

3. Im Bereich von Religion präsentiert sich das Thema Sprache besonders komplex. Religiöse Kommunikation besteht vorrangig (neben zeichenhaften Objekten) aus Sprache und Sprachhandlungen (Rituale). In den Religionen wird »Gott«, das oder der Heilige, der Grund des Seins oder das Sein selbst, auf unterschiedlichste Weise zur Sprache gebracht. Die jüdisch-christliche Tradition betont, dass Gott selbst

---

59 Schneider, Wolf, [10]2002, 197ff. zählt eine Reihe von Faktoren auf, die dazu beitragen, dass Sprache unpräzise und vieldeutig ausfällt und damit notwendigerweise zu Missverständnissen Anlass gibt.
60 Zum Folgenden vgl. Tracy 1993, 73ff.
61 Ebd. 74.
62 Ebd. 75.
63 Ebd. 76.
64 Ebd. 76f.

redet, selber Wort ist, das sich aber nicht direkt, sondern nur in und durch Menschenwort, d. h. in den zur Verfügung stehenden Kommunikationsmitteln, artikuliert. Es gibt nicht ein »Wort Gottes« hinter den menschlichen Worten, das man irgendwann und irgendwie mit exegetischen oder sonstigen Mitteln herausdestillieren könnte; sondern »Gottes Wort« als Wort, das Menschen unbedingt angeht, ist immer und ausschließlich menschliches Wort. Als solches ist es bruchstückhaft, mit Fehlern und Varianten behaftet, immer neu Gegenstand von Auslegung und Verstehensbemühungen (▶ s. u. Kap. 6).

Die Inhalte der Religion werden vermittelt durch Mythos, Symbol/Metapher und Ritus:

Mythos kann man als eine Form erzählerischer Weltvergewisserung bezeichnen.[65] Wir haben Geschichten erfunden, schreibt die Religionswissenschaftlerin Karen Armstrong, »die unser Leben in einen größeren Zusammenhang stellen, ein Grundmuster erkennen lassen und uns das Gefühl vermitteln, dass das Leben, trotz aller deprimierenden und chaotischen Belege des Gegenteils, Sinn und Wert habe.«[66] Mythen verankern die Gegenwart in einer weit zurück liegenden, eben mythischen, Ursprungssituation und schaffen damit für diejenigen, die sich darauf berufen, ein Gefühl gemeinschaftlicher Verbundenheit. Die erzählerische Form des Mythos lädt ein zur Identifikation, spricht tiefere Schichten der Seele an und hilft damit dem Menschen, sein eigenes Leben, seine Ursprünge und die Ziele seines Lebens, besser zu verstehen und mit den Widrigkeiten des Lebens besser fertig zu werden. So führt beispielsweise der Schöpfungsmythos die Entstehung der Welt und des Menschen auf ein plan- und sinnvolles göttliches Handeln zurück; hinter dem Chaos, das im Mythos am Anfang stand (das Tohuwabohu von Gen 1,2) und das wir in ganz anderen Formen tagtäglich erleben, steht dann doch ein höherer, wenn auch oft verborgener Sinn. Der in vielen Religionen bekannte Mythos von der Urflut (Sintflut) erzählt von der Bestrafung der Menschheit wegen ihrer Übeltaten und der Rettung durch den Einen; der Mythos von Ödipus sieht den Menschen in unausweichlicher Schuldverstrickung usw.

Aber der Mythos steht in Spannung zum Logos, schon früh ist die Stichhaltigkeit des Mythos bestritten worden – »kann das wahr sein?« lautet die immer wieder gestellte Frage – zahlreiche Missverständnisse sind entstanden, weil die Symbolhaftigkeit des Mythos verkannt worden ist (nicht nur im Kreationismus sondern auch häufig in konservativer christlicher Verkündigung). Wer den Mythos als Mythos (und nicht als Geschichtslehrbuch) ernst nimmt, bekommt es unausweichlich mit Ambivalenzen zu tun.

Symbol meint ein sprachliches oder nichtsprachliches Zeichen, das über sich hinausweist, an der Wirklichkeit dessen, worauf es verweist, teilhat, und eine tiefere Dimension der Wirklichkeit erschließt.[67] Das Symbol gibt zu denken, es bildet eine »Region des Doppelsinns« (Paul Ricoeur), es ist gekennzeichnet durch eine spezifische Dialektik von Zeigen und Verbergen. Der Mann, der einer Frau eine rote Rose überreicht, will seiner Liebe zu ihr Ausdruck geben; die Frau muss die Intention des Symbols erraten. Wenn die Rose klein oder schon ein wenig verwelkt ist, kann es sein, dass diese äußeren Kennzeichen für die Frau wichtiger werden als die eigentliche Rose. D. h. Symbole sind in ihrer Bedeutung immer mehrfach determiniert und geben deswegen auch leicht Anlass zu Missverständnis oder Unverständnis.

Das wird noch deutlicher bei der *Metapher*, die auch zu den Symbolen gerechnet werden kann. Sie bezeichnet ein Stilmittel, in dem ein Bild zur Charakterisierung eines Sachverhalts

---

65　Grözinger 1991, 162.
66　Armstrong 2007, 8.
67　Zu dieser von Paul Tillich entwickelten Symbolvorstellung vgl. ausführlicher Klessmann [5]2015, 298ff.

herangezogen wird, um auf diese Weise zwei Bereiche, die sonst nichts miteinander zu tun haben, zum besseren Verständnis in Beziehung zu setzen. So heißt es im 1. Petrusbrief (5,8) im Blick auf eine den Christen feindlich gesinnte Umwelt: »euer Widersacher, der Teufel, geht umher wie ein brüllender Löwe und sucht, wen er verschlinge.« Der Vergleichspunkt ist die überwältigende, Angst einflößende und plötzlich in Erscheinung tretende gefährliche Stärke des Löwen, und nicht etwa seine äußere Gestalt oder die Farbe seines Fells. Das Bild präsentiert einen unmittelbaren Gesamteindruck und evoziert entsprechende Gefühle; beides wäre diskursiv nur umständlich zu vermitteln. Gleichwohl besteht die Schwierigkeit der Metapher darin, dass sie vom Rezipienten entschlüsselt werden muss: ein Mensch, der mit dem Bild »Löwe« nichts verbindet, würde die Aussage nicht verstehen. Damit ist ein Problem angedeutet, mit dem sich die Sprache der christlichen Verkündigung in der Gegenwart insgesamt konfrontiert sieht: Viele Metaphern, z. B. aus den Evangelien, entstammen einem längst vergangenen agrarisch-ländlichen Kontext und werden heutzutage nicht mehr selbstverständlich verstanden. Schafe zu hüten und sie gegen Wölfe zu verteidigen (Joh 10) oder sein Licht unter den Scheffel zu stellen (Mt 5) ist jungen Leuten fremd und erschließt ihnen die Intention der Verfasser nicht mehr.

Der *Ritus* als Symbolhandlung setzt den Mythos in Szene: In der Taufe wird der Täufling zum »Kind Gottes«; im Abendmahl vollzieht sich die Gemeinschaft aller Getauften, das »Vorspiel des Reiches Gottes«, wie es Ernst Lange formuliert hat. Was das wiederum bedeutet, kann man vielleicht spüren und nur schwer diskursiv in Sprache fassen.

Religiöse Sprache ist symbolische, metaphorische Sprache, Bildersprache.[68] Vater, Hirte, Herr, Lamm Gottes sind nicht Illustrationen und Ausschmückungen, sondern der einzige Weg, um sich dem Heiligen zu nähern. Der/oder das Heilige als das »ganz andere« kann niemals unmittelbar, direkt und objektivierend zur Sprache gebracht werden, sondern immer nur annähernd, verweisend, anspielend, eben mit Hilfe von Symbolen. Es sind Alltagsbilder, die da auf Gott angewendet werden – ein Wagnis, so von der geheimnisvollen Transzendenz zu reden.

Symbole und Metaphern sind mehrdeutig: Ist Gott ein Vater oder wie ein Vater? Ein gütiger oder ein strenger Vater? Ein freundlicher oder ein distanzierter Herr? Ein aufmerksamer Hirte oder ein fauler? Ist ein Christ ein demütiges Lamm oder ein dummes? Man muss einige Ambivalenzen aushalten, wenn man sich auf die Vieldeutigkeit der religiösen Symbolsprache einlässt. So liegt denn auch für manche eine Lösung darin, durch Gewöhnung die Symboldimension loszuwerden: Die Symbolhaftigkeit der religiösen Sprache gerät in Vergessenheit (in liturgischen Gebeten z. B. ist ständig von Gott als dem »Herrn« die Rede), sie wird wörtlich genommen und führt dann zu nicht mehr lösbaren Dilemmata.

Damit wird deutlich: Das zentrale Medium der Religion, die Sprache, mit deren Hilfe Gebete gesprochen, Lieder gesungen, heilige Texte rezitiert und ausgelegt werden, ist in hohem Maß ambivalenzhaltig; zweifellos eine Bereicherung religiöser Kommunikation, weil sie vielfältige Weisen des Verstehens eröffnet und damit Kommunikation unter Verschiedenen anregt, zugleich Not und Belastung für alle, die es eindeutig möchten und unter der Vielfalt eher leiden.

Diese Vielfalt verschärft sich spätestens seit dem 20. Jahrhundert dergestalt, dass die religiöse Sprache der Tradition in der Gegenwart fremd, ja unverständlich geworden ist. »Fremd in vertrauter Sprache«, nennt das ein Theologe;[69] für viele Zeitgenos-

---

68 Vgl. zum Folgenden Ritschl/Hailer 2006, 34ff.
69 Schulz 2014.

sen ist die religiöse Sprache nicht nur fremd, sondern schlicht unverständlich geworden. Sie löst dann nicht einmal mehr Ambivalenzen aus.

4.9   Schluss

Ambivalenz hat ihren Ursprung in psychischen Konflikten (Kap. 2), in komplexen sozialen Strukturen (Kap. 3) und, das sollte dieses vierte Kapitel vor Augen führen, in vielfältigen, hier nur exemplarisch genannten anthropologischen Polaritäten. Wann immer man vom Menschen spricht, ihn, gar sein Wesen, zu verstehen sucht, stößt man auf Spannungen, Konflikte und Paradoxien, die nicht einseitig aufgelöst, sondern immer nur mit ambivalenten Reaktionen beantwortet werden können. Ambivalenzerleben gehört zur Grundausstattung des Menschen. Die unterschiedlichen Seiten der Ambiguitäten und Ambivalenzen auszuloten und zu vertiefen, führt dazu, dass man der reichen Vielfalt des Menschen ansichtig wird. Das gilt in besonderem Maß für die religiöse Sprache, die durch ihren Symbolcharakter ganz grundlegend von Ambivalenzen geprägt ist. »Diese Gleichzeitigkeit, mit der etwas sichtbar gemacht und verdunkelt wird, gehört zum Wesen religiöser Sprache« (▶ ausführlicher Kap. 7.3).[70]

---

70 Lehnert 2017, 41.

Teil II: Theologische Perspektiven

5. Die Dynamik des Glaubens – aus entwicklungspsychologischer Sicht

Glaube als ein Akt der ganzen Person ist ein dynamisches Geschehen, er verändert sich, entwickelt sich, differenziert sich im Zusammenhang mit der gesamten psychosozialen, speziell der kognitiven und emotionalen Entwicklung eines Menschen. Unter entwicklungspsychologischem Aspekt ist Glaube offen auf Zukunft hin, Differenzierung, Progression, aber auch Regression, ereignen sich ständig. Individuelle Reifungsprozesse als Grundlage für Glaubensentwicklungen sind wiederum eingebettet in familiäre Beziehungsmuster und ihre Repräsentanzen als deren innerpsychischen Niederschlag, in die jeweiligen historisch-politisch-kulturellen Gegebenheiten, zu denen auch die Situation von Religion und Kirche in einer Gesellschaft zu zählen ist.

Entwicklungspsychologie lenkt die Aufmerksamkeit auf solche Entwicklungs- und Veränderungsprozesse; das klingt einerseits banal, gerade im Blick auf den Glauben eines Menschen ist dieser Fokus auf Veränderung und Weiterentwicklung jedoch alles andere als selbstverständlich. Zu lange hat man in theologisch-kirchlichen Zusammenhängen nur von »dem« Glauben gesprochen, ohne seine Veränderungspotentiale ernsthaft in Rechnung zu stellen.

Entwicklungspsychologische Perspektiven im Blick auf den Glauben lassen sich, grob gesagt, in zwei Zugänge differenzieren: Es gibt vorrangig beziehungsorientierte und primär kognitive Theorien. Bei den beziehungsorientierten Theorien hat Erik Erikson die Grundlagen gelegt, eine weitergehende Differenzierung findet sich bei Ana Maria Rizzuto. Unter den kognitiven Theorien sind die von Fritz Oser und Paul Gmünder bzw. von James Fowler, die an Piaget anknüpfen, besonders bekannt geworden. Gleichzeitig ist die Kritik an diesen als kognitiv-strukturell bezeichneten Ansätzen so stark, dass ich hier vor allem die Weiterentwicklung dieser Theorien durch Heinz Streib und die Domänen-Theorie aus der kognitiven Psychologie vorstelle. Als eine Art von Integration der beziehungsorientierten und der kognitiven Theorien kann man die Glaubenslebenslaufimaginationen von Konstanze Kemnitzer lesen. Damit sind exemplarisch Autor*innen benannt, die bei aller Unterschiedlichkeit darin übereinstimmen, dass Glaube nur angemessen begriffen wird, wenn man sein Entwicklungs- und Veränderungspotential grundlegend-konzeptionell berücksichtigt. Bevor ich darauf im Detail eingehe, erscheint ein Blick auf die gesellschaftlichen Veränderungen in der zweiten Hälfte des 20. Jahrhunderts und ihren Niederschlag in den Erziehungspraktiken und in deren Folge wiederum in den Beziehungs- und Persönlichkeitsstrukturen der Zeitgenossen notwendig; denn solche Veränderungen berühren natürlich die Modalitäten des Glaubens.

Im Zusammenhang einer Entwicklungspsychologie des Glaubens ist kurz auf Luthers Lehre von der »fides infantium« hinzuweisen.[1] Die fides infantium versteht Luther offenbar nicht als in menschliche Entwicklungszusammenhänge eingebettet. Vielmehr hat er die Auffassung vertreten, dass Kindern bei der Taufe durch den Zuspruch des Evangeliums und den Segen ein eigener Glaube verliehen werde, der noch nicht durch die Vernunft gehindert ist. Das in der Taufe zugesprochene Wort Gottes wirkt im Kind. Es handelt sich um eine Art von »fremdem Glauben«, vermittelt durch den Glauben der Kirche und der Paten, die für das Kind mit der Taufe bestimmend sind. Welche Auswirkungen dieser Glaube allerdings für das weitere Leben des Kindes, für seine Biographie, haben kann, bleibt undeutlich.

5.1   Glaube und »die Modernisierung der Seele«

Unter dem Titel »die Modernisierung der Seele« hat der Soziologe und Psychoanalytiker Martin Dornes zu beschreiben versucht, wie sich durch die Bewegung der 1968er Jahre die Erziehungsvorstellungen und -praktiken in Deutschland tiefgreifend verändert und welche psychostrukturellen Konsequenzen sich dadurch im Lauf der Jahre entwickelt haben.[2]

Den Erziehungswandel, der in diesen Jahren in Gang gekommen ist, kennzeichnet Dornes schlagwortartig durch Stichworte wie »von der Erziehung zur Beziehung«, »vom Befehls- zum Verhandlungshaushalt.« Nicht mehr Gehorsam und Unterordnung gelten seither als wünschenswerte pädagogische Ziele, sondern Selbstständigkeit, Flexibilität, die Entwicklung von Selbstwertgefühl und die Förderung eines freien Willens. Starre und eindimensionale Persönlichkeiten sind dem rapiden gesellschaftlichen Wandel nicht gewachsen, Flexibilität und Kreativität werden hoch geschätzt (▶ s. o. die Ausführungen zum Thema Identität Kap. 1.1.4). Kinder wollen und sollen nicht mehr für etwas anerkannt werden (für ihre Leistungen, für ihr Brav-Sein, für ihre nützlichen Tätigkeiten im Haushalt der Familie), sondern als etwas, als die, die sie sind, so wie sie sind. So begrüßenswert und selbstverständlich uns dieser Wandel aus heutiger Sicht erscheint, er hat die Kehrseite, dass alle Interaktionen »in die Abhängigkeit von schwankenden Gefühlslagen« geraten.[3] Die zeittypische psychische Grundverfassung wird von Dornes als »postheroisch« bezeichnet, als entkrampft und verletzlich zugleich. »Nicht mehr Homogenität und Ich-Stärke, sondern Heterogenität und innere Pluralisierung sind Kennzeichen spätmoderner Subjektivität, die insgesamt plastischer, lebendiger und authentischer, aber auch labiler und verletzlicher geworden ist.«[4] Durch die generelle Liberalisierung der Erziehungs- und Sexualvorstellungen und -moral sind geringere Verdrängungsleistungen nötig, Menschen können es sich leisten, weniger rigide und autoritär und stattdessen stärker demokratisch, reichhaltiger und vielfältiger zu erleben und aufzutreten. »feeling« wird wichtiger als »standing«; ein flexibler Charakter erweist sich in einer Gesellschaft mit hohem

1   Dazu ausführlicher Städler-Mach 2004, 86ff.
2   Zum Folgenden vgl. Dornes 2010.
3   Ebd. 997.
4   Ebd. 1010.

Wandlungstempo als der stabilere. Aber natürlich geht mit erhöhter Flexibilität eine Zunahme von Konflikten einher – was jedoch nicht generell mit steigender Unzufriedenheit gekoppelt sein muss. Im Gegenteil, im Bereich der Paarbeziehungen beispielsweise spricht ein Autor von dem neuen Typus der »konfliktfreudig Liebenden«.[5] Damit einher geht eine wachsende »innere Toleranz«, die wiederum als Toleranz gegenüber anderen zum Ausdruck kommt: Triebregungen und innere Bedürfnisse müssen nicht ängstlich abgewehrt werden, sondern können besser wahrgenommen, geduldet und neugierig exploriert werden. In diesen Kontext gehört natürlich auch das von Dornes hier allerdings nicht erwähnte Stichwort der Ambivalenz: Zur inneren Toleranz zählt die Fähigkeit, Ambiguitäten und die dazugehörigen Ambivalenzen wahrzunehmen, sie nicht nur als unangenehm und belastend zu ertragen, sondern auch als reizvolle Herausforderung anzunehmen, zu erkunden und im Verhalten umzusetzen (dazu ausführlicher ▶ Kap. 3.5 und 9).

Die so angedeutete »Modernisierung der Seele«, die viele Berührungspunkte mit der von Zygmunt Bauman vorgetragen These vom »Ende der Eindeutigkeit« aufweist (▶ Kap. 1), wirkt sich natürlich auf die Glaubensorientierung der Zeitgenossen aus, insofern Glaube den religiösen Ausdruck der gesamten Person und ihres Lebensgefühls darstellt: Auch der Glaube kann sich durch die »Modernisierung der Seele« freier gestalten, individueller, flexibler, stärker selbstverantwortet und mutiger im Blick auf Konflikte und Ambivalenzen im Vollzug und in Bezug auf die Inhalte des Glaubens sein. Der Glaube einer einzelnen Person wird nicht mehr von den Inhalten der Tradition und den Lehren der Kirche vorgegeben, er muss nicht mehr mit lebenslanger Beständigkeit und Festigkeit assoziiert werden, sondern mit der Bereitschaft, auch in religiöser Hinsicht nicht Bescheid zu wissen, nicht gewiss zu sein, sich immer neu auf die Suche nach orientierenden Inhalten und Ausdrucksformen zu machen, Altes zu überholen, Neues persönlich auszuprobieren, und Spannungen zwischen nicht kompatiblen Haltungen und Inhalten auszuhalten und zur Vertiefung zu nutzen. Damit wird Glaube anschlussfähiger an die übrigen psycho-sozialen Vorgänge im Alltag der Zeitgenossen.

5.2 Glaube und die Einsichten der Entwicklungspsychologie

Glaube ist abhängig vom Prozess der psychosozialen Entwicklung eines Menschen, vom jeweiligen Stand seiner verinnerlichten Beziehungserfahrungen und -muster. Dass ein Kind anders glaubt als ein Erwachsener, wusste schon Paulus: »Als ich ein Kind war, da redete ich wie ein Kind und dachte wie ein Kind und war klug wie ein Kind; als ich aber ein Mann wurde, tat ich ab, was kindlich war« (1 Kor 13,11). Diese einfache Erfahrungstatsache hat sich seit dem 19. Jahrhundert ausdifferenziert, moderne Entwicklungspsychologien haben eine Fülle von Beobachtungen, Hypothesen und Modellvorstellungen zusammengetragen, um die Details der menschlichen

---

5 Ebd. 1016.

Entwicklung genauer zu beschreiben und zu verstehen.[6] Sie stellen ideale Abläufe dar, die zunächst deskriptiv gedacht sind, aber natürlich normative Implikationen enthalten.

5.2.1 Die Anfänge: Eriksons epigenetische Theorie und der Glaube

Einer der ersten Autoren, der psychoanalytische Entwicklungspsychologie und Glaubensentwicklung in einen allerdings noch wenig systematisierten Zusammenhang gebracht hat, ist der deutsch-amerikanische Psychoanalytiker und Ethnologe Erik H. Erikson (1902–1994); vor allem sein epigenetisches Modell der acht Phasen des Menschen hat ihn bekannt gemacht,[7] aber auch seine entwicklungspsychologisch angelegten Studien über Martin Luther, Mahatma Gandhi, Adolf Hitler und Maxim Gorki. Eriksons Thesen sind bekannt, die wichtigsten Akzente sollen hier aus der Perspektive der Ambivalenzthematik rekapituliert werden.

Jeder Mensch, so Erikson, durchläuft in der biografischen Entwicklung spezifische Krisenzeiten, die jeweils Anlass geben für weitergehende psychosoziale Entwicklungsschritte. Jede dieser Krisen ist durch eine spezifische Beziehungspolarität geprägt. Vor allem drei von ihnen – die frühe Säuglingszeit mit der Polarität von Urvertrauen vs. Urmisstrauen, die Adoleszenz mit der Polarität von Identität vs. Identitätsverwirrung und die Zeit des Alters mit der Spannung von Integration vs. Verzweiflung – haben unmittelbare Relevanz für das Thema des Glaubens und der Religion. In diesen Phasen machen die Betroffenen besonders tiefgreifende Erfahrungen mit sich selbst und Anderen, die auch für die religiöse Einstellung belangvoll sind.

Die erste Krise, die jeder Mensch am Beginn des Lebens durchlebt und bewältigen muss, kennzeichnet Erikson mit den Begriffen von Urvertrauen gegenüber Urmisstrauen. In den frühen Interaktionen muss der Säugling die Mutter (bzw. die bemutternde Person) und das größere Umfeld als so vertrauenswürdig und verlässlich erleben, dass es durch diese Vermittlung auch sich selbst als vertrauenswürdig empfinden kann. »Das Grundvertrauen in eine Gegenseitigkeit ist jener ›Uroptimismus‹, jene Annahme, ›dass jemand da ist‹, ohne den wir nicht leben können.«[8] Dieses Urvertrauen ist ständig gefährdet, immer wieder verstrickt in einen Kampf mit Erfahrungen von Angst und Verzweiflung, Unsicherheit, Enttäuschung und Wut. Denn: so sehr sich eine Mutter auch liebevoll und herzlich dem Säugling zuwendet, es kann gar nicht ausbleiben, dass ein Kind aus welchen Gründen auch immer (Krankheit der Mutter, Überlastung, Ablenkungen etc.) Momente von Angst, Verlassenheit und Hoffnungslosigkeit erlebt. Erikson legt Wert darauf, dass man deswegen wirklich an der Spannung von Urvertrauen und Urmisstrauen gegenüber den frühen Bezugspersonen festhält: Misstrauen bildet den notwendigen »lebenslänglichen Kontrapunkt« zum Vertrauen.

---

6   Für einen kursorischen Überblick psychoanalytischer Entwicklungspsychologie vgl. Klessmann, [5]2014, Kap. 11: (Religiöse) Entwicklungs- und Lernprozesse, 482ff.

7   Erikson [4]1971, 241ff.

8   Erikson 1975, 129.

Urvertrauen wird nicht, wie es in pädagogischen Rezeptionen seiner Theorie gelegentlich geschieht, im Sinn einer »Erfolgsideologie« zu einer unangefochtenen »Errungenschaft« des Kindes, sondern bleibt immer in dieser Spannung.[9] Das heißt, die Ambivalenz von Vertrauen und Misstrauen ist von Beginn des Lebens an gegeben, taucht immer wieder auf (weil Beziehungen immer fragil sind) und muss ständig neu bewältigt werden. Das ist für den vorliegenden Zusammenhang von besonderer Bedeutung, weil Erikson diese erste Krise als Grundlage späterer Religiosität versteht: Die unvermeidliche Ambivalenz der frühen Beziehungserfahrungen färbt natürlich ab auf die darauf aufbauenden Glaubenserfahrungen. Die Glaubenserfahrungen ausschließlich fest und gewiss machen zu wollen, tut ihrer psychosozialen Verankerung gewissermaßen Gewalt an. Das gilt auch für die von Erikson so genannten »Tugenden« (virtues), die zu den Institutionen einer Gesellschaft in besonderer Beziehung stehen. Die »Tugend« der ersten Phase bezeichnet Erikson als Hoffnung, und zwar in einem grundlegenden Sinn als »der fortwährende Glaube an die Erfüllbarkeit leidenschaftlicher Wünsche, trotz der dunklen Dränge und Wutgefühle, die den Anfang des Daseins bezeichnen. Hoffnung ist die ontogenetische Grundlage des Glaubens ...«[10] In einer mehr poetischen Ausdrucksweise spricht Erikson von »jenem inneren Licht der Mutter-Kind–Welt, das die Madonnendarstellungen als so ausschließlich und sicher vermittelt haben: und dieses Licht darf tatsächlich nicht aufhören, durch das Chaos vieler Krisen hindurch zu leuchten ...«[11] Das Lebens-Chaos ist immer präsent, mal mehr, mal weniger, und muss mit Hilfe der positiven, zunächst von außen kommenden Ressourcen, dem Beziehungsvertrauen, in Schach gehalten werden.

Die frühen Erfahrungen von Verlässlichkeit und Geborgenheit können im späteren Leben generalisiert werden und eine unbedingte Qualität erhalten: Wir leben von einem Größeren, das uns unverdient entgegenkommt und uns trägt. Es ist möglich und hilfreich, sich mit diesem Größeren vertrauensvoll und hoffnungsvoll in Beziehung zu setzen. Aber in dem Maß, in dem die ersten Erfahrungen von Vertrauen auch von Misstrauen durchzogen sind, so ist auch Hoffnung nicht etwas, das man einmal stabil erworben hat, sondern das sich ständig gegen auftauchende Hoffnungslosigkeit, Resignation und Verzweiflung, zu denen unsere Welt- und Lebensverhältnisse reichlich Anlass bieten, behaupten muss.

Auf die Institution der Religion als System, Bedürfnisse nach einem größeren und tragenden Jenseits zu organisieren und zu erfüllen, bezogen heißt das mit Erikson: »Unter allen ideologischen Systemen stellt jedoch allein die Religion jenes früheste Gefühl wieder her, einem zugewandt zu sein, der Fürsorge und Vorsorge trifft.«[12] Religion ist und bleibt lebendig, insofern es ihr gelingt, frühe – »mütterliche« – Lebenserfahrungen, deren Sehnsüchte, Gewissheiten, aber auch ihre Ängste und Enttäuschungen, aufzugreifen und weiterzuführen. Gott oder das Heilige wird in der jüdisch-christlichen Tradition nicht nur als der liebende und barmherzige, sondern

---

9 Erikson 1966, 69, Anm. 4.
10 Erikson 1971, 101f.
11 Ebd. 101.
12 Ebd., 130.

auch als der zornige und abwesende dargestellt, als Grund des Lebens, auf den wir mit Liebe und Furcht, mit Faszination und Schrecken (Rudolf Otto) antworten. Diese Ambivalenzen in menschlichen Gottesbildern entsprechen den frühen ambivalenten Erfahrungen in der Mutter-Kind-Beziehung.

Religiöse Traditionen und kirchliche Praxis (auch die Praxis der Volksreligion) neigen gegenwärtig dazu, kontrafaktisch nur die liebevollen und gütigen Aspekte des Göttlichen in den Vordergrund zu stellen;[13] das entspricht der Sehnsucht des Menschen, liebevoll gesehen und anerkannt zu werden, Geborgenheit und Sicherheit zugesagt zu bekommen und zu erleben. Insofern hat es einen tiefen anthropologischen Sinn, dass jeder Gottesdienst im Segen mit der Zusage und Versicherung endet, dass Gott uns freundlich anschaut.[14] Die Sehnsucht muss sich aber immer wieder gegen die Angst, nicht gesehen zu werden, behaupten. Diese Angst ist umso stärker, je deutlicher die Lebensrealität von Schmerz, Leid, Verwirrung, von Chaos und Abgründigkeit bestimmt ist. Damit wird die Ambivalenz zwischen dem Wunsch, liebevoll anerkannt zu werden und den Zweifeln daran angesichts der realen Alltagserfahrung unvermeidlich.

Psychoanalytisch gesagt: Bei dem Wunsch nach uneingeschränkter Anerkennung und Liebe handelt sich um eine Idealbildung, die zur Abwehr der Ambivalenz dienen soll, aber in dieser idealen Gestalt nicht wirklich tragfähig ist. Wir können nur glauben in der Spannung von Vertrauen und Misstrauen, Hoffnung und Hoffnungslosigkeit, Sehnsucht und Angst. Diese Spannung ist kein Makel, nicht etwas, was zu überwinden wäre, sondern gerade in ihrer Realitätsbezogenheit produktiv. Erst in dieser Ambivalenz entsprechen sich Gotteserfahrung und Lebenserfahrung.

In der Adoleszenz taucht nach Erikson das Thema von Vertrauen und Misstrauen in neuer Weise auf. Die Verunsicherungen, die durch die hormonell-körperlichen Veränderungen der Pubertät bei Jugendlichen in Gang gesetzt werden, lassen auf einer neuen Ebene die Fragen nach Sicherheit und Verlässlichkeit der anderen, der Welt als ganzer und der eigenen Person aufbrechen. Diese Fragen sind nie ein für alle Mal beantwortet, sondern bleiben Gegenstand unablässiger Auseinandersetzung. An der Polarität von Identität versus Identitätsdiffusion macht Erikson die Tugend der Treue fest, als »die Fähigkeit, freiwillig eingegangene Verpflichtungen trotz der unvermeidlichen Widersprüche von Wertsystemen aufrechtzuerhalten.«[15] Treue in diesem Sinn muss sich ständig neu bewähren gegen die Stürme der körperlichen, psychologischen und gesellschaftlichen Neuorientierungen, sie braucht angesichts dieser fortgesetzten Beunruhigung die Bestätigung durch Gleichgesinnte und durch eine die Jugendlichen überzeugende Ideologie im Sinn einer tragfähigen Überzeugung, für die sich Jugendliche manchmal »ganz und gar« engagieren, um sie dann doch bald durch eine andere Überzeugung zu ersetzen.[16] So bleibt gerade diese Lebensphase

---

13 In anderen Epochen der Kirchengeschichte stand der strafende Gott, standen Gerichts- und Höllenvorstellungen im Vordergrund kirchlicher Kommunikation.

14 Vgl. dazu Eriksons Hinweis auf den Aaronitischen Segen, 1975, 130.

15 Erikson 1971, 108.

16 Erikson schreibt an dieser Stelle: »heute treten Ideologien da ein, wo die Religion versagt... «(ebd. 110)

und ihre Tugend der Treue besonders geprägt durch emotionale und kognitive Ambivalenzen. Diese Ambivalenzen zu verurteilen oder verhindern zu wollen, wäre kontraproduktiv; Jugendliche brauchen die Gelegenheit, die Zwiespältigkeiten des Lebens zu erkunden und auszuleben und darin ihre eigenen Potentiale zu entdecken.

Erikson ist einer der ersten, der die Entwicklungspsychologie nicht mit der Adoleszenz und dem jungen Erwachsensein enden lässt.[17] Er beschreibt in groben Zügen drei weitere Lebensphasen und verdeutlicht damit, dass Leben bis zu seinem Ende Entwicklung und Veränderung unterworfen ist in einer Mischung aus Schicksal und Anregung zur eigenen Gestaltung. Nach den das frühe und das mittlere Erwachsenenalter kennzeichnenden Phasen »Intimität gegen Isolierung« und »Zeugende Fähigkeit gegen Stagnation« bezeichnet er die letzte Lebensphase des Alters mit der Polarität von Integration versus Verzweiflung; als Tugend macht er hier die Weisheit aus, verstanden als »distanziertes Befasstsein mit dem Leben selbst, angesichts des Todes selbst. Sie erhält und vermittelt die Integrität der Erfahrung, trotz des Niedergangs der körperlichen und geistigen Funktionen.«[18] Erikson spricht zwar den zunehmenden Niedergang der körperlichen und geistigen Funktionen im Alter an, hält aber an dem idealen Ziel der Integration und Weisheit fest. Er deutet den Kampf an, in dem sich Weisheit angesichts der Lebensrealitäten (langsamer Abbau körperlicher und geistiger Kräfte, Nachlassen sexuellen Begehrens, sich verändernde Beziehungen zu Lebenspartnern und Kindern, zunehmende Einschränkungen und Krankheiten, die Aussicht auf das Ende des Lebens) behaupten muss.[19] Und doch schimmert ständig das Ideal durch, es wird letztlich normativ: Man sollte im Alter eine Art von geistig-seelischer Integration erreichen. Was mit denen geschieht, die dieses (idealistisch-bildungsbürgerlich konzipierte) Ziel nicht erreichen, auf Grund ihrer sozioökonomischen, bildungsmäßigen oder gesundheitlichen Lebensbedingungen nicht erreichen können, wird nicht weiter reflektiert. Vielleicht ist es gerade im Blick auf das Ende des Lebens besonders schwer, die unvermeidlichen und ständigen Ambivalenzen von Momenten der Integration (und nicht eines Zustands von Integration!) und Zeiten der Verzweiflung oder Depression, wie sie sich abwechseln und einander durchdringen, wahrzunehmen und auszuhalten.

Die Ambivalenzen im Erleben des Alters, Freude und Hoffnung angesichts geschenkter Erfüllungen, Schmerz, Zorn, Resignation und Verzweiflung angesichts zunehmenden körperlichen und geistigen Abbaus, spiegeln sich dann auch in den Spannungen und Widersprüchen des Glaubens: als Dank und als Bitte an einen freundlichen, gütigen Gott, als resignierte Ergebung in einen rätselhaften, nicht erkennbaren Willen, als Zorn angesichts einer anscheinend strafenden Verborgenheit, als Abwendung vom Glauben an eine göttliche Wirklichkeit insgesamt. Entscheidend ist, dass solche widersprüchlichen Glaubenshaltungen gleichzeitig Platz haben dürfen, gerade in der kirchlichen Altenarbeit, und nicht von einem einseitig positiven Alters- und Glaubensideal zugedeckt werden.

---

17 Seither gibt es eigenständige Entwicklungspsychologien, die sich auf das Erwachsenenalter und das Alter spezialisieren, z. B. Faltermaier u. a., ²2002, Peters 2004.
18 Erikson 1971, 117
19 Vgl. ausführlicher Peters 2004, 105ff.

Selbst die Wissenschaft der Gerontologie, auch in ihrer Rezeption im kirchlichen Bereich, z. B. in der Altenseelsorge, neigt dazu, die Ambivalenzen des Alterns und des Glaubens im Alter klein zu reden oder zu unterschlagen. Buchtitel wie »Altern ohne Angst«,[20] »Hoffnungsvolles Altern«,[21] oder »Aging well«[22] verraten, dass hier eine einseitige Idealbildung der Autor*innen zur normativen Zielsetzung geworden ist. Konkret zeigt sich das dann darin, dass z. B. in der Auslegung von Ps 71 aus gerontologischer Sicht das Hoffnungsthema deutlich in den Vordergrund rückt und das Thema der Angst, das in diesem Psalm die notwendige Hintergrundfolie bildet, weniger Aufmerksamkeit findet.[23]

An einem Beispiel wie diesem zeigt sich, dass die konzeptionelle Vorentscheidung, Ambivalenzen, auch in Glaubenszusammenhängen, bewusst wahrzunehmen, zu anderen Ergebnissen führt, als wenn sie übersehen oder vermieden werden.

5.2.2   Der psychologische Ursprung Gottes im Menschen nach Ana-Maria Rizzuto[24]

Die sog. Objekt-Beziehungstheorie der Psychoanalyse postuliert (in Abgrenzung von der psychoanalytischen Triebtheorie), dass Menschen von Beginn des Lebens an danach streben, Bindungen oder Beziehungen zu anderen herzustellen; die frühen Erfahrungen, die sie dabei machen, werden als Objekt-Repräsentanzen im seelischen Erleben gespeichert. Diese Repräsentanzen enthalten verdichtete, emotional getönte Imagines;[25] man könnte auch sagen: Es werden Szenen früher Interaktionen aufbewahrt und später immer wieder re-aktualisiert. Bewusst und unbewusst bestimmen sie alle weiteren Beziehungen, die ein Mensch eingeht.[26]

Die argentinische Psychoanalytikerin Ana-Maria Rizzuto (*1932) wendet diesen Ansatz auf die psychische Dynamik der Gottesbeziehung an und schreibt: » It is out of this matrix of facts and fantasies, wishes, hopes, and fears, in the exchanges with those incredible beings called parents, that the image of God is concocted.«[27] Im späteren Leben begegnet ein Mensch immer wieder diesen frühen Erfahrungen, die nicht statisch ein für alle Mal fest liegen, sondern als je nach Lebensumständen sich ständig wandelnder Prozess jeweils neu und anders »abgerufen« werden und so an der psychischen Balance beteiligt sind. Der Gott der »offiziellen« Religion, wie er in den Kirchen verehrt und gepredigt wird, vermischt und überlagert sich dann immer wieder mit den frühen Objekt-Repräsentanzen. »No child arrives at the ›house of

---

20   Schmidbauer 2001.
21   Schmitt-Pridik 2003.
22   Vaillant 2002.
23   So m. E. bei Schmitt-Pridik 2003.
24   Zum Folgenden Rizzuto 1979; vgl. dazu auch Thierfelder 1998.
25   Der amerikanische Säuglingsforscher Daniel Stern (1992, 143f.) spricht von RIG's (**R**epresentations of **I**nteractions that have been **G**eneralized), also von Bildern, die sich aus zusammengefassten und verallgemeinerten Episoden gebildet haben.
26   Vgl. die Beschreibung von Pine 1990, 35: »The object relation as experienced by the child is what is laid down in memory and repeated, and this experience is a function of the affect and wishes active in the child at the moment of the experience.«
27   Rizzuto 1979, 7.

God‹ without his pet God under his arm.«[28] Die frühkindlichen Erfahrungen bleiben mitbestimmend auch für den erwachsenen Glauben. In allen möglichen späteren Erfahrungszusammenhängen, vor allem wenn sie krisenhafter Natur sind, tauchen solche frühkindlichen Muster wieder auf. Diese frühkindliche Grundlage der Gottesbeziehung ist nicht defizitär zu werten, sondern Bedingung dafür, dass eine Gottesbeziehung emotional verwurzelt lebendig bleibt. Der Gott der Theologen, sagt Rizuto lapidar, »lässt uns kalt«:[29]

In den Prozessen der Begegnung von frühen Objekt-Repräsentanzen mit späteren Gottesvorstellungen, wie sie eine Religion durch Gottesdienst und Lehre quasi offiziell vermittelt, wird die Gottesrepräsentanz ständig umgebildet, weiter entwickelt und überarbeitet, lebenslang. Dabei tragen nicht nur die realen Elternerfahrungen zu den Objekt-Repräsentanzen bei, die gesamte Umgebung, angefangen von Großeltern und Geschwistern über das Milieu, in dem eine Familie lebt, bis hin zu den politischen und ökonomischen Rahmenbedingungen, fließen in diese Imagines ein; aber die vielfältigen Wünsche, Hoffnungen und Ängste gegenüber den Elternfiguren stehen besonders im Vordergrund und bestimmen die Gottesrepräsentanzen mit. »…the child creates God in the matrix of handling his aggrandized parental representations, his own grandiosity, his need for affection and love, his fear of separation and loss of love, his sexual urges and sexual fantasies about babies, tummies, vaginas, penises, and feared castration or punishment.«[30]

In diesem Sinn schafft ein Kind seinen Gott – den es zugleich vorfindet;[31] in diesem Sinn schaffen wir alle ein Leben lang unsere Gottheiten, unsere Gottesbilder, unsere Vorstellungen von dem, »was uns unbedingt angeht«. Damit ist die Gottesrepräsentanz – wie andere Repräsentanzen auch – in hohem Maße überdeterminiert, »mehrdimensional und facettenreich,«[32] also Quelle zahlreicher Ambiguitäten und Ambivalenzen. Es braucht ständiges »soul searching, self-scrutiny, and internal reelaboration of the representation.«[33] Die aus religiös-theologischer Perspektive geforderte Gewissheit und Festigkeit des Glaubens kann es aus dieser psychologischen Sicht gar nicht geben, da sie ständig von frühen Wünschen und Ängsten begleitet und durchdrungen wird – es sei denn, die betreffende Person wehrt all solche Impulse rigoros ab und unterdrückt damit einen großen Teil ihrer eigenen Lebendigkeit. Auch die Abwendung von Religion überhaupt, der Kirchenaustritt oder die bewusste Wendung zum Agnostizismus, kann damit zu tun haben, dass jemand die Diskrepanz zwischen den frühen Repräsentanzen und der Erscheinung der institutionellen Religion in Gestalt der Kirchen und ihrer langen Geschichte nicht miteinander vermitteln kann. Ein offener, mehrschichtiger und ambivalenzhaltiger Glaube dagegen ist Aus-

---

28 Ebd. 8.
29 Ebd. 48.
30 Ebd. 45.
31 Winnicott 1973,104, beschreibt an dieser Stelle einen paradoxen Prozess: »Das Kleinkind erschafft das Objekt, aber das Objekt war bereits vorher da, um geschaffen und besetzt zu werden.«
32 Thierfelder 1998, 152.
33 Rizzuto 1979, 48f.

druck einer reifen Persönlichkeitsentwicklung und nicht, wie Freud es vertreten hatte, Zeichen einer neurotischen Persönlichkeitsstruktur.

Es bleibt die Schwierigkeit, darauf weist Constanze Thierfelder hin, wie eine so hochgradig individuelle und subjektive Gottesrepräsentanz Anschluss an das Symbolsystem einer großen Gemeinschaft wie der Kirche finden kann.[34] Einerseits muss eine Gottesrepräsentanz, will sie denn lebendig sein, emotional verankert (und damit individuell und subjektiv) sein und bleiben, andererseits braucht sie den Anschluss an eine Gemeinschaft, deren Sprache, deren Vorstellungen, deren Rituale, deren Bestätigung und auch Kritik. In dieser Spannung der unterschiedlichen Sprachen, in dieser Ambivalenz der religiösen Einstellungen, muss Glaube leben, sonst wird er starr, unlebendig und stirbt ab (vgl. auch ▶ Kap. 4.3.1 »Individualität und Kirche«).

5.2.3   Stufen, Stile und Domänen des Glaubens (James Fowler, Heinz Streib)

Lange Zeit hindurch war die Religionspädagogik geprägt von der Stufentheorie der religiösen Entwicklung nach James Fowler. Fowler, ein US-amerikanischer Entwicklungs- und Religionspsychologe, hat im Jahr 1981 mit seinem Buch »Stufen des Glaubens« (stages of faith) ein Modell der religiösen Entwicklung vorgelegt, das die Theorien von Jean Piaget zur kognitiven Entwicklung, von Lawrence Kohlberg zur Entwicklung der moralischen Einstellung und am Rand auch von Erickson zur psychosozialen Entwicklung zum Ausgangspunkt nimmt und durch zahlreiche Interviews explizit auf das Verständnis eines religiösen Glaubens bezogen empirisch fortschreibt. Glaube als »Orientierung der ganzen Person«,[35] als Haltung (faith) – und damit unterschieden von den Inhalten des Glaubens (beliefs) – drückt sich aus in den Bildern (die wiederum das Verhalten des Glaubenden prägen), die ein Mensch für seine Wert- und Sinnorientierung übernimmt, auswählt und verändert und in diesem Sinn (re-)konstruiert. »Glaube ... erfasst die unbedingten Gegebenheiten unserer Existenz und vereinheitlicht sie zu einem umfassenden Bild; im Licht dieses Bildes gestalten wir unsere Antworten und Initiativen, unsere Handlungen.«[36]

Auch wenn Fowler faith als Akt der ganzen Person versteht, geht es ihm im Gefolge von Piaget doch primär um die epistemischen Aspekte des Glaubens, also darum, wie und mit welchen sprachlich-kognitiven Mitteln Menschen ihre Lebensorientierung zum Ausdruck bringen und wie das ihre Lebenshaltung bestimmt. Schon die Bezeichnungen der sechs Stufen deuten die Engführung dieser Fokussierung an: intuitiv-projektiv, mythisch-wörtlich, synthetisch-konventionell, individuierend-reflektierend, verbindend, universalisierend.

Das Stufenmodell Fowlers ist vielfach und zu Recht kritisiert worden.[37] »Es gibt in der wissenschaftlichen Psychologie kein System, das die komplexen und variablen Entwicklungsverläufe über die gesamte Lebensspanne hin befriedigend erfassen

---

34 Thierfelder 1998, 160f.
35 Fowler 2000, 25ff.
36 Ebd. 46.
37 Vgl. Fiedler 2010 und Streib 2003.

würde«, schreibt der Religionspsychologe Bernhard Grom.[38] Die implizierte ständige Progression von einfachen hin zu komplexeren und abstrakteren Glaubensgestalten erscheint illusorisch und in problematischer Weise normativ, ebenso die unumkehrbare hierarchische Stufenfolge. Die psychodynamischen Aspekte sind zugunsten der kognitiven Entwicklung weitgehend vernachlässigt; die Bedeutung der Biographie der Einzelnen und der jeweiligen Lebenswelt als deren Kontext werden ausgeblendet. Damit wird Fowlers Ansatz abstrakt und schwer auf die tatsächlichen Verhältnisse religiöser Orientierung zu beziehen.

Um diese Defizite zu korrigieren, hat der deutsche Theologe und Religionspsychologe Heinz Streib ein Konzept religiöser Stile vorgeschlagen. Ein religiöser Stil bezeichnet einen distinkten Modus der interaktiven, psychodynamischen und kognitiven Aneignung und Rekonstruktion von Religion, ein Modus, der aus der Biographie und Lebenswelt erwächst und mit dem Stil interpersoneller Beziehungen korrespondiert.[39] Zur bildlichen Darstellung bezieht sich Streib auf das sog. Mühlstein-Modell: ein bestimmter Stil wird in einer steigenden Kurve abgebildet; nach einem Kulminationspunkt fällt die Kurve ab, bleibt aber auf einer niedrigeren Ebene erhalten. Damit wird verdeutlicht, dass frühere Stile immer wieder auftauchen und wirksam werden können.

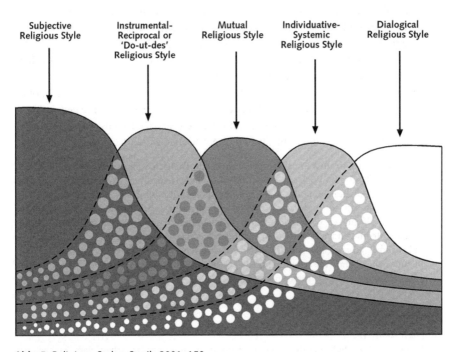

Abb. 5: Religious Styles. Streib 2001, 150.

---

38 Grom 2000, 42.
39 Freie Übersetzung der ausführlicheren englischen Definition von Streib 2001, 149.

Streib unterscheidet in Aufnahme von Piaget/Fowler, G.G. Noam und A.M. Rizzuto fünf unterschiedliche religiöse Stile:[40] Die frühe Kindheit ist durch einen subjektiven, egozentrischen religiösen Stil gekennzeichnet; es folgt ein instrumentell-reziproker oder »do-ut-des« religiöser Stil, in dem die einmal festgelegte Wörtlichkeit eines Textes oder Rituals besonderes Gewicht erhält; ein wechselseitiger religiöser Stil spiegelt die zunehmende Fähigkeit des Kindes oder Jugendlichen, Beziehungen in wirklicher Wechselseitigkeit aufzunehmen; ein individuierend-systemischer Stil begreift die Welt als umfassendes System und erkennt die individuelle Position in diesem Ganzen; in einem dialogisch-religiösen Stil wird eine neue Offenheit, eine zweite Naivität, für die Symbole des Glaubens erkennbar.

Für den vorliegenden Zusammenhang ist entscheidend, wie Streib den Zusammenhang und das Ineinander der Stile beschreibt. Ein religiöser Stil prägt sich aus und tritt zu einer bestimmten Zeit – in Analogie zu den interpersonalen Stilen, mit denen eine Person ihre Beziehungen gestaltet – in den Vordergrund. Insofern gibt es durchaus so etwas wie einen Fortschritt, wie ihn auch Fowler für die religiöse Einstellung beschrieben hat. Im Unterschied dazu betont Streib jedoch, dass frühere Stile nicht einfach überwunden werden, sondern unterschwellig erhalten bleiben (quasi wie ältere geologische Schichten) und insofern weiterhin zu den religiösen Ressourcen zählen.[41] Die früheren religiösen Stile bleiben aktiv und verlangen in unterschiedlichen Zusammenhängen Aufmerksamkeit. Sie brauchen »revisiting and reflection«. Sie müssen wieder und wieder erzählt und durchgearbeitet werden, um zu einer gesunden, wenn auch immer nur vorläufigen Integration zu finden. »The ability to play with and deal with – reflexively and sometimes ironically – one's own and others earlier styles is the indicator of a healthy integration.«[42]

Ein solcher Prozess des wiederholten Erzählens und Durcharbeitens läuft nicht ohne Ambivalenzen ab: Es gilt, die unterschiedlichen Stile wahrzunehmen, ihre gegenwärtige Aktualität abzuschätzen, sie zueinander und zur gegenwärtigen Lebenssituation in Beziehung zu setzen und ihre unterschiedlichen Implikationen wertzuschätzen.

> Ein Beispiel einer solchen kreativen Ambivalenz gibt Dietrich Stollberg in seinem Buch »Soll man das glauben?«. Im Blick auf seine Gottesvorstellung schreibt er: »Ich stelle mir zwar Gott in konkreten Situationen, in denen ich mit ihm spreche, ihn um Hilfe bitte … ihm mein Leid klage oder ihn verehre … durchaus konkret vor: ungefähr so wie meinen Großvater, den ich als Kind … als gütigen ›Opa‹ erlebt habe … Aber andererseits schätze ich sehr die leere Mitte im Kreis Meditierender, vor der man sich beim Hereinkommen und Weggehen verneigt. Sie bleibt jedoch prinzipiell undefiniert. Hier können verschiedene Menschen Gott gleichzeitig auf unterschiedliche Weise wahrnehmen – oder auch nicht. Denn hier ist ein Freiraum der Stille, der Leere und gegenseitiger Akzeptanz.«[43]

---

40 Streib 2001, 150ff.
41 S. Freud (1937, 396f.) hat die psychoanalytische Technik mit der Arbeit eines Archäologen verglichen: Es geht darum, verborgene, verdrängte, aber als solche nach wie vor wirksame frühere Lebenserfahrungen mit Hilfe der Technik der freien Assoziation an die bewusste Oberfläche zu holen, um sie in ihrer Bedeutung und Wirksamkeit verstehen zu können.
42 Streib 2001, 153.
43 Stollberg 2009, 108f.

Unterschiedliche religiöse Stile, das zeigt dieses Beispiel, überlagern sich und ermöglichen eine spielerische Auseinandersetzung mit den verschiedenen Aspekten. Progression und Regression sind möglich und können sich gegenseitig bereichern. Die in dieser Auseinandersetzung enthaltene Ambivalenz setzt kreatives Potential frei: Es geht nicht um die Alternative »entweder kindliche Unreife«, die man auf jeden Fall hinter sich lassen sollte, »oder erwachsene Reflektiertheit«, die unbedingt anzustreben ist; beide oder mehrere Haltungen und Stile können nebeneinander bestehen und sich bereichernd durchdringen.

Streib bezieht sein Modell der religiösen Stile vor allem auf das Thema des Fundamentalismus: Wie kann es sein, so lautet seine Frage, dass Menschen mit einer hohen formalen Bildung, die im Beruf hoch komplexe Sachverhalte bearbeiten können, in ihrem Glauben äußerst simple Positionen (z. B. in Gestalt eines Fürwahrhaltens der Schöpfungsgeschichte Gen 1) vertreten? Streib nimmt an, dass die unterschiedlichen Stile hier gewissermaßen voneinander getrennt und abgespalten existieren, dass, aus welchen Gründen auch immer, kein Kontakt zwischen den Stilen möglich ist.

Ein durchaus vergleichbarer, aber wieder stark auf die Kognitionen fokussierter entwicklungspsychologischer Ansatz operiert mit dem Stichwort von zentralen Wissensdomänen,[44] wie sie in der Kognitionspsychologie entworfen worden sind. »domains« bezeichnen Wissensgebiete wie Physik, Psychologie, Biologie, Religion etc.; bei Kindern haben sie zunächst den Charakter einer naiven Theorie, entwickeln sich dann langsam im Prozess der formalen Bildung zu einer wissenschaftlich mehr oder weniger fundierten Theorie. Diese Domänen können sehr unterschiedlich differenziert ausfallen, können in Spannung zueinander stehen und sich sogar widersprechen, je nach Engagement, Interesse und Bildung eines Kindes in einem bestimmten Bereich. Schon 4-jährige können z. B. ein erstaunlich umfangreiches und differenziertes Wissen über Dinosaurier haben, während sie gleichzeitig in anderen Wissensbereichen noch gänzlich naiv sind. Der jeweilige gesellschaftlich-religiöse Kontext mit seinen Erwartungshorizonten und das Vertrautsein mit den in einem Kontext vorrangig anerkannten Inhalten spielt dabei eine entscheidende Rolle.[45] So halten Kinder (und auch Erwachsene) in einem kirchlichen Kontext durchaus an magischen Vorstellungen fest, z. B. im Blick auf die Möglichkeit von Wundern, während sie im naturwissenschaftlichen Unterricht selbstverständlich davon ausgehen, dass jedes Ereignis eine spezifische, nachprüfbare, innerweltliche Ursache haben muss. Das Denken kann sich in verschiedenen domains unterschiedlich entwickeln und muss nicht als Ganzes Fortschritte oder Rückschritte machen. Als Beispiel führt Büttner ebenfalls die Fundamentalisten an: »Fundamentalisten, die im religiösen Bereich zu sehr undifferenzierten Stilen neigen, können in anderen Denkbereichen, etwa den technisch-mathematischen, zu höchst komplexen Denkformen fähig sein. Nicht zufällig sind sehr viele – christliche wie islamische – Fundamentalisten Hochschulabsolventen.«[46] Die Domä-

---

44 Zum Folgenden Büttner/Dieterich 2016, 28ff.
45 Büttner/Dieterich weisen auf die Kontextabhängigkeit der Vorstellungen zur Theodizeethematik hin, ebd. 180ff.
46 Dazu Büttner/Dieterich 2016, 25 u.ö. Als Beispiel ebd. 84:«

nen, so kann man das verstehen, sind in diesem Fall je für sich abgekapselt, ein Austausch zwischen ihnen findet nicht statt; auch mögliche Ambivalenzen, die sich aus einer wechselseitigen Bezugnahme ergeben würden, können auf diese Weise gar nicht erst entstehen.

5.2.4 Die Glaubenslebenslaufimaginationen nach Konstanze Kemnitzer

Als einen Versuch, kognitive und beziehungsorientierte (psychosoziale) Aspekte zu verknüpfen, kann man das Konzept der Glaubenslebenslaufimaginationen von K. Kemnitzer verstehen. Glaube bezeichnet nach Kemnitzer »das menschliche Vermögen, Selbst-, Welt-, Zeit- und Gottesbilder zu konstruieren«[47] und, wie ich hinzufüge, sich von ihnen in unterschiedlichen Intensitätsgraden bestimmen zu lassen. So verstandener Glaube findet seinen Ausdruck in bildlichen Vorstellungen, in Imaginationen, in denen sich die Verwobenheit von Glaube und Leben, von Glaube und Biographie spiegelt.

Imaginationen sind innere Bilder, Sprachbilder, Vorstellungen, Fantasien, Visionen, Träume, Wünsche, Intuitionen, mit denen sich Menschen über das, was sie oft die Realität (vor allem die belastende) nennen, hinwegsetzen können. Das kann Tagträumerei werden, Eskapismus, der die Härten der Realität nicht wahrnehmen will; das kann aber auch eine heilende und vorwärts gerichtete Bewegung sein, die in Schmerz und Belastung auch das Produktive, Erfüllende oder Vertiefende sehen und vorweg nehmen kann.

Imaginationen stellen einen »dritten Raum« her zwischen der Innenwelt des Subjekts (Fantasien, Träume etc.) und der objektivierenden Außenwelt (Objekte und Strukturen der Außenwelt, Wahrnehmungen anderer etc.).[48] Kemnitzer rekurriert hier auf die Imaginationstheorie des amerikanischen Religionspsychologen Paul Pruyser, der den dritten Raum einen imaginären Zwischenraum nennt. Man könnte hier auch an den englischen Psychoanalytiker Donald Winnicott denken, der in ähnlicher Weise im Blick auf die Übergangsobjekte, die sich ein kleines Kind schafft, von einem »intermediären Bereich« spricht, in dem die klassischen Dualismen von Innen und Außen, subjektiv und objektiv, Getrenntsein und Verbundensein nicht zutreffen.[49] Aus dem intermediären Bereich wird ein »Möglichkeitsraum«, dem Winnicott entwicklungspsychologisch eine hohe Bedeutung für die Lösung des Kindes von der Mutter zuschreibt. Die mütterliche Verlässlichkeit ermöglicht dem Kind, sich zwischenzeitlich immer wieder von der Mutter zu entfernen und diesen Zwischenraum mit vertrauten »Übergangsobjekten«, d. h. mit kreativer Fantasie und Spiel zu füllen. Damit ist auch der Grundstein gelegt, dass sich das Kind langsam aber sicher Ambivalenz »leisten kann«, also über die psychische Ausstattung verfügt, widersprüchliche Gefühle, Gedanken und Wünsche gleichzeitig zuzulassen und ihren Bedeutungsgehalt

---

47 Kemnitzer 2013, 20.
48 Vgl. ebd. 163, Anm. 612.
49 Winnicott 1973, 124ff.

zu explorieren. Imagination ermöglicht und ermutigt Ambivalenz, Ambivalenz nutzt gewissermaßen den Freiraum aus, den Imagination zur Verfügung stellt.

Am Beispiel von zahlreichen Geburtstagsgedichten für die einzelnen Lebensjahrzehnte zeigt Kemnitzer, wie die mit diesen Lebensphasen verknüpften Imaginationen eine »Matrix an Ambivalenzen" bilden,[50] ein Netz von Spannungsfeldern öffnen (z. B. wechselnde und bleibende Bindungen, Vergangenes festhalten und loslassen, Fülle und Leere, unendliches Universum und einzigartige Person, Diesseits und Jenseits), das zur Kreativität, zur Erforschung der verschiedenen Pole der Ambivalenz anregt.

Während frühere Glaubenslebenslaufimaginationen ziemlich festgelegte Modelle vor Augen hatten (aufsteigende und absteigende Treppe, Spirale etc.), eröffnet das Imaginations- und das dazugehörige Ambivalenzkonzept[51] einen Freiraum, in dem ganz unterschiedliche Perspektiven zum Ausdruck gebracht und erkundet werden können. Am Beispiel der Theologie und Praxis des generationsübergreifenden Abendmahls zeigt Kemnitzer die Vielfalt der Deutungsmöglichkeiten, sie nennt es »das freie Spiel der Glaubenslebenslauf-Imaginationen«:[52] Das Abendmahl kann erlebt und verstanden werden als Rebellion gegen eine segmentierte und segmentierende Gesellschaft, als Mahl auf dem häufig bedrohlichen Lebensweg, als Zusammenfügen verschiedener bruchstückhafter Identitäten, als feiernde Dankbarkeit im Angesicht von Einsamkeit und Verlassenheit, als Ausdruck einer Suche nach sinnstiftender Liebe vor dem Hintergrund verbreiteter Lieblosigkeit, als schmerzliches memento mori angesichts der Sehnsucht nach Leben. Kemnitzer fasst so zusammen: »das bewusste Jonglieren mit verschiedenen Bildern öffnet neue Denk- und Handlungsoptionen.«[53] Das »bewusste Jonglieren« kann man auch als analoge Ausdrucksform für das in der soziologischen Ambivalenzforschung bekannte Oszillieren (▸ Kap. 3) verstehen, als ein Denk, Fühl- und Verhaltensmodus, der durch und durch von lebendigen Ambivalenzen durchzogen ist.

5.3   Zusammenfassung

Durch die Erkenntnisse der Entwicklungspsychologie gewinnen wir einen spezifischen Blick auf die Dynamik von Leben und Glaube und ihren entwicklungsmäßigen Zusammenhang.

Leben bedeutet Entwicklung in und durch die Beziehungen zu anderen, zur Umwelt und zur Transzendenz, bedeutet Wachsen und Reifen, enthält Fortschritte und Rückschritte – mit einem Wort: Bewegung und ständige Veränderung. Dieser Bewegung ist bis ins hohe Alter auch der Glaube eines Menschen unterworfen. Glaube ist nichts Statisches, wie es der eigentlich nur im Singular verwendete Begriff fälschli-

---

50 Kemnitzer 2013, 191.
51 Den Zusammenhang von Imagination und Ambivalenz stellt Kemnitzer selbst nicht ausführlicher dar.
52 Ebd. 256ff.
53 Ebd. 269.

cherweise nahe legt. Luther hat den stetigen Wandel des Glaubens so zum Ausdruck gebracht:

>>Das Leben ist nicht ein Frommsein, sondern ein Frommwerden,
nicht eine Gesundheit, sondern ein Gesundwerden,
nicht ein Sein, sondern ein Werden,
nicht eine Ruhe, sondern eine Übung.
Wir sind's noch nicht, wir werden's aber.
Es ist noch nicht getan oder geschehen,
es ist aber im Gang und im Schwang.
Es ist nicht das Ende, es ist aber der Weg.
Es glüht und glänzt noch nicht alles,
es reinigt sich aber alles.<<[54]

Die spezifisch religions- und pastoralpsychologische Perspektive auf diese Lebensbewegung zeigt, wie das ständige Werden des Lebens und des Glaubens mit grundlegenden Spannungen von Bindung und Loslösung, von Abhängigkeit und Autonomie, von Nähe und Distanz, von Liebe und Hass, von Progression und Regression in der Beziehung zu anderen im jeweiligen sozio-ökonomischen Kontext zu tun hat. Diese Grundkonflikte sind es, die die psychosoziale Entwicklung vorantreiben, auch religiöse Individuation und Autonomie in Bezogenheit fördern.[55] Wer diese Spannungen und Ambivalenzen nicht aushält, sie nicht durchlebt, sondern sich vorrangig auf eine Seite stellt, muss die andere Seite abwehren und verdrängen; das führt zu reduzierter Lebendigkeit insgesamt, zu einseitigen Persönlichkeits- und Beziehungsformen, zu Isolation auf der einen, oder zu Symbiose und Verschmelzung auf der anderen Seite. Persönlichkeitsentwicklung und Beziehungen leben aber gerade vom Wechselspiel von Bindung und Lösung, Autonomie und Abhängigkeit. Nicht zufällig gehört es zu den zentralen Entwicklungsaufgaben eines jungen Erwachsenen, sich einerseits vom Elternhaus zu lösen und andererseits eine neue Bindung in Gestalt einer Partnerschaft einzugehen, sich von Identifikationen der Kindheit und Jugend abzuwenden und neue erwachsene Identifikationen aufzubauen. Ambivalenzerleben kann gerade in dieser Lebensphase besonders intensiv sein, zugleich ist es hier auch besonders notwendig, beide Seiten auszuhalten und die Spannungsfelder nicht einseitig aufzulösen.

Die entwicklungspsychologischen Modelle, die ich in diesem Kapitel exemplarisch vorgestellt habe, beziehen den Glauben mit ein; mit Hilfe der Theorien von Erikson, Rizzuto, Streib und Kemnitzer kann man besser verstehen, wie Leben und Glauben ineinander greifen und, wie es Victor von Weizsäcker im Blick auf Leib und Seele gesagt hat, >>miteinander umgehen<<. Man kann sich flexible Phasenabfolgen und Stile vorstellen und zugleich ein kreatives In- und Miteinander, wie es die Konzepte der Repräsentanzen und der Imaginationen nahe legen. In jedem Fall ist Glaube in eine Fülle von Entwicklungsprozessen verstrickt und deswegen auch aus dieser Perspektive kaum ohne begleitende Ambivalenzen zu denken: Sie machen die Reichhaltigkeit und Kreativität des Glaubens aus.

---

54 WA 7, 336.
55 Vgl. zum Folgenden Otscheret 1988, 69ff.

6. Theologische Hermeneutik: Ambiguitäten und Ambivalenzen in Auslegungsvollzügen

6.1 Glaube als deutende Antwort auf Erfahrung

Menschen machen Erfahrungen,[1] von denen sie sich ergriffen, angegangen, tief angerührt, überwältigt fühlen; solche Erfahrungen werden im Nachhinein manchmal als Schlüsselerlebnisse bezeichnet,[2] die ein Leben verändern und umwandeln. In der Religionsgeschichte werden tiefe Einschnitte in die Biographie auch Bekehrung genannt (als Antwort auf eine »Offenbarung«), Gerhard Ebeling spricht von einem »Transzendenzwiderfahrnis«.[3] Von Paulus, Kaiser Konstantin, Augustin, Luther und vielen anderen werden solche Schlüsselerlebnisse, so unterschiedlich sie im Einzelnen auch gewesen sein mögen, berichtet. Das Charakteristische eines solchen Erlebens ist, dass es die Betroffenen veranlasst, an dieser Stelle einen Einbruch der Transzendenz, eine Begegnung mit einer überwältigenden Macht, die sie Gott oder das Heilige nennen (müssen), anzunehmen (zu glauben!) und in Folge dessen ihr Leben neu zu deuten, eine veränderte Lebensorientierung und neue Verhaltensweisen anzunehmen. Paulus etwa beschreibt, wie ihm die Vorzüge seines jüdischen Lebens wie Dreck, wie Kot erscheinen, seit er Christus als seinen Herrn, als seine Lebensorientierung erkannt hat (Phil 3,8). Die Betroffenen reklamieren für die radikale Veränderung ihres Lebens unbedingte Klarheit und Eindeutigkeit – aber diese Deutung ist und bleibt ihre subjektive Zuschreibung, Außenstehende kommen möglicherweise zu ganz anderen Einschätzungen.[4] Insofern bleiben die Deutungen strittig und mehrdeutig. Der Verweis auf Gott macht den Bezug nicht eindeutiger, nicht objektiver, da auch das ein Zusammenhang ist, den nur dieser Mensch oder diese Gruppe herstellt. Menschliche Auffassungsgabe, Sprache und Schrift, die jeweiligen historisch-gesellschaftlichen Umstände sind die unvermeidlichen Medien, durch die jede Begegnung mit der »Transzendenz« und jede Deutung oder Rezeption hindurch muss.

Ein weiteres Phänomen ist in diesem Zusammenhang zu bedenken: Nicht selten kann man feststellen, dass die Lebensgeschichte eines Menschen im Rückblick nicht im Vorhandenen aufgeht.[5] Es zeigt sich, dass ein menschliches Leben »mehr« ist als

---

1 Mit P. Biehl 2001 verstehe ich Erfahrung als Ergebnis von Wahrnehmung und Deutung eines bestimmten Widerfahrnisses, einer Begegnung.

2 Zum Folgenden H.M. Barth ²2002, 144ff.

3 Gerhard Ebeling 1979, 47.

4 Die Menge der Menschen, die nach Apg 2 von hl. Geist erfüllt wird, reagiert zunächst mit Entsetzen und Ratlosigkeit, Außenstehende halten sie für betrunken.

5 Vgl. Drechsel 2002, 234ff.

die Summe der bekannten gelungenen oder misslungenen Begegnungen und Details seiner Biografie. Im Rückblick auf die Biografie als ganze wird (manchmal) deutlich, wieviel Geschenktes und Verdanktes darin steckt, in welchem Maß Sinn, Identität, Wahrheit nicht Produkt der eigenen Anstrengung waren, sondern sich eingestellt haben – unverdient, gratis (sola gratia). Das »woher« dieser Deutung wird auch in diesem Zusammenhang manchmal Transzendenz oder das Heilige oder Gott genannt: Aus dieser Perspektive bekommt die Lebensgeschichte eine religiöse, eine Glaubens-Dimension. »Ich glaube, dass mich da eine Macht, die größer ist als ich selbst, getragen, bewahrt, geführt hat«, heißt es dann. Theologische Deutungsmuster wie Rechtfertigung, Sünde, Ebenbild Gottes etc. dienen dazu, die in Frage stehenden persönlich-subjektiven Erfahrungen noch einmal in ein bestimmtes Licht und einen größeren Zusammenhang zu rücken. »Erfahrung mit der Erfahrung«, haben Gerhard Ebeling und Eberhard Jüngel diesen Prozess genannt; sie meinen damit, dass die menschliche Welt- und Selbsterfahrung durch eine religiöse Deutung in einen anderen Horizont gestellt wird und somit zu einer qualitativ neuen Erfahrung werden kann.[6] Anders gesagt: Religiöse Erfahrung ist zusätzliche Deutung einer profanen Erfahrung. Die von Johann Baptist Metz vorgeschlagene »kürzeste Definition von Religion: Unterbrechung«[7] wird hier konkret: Alltagsdeutungen werden von einem unbedingten Horizont her unterbrochen, neue Perspektiven können sich öffnen.

Ist nun Glaube, verstanden als religiös deutende Erschließung einer Alltagserfahrung, Voraussetzung für diese Erschließung oder deren Folge? Würde jemand, der nicht religiös eingestellt ist, in einem bestimmten Widerfahrnis »Spuren der Transzendenz« (Peter Berger) entdecken, entdecken können? Oder sind dazu bestimmte Denk- und Sprachkategorien notwendige Voraussetzung? Oder können profane Begegnungen so tiefgreifend sein, so unbedingten Charakter annehmen, dass sie geradezu zwingend religiös gedeutet werden müssen?

Diese Fragen weisen darauf hin, dass der Zusammenhang von Glaube und Erfahrung weitgehend mehrdeutig und ambivalent einzuschätzen ist. Erfahrung ist eine Bedingung der Möglichkeit des Glaubens, aber ob eine Erfahrung als religiös qualifiziert wird, bleibt letztlich kontingent, hängt am Charakter des Widerfahrnisses, an der weltanschaulichen Einstellung bzw. den Vorerfahrungen des Akteurs und an den vom jeweiligen Umfeld zur Verfügung gestellten Deutungskategorien.

6.2   Überlieferung und Auslegung

Menschen erzählen aus ihrem Leben, erzählen ihre Erlebnisse – als Einzelne und als Gruppen; im Erzählen konstruieren sie ihre Identität[8] (»Ich bin jemand, der dies und jenes erlebt, getan, erlitten hat«) und gleichzeitig halten sie auf diese Weise bestimmte Ereignisse fest: »Das ist mir widerfahren, so haben wir gelebt, so haben wir gekämpft

---

6 Vgl. Schröder 1998, 277–294; vgl. auch Biehl 2001.
7 Metz 1984, 150.
8 Vgl. Kraus 2000.

und gesiegt oder verloren, uns gefreut oder getrauert, geglaubt und gezweifelt etc.«. Vor allem tiefgehende Erfahrungen oder Schlüsselerlebnisse, in denen Bedrohung und Rettung, große Angst und überwältigende Freude eine Rolle gespielt haben, sollen an andere weiter gegeben werden. Die nachfolgenden Generationen sollen und wollen wissen, was ihre Väter und Mütter erlebt haben: »Wenn dich nun dein Sohn morgen fragen wird: Was sind das für Vermahnungen, Gebote und Rechte, die euch der Herr, unser Gott, geboten hat? So sollst du deinem Sohn sagen: Wir waren Knechte des Pharao in Ägypten, und der Herr führte uns aus Ägypten mit mächtiger Hand ...« (Dtn 6, 20ff.). Die erzählte Vergangenheit prägt die Gegenwart, bestimmt die Identität, und bildet einen Wahrnehmungsfilter für die Zukunft.

In Zeiten rein mündlicher Überlieferungen wird man generell eine gute Merkfähigkeit und damit eine hohe Konstanz des Erzählten unterstellen dürfen und zugleich eine gewisse Variationsbreite nicht ausschließen können. Es gab viele Techniken, um den Bestand der Erzählung möglichst getreu zu bewahren: Erzählungen werden Bestandteile von Ritualen, sie werden häufig wiederholt, es gibt Kernszenen und Kernsätze, an die sich andere Schilderungen und Sätze anlagern, Reime und Alliterationen erleichtern das Memorieren. Trotzdem ist der Vorgang des Erzählens selektiv und Adressaten-bezogen. Selektivität hat mit Interessen zu tun: Was soll weiter gegeben werden und was nicht? Und auch die Adressaten bestimmen mit, was überliefert wird und was nicht.[9] Kindern erzählt man etwas anders als den Alten, Fremden anders als Nahestehenden, in Leidenszeiten anders als in Zeiten der Freude, denen, die man überzeugen will anders als denen, die schon dazugehören. So kommt es zu unterschiedlichen Versionen ein und derselben Geschichte.

Dazu kommt die Komplexität von mündlicher Kommunikation überhaupt (▶ s. o. Kap. 2.7): Möglichkeiten des Missverstehens sind ständig gegeben, bewusste und unbewusste Verfälschungen des Gesagten und Gehörten immer möglich, Worte und Sätze haben mehrfache Bedeutungen.

Die Bibel selbst rechnet explizit mit der Möglichkeit, dass man unterschiedlich versteht. »Eines hat Gott gesprochen, ein Zweifaches habe ich gehört«, heißt es in Ps 62, 12. Dieser Vers gibt eine Grundregel späterer rabbinischer Schriftauslegung wieder,[10] die vielfach variiert wird: »Im Lehrhaus von Rabbi Jischmael wurde auf Grund von (Jer 23,27) ›Ist mein Wort nicht wie Feuer, spricht Er, wie ein Hammer, der den Felsen zerschlägt?‹ gelehrt: Wie ein Hammer, der einen Felsen in Steinbrocken zerschlägt, so gibt auch ein Schriftvers eine Vielzahl von Bedeutungen preis.« Jede Zeit, so sagt es Leo Baeck, erwirbt auf diese Weise »ihre eigene Bibel«.[11] Ambiguitäten und Ambivalenzen im Verstehen und Auslegen werden also geradezu eingeladen, herausgelockt und als Bereicherung wert geschätzt.

Irgendwann wird das bis dahin mündlich Erzählte aufgeschrieben: Auch der Prozess des Aufschreibens ist in der Vergangenheit immer höchst selektiv und fehlerhaft

---

9 Vgl. ausführlicher und mit Fokus auf der individuellen Lebensgeschichte Drechsel 2002, 121ff.
10 Zum Folgenden Ebach 2002, 230ff.
11 Zitiert nach H.M. Barth [2]2002, 186.

ausgefallen, besonders in Zeiten, in denen sich das Schreiben langsam und mühsam vollzog. Gegenwärtige Exegese rekonstruiert typische Fehler beim Auf- und Abschreiben antiker Texte:[12] Die Verwechslung ähnlich aussehender Buchstaben im Hebräischen, das fehlerhafte Auslassen eines Buchstabens oder Wortes, der versehentliche Sprung zu einem gleichen, sehr ähnlichen Wort in einer anderen Zeile, die mechanische Zerstörung eines Teils des Schreibuntergrundes. Außerdem: Angesichts des mühsamen Schreibprozesses konnten nur die wichtigsten Teile des Erzählten festgehalten werden, Vieles musste weggelassen oder konnte nur angedeutet werden. Umso mehr waren die Lesenden oder Hörenden herausgefordert, das, was ausgelassen war, von sich aus zu ergänzen, also sich aus dem knappen Satz (als Beispiel: »und er ging am Sabbat in die Synagoge und lehrte«, Mk 1, 21) eine komplette lebendige Szene vorzustellen.

Durch die Verschriftlichung – und dann das Vorlesen des Geschriebenen – können der Inhalt eines Schlüsselerlebnisses und seine Relevanz einer größeren Gruppe von Menschen vermittelt werden, so dass die sich von der Erzählung beeinflussen und bestimmen lassen können. Aber der Charakter dieser Beeinflussung hat sich damit tiefgreifend verändert: Wer durch eine vorgelesene Schrift davon hört oder liest, was Paulus oder Augustin oder Luther widerfahren ist und wie sich ihre Lebensdeutung grundlegend verändert hat, ist von dem Bericht natürlich auf ganz andere Weise affiziert als die ursprünglich und direkt Betroffenen. Wer eine autoritative oder heilige Schrift liest, ist sozusagen aus zweiter Hand angeredet – und trotzdem manchmal nicht weniger davon bestimmt.

Zugleich gibt es in der Regel unterschiedliche Berichte, unterschiedliche Lesarten dessen, was da einmal geschehen ist. Manchmal sind es die Betroffenen selbst, die das ihnen Widerfahrene weiter erzählen (Paulus, Mohammed), manchmal sind es andere, die darüber berichten (die Traditionen, die den vier Evangelien zugrunde liegen). Bei dieser letzten Weise der Überlieferung lassen sich zahlreiche Varianten und Ambiguitäten beobachten: Die Erzählungen fallen unterschiedlich aus, jeder »Autor« bzw. Redaktor berichtet aus seiner Perspektive, mit seinen speziellen Vorerfahrungen und Schwerpunkten im Blick auf seine spezifischen Zielgruppen. Mehrdeutigkeit bis hin zu deutlichen Widersprüchen werden offenbar nicht nur in Kauf genommen, sondern geradezu gewollt:[13] Die Schöpfung wird zweimal unterschiedlich erzählt; die Geschichte Israels liegt in zwei Versionen vor; die Evangelien gibt es in vier Varianten, von denen zwei von der Jungfrauengeburt sprechen, die anderen beiden nicht; im Johannesevangelium wird einmal davon gesprochen, dass Jesus selbst getauft habe (Joh 3, 22 und 26), ein anderes Mal wird explizit erwähnt, dass er nicht getauft habe (Joh 4,2); Abraham wird von Paulus als Vorbild der Rechtfertigung durch Glauben gerühmt (Gal 3,6ff), der Jakobusbrief dagegen stellt heraus, dass Abraham durch seine Werke (die Opferung Isaaks) gerecht worden sei (Jak. 2,20ff.). Wer aufmerksam liest und hört, muss die Differenzen und Widersprüche zur Kenntnis nehmen.

---

12 Vgl. zum Folgenden Utzschneider/Nitsche [4]2014, 46ff.
13 Vgl. zum Folgenden ausführlicher Ebach 2011, 92ff.

Spätere Generationen bemühen sich, die Geschichten der ursprünglichen Schlüsselerlebnisse zu verstehen und nachzuvollziehen. Das ist nicht einfach, weil die späteren Generationen unter anderen Zeitumständen leben. Sie müssen die schriftlichen Erzählungen von früheren, in anderen Kulturen abgelaufenen Begegnungen in ihre veränderten Verstehensbedingungen übertragen, d. h. auslegen. Es geht dabei sowohl um sprachliche Übertragungen (vom Hebräischen ins Griechische, vom Griechischen ins Lateinische, dabei treten lexikalische und grammatikalische Schwierigkeiten auf) als auch um inhaltliche Übertragung (was bedeuten die Erzählungen von Israels Königen in einem griechischen, demokratischen Stadtstaat wie Athen? Was fangen Stadtbewohner in Rom und Korinth mit Bildern aus palästinensischer Landwirtschaft (Schafe, Hirten, Getreide etc.) an? Es entsteht bereits in den Anfängen der Kirche eine Variationsbreite der Verstehensbemühungen und Glaubensformen mit entsprechenden Ambivalenzen im Verständnis der hl. Schriften, eine Variationsbreite, die offenbar von vielen auch als Bedrohung wahrgenommen wurde. Die Entstehung des Kanons kann man verstehen als Versuch zur »Bändigung der Varianz«.[14] Gleichzeitig jedoch muss man den Kanon auch als Bekenntnis zur Pluralität verstehen:[15] Die vier Evangelien nebeneinander, die recht unterschiedlichen Briefe im NT, das Corpus Johanneum: »Der Kanon [wurde] zu einem mustergültigen Ausdruck religiöser Pluralität.«[16] Gerd Isermann spricht in diesem Zusammenhang von dem »vielstimmigen Echo« des Kanons auf das Wirken Jesu und der »innerbiblischen Toleranz« in der Vielfalt der Schriften des Kanons.[17] Und Ernst Käsemann hat in einem berühmt gewordenen Aufsatz die These vertreten, dass die Gestalt des Kanons gerade nicht die Einheit der Kirche begründet, sondern die Vielzahl der Konfessionen.[18] Dass angesichts dieser Vielfalt und z. T. Widersprüchlichkeit Ambivalenzen entstehen, wird allerdings von den Autoren nicht erwähnt.

Die Deutungsvielfalt lässt sich beispielhaft zeigen an den unterschiedlichen Möglichkeiten, das Sakrament des Abendmahls zu verstehen; schon Adolf von Harnack zählt diese Verstehensvielfalt auf: »Sie [s.c.: die Feier des Abendmahls, M.K.] war eine geheimnisvolle, göttliche Gabe der Erkenntnis und des ewigen Lebens; sie diente der Sündenvergebung; sie war eine Danksagung; sie war ein Opfer, sie war eine Vergegenwärtigung des Todes Christi, sie war ein Liebesmahl der Brüderlichkeit und Band der Einheit, sie war eine Unterstützung der Hungernden und Notleidenden; sie war eine Vorausdarstellung und ein Unterpfand der himmlischen Mahlzeit. Mehr kann eine Handlung schwerlich sein.«[19] So lange man über die Vielfalt dieser Deutungsmöglichkeiten im Gespräch bleibt, ist die Vielfalt eine große Bereicherung; wenn der Diskurs an einer Stelle autoritativ abgeschnitten wird, führt das in der Regel zu einer Verarmung im Verstehen aller Beteiligten.

---

14 Lauster [2]2015, 68 (als Zitat von Jan Assmann).
15 Lauster ebd. 71, Zitat von Gerd Theißen.
16 Lauster ebd.
17 Isermann 2000, 164 und 182.
18 Käsemann 1960, 214ff.
19 Lauster ebd. 75. Vgl. dazu die ganz anders geartete Aufzählung verschiedener Deutungsmöglichkeiten des Abendmahls bei Kemnitzer s. o. in Kap. 5.2.4

Zusammenfassend: Erzählungen und Berichte aus vergangenen Zeiten bedürfen, weil sie nicht mehr selbstverständlich verstanden und nachvollzogen werden können, in der jeweiligen Gegenwart der aktualisierenden Auslegung; Auslegungen verändern die ursprünglichen Absichten der Autoren (auch wenn man die im Detail meistens nicht mehr eindeutig rekonstruieren kann), so kommt es notwendig zu neuen Ambiguitäten und Ambivalenzen. Durch die Auslegung wird ein Text Teil eines weitergehenden interaktiven Kommunikationsprozesses, dessen Bedeutungen und Relevanzen changieren und Ambivalenzen frei setzen: Ein kreatives, nie endendes Spiel, wie man besonders in der jüdischen Schriftauslegung sehen kann (▶ s. u. Kap. 6.4).

6.3   Die Ambivalenz des Hörens auf die Worte der Schrift

Die meisten Menschen, die sich einer Religion zugehörig fühlen, haben nie selber ein direktes Offenbarungs- oder Bekehrungserlebnis gehabt. Sie sind in der Regel durch ihre Familien, ihr Umfeld in den Glauben mehr oder weniger selbstverständlich hineingewachsen und verlassen sich im Weiteren auf die heiligen Schriften und die religiösen Spezialisten, die sie auslegen, sowie auf die vertrauten religiösen Riten, mit denen sie leben. Die Erfahrungen der Vorväter und -mütter sind in den heiligen Schriften überliefert und mit Autorität ausgestattet worden; spätere Generationen werden zur Identifikation mit diesen Geschichten eingeladen: Wie Abraham Gott vertraute, so sollen auch wir auf Gottes Ruf hören und ihm folgen; wie der barmherzige Samariter sich um den unter die Räuber Gefallenen kümmerte, wie es Lukas aufgezeichnet hat, so sollen auch wir uns unseren Nächsten zuwenden; wie Paulus den Glauben an einen den sündigen Menschen rechtfertigenden Gott verkündigt, so sollen wir auf diese Rechtfertigung vertrauen.

In den großen Buchreligionen Judentum, Christentum und Islam basiert der Glaube an Gott auf den Schriften, die von diesem Gott bzw. von Menschen, die mit ihm Erfahrungen gemacht haben, Zeugnis ablegen: »Konstitutiv für die Vermittlung christlichen Glaubens und somit christlicher Wahrheitsgewißheit ist die heilige Schrift, und zwar sowohl hinsichtlich der kognitiven als auch der existentiellen Seite.«[20] Gottes Wirken wird in herausragender Weise mit seinem Wort in Verbindung gebracht, Gott wird geradezu mit dem Wort identifiziert. Auf Gott zu hören, heißt, auf sein Wort zu hören. Die Gewissheit des Glaubens beruht auf der vermeintlichen Gewissheit des Wortes.

Diese im Judentum und Christentum selbstverständlich gewordene Aussage ist keineswegs so nahe liegend wie es scheinen mag. In den meisten Religionen, so sagt es die religionsgeschichtliche Forschung, stehen Bilder im Zentrum: »Die Glaubensgeschichten der Menschheit begannen weithin als Bildkulte. In historischen Perspektiven kommt Bildern der vielen Götter Vorrang vor dem Wort des einen Gottes zu ...

---

20 H.M. Barth ²2002,175.

In ihren Kultbildern gewannen Götter Anschaulichkeit, Präsenz und Lebensnähe.«[21] Die Bilder der Götter waren die Götter selbst, man verehrte sie als heilige, lebende Wesen (▶ vgl. auch Kap. 8.2). Die grundsätzliche Abkehr von religiösen Bildern und die exklusive Hinwendung zum Wort im alten Israel stellt eine zwiespältige »Errungenschaft« dar: Zum einen repräsentiert das Hören den im Vergleich zum Sehen abstrakteren Sinn. Hören ist sozusagen anspruchsvoller, setzte größere Aufnahmebereitschaft und Abstraktionsfähigkeit voraus. Zum anderen lädt das Hören stärker als das Sehen zu Projektionen ein: Im Hören werden innere Bilder aus der eigenen Biografie, aus dem eigenen Lebensumfeld evoziert und mit dem gehörten Inhalt vermischt.

Mit dem Hören auf die Verkündigung beginnt die unvermeidliche Ambivalenz des Verstehens: die Texte der Bibel wurden nicht nur kultisch rezitiert, sondern sollten persönlich verstanden, durchdrungen und angeeignet werden. Es geht also um viel mehr als um sinnlich-akustische Wahrnehmung. In diesem vertieften Sinn – hören = aufnehmen, annehmen, gehorchen, sich davon leiten lassen – nimmt das Verb »hören« breiten Raum in der Bibel ein:[22] Immer wieder wird das Volk Israel durch die Propheten aufgefordert, auf Gottes Stimme zu hören – und es wird ihm Gericht angedroht, wenn es das nicht tut.

> Zwei Beispiele für viele. In Jes 28 weissagt der Prophet dem Nordreich den Untergang, weil sie nicht auf Gottes Stimme hören. Mitten in den Gerichtsandrohungen heißt es dann, als ob eben doch noch eine Wende möglich wäre: »Nehmt zu Ohren und hört meine Stimme, merkt auf und hört meine Rede« (Jes 28, 23). Aber weil sie nicht hören, genauer: nicht in der richtigen Weise hören, werden sie verflucht, gehen sie ihrem Untergang entgegen: »Seid verblendet und werdet blind ... Darum sind euch alle Offenbarungen wie die Worte eines versiegelten Buches ...« (Jes 28, 9–11). Offenbar hört das angeredete Volk nicht Recht und Gerechtigkeit (28, 17), sondern ihre je eigene Version. Aber wie gelangt der Prophet zu dieser Beurteilung? Was weist ihn als den rechten und nicht als falschen Propheten aus? Und ist nicht Hören zwangsläufig immer das je eigene Hören (▶ Kap. 2.7: Kommunikation und Ambivalenz)?
>
> In strukturell ähnlicher Weise begründet Jesus von Nazareth sein Reden in Gleichnissen damit, dass es Menschen gibt, die »hörend nicht hören« (Mt 13, 13). Die sinnenhafte Hörfähigkeit steht offenbar nicht in Frage; vielmehr geht es um das »richtige« Hören. Aber was ist das? Gibt es Kriterien für »richtiges« und »falsches« Hören? Wer legt diese Kriterien fest? »Richtiges« Hören soll offenbar in »richtiges« Handeln einmünden, daran kann man erkennen, ob das Gehörte angekommen ist und Früchte getragen hat. Aber äußerlich »richtiges« Handeln kann wiederum aus ganz unterschiedlichen, ja gegensätzlichen Motiven geschehen, das zeigt die Alltagserfahrung überdeutlich.

Trotz dieser Vieldeutigkeiten und Schwierigkeiten wird die Zentralstellung des Hörens in Judentum und Christentum nicht eingeschränkt: Der Glaube, also das Zentrum der Religion, wächst aus dem Hören oder dem Gehörten, heißt es programmatisch bei Paulus (Rm 10.17). »Hören« bezeichnet hier den Akt der sinnlichen Wahrnehmung und des geistigen Erfassens des gehörten Inhaltes zugleich. Das Erfassen schließt oftmals auch ein Beachten des Gehörten ein im Sinn von »hören

---

21 Graf 2009, 103.
22 Vgl. Mundle 2010, 987ff.

auf …«. »Hören auf …« bekommt den Charakter von gehorchen. So sagt Gott zu Adam: »Weil du auf die Stimme deiner Frau gehört hast …« (Gen 3, 17), also ihr statt Gottes Gebot gehorcht hast …

Der physiologische und psychologische Vorgang des Hörens zeichnet sich durch eine große Vielschichtigkeit aus:

1. Der sinnliche Vorgang des Hörens verläuft hoch komplex (▶ Kap 1.1.3 zur Rezeptionsästhetik). Schallwellen, Ton- und Geräuscheindrücke werden nach dem Durchgang durch den Hörkanal im Gehirn verarbeitet; dieser Verarbeitungsprozess ist kein rein auditiver, sondern auch ein psychosozialer:[23] Erfahrungen, Erinnerungen und Gefühle im Zusammenhang mit früheren Hörereignissen spielen immer eine wichtige Rolle dabei. Das erklärt, warum jeder Mensch unterschiedlich hört, ein und dieselbe Person auch im zeitlichen Nacheinander unterschiedlich hört.

Der Prozess des Hörens hängt mit mindestens drei Variablen zusammen: der Situation des Rezipienten, der des Senders und mit dem Inhalt der jeweiligen Nachricht:

a) Zu den Rezipienten: Ob jemand in einem müden, erschöpften oder in einem ausgeschlafenen, erholten Zustand hört, beeinflusst die Hörfähigkeit erheblich; ob jemand neugierig oder gezwungen-widerwillig in der Kirche sitzt, angenehme oder unangenehme Erinnerungen mit Bibel, Kirche oder dem Prediger verbindet, macht einen großen Unterschied im Hören aus. Aus der Rezeptionsästhetik wissen wir, dass die Hörenden ihren Teil zu dem Gehörten dazu tun, so dass man sagen muss: Wahrnehmung ist immer auch Wahrgebung, die stark von der Lebenssituation, Befindlichkeit und dem kulturellen Milieu der hörenden Person abhängt.

b) Zu den Sendern: Die Person, die eine Nachricht kommunizieren will, hat einen großen Anteil an der Hörbereitschaft der Rezipienten. Ob man die Person aus vorherigen Begegnungen kennt und sie – als individuelle Person und als Repräsentanten einer Institution – freundlich oder kritisch sieht, ob man sich durch die Art der Stimme, Lautstärke, Stimmhöhe, Gestik und Mimik angesprochen oder eher abgestoßen fühlt, ob man sich freundlich eingeladen oder latent aggressiv bedrängt fühlt, ob es gelingt, miteinander Kontakt aufzunehmen oder nicht, hat erhebliche Auswirkungen auf das Hören bzw. auf das Hörergebnis.

c) Zum Inhalt: Der Inhalt dessen, was vermittelt werden soll, spielt im Hörvorgang ebenfalls eine wichtige Rolle: Die von Leon Festinger aufgestellte Theorie der kognitiven Dissonanz (vgl. auch ▶ Kap. 3.4) geht davon aus, dass Informationen und Beziehungen konsonanten oder dissonanten Charakter haben können. Dissonante, also von der eigenen Einstellung abweichende Informationen, werden als unangenehm empfunden (»Christen sollten sich für Asylbewerber einsetzen«) und mit verschiedenen Mitteln meist unbewusst so bearbeitet, dass die Dissonanz möglichst verschwindet: Man überhört bestimmte Inhalte, man vergisst sie schnell wieder, man entwertet die Quelle (»dieser Pfarrer bringt immer politische Forderungen«),

---

23 Es gibt den Wissenschaftszweig der Psychoakustik.

man stellt ihr konsonante Informationen entgegen (»Kirche sollte sich aus politischen Fragen heraushalten«) usw.[24]

Die damit angedeutete hohe Komplexität des Hörvorgangs wird meistens unterschlagen, wenn es heißt, wir sollten auf Gottes Wort hören. Erst die Möglichkeit, die durch diese Komplexität ausgelösten Ambivalenzen genauer zu erkunden, eröffnet die Chance, den persönlichen Ausprägungen des Hörens genauer auf die Spur zu kommen.

2. Das Hören auf die hl. Schriften ist immer vermittelt durch die Institution Kirche und ihre Repräsentanten, durch die jahrhundertelangen Traditionen des Auslegens und Verstehens, denen sich auch die religiösen Spezialisten (Priester und Pfarrerinnen und Pfarrer) nicht entziehen können. Eingeschliffenen Denk- und Redegewohnheiten bei den Amtsträgern stehen mindestens so stabile Hörgewohnheiten bei Gemeindegliedern gegenüber. Katholisch oder protestantisch sozialisierte Menschen, um nur ein Beispiel zu nennen, hören die Schriften auf Grund ihrer traditionell unterschiedlichen religiösen Sozialisationen mit sehr unterschiedlichen Akzenten.

Hören auf Gottes Wort ist also immer ein durch bestimmte kollektive und/oder institutionell vermittelte Traditionen, Interessen und Motive geprägtes Hören: Kirchen- und Dogmengeschichte belegen eindrücklich, wie unterschiedlich, ja gegensätzlich die Auslegungen der Schrift und infolge dessen das Hör-Ergebnis jeweils ausfallen kann. Die Kirche und ihre Repräsentanten verfolgen Interessen in ihrer Auslegung der Schrift, deswegen geraten die Auslegungen im historischen Vergleich oft so unterschiedlich. Ein Beispiel für viele: Die Kriegspredigten während des 1. Weltkriegs stehen in krassem Gegensatz zu den friedensbewegten Predigten der 68er Jahren – und doch berufen sich beide Bewegungen auf ein und dieselbe Bibel, auf ein und dieselben Texte.

3. Das Wort ist ein Machtmittel der Kirche, das zum Guten wie zum Bösen benutzt werden kann und in der Geschichte der Kirche genutzt worden ist. Hören und gehorchen liegen eng beieinander: Worte hatten häufig den Charakter von Befehlen, wobei oft nicht deutlich war, ob hier Gott oder die Kirche oder der jeweilige Priester oder Pfarrer sprachen; hören glich einem Sich-Unterwerfen unter das, was die Kirche zu ihrer Zeit für richtig und unumstößlich hielt. Neuerdings wird – ganz im Gegensatz zur bisherigen Entwicklung – die Subjektivität des Hörens als Mittel benutzt, um den Machtcharakter der kirchlichen Verkündigung zu unterlaufen: »Das habe ich aber so gehört« sagen dann Rezipienten und stellen damit die Subjektivität ihres Hörens als letzte Instanz dar.

Wer also vom Hören auf Gottes Wort redet, tut gut daran, die unvermeidlichen Ambiguitäten und Ambivalenzen zu berücksichtigen, die mit dem Vorgang des Hörens verknüpft sind. Es hat keinen Zweck, diese Ambivalenzen ignorieren zu wollen, sie stellen sich einfach ein. Produktiver ist es dann, sie in wiederholten Vorgängen der Metakommunikation bewusst zu machen und die unterschiedlichen Aspekte in ihrer Bedeutung auszuloten.

---

24 Vgl. Frey, Art. Dissonanz. In: Frey/Greif [2]1987, 147–153.

6.4   Die Notwendigkeit der Auslegung

Biblische Texte sind, genauso wie profane Texte auch, mehrdeutig, können unterschiedlich verstanden werden; weil das so ist und weil die dort vorausgesetzten antiken Lebenswelten nicht mehr die unseren sind, brauchen sie eine Auslegung, die entweder verschiedene Verstehensmöglichkeiten nebeneinander stellt (wie z. B. in der altkirchlichen Lehre vom vierfachen Schriftsinn) oder die vermeintlich »richtige« Lesart herausarbeitet und einschärft, wie es alle Orthodoxien tun. Die Bibel selbst legt an verschiedenen Stellen die Notwendigkeit von Auslegung nahe. So impliziert die Unterscheidung von Buchstabe und Geist, dass der Sinn der Buchstaben nicht immer schon selbstverständlich gegeben ist, sondern jeweils – je nach Umständen und Rezipienten – durch einen Prozess der Auslegung erarbeitet und erhoben werden muss. Die sog. Schriftgelehrten sind dazu da, diese Aufgabe nach bestimmten Regeln zu vollziehen. Auch von Jesus wird berichtet, dass er sich selbstverständlich an der Auslegung der Schriften beteiligte. (Lk 4, 16ff.).

Die Notwendigkeit der Auslegung geht auf eine ganze Reihe von Erfahrungen zurück, die in früheren Zeiten genauso aktuell waren wie sie es heute noch sind:[25]

- Wenn zwei oder mehr Menschen ein und denselben Text lesen oder hören, verstehen sie Unterschiedliches, kommen zu unterschiedlichen Schlussfolgerungen darüber, was dieser Text meint.
  Als innerbiblisches Beispiel eignet sich die Geschichte vom Ährenraufen am Sabbath (Mk 2, 23ff.): Die Pharisäer nehmen hier das alttestamentliche Sabbatgebot wörtlich im Interesse der Stabilisierung der damaligen Institutionen des Judentums, während Jesus an die grundlegende menschenfreundliche Absicht dieses Gebots erinnert und damit zu einem kritischen Verständnis anregt, also im Wortlaut den eigentlich intendierten Sinn aufdeckt, der de facto die bestehenden Institutionen und ihre Autoritäten in Frage stellt. Der Zusammenhang von Erkenntnis und Interesse wird hier anschaulich.
- Es gibt Aussagen in den Schriften, die voneinander abweichen, in Spannung zueinander stehen, sogar einander widersprechen. Zentrale Themen werden mehrfach erzählt in einer ähnlichen, aber eben nicht identischen Art und Weise. Die vier Evangelien berichten an vielen Stellen weitgehend übereinstimmend, an anderen recht unterschiedlich vom Leben und Sterben des Jesus von Nazareth. Die Briefe des Paulus setzen theologisch andere Akzente als die sog. Deuteropaulinen oder als der Brief des Jakobus oder die Offenbarung des Johannes. Damit stellt sich sogleich die Frage, wie denn die unterschiedlichen theologischen Perspektiven zu gewichten und zueinander in ein angemessenes Verhältnis zu setzen sind. Es ist immer Aufgabe von Auslegung gewesen, Unterschiedlichkeiten oder Widersprüche oder Unverständlichkeiten zu erklären, nachvollziehbar zu machen, sie auszugleichen oder Prioritäten zu setzen. Die hermeneutische Methode, einen Kanon im Kanon, also eine innere Richtschnur, zu finden, stellt einen Versuch dar, mit der

---

25 Vgl. zum Folgenden auch Ebach 2002, 230–248.

Vielfalt und Unterschiedlichkeit der kanonischen Schriften zurecht zu kommen. Martin Luthers hermeneutische Richtlinie, die Texte daraufhin zu befragen, »was Christum treibet ...« ist wiederum Ergebnis von durchaus strittiger und nicht allgemein gültiger Auslegung und Prioritätensetzung.

- Die hebräische Sprache mit ihrer Schrift und Grammatik ist eine besonders vieldeutige Sprache. In vokalisierter, aber noch viel mehr in unvokalisierter Form (und die heiligen Texte müssen ohne eindeutig vorgegebene Vokalisation gelesen werden), lässt sie oft mehrere Verstehensmöglichkeiten zu (s. u.), die erhoben und in ihrer jeweiligen Bedeutung abgewogen werden müssen.

Bei der Übersetzung hebräischer Texte ins Griechische – und später in weitere Sprachen – stellt sich ständig neu die Frage, ob man »angemessen« übersetzt hat. Erst Späteren oder Außenstehenden fällt auf, in wie starkem Maß jede Übersetzung Neuinterpretation bedeutet, weil jede Sprache bestimmte Implikationen (Weltbild, Menschenbild etc.) enthält. Ein herausragendes Beispiel ist die Übersetzung des hebräischen Wortes »nefes« (Kehle, Atem, Seele, im übertragenen Sinn: Der bedürftige, angewiesene Mensch) durch das griechische Wort psyche (der göttliche Anteil im Menschen, der im Körper gefangen ist und wieder Anschluss an die ewigen Ideen erstrebt). Der vom Griechischen Verständnis hergeleitete Begriff der Seele meint etwas sehr anderes als das ursprüngliche hebräische Wort nefes. Hier wird deutlich, was der Alttestamentler Jürgen Ebach mit einem Sprachspiel zeigt: Das Verb übersetzen kann man auch als Imperativ lesen: Üb ersetzen.[26] Unvermeidlich fügen wir im Übersetzen durch das mitgebrachte kulturelle und individuelle (oft nicht bewusste) Vorverständnis etwas hinzu oder lassen etwas weg, setzen andere Akzente, fügen neue Perspektiven an. Es gibt keine Lösung aus dem Dilemma; man muss sich der Unlösbarkeit bewusst sein und immer neu Text und Übersetzung und die unterschiedlichen Konnotationen der verwendeten Begriffe erheben und vergleichen.

- Bestimmte Aussagen erscheinen in einem veränderten historischen bzw. kulturellen Kontext in einem anderen Licht, nehmen einen gänzlich anderen Sinn an. Wir wissen beispielsweise in einem historischen Sinne nicht, welche Person (ob überhaupt eine individuelle Person oder ein Kollektivsubjekt) mit den Aussagen über den Gottesknecht in Jes. 43 gemeint gewesen sein könnte. Den frühen Christen erschien es jedoch offenbar ganz fraglos, dass mit diesen Versen im Voraus auf das Leiden Jesu Christi hingewiesen worden sei. Damit bekommt dieses Bild aus dem Rückblick eine spezifische Bedeutung, die es anfänglich so mit Sicherheit nicht gehabt hat.

- Spätere Generationen verstehen nicht mehr, was vor langer Zeit stattgefunden hat, weiter erzählt und aufgeschrieben worden ist, so dass man es ihnen erklären und erläutern muss (z. B. Dtn 6, 20ff.). Diese Erklären und Erläutern wiederum muss mit den Verstehensvoraussetzungen, den veränderten sozialen und kulturellen Bedingungen der Nachgeborenen rechnen.

---

26 Ebach 2011, 63.

- Aktuelle Themen und Fragestellungen einer bestimmten Zeit werden gelegentlich in »alte« Geschichten gekleidet und sollen damit eine besondere Autorität gewinnen und auf dieser Basis die Gültigkeit der Texte für »heute« einschärfen. So stellt beispielsweise das Deuteronomium die Grundlagen des jüdischen Glaubens unter direkter Bezugnahme auf die Autorschaft des Mose dar. Im NT werden einige Briefe dem Paulus zugeschrieben (Epheser und Kolosserbrief, Timotheus- und Titus-Brief), um damit deren Autorität zu unterstreichen.

Texte lösen verschiedene Verstehensoptionen aus und machen deswegen Auslegung notwendig. Verschiedene nebeneinander stehende Verstehensoptionen stellen Ambiguitäten dar, die wiederum Ambivalenzen auslösen. Es ist eben in vielen Situationen nicht klar, welche Auslegung die angemessene, die gültige, die verbindliche sein soll; oft erscheinen mehrere Verständnisse gleichzeitig sinnvoll und möglich. Dann bleibt nur der abwägende Diskurs, was gerade jetzt und gerade für uns plausibel erscheint – ohne die anderen Verständnisvarianten aus dem Blick zu verlieren.

Das Grundmodell einer solchen Vielfalt nicht nur respektierenden, sondern geradezu produzierenden Textauslegung stellt die rabbinische Exegese dar.

6.5   Die Wertschätzung der Vieldeutigkeit: Rabbinische Schriftauslegung

> »Halte dich an die, die nach der Wahrheit suchen,
> und geh denen aus dem Weg, die sie gefunden haben.«[27]

Im Koran werden Juden und Christen als »Leute des Buches« oder »Leute der Schrift« bezeichnet. Das hat zu der Bezeichnung »Buchreligion« für die abrahamitischen Religionen des Judentums, des Christentums und des Islam geführt, eine Bezeichnung die – fälschlicherweise – suggeriert, dass die der Religion zugrunde liegende heilige Schrift durch ihre schriftlich fixierte Gestalt zeitlose, unveränderliche Gültigkeit habe, weil sie die Offenbarung Gottes direkt und eindeutig wiedergebe. Während diese Lesart für den Islam zutreffen mag – Hans Küng kennzeichnet die muslimische Auffassung mit dem Satz »Gottes Wort ist Buch geworden«, also unmittelbar geoffenbartes und deshalb unveränderlich gültiges Wort Gottes[28] – gilt sie für Judentum und Christentum sicher so nicht.[29]

---

27 Hanna Schygulla, zitiert bei Evers 1987, 7.
28 Küng ³2004, 92ff.
29 Thomas Bauer 2015 bestreitet die These von Küng, wenn er feststellt, dass auch der Koran »eine Vielfalt an Bedeutungen in sich birgt, dass mithin Gott mehrdeutig spricht« (118). Ähnlich Kermani 2000, speziell 121ff. Der Autor beschreibt hier anschaulich, wie die Ästhetik des Textes Vieldeutigkeit im Verstehen geradezu einlädt und wie eine aus heutiger Sicht schwer verständliche Metaphorik dazu herausfordert, verschiedene Bedeutungen zu erwägen: »Indem die Wahrscheinlichkeitsordnung der Sprache durchbrochen wird, erhöht sich die Zahl der möglichen Bedeutungen...« (123).

Im Judentum und Christentum steht seit den Anfängen neben verbalinspiratorischen Ansätzen die Überzeugung, dass die Heilige Schrift Menschenwort darstellt (vgl. Lk 1, 1- 4), das auf vielerlei Weise von Gott und seinem Willen Zeugnis ablegt, aber eben nicht auf direkte und wortwörtliche Inspiration zurückgeht. Gottes Wille, so dokumentiert die Bibel durch ihre höchst unterschiedlichen Schriften und Schriftgattungen, zeigt sich in vielfältigen Vorstellungen und Sprachgestalten. Das spiegelt sich u. a. darin, dass, wie schon erwähnt, mehrere Berichte über ein und dasselbe Ereignis problemlos nebeneinander gestellt werden. Es zeigt sich weiterhin darin, dass spätere Schriften frühere Traditionen und Schriften aufnehmen, gleichsam zitieren, sie in diesem Prozess aber auch inhaltlich fortschreiben bzw. aktualisieren für ihre Zeit und deren spezifische Hörerschaft (z. B. stellt die Chronik eine Auslegung der Samuel- und Königsbücher dar; die apokryphen Bücher Sirach, Weisheit und Jubiläen beziehen sich ausführlich auf alte Traditionen und führen sie weiter usw.). Es gibt also bereits innerbiblische Schriftauslegung und -fortschreibung (»rewritten bible«). Ursprünglicher Text und Auslegung gehen ineinander über, sind nicht trennscharf auseinander zu halten. Offenbar wurde die Thora eine Zeit lang noch nicht als feststehendes, nicht abgeschlossenes Ganzes betrachtet, so dass sich Ausleger berechtigt fühlten, sie fortzuschreiben.[30]

Erst in der Zeit nach der Zerstörung des Tempels 70 n.Chr. etwa liegt den Rabbinen ein vereinheitlichter und festgelegter, also kanonisierter Bibeltext vor. Primär ist dabei der unvokalisierte Konsonantentext, der, wie die rabbinischen Schriften zeigen, wiederum durchaus variabel verstanden werden kann. Zwar steht der biblische Text als zeitlose Offenbarung Gottes nun fest, aber er muss für jede Zeit neu ausgelegt werden. »Die Aufgabe des Auslegers ist es, dieses zeitlose Wort Gottes als Wort an seine Zeit zu verstehen, wie im mAv 5,22 ausgedrückt ist: ›Drehe und wende sie, denn alles ist in ihr.‹ Die Textmenge der Bibel ist beschränkt, doch ihre Bedeutungsmenge unbegrenzt.«[31]

Nach einer späteren Formulierung hat der biblische Text siebzig Bedeutungen. »Gegenüber etwa den Auslegungen in den Texten von Qumran oder im Neuen Testament, die davon ausgehen, dass man *die* wahre Bedeutung des Bibeltextes erkannt hat, gibt es für die Rabbinen keine exklusiv geltende Auslegung. Der Text ist eben nicht in eine bestimmte Zeit gesprochen, sondern in jede Zeit neu, jeder Leser steht für sich neu am Sinai.«[32] Es geht dann auch nicht darum, wer mit einer bestimmten Auslegung Recht bekommt, sondern darum, einem auszulegenden Text so viele Bedeutungen und Impulse zu entlocken wie möglich.[33]

Vor willkürlicher Auslegung schützt das immer neue Befragen der Tradition und die ständige Auseinandersetzung mit anderen, gleichberechtigten Auslegungen.

Der Alttestamentler Jürgen Ebach zeigt verschiedentlich, wie bereits der Charakter der hebräischen Sprache Vieldeutigkeiten und sogar Widersprüche eröffnet – und damit Auslegung

---

30 Vgl. dazu ausführlicher Stemberger 1999, 442ff.
31 Sternberger ebd. 446.
32 Stemberger ebd. 446.
33 Vgl. Ebach 2002, 227.

und Streit um die Wahrheit geradezu herausfordert. Beispielsweise ist der vielzitierte Psalm-vers »Gerechtigkeit und Frieden küssen sich« (Ps 85,11) auch als »Gerechtigkeit und Frieden bekämpfen sich« zu lesen. Nach genauem textkritischen und lexikographischen Durchgang kommt Ebach zu der Schlussfolgerung, dass die Frage nicht zu entscheiden ist: »Küssen sie oder bekämpfen sie einander?«[34]

In Psalm 139, 5 heißt es nach der Luther-Übersetzung: »Von allen Seiten umgibst du mich und hälst deine Hand über mir.« Buber/Rosenzweig übersetzen denselben Vers so: »Hinten, vorn engst du mich ein, legst auf mich deine Faust.« Ebach schreibt dazu, dass die einzelnen Worte dieses Verses unterschiedliche, ja gegensätzliche Bedeutung haben können: »... man-ches, was da von Gottes Hand gesagt wird, klingt behütend und bewachend, anderes zugriffig und überwachend. Es bleibt darum bei dem verwirrenden Bild: Ob die Hand Gottes die Beterin, den Beter des Psalms behütet oder bedrückt, bewahrt oder niederhält, bewacht oder überwacht lässt sich aus dem Wortlaut nicht eindeutig entnehmen.«[35]

Auch die Rede vom Auge Gottes (»deine Augen sahen mich, als ich noch nicht bereitet war...« Ps 139, 16) können in hohem Maß Ambivalenz auslösen: Trost und Drohung, Schutz und Kontrolle/Überwachung. Von der Bedeutung der Worte her sind beide Lesarten möglich. Es ist die Situation, in die hinein ein Vers gelesen oder gehört wird, und die hörende Person, die darüber entscheiden, welche Bedeutung für diesen Menschen in dieser Lage in diesem Moment »stimmt«.

Damit spiegeln die mehrfachen Auslegungsmöglichkeiten die Ambivalenz der Gotteserfah-rung: die Erfahrung eines liebenden und eine bedrohlichen Gottes, den wir »fürchten und lieben« sollen.

Insofern scheint es mit Ebach grundsätzlich sinnvoll und produktiv zu sein, die möglichen verschiedenen Lesarten eines Textes (hier speziell von Ps 85, 11, aber auch von Ps 139, 5) zu berücksichtigen: »... beide Lesarten wahrzunehmen als solche, die einander nicht ausschlie-ßen, sondern ergänzen und befragen und am Ende womöglich zusammenkommen können. Die Offenheit lässt nicht beliebige, wohl aber unterschiedliche Konfigurationen mit anderen biblischen Texten zu, die je eigene Perspektiven in das Gegen- und Miteinander von Liebe und Wahrheit, Gerechtigkeit und Frieden einbringen.«[36]

Insofern könnte man zugespitzt sagen: Das Judentum repräsentiert eine Religion der offenen Auslegung und Deutung. Die Texte der Thora laden zur Interpretation ein, jede Interpretation wiederum verändert und bereichert den Text, macht ihn vollstän-diger und umfassender. Susan Handelman formuliert es noch weitergehend so: »The rabbinic tradition ... based itself on the principles of multiple meaning and endless interpretability, maintaining that interpretation und text were not only inseparable, but that interpretation – as opposed to incarnation – *was the central divine act*.«[37]

Eine mögliche Erklärung für diesen erstaunlichen Sachverhalt könnte im Gottes-bild des jüdischen Glaubens zu finden sein, also in einer theologischen Argumenta-tion. Das alttestamentliche Bilderverbot entsteht, folgt man dem Duktus der Erzäh-lung, in einer Situation von hoher Ambivalenz:[38] Das Volk Israel ist aus der Diktatur des ägyptischen Pharao entkommen, hat Freiheit und Unabhängigkeit gewonnen, ängstigt sich nun aber vor der offenen und unwägbaren Zukunft in der Wüste, beson-

---

34 Ebach 2002, 57–69.
35 Ebach 2011, 238ff.
36 Ebd. 67.Weitere Beispiele finden sich bei Ebach 1997, 85ff.
37 Handelman 1982, XIV.
38 Zum Folgenden vgl. Otscheret 1988, 41f und Jekeli 2002, 103f.

ders angesichts der langen Abwesenheit seines Führers Mose. Das Unternehmen, sich Gott als einen Stier greifbar vorzustellen und eine entsprechende Skulptur zu konstruieren und zu verehren, kann man als den Versuch verstehen, verlorene Eindeutigkeit durch Anlehnung an Gottesvorstellungen benachbarter Religionen wiederherzustellen. Der Weg aus Ägypten bedeutete den Schritt in die Selbstständigkeit, in eine selbstverantwortete Autonomie, in der auch Gott – der als Wolken- und Feuersäule mitgeht – unanschaulich und ungreifbar bleibt. Gottes Verheißung zu folgen, bleibt risikobehaftet, Irrwege sind nie auszuschließen – eine anspruchsvolle Aufgabe, der sich das Volk durch den Rekurs auf ein Standbild und dessen Anbetung zu entziehen sucht. Mose zerstört nach seiner Rückkunft vom Sinai die Eindeutigkeit des Stierbildes, zertrümmert diesen Ausdruck einer Regression in die Sicherheit. Sich *kein* Bild zu machen, die Bildlosigkeit auszuhalten, lautet das Gebot. Es impliziert die Aufgabe, immer neu zu fragen, wer Gott in einer Lebenssituation für einen ist und was er in der jeweiligen Situation von einem will. »Triffst du Buddha unterwegs, so töte ihn« lautet eine buddhistische Weisheit. Sie bezieht sich auf die Buddha-*Vorstellungen,* auf die Gottesvorstellungen, die wir uns unvermeidlich zur eigenen Absicherung machen. Es gilt, sie immer wieder zu töten, zu destruieren, sich immer neu der Bildlosigkeit, d. h. der Andersartigkeit, der Fremdheit, der Verborgenheit Gottes und des Lebens insgesamt auszusetzen.

So gesehen setzt die Wertschätzung der Vieldeutigkeit und der Ambivalenz im Zentrum des jüdischen Glaubens an, ist dessen Ausdruck. Gott und sein Wort sind nicht eindeutig fest zu machen, sie zeigen sich vieldeutig, ja widersprüchlich – und die Aufgabe der Menschen ist es, die Vielfalt der Auslegungsmöglichkeiten zu bedenken, abzuwägen und die Relevanz und Produktivität der unterschiedlichen Deutungen für sich zu eruieren.

Eine weitere mögliche Erklärung für die Tatsache, dass die jüdische Exegese die Vieldeutigkeit so sehr schätzt und praktiziert, sieht Jürgen Ebach in dem Nebeneinander von Aggada (Erzählung) und Halacha (Wegweisung). Die Schriftauslegung der Aggada trägt schon fast postmoderne Züge: »Sie lebt (1) aus und mit Zitaten und deren immer neuer Montage bzw. Collage; sie betrachtet (2) jede neue Interpretationsmöglichkeit als Zuwachs eines Sinnes eines Textes; sie bricht (3) mit dem Postulat der historischen Abfolge ...; schließlich lebt sie (4) vom Neben- und Miteinander der Interpretation(en) und des Hinzuerzählens ...«[39] Diese Vielfalt wird möglich, wird nicht als Beliebigkeit gesehen, weil sie von der Eindeutigkeit des Tuns, der Halacha, begleitet wird: »Wegen der Eindeutigkeit der Halacha kann die Aggada auf der Vielfalt beharren.«[40] Wenn klar ist, was man tun soll, kann man sich in Prozessen des Verstehens bzw. der Auslegung Vieldeutigkeit leisten.

Aus sozialpsychologischer Sicht könnte man sagen: Offenbar war es den Rabbinen möglich – oder von ihnen sogar gewünscht – ein relativ hohes Maß an Ambiguität und Ambivalenz im Umgang mit den Schriften zu erzeugen, auszuhalten und kreativ zu nutzen. Das Judentum vertritt einen undogmatischen Glauben, kennt keinen zu

---

39 Ebach 1995, 11.
40 Ebd.,11.

systematisierenden Gegenstand des Glaubens. So sagt Martin Buber: »Ich habe kein System, ich habe nur eine Botschaft.«[41] Wenn man Dogmatik versteht als den Versuch, durch logische Deduktionen und Zuordnungen Vieldeutigkeiten und Ambivalenzen des Glaubens zu reduzieren und das verunsichernde Geheimnis Gottes ein wenig zugänglicher und handhabbarer zu machen, dann ist das Judentum der Verlockung dieser Versuchung offenbar nicht erlegen, vielleicht aus jenem oben geäußerten theologischen Grund.

Es stimmt also: Die Bibel ist ein hochambiguitäres Buch,[42] oder anders: Sie erzählt von vielen ambiguitären Ereignissen und Erlebnissen und versucht nicht, diese Spannungen zu glätten. Selbst im Zentrum ihres Glaubens regt sie zur Vieldeutigkeit an – und fürchtet diese offenbar nicht. »Die Wahrheit Gottes lässt sich nach jüdischer Auffassung nur auf dem Wege der Diskussion finden.«[43]

> Man kann den Unterschied zwischen Judentum und Christentum an der bildenden Kunst verdeutlichen: In jüdischer Buchmalerei beispielsweise fehlen Darstellungen Gottes; göttliche Präsenz wird ausgedrückt durch eine angedeutete Hand oder Strahlen, die vom Himmel herab scheinen oder, bei Marc Chagall, durch das Tetragramm in einer Wolke. Im Christentum setzte sich nach anfänglicher Ablehnung von Gottesbildern unter Berufung auf die Inkarnation eine zunehmende Bilderfreundlichkeit durch, die in der Kunst des ausgehenden Mittelalters vielfältige und anscheinend kaum problematisierte Gottesbilder (etwa in Trinitätsdarstellungen) produzierte.

Der unterschiedliche Umgang mit Eindeutigkeit und Vieldeutigkeit in den beiden Religionen wird hier sinnlich nachvollziehbar. So mehrdeutig Bilder auch sein mögen, die Bildlosigkeit stellt geradezu die Aufforderung dar, Ambiguitäten und Ambivalenzen wahrzunehmen und zu fördern. Während ein äußerlich wahrnehmbares und beschreibbares Bild der Interpretation gewisse Grenzen setzt, sind die inneren Bilder und Projektionen, die unvermeidlich angesichts eines Bilderverbots entstehen, geradezu grenzenlos.

Es gibt eine rabbinische Geschichte, die ein Lob der Vieldeutigkeit der Auslegung, der Freiheit und Autonomie der Auslegenden singt, und besonders exemplarisch für das rabbinische Selbstverständnis zu sein scheint:

> »An jenem Tag (bei einer Diskussion über die rituelle Reinigung) brachte Rabbi Eliezer jedes nur denkbare Argument vor, aber er konnte sie nicht überzeugen. Er sagte zu ihnen: ›Wenn die Halacha mit mir einer Meinung ist, soll dieser Johannisbrotbaum es bezeugen!‹ Daraufhin wurde der Johannisbrotbaum hundert Ellen weit hinweg geschleudert ... ›Ein Johannisbrotbaum kann nichts beweisen‹, entgegneten sie. Und wiederum sagte er ...
> [der Strom soll es bezeugen]
> [die Mauern des Lehrhauses sollen es bezeugen]
> Und wiederum sagte Rabbi Eliezer: ›Wenn die Halacha mir recht gibt, dann soll es der Himmel bezeugen!‹ Daraufhin ertönte eine Stimme vom Himmel, die rief: ›Weshalb streitet ihr mit Rabbi Eliezer, wo doch die Halacha ihm in allen Stücken recht gibt!‹ Aber Rabbi Joschua erhob sich und rief: ›Es ist nicht im Himmel!‹ Was meinte er damit? Rabbi Jeremias

---

41 Zitiert bei H. M. Barth ²2002, 85.
42 So Jekeli 2002, 103.
43 Krabbe 1995, 29.

sagte, die Tora sei bereits auf dem Berge Sinai gegeben worden und wir schenkten einer himmlischen Stimme daher keine Beachtung mehr, da Du schon vor langer Zeit in der Tora am Sinai geschrieben hast, dass man sich der Mehrheit beugen muss. Rabbi Nathan traf den Propheten Elija und fragte ihn: ›Was hat der Heilige, gepriesen sei er, zu jener Stunde getan?‹ ›Er lachte (vor Freude)‹, erwiderte er, ›und sagte: Meine Söhne haben mich besiegt, meine Söhne haben mich besiegt‹.«[44]

Kann es ein stärkeres Zeugnis für die kreative Notwendigkeit von Vieldeutigkeit als diese Geschichte geben? Sogar einer himmlischen Stimme kann widersprochen werden, sie kann keine Eindeutigkeit und Verbindlichkeit beanspruchen. Gott selbst, der Heilige, will es so, er stachelt die Menschen gleichsam zu dieser Haltung der Freiheit, der Selbstständigkeit, des Mutes zur Vieldeutigkeit, zu diesem Widerstand gegen festgelegte Meinungen und Autoritäten an.

Gleichwohl kennt auch das Judentum den Begriff der Häresie; im sog. 18-Bitten-Gebet werden Irrlehrer verflucht – ohne dass wirklich klar ist, wer bzw. welche Lehren mit diesem Terminus gemeint sind.

Das bedeutet, dass auch die ursprünglich einmal kritischen Verfahren in einer späteren Zeit auch wieder der Kritik unterzogen werden müssen. H.G. Kippenberg hat es so geschrieben: »In jeder Epoche muss versucht werden, die Überlieferung von neuem dem Konformismus abzugewinnen, der im Begriff steht, sie zu überwältigen.«[45] Gegen die Konvention, gegen die Regression zur Eindeutigkeit und zum »ein für alle Mal« Feststehenden muss stets »heute« neu erzählt werden. In der jüdischen Tradition ist das so formuliert worden: »In jeder Generation ist ein Mensch verpflichtet, sich selbst so anzusehen, als sei *er* aus Ägypten ausgezogen ...«[46] Welche von den zahlreichen und unerschöpflichen Bedeutungen »heute« angemessen und treffend ist, liegt nicht von vornherein fest, sondern muss sich ständig im kritischen Dialog mit anderen und dem Kontext erweisen. Exegese und Eisegese verschmelzen und bereichern sich wechselseitig.

6.6 Die Tendenz zur Eindeutigkeit: Christliche Textauslegung

Die Wertschätzung von Vieldeutigkeit in den Auslegungsprozessen des rabbinischen Judentums geht im Christentum langsam verloren; der Wunsch nach Eindeutigkeit – nach der einen Wahrheit – wird immer stärker. Eine Reihe von Faktoren dürfte dafür ausschlaggebend sein:

• Die frühchristlichen Gemeinden sahen sich der Herausforderung gegenüber, zunächst als kleine innerjüdische Minderheit zunehmend eindeutig bestimmen zu wollen und zu müssen, auf welche Quellen sie ihr neues Selbstverständnis, ihren

---

44 Aus dem babylonischen Talmud, Baba Metzia 59b, zitiert nach Fromm 1980, 65f.
45 Zitiert bei Ebach 1995, 129.
46 Zitiert bei Ebach ebd. 129.

Glauben stützen wollten. Die Paulusbriefe, die vier Evangelien nebst Apostelge-
schichte standen früh unstrittig als kanonische, d. h. verbindliche und den Glauben
begründende Schriften (»Homologoumena«) fest, daneben gab es jedoch »Antile-
gomena« und »Apokryphen«, deren Gültigkeit und Verbindlichkeit unter den Gemeinden offenbar längere Zeit strittig war.[47] Vor allem der später als Häretiker
bezeichnete Marcion (etwa seit 144 n.Chr.) stellte die Gültigkeit christlicher Schriften radikal in Frage, indem er das AT als Zeugnis auch für den christlichen Glauben verwarf, und die Paulusbriefe gemäß seiner dualistisch-gnostischen Grund-
konzeption selektierte und entsprechend redigierte. Die Gefahr solcher
Abspaltungen und häretischen Auffassungen aktiviert natürlich das Bemühen um
Eindeutigkeit und Verbindlichkeit. Auch die Kanonbildung ist als Versuch der Bewahrung und des Schutzes vor möglichen Fehlern, Veränderungen und Umdeu-
tungen des mehr oder weniger akzeptierten Schriftbestandes zu sehen.

- Mit dem Prozess der Kanonbildung einher geht die Tendenz, die Verkündigung
  des Jesus von Nazareth bzw. die Verkündigung von Jesus als dem Christus (Messias) mit dem Begriff der Lehre zu bezeichnen (didaskalia). Diese Lehre basiert
  auf einem »sicheren Grund«, einem »zuverlässigen Grund« (Lk 1,4), später wird
  sie zusätzlich qualifiziert mit Adjektiven wie »gesund bzw. heilsam« (hygieinousa,
  1 Tim 1,10). Abweichungen von gesunder Lehre werden »fremde Lehren« genannt
  (Hebr 13,9); Personen, die sich nicht an die gesunde Lehre halten, werden be-
  schimpfend parallelisiert mit Totschlägern, Unzüchtigen, Knabenschändern, Lüg-
  nern (1 Tim 1, 9f.) etc. Die Abwehr von Häresie oder Heterodoxie (deren Einord-
  nung als solche voraussetzt, dass es schon einen mehr oder weniger eindeutigen
  Maßstab gab, demgegenüber man Übereinstimmung oder Abweichung feststellen
  konnte) wird zu einem zentralen Anliegen frühchristlicher Apologetik.
- Die ersten Christen sind alle Konvertiten aus dem Judentum, gelegentlich sicher
  auch aus dem griechischen »Heidentum« gewesen. Für solche Konvertiten war es
  von großer Wichtigkeit, die Differenz ihres Glaubens gegenüber ihrer Herkunftsre-
  ligion benennen zu können. Die Taufe Erwachsener als Erkennungsmerkmal der
  Christen war deswegen von Anfang mit einer Taufbelehrung, einer Katechese verknüpft:[48] Man sollte lernen und zum Ausdruck bringen können, für welchen Glauben man sich mit der Konversion entschieden hatte. Eindeutigkeit und Abgrenzung bekamen damit großes Gewicht und unterschieden christliche Glaubens- und
  Lehrtraditionen von den bisherigen jüdischen.
- Weitere Schritte bestehen in der Entwicklung einer »regula fidei«, einer Bekennt-
  nisformulierung unter Rückgriff auf die Tradition zur Abwehr möglicher Häresien.
  Als Weiterentwicklung der regula fidei kann man dann die »großen« und verbindlichen Glaubensbekenntnisse (symbola) wie das Apostolikum oder das Nicänum
  betrachten, die im vierten Jahrhundert entstanden. In jedem Fall ist in der frühen
  Kirche die Bemühung zu beobachten, die christliche Lehre möglichst eindeutig
  und verbindlich zu fixieren. Verbunden mit diesen Bemühungen ist die Entwick-

---

47 Vgl. Künneth 1988, 562ff.
48 Vgl. Bienert 2001, 853f.

lung eines sog. monarchischen Episkopats, der wiederum eine Vorstufe des späteren verbindlichen Lehramts bzw. Papstamtes bildet.
- Trotzdem hat sich die hermeneutische Methode des sog. vier-fachen Schriftsinns das ganze Mittelalter über gehalten und damit eine erstaunliche Vielfalt in der Schriftauslegung ermöglicht. Die Bekenntnisse haben jedoch einen eindeutigen Rahmen vorgegeben, innerhalb dessen sich die Schriftauslegung zu bewegen hatte.

Das Christentum hat im Vergleich zum Judentum ein weit größeres Bedürfnis entwickelt, in der Schriftauslegung Eindeutigkeit zu erzielen. Eine Geschichte wie die oben zitierte von Rabbi Eliezer und Gottes Antwort auf den Disput mit seinen Kontrahenten ist im christlichen Kontext schwer vorstellbar. Umso mehr scheint es an der Zeit, mit Hilfe der im 20. Jahrhundert entstandenen zahlreichen verschiedenen Auslegungsmethoden die »Mehrstimmigkeit des göttlichen Wortes«[49] und die damit verbundene kreative Glaubensambivalenz wieder neu zu entdecken.

6.7 Verlust und Wiedergewinn der Glaubensambivalenz

In den christlichen Kirchen hat sich mit Berufung auf Paulus (2 Kor 4,7 u.ö.) die theologische Auffassung durchgesetzt, dass wir in den biblischen Schriften einen festgelegten Schatz an Wahrheit besitzen, der durch Auslegung in die jeweilige Gegenwart hinein aktualisiert werden kann und muss, damit Menschen aus dieser Wahrheit heraus leben und ihren Alltag bewältigen können.[50] Der Zugang ist ein grundlegend historischer: Ausgangspunkt ist ein historischer Text, dem generell unterstellt wird, dass er Relevanz auch für gegenwärtige Lebensdeutung und Lebensführung besitzt. Dieser Ansatz spiegelt sich in der traditionellen Struktur der Predigt in den deutschen evangelischen Kirchen:[51] »Vom Text zur Predigt«, von einer besonderen Vergangenheit zur Gegenwart, von der biblischen Schöpfungserzählung zur modernen Auffassung der Weltentstehung seit Darwin – das ist das hermeneutische Grundmuster, das immer wieder mit hohem intellektuellem Aufwand praktiziert wird. W. Gräb nennt es eine »Theologentheologie«,[52] die gegenwärtig offenbar ihre Relevanz verloren hat, die Zeitgenossen mehrheitlich nicht mehr interessiert. Nur noch eine relativ kleine Zahl von Menschen vertraut darauf, dass in den biblischen Erzählungen so etwas wie letzte Heilswahrheiten verborgen sind, die nur neu entfaltet und »irgendwie« angenommen werden müssen.

Es gibt eine Reihe von gesellschaftlichen Gründen, die für diese Entwicklung verantwortlich gemacht werden können; ein quasi kircheninterner Grund ist nach Gräb

---

49 Klapheck 2012, 189.
50 Vgl. zum Folgenden auch Gräb 2015.
51 Ich erwähne diesen Kontext, weil ein Blick in die weltweite Ökumene schnell zeigt, dass dort wesentlich freier mit biblischen Texten umgegangen wird.
52 Gräb 2015, 12.

die »Religionsunfähigkeit von Theologie und Kirche.«[53] Zu dieser Religionsunfähigkeit gehört, dass theologisch-verkündigendes Reden weitgehend ambivalenzfrei verläuft, mit einem Eindeutigkeits- und Gewissheitspathos längst historisch gewordene
Tatbestände und vergangene Lebensdeutungen quasi als »Heilstatsachen« reprodu-
ziert, die von den Zeitgenossen nicht verstanden werden oder zumindest auf zwiespältige Reaktionen und Widerspruch stoßen.

> Um nur ein Beispiel zu nennen: Die Sprache der Verheißung steht in eklatantem Widerspruch
> zur Sprache der Tatsachen, hat Ernst Lange schon vor 50 Jahren gesagt. Aussagen wie »du
> sättigst alles, was lebt« (Ps. 145, 16) oder »Die Hungrigen füllt er mit Gütern und lässt die
> Reichen leer ausgehen« (Lobgesang der Maria, Lk 1, 53) können angesichts der Realität unse-
> rer Welt fast nur wie Hohn und Spott verstanden werden. Trotzdem werden sie unverdrossen
> und vor allem unerklärt in den Kirchen gebetet und gesungen. Wenn die ambivalenten Reak-
> tionen aber nicht aufgegriffen, entfaltet und dialogisch bearbeitet werden, erreicht man die
> Menschen nicht mehr (dazu ausführlicher ▶ Kap. 9).

Kirchlich-theologische Arbeit muss bei der religiösen Erfahrung, bei der religiösen
Autonomie der Zeitgenossen ansetzen. Menschen haben Fragen nach dem Sinn ihres
Lebens und unserer Welt, haben tiefe Ängste angesichts der Bedrohungen und Grausamkeiten der Gegenwart; zugleich treiben sie Sehnsüchte um nach Frieden, Freiheit,
und Gerechtigkeit, viele sind erfüllt von Visionen einer besseren Welt. Diese Themen
und Gefühle sind mit den Texten der biblischen Zeugen in einen offenen Dialog zu
bringen (im Anschluss an Tillichs Methode der Korrelation), dessen Ergebnis nicht
schon insgeheim immer fest steht. Diese Perspektive ist überhaupt nicht neu, sie
findet sich in vielen »alternativen« Auslegungsmethoden,[54] jedoch hat sie sich bisher
nur begrenzt in der kirchlichen Praxis durchgesetzt.

> Ein interessantes Beispiel für die Schwierigkeit, diesen Ansatz konsequent durchzuhalten,
> liefert Manfred Oeming in seiner biblischen Hermeneutik.[55] Im Schlusskapitel unter der
> Überschrift »Sinnflut oder Sinnfülle« rekapituliert Oeming noch einmal die Notwendigkeit
> der Methodenvielfalt in der Auslegung, im Verstehensprozess der Schriften. Auslegung darf
> nicht eindimensional sein, die Vielfalt der Interpretationszugänge entspricht der inhärenten
> Vielfalt der zugrunde liegenden Sache. Zum Schluss sagt der Autor dann, man möge sich von
> der Verstehensvielfalt nicht entmutigen lassen, die Schrift werde sich selbst durchsetzen. »Die
> Schrift erhellt Existenz.«[56] Dieser Satz erscheint mir als ein typisch apologetischer, der ver-
> sucht, einfach affirmativ die unvermeidliche Ambivalenz der vorher stark gemachten Vielfalt
> der Verstehenszugänge zu umgehen. Der Satz ist so richtig wie falsch: Schrift kann Existenz
> erhellen, sie kann gleichfalls Existenz verdunkeln, in den allermeisten Fällen bewirkt sie gar
> nichts, weil sie nicht verstanden wird.

Ansatz bei der Erfahrung heißt, von den Fragen, Vorstellungen, Wünschen, Ängsten
und Sehnsüchten gegenwärtiger Menschen, von ihren Ambivalenzen und Widersprüchlichkeiten auszugehen. Die Spannung von Vertrauen und Misstrauen in das
Leben, von Angst und Zuversicht, Verzweiflung und Hoffnung im Blick auf einen

---

53   Ebd. 11.
54   Eine Übersicht gibt Oeming 1998, 31ff.
55   Ebd. 175ff.
56   Ebd. 183.

Lebenssinn sind der »Stoff«, den eine »religionshermeneutische Theologie« (Gräb) bearbeiten kann und sollte. Sie rechnet mit dem Lebensglauben der Menschen, mit der »Vielfalt der individuellen Religionsproduktivität«.[57]

Individuelle Religionsproduktivität schließt an die Vielfalt der möglichen Textauslegungen an. Beide Prozesse können einander ergänzen und anregen. Die entstehende Spannung von Eindeutigkeit und Vielfalt, von Verbindlichkeit und Offenheit hat Jürgen Ebach anschaulich folgendermaßen beschrieben:

»Ich bin mir der traurigen Tatsache bewusst, dass … (nämlich dass ich das *eine* klare Wort Gottes nicht als das *eine* klare zu hören vermag), oder: Ich bin beglückt angesichts des Reichtums, dass … (nämlich dass das *eine* Wort Gottes so vielfältig, so reich an Verstehensmöglichkeiten ist und dass Menschen mit ihrer Phantasie und ihrer Argumentation etwas von diesem Reichtum herausfinden, ja herausarbeiten können.).«[58]

---

57 Gräb 2015, 17.
58 Ebach 2011, 33.

7. »Ich glaube, dass ich glaube«[1] – Ambiguitäten und Ambivalenzen im Vollzug des Glaubens (fides qua creditur)

»In allen Religionen ist der Glaube ein wesentliches Element des religiösen Lebens.«[2] Nicht umsonst werden die Anhänger einer Religion oft auch »die Gläubigen« genannt, auch wenn diese Bezeichnung, auf eine Vielzahl von Personen angewandt, höchst vieldeutig ist.

Denn was bedeutet »glauben« und welches Gewicht kommt diesem Verhalten, dieser Einstellung innerhalb einer organisierten Religion zu? Darauf gibt es höchst vielfältige und z. T. geradezu widersprüchliche Antworten. Das Wortfeld, das sich um »glauben« herum auftut, ist sehr groß, vielfältig und widersprüchlich, changiert zwischen deskriptiven und normativen Aspekten. Richard H. Niebuhr hat in seinem Buch über den Glauben die Widersprüchlichkeit anschaulich so beschrieben: »Now it means belief in a doctrine; now the acceptance of intuited or self-evident truths; now confidence or trust; now piety in general or a historic religion. In some cases the word applies to man's relation to the supernatural but again it refers to human interpersonal relations. *Do not these meanings vary so greatly that it is an illusion to think of all these faiths as having anything in common that can be a fit subject for inquiry?*«[3]

Bereits in der Scholastik des Hochmittelalters hatte man eine ganze Reihe recht verschiedener Konzepte des Glaubens unterschieden: *fides implicita* (der Glaube, der das nachvollzieht, was die Autorität der Kirche vorgibt) und die *fides explicita* (jemand weiß und kann reflektiert-begründet zum Ausdruck bringen, was er glaubt); *fides acquisita* (äußerliche Zustimmung zum Zeugnis der Schrift durch Vernunftgründe), *fides informis* (innere, überzeugte Zustimmung zum Zeugnis der Schrift), *fides caritate formata* (Glaube, der von der Liebe durchdrungen ist).

In der altprotestantischen Orthodoxie werden *notitia, assensus* und *fiducia* als Bestandteile des Glaubens unterschieden: Kenntnisnahme, Zustimmung und Vertrauen. Alle drei gehören zusammen, müssen aber doch zugleich auseinander gehalten werden.

In der Religionspsychologie werden drei verschiedene Typen des Glaubens benannt: *Extrinsisch* (aus äußerlichen gesellschaftlichen Erwartungen entstanden), *intrinsisch* (von innen heraus motiviert) und eine »*quest orientation*« (ein suchender, fragender, offener Typus des Glaubens).[4]

---

1 Diese Wendung stammt von Vattimo 1997, 76.
2 Lanczkowski 1984, 275.
3 Niebuhr 1989, 4. (Hervorhebung von mir, M.K.)
4 Pargament 1997, 61ff.

In der Pastoralpsychologie wird gezeigt, wie Glaube in die Persönlichkeitsstruktur verwoben ist, so dass man, legt man beispielsweise das Modell der Persönlichkeitsstruktur von Fritz Riemann zugrunde, auch im Vollzug und der inhaltlichen Ausprägung des Glaubens eines Menschen recht unterschiedliche Akzentuierungen ausmachen kann.[5]

Wenn man sich diese kleine Auswahl der höchst unterschiedlichen Konzeptionen dessen, was Glaube bedeuten kann, wie sich Glaube(n) vollzieht und wie er Ausdruck findet, vor Augen führt, entsteht die Frage: Kann Glaube in dieser Vieldeutigkeit alleinige und unbezweifelbare Grundlage von Religion, Basis und Zentrum religiöser Gewissheit sein? Die Schwierigkeit, einen einheitlichen und allgemein akzeptierten Begriff des Glaubens zu entwickeln, weist darauf hin, dass Glaube auf jeden Fall keinen ambivalenzfreien Raum bezeichnet, sondern eher eine kreative Mischung aus ganz unterschiedlichen und widersprüchlichen Motiven, Strebungen, Einstellungen und Zielen. Aber gerade diese Mischung heterogener Elemente macht wiederum den Reiz des Glaubens aus, lädt dazu ein, die unterschiedlichen Facetten zu erkunden und miteinander ins Gespräch zu bringen.

Vor dem Hintergrund dieser ersten Beobachtungen sollen im Folgenden das begriffliche Umfeld dessen, was »glauben« bedeuten kann, sowie die Differenzen und Überschneidungen mit anderen verwandten Begriffen herausgearbeitet werden. Dabei könnte jeder der im Folgenden angesprochenen Begriffe eine separate umfassende Untersuchung rechtfertigen, im vorliegenden Zusammenhang kann es nur darum gehen, in relativer Kürze auf die aus pastoralpsychologischer Sicht wichtigsten Aspekte einzugehen. Der Vergleich der unterschiedlichen Konnotationen wird zeigen, dass der tatsächliche Vollzug des Glaubens viel stärker durch Ambiguität und Ambivalenz, durch Suche und Vorläufigkeit gekennzeichnet ist als durch Klarheit, Festigkeit, Eindeutigkeit und Gewissheit. Und eben dies stellt in postmodernen Zeiten nicht länger ein Defizit oder einen Makel dar, sondern eine belebende Bereicherung. So entsteht im Folgenden eine kleine Phänomenologie des Glaubens im Kontext seiner Ambivalenzen, seiner untereinander in Spannung stehenden vielen Spielarten und Bedeutungsvarianten.

7.1 Glaube: Überzeugungen/Deutungen/Annahmen über die Wirklichkeit

Jeder Mensch besitzt grundlegende Annahmen und Überzeugungen im Blick auf den Charakter der Wirklichkeit – Überzeugungen, die sich im Lauf der Sozialisation durch die Begegnungen mit anderen Menschen herausbilden. Die Wirklichkeit ist in einem objektiven Sinn für uns nicht erkennbar, aber wir haben eine Fülle von mehr oder weniger geprüften Annahmen über sie, d. h. wir haben eine immer schon gedeutete Wirklichkeit. Die Deutungskategorien erwerben wir in der Kindheit und Jugend;

---

5   Vgl. Klessmann [5]2015, 398ff. mit Blick auf spezifische Predigtstile von Pfarrerinnen und Pfarrern.

sie begleiten uns ein Leben lang mehr oder weniger unbewusst. Spätere Korrektur-
möglichkeiten durch andersartige Erfahrungen sind möglich, doch setzen sie in der
Regel eine aktive Auseinandersetzung mit den bisherigen Wirklichkeitsdeutungen voraus.

Zwei mögliche Erklärungsmodelle zur Entstehung von Wirklichkeitsdeutungen
sollen hier kurz vorgestellt werden, ein entwicklungspsychologisches und ein religiöses Modell:

7.1.1   Ein entwicklungspsychologisches Erklärungsmodell

Erik H. Erikson hat den ersten grundlegenden Konflikt im Leben eines Kindes mit
der Polarität von Urvertrauen versus Urmisstrauen gekennzeichnet (▶ Kap 5.2.1).
D. h. es geht darum, ob ein Kind die Erfahrung macht, dass seine Welt überwiegend
eine vertrauenswürdige, verlässliche Welt ist oder ob es das Gefühl bekommt, dass
seine wichtigsten Beziehungen sowie seine Umwelt von Wechselhaftigkeit, Unzuver-
lässigkeit, Misstrauen, ja Gewalt geprägt sind. Schon früh erfahren Kinder den Unterschied, ob ihre Welt ein weitgehend verlässlicher, sicherer und fröhlicher oder ein
eher trauriger, bedrohlicher Ort ist, ein anregender oder ein langweiliger, ein Angst
erregender oder ein ermutigender, ein Ort, in dem Bedürfnisse befriedigt werden
können oder immer wieder unbefriedigt ertragen werden müssen.

Aus solchen Erfahrungen, die eine Mischung aus Kognitionen und Emotionen
darstellen, bilden sich, so beschreibt es der Säuglingsforscher Daniel Stern, generalisierte Episoden, Durchschnittserwartungen und präverbale Repräsentationen. »Die
generalisierte Episode ist keine spezifische Erinnerung. Sie bezeichnet kein Ereignis,
das wirklich einmal genauso geschehen ist. Sie enthält vielfältige spezifische Erinnerungen, kommt aber als Struktur einer abstrakten Repräsentation im klinischen Sinn
näher. Sie stellt eine Struktur des wahrscheinlichen Ereignisverlaufs dar, *die auf durch-
schnittlichen Erfahrungen beruht.* Dementsprechend weckt sie Erwartungen (in Bezug
auf Handlungen, Gefühle, Empfindungen usw.), die entweder erfüllt oder enttäuscht
werden können.«[6]

Mit anderen Worten: Aus den frühen Erfahrungen bilden sich generalisierte, emotional getönte Annahmen über die Wirklichkeit, die man als eine Form des Glaubens,
als System von Annahmen über die Wirklichkeit, als Formen der Lebensdeutung
bezeichnen kann. Diese Annahmen sind weitgehend unbewusst, prägen aber die aktuelle Wahrnehmung, das Fühlen und Handeln tiefgehend.

> Ein Kind, dessen Eltern aus welchen Gründen auch immer nicht in der Lage waren, eine
> verlässliche Versorgung und liebevolle Zuwendung bereit zu stellen, erlebt viele Frustrationen,
> die sich zu der generalisierten Annahme verdichten: »Die Welt ist ein unzuverlässiger Ort,
> in dem mir immer wieder Frustrationen und Schmerzen zugefügt werden; am besten kann
> ich überleben, wenn ich vorsichtig und mit Zurückhaltung agiere; ich selbst bin anscheinend
> wenig liebenswert – nur gelegentlich gibt es erfreuliche Begegnungen.« Entscheidend ist nun,
> dass solche Annahmen wie ein Wahrnehmungsfilter und wie eine selffulfilling prophecy wir-

---

6   Stern 1992, 142 (Hervorhebung von mir, M.K.).

ken.[7] Man nimmt bevorzugt das wahr, was dieser frühen Vorannahme entspricht und setzt unbewusst geradezu darauf, dass sich das Vor-Urteil bestätigt.

In diesem allgemeinen Sinn trägt jeder Mensch individuelle, familientypische, milieu-typische und kulturtypische Annahmen – Glaubens-Annahmen – über seine Wirklichkeit mit sich herum. Meistens bleiben diese Annahmen, wie schon gesagt, diffus und eher unbewusst; vor allem in Krisensituation, in denen man die eigenen Annahmen kritisch hinterfragt, oder wenn man sich einem Prozess der Selbsterfahrung oder der Psychotherapie unterzieht, werden sie bewusst gemacht und damit auch veränderbar.

Die meisten dieser Annahmen über die Wirklichkeit haben ambivalenten Charakter: So wie Erikson die von ihm identifizierten Lebensphasen polar strukturiert hat, so mischen sich in den Lebenserfahrungen positive und negative, konstruktive und destruktive, erfreuliche und schmerzliche Erfahrungen. Zwar überwiegt jeweils ein Pol mehr oder weniger deutlich – ohne dass damit die Ambivalenz gänzlich aufgehoben wäre. Diese Ambivalenzen machen das Leben abwechslungsreich und spannend; eine einseitige und quasi endgültige Festlegung reduziert die Lebendigkeit, muss vielmehr als Abwehr der mit Unsicherheit verknüpften Ambivalenzen verstanden werden.

7.1.2 Ein religiöses Erklärungsmodell

Glaube bezeichnet »das menschliche Vermögen, Selbst-, Welt-, Zeit- und Gottesbilder zu konstruieren,«[8] und, so füge ich diesem Zitat hinzu, sich von diesen Bildern im Alltagsverhalten und in Lebenskrisen bestimmen, leiten und anregen zu lassen. Die Bilder stellen Wirklichkeitsdeutungen dar, sie setzen sich nicht nur, wie die großen Religionskritiker gemeint haben, aus Illusionen, Wünschen, willkürlichen Erfindungen und Projektionen zusammen, sondern bilden eine deutende Antwort auf erlebte, vieldeutige Wirklichkeit (▶ vgl. Kap 6.1).[9] Menschen fühlen sich gelegentlich von der Wirklichkeit so »angesprochen, ergriffen und herausgefordert«, dass sie das, was sie erleben, »als eine Erfahrung des Göttlichen, des Heiligen, des Übersinnlichen, des Übernatürlichen oder des Unendlichen« deuten; sie glauben, eine Kraft, eine Energie, eine Macht zu spüren, die größer und stärker ist als ihre eigene. »Jede Transzendenz-erfahrung ist in diesem Sinn eine bestimmte Art der Selbsterfahrung. Das Subjekt erfährt sich von der Wirklichkeit so angegangen, dass es in seiner Interpretation dieser Wirklichkeitsbegegnung nicht anders kann, als jene Deutungsmuster des Göttlichen, des Heiligen, des Übersinnlichen und Übernatürlichen anzuwenden.« Dabei bilden sich Transzendenz oder das Göttliche nicht einfach direkt im Subjekt ab; vielmehr gilt: »Transzendenzerfahrung ist eine Deutungsleistung und nicht einfach eine Wirklichkeitsabbildung …«[10] In dieser Sicht kommen Glaube als menschliche Aktivi-

---

7 Vgl. Grochowiak/Haag ³2007, 11ff.
8 Kemnitzer 2013, 20.
9 Vgl. Lauster 2005, 9ff.
10 Lauster 2005, 24f. Vgl. Klessmann ⁵2015,41ff.

tät und göttliche Gabe zusammen, soll heißen: Die menschliche Aktivität in Gestalt
von durch Sozialisation und Kultur geprägten Gedanken, Gefühlen, Fantasien, Ängsten und Hoffnungen im Blick auf die Wirklichkeit als Ganze ist und bleibt gleichzeitig
etwas, was Menschen ergreift, berührt, angeht, was sie nicht bewusst und gezielt
herstellen können: Glaube ist Gabe und Aktivität zugleich.

Die Art der Deutungsleistung gewinnt, je nach biografischen Vorerfahrungen, nach
Art der Persönlichkeitsstruktur und ihren historisch-sozialen Lebensumständen, ganz
unterschiedliche Intensität und Bestimmtheit. Es ist keinesfalls so, dass religiöse Erfahrung immer ein »Überwältigtwerden« (Jörg Lauster) des subjektiven Bewusstseins
durch eine als transzendent oder unbedingt erlebte Wirklichkeit meint; zu dieser
irrtümlichen Schlussfolgerung sind wir m. E. durch die Religionspsychologie des frühen 20. Jahrhunderts gekommen, die vorwiegend eher extreme Ausprägungen religiösen Lebens – z. B. dramatische Bekehrungen oder bizarre Phänomene der Mystik –
untersuchte und daraus Rückschlüsse auf das religiöse Leben im Allgemeinen zog.
Bestimmte Wirklichkeitserfahrungen *können* in seltenen Fällen überwältigenden Charakter haben dergestalt, dass sie ein Individuum ganz und gar in Beschlag nehmen,
sein Denken, Fühlen und Verhalten grundlegend bestimmen; sie können aber auch
nur einen leichten Anstoß geben, ein kurzes Zögern anregen, eine Frage provozieren,
einen Gedanken, eine Fantasie wach rufen, ein Gefühl anstoßen, ein Staunen auslösen – mehr nicht. Und sie können natürlich völlig folgenlos bleiben und ohne weitere
Antwort an dem Subjekt vorbei ziehen.

Die These lautet dann: Die Deutungsleistungen des Glaubens – der Vollzug des
Glaubens – nehmen sehr unterschiedliche Qualität und Intensität an, sie bestimmen
Leben und Verhalten der glaubenden Subjekte in ganz unterschiedlichem Maß, in
unterschiedlicher emotionaler Stärke, sie sind in der Begegnung mit den Ambiguitäten des Lebens und der Transzendenz immer wieder durchzogen von Ambivalenzen.
Die wechselnden Begrifflichkeiten, die wir für den Vollzug des Glaubens zur Verfügung haben, und die ich im Folgenden näher betrachten will, legen davon Zeugnis
ab.

> In der IV. Kirchenmitgliedschaftsuntersuchung der EKD von 2006 wird am Beispiel eines
> Gesprächs in einem Frauenhilfskreis über das Thema Tod gezeigt, wie höchst unterschiedlich
> die Deutungen in diesem Zusammenhang ausfallen.[11] In ihrem Kommentar zu diesen Gruppengesprächen schreibt Ulrike Wagner-Rau, wie einerseits in den Glaubensinhalten zu diesem
> Topos Erlösung verheißen wird, andererseits und gleichzeitig aber natürlich auch Angst vor
> dem Tod und Leiden an der Unerlöstheit – wenigstens implizit – thematisiert werden. »Insofern sind Gespräche über religiöse Fragen ambivalent besetzt: Sie werden gebraucht, weil die
> Individuen von den Kontingenzen ihrer Lebenserfahrung in Anspruch genommen werden
> und Gelegenheit suchen, um sich damit auseinander zu setzen. Sie werden auch gescheut,
> weil sie die Zwischenräume und Lücken in den Selbstverständlichkeiten des Alltags ins Bewusstsein rücken.«[12]

Glaube erscheint so gesehen einerseits hilfreich und tröstlich, andererseits schmerzhaft und ängstigend: Indem die Hoffnung auf Erlösung thematisiert wird, klingt die

---

11 Huber/Friedrich/Steinacker 2006, 357ff.
12 Ebd. 402.

Trauer über die faktische Unerlöstheit mit an; indem von Gnade die Rede ist, schwingt der Gedanke an die verbreitete Gnadenlosigkeit mit; indem der Friede beschworen wird, werden zugleich Gedanken an Friedlosigkeit und Gewalt in Erinnerung gebracht.

7.2   Glaube und Religion

Glaube als Ausdrucksform einer positiven, einer organisierten Religion stellt eine spezifische Variante der Annahmen über die Wirklichkeit dar.

Religion kann man – abgekürzt – definieren als ein System von Mythen/Lehren, Symbolen, Riten, Rollen und Regeln in Bezug auf die Wirklichkeit mit Hilfe der Unterscheidung von Transzendenz und Immanenz, von Unbedingtheit und Bedingtheit. Das System Religion stellt einen Rahmen zur Verfügung, innerhalb dessen individueller Glaube, die Religiosität, die Lebensausrichtung einzelner Menschen Orientierung, Halt und Geborgenheit finden kann, aber natürlich auch Einengung und Reglementierung erfährt. Religion stellt sich nach außen dar als Institution, die über Jahrhunderte gewachsen ist und deren jeweiligen Gehalt man an öffentlichen Formulierungen und Ritualisierungen ablesen kann. Das System als solches gewinnt eine Eigendynamik, welche die Anhänger des Systems und deren Wirklichkeitsannahmen prägt – und gleichzeitig lebt es davon, dass es ungezählte individuelle oder subjektive Innenseiten hat, nämlich den Glauben, die Religiosität oder Spiritualität[13] der Gruppen und Einzelnen, die sich zu diesem System bekennen, sich ihm zugehörig fühlen und sich an seinen Diskursen beteiligen.

Man wird kaum sagen können, was zuerst da war, das System als Ganzes oder die verschiedenen Gruppen und Einzelnen. Erfahrungen und Erzählungen lösen sich von den kleinen Kollektiven ab, werden weiter tradiert, rituell vollzogen (z. B. die Pessach- und Abendmahlserzählungen), bilden eine Überlieferung, die an andere weiter gegeben wird – auf diese Weise entsteht ein Rahmen, ein System, das wiederum diejenigen, die sich daran orientieren, beeinflusst, prägt, stabilisiert. Das wird besonders deutlich bei den Bekenntnisformulierungen, die in der Alten Kirche, in der Reformationszeit und auch in neuerer Zeit entstanden sind (z. B. Apostolikum, Nicänum, Confessio Augustana, Barmer Bekenntnis): Ihre Zielsetzung besteht darin, die Vielfalt der in einer bestimmten Zeit kursierenden Gestalten und Auslegungen des Glaubens gleichsam einzufangen, in Konfliktfällen einen Konsens herzustellen und einen verbindlichen Glaubensrahmen für alle zu formulieren. Insofern ist Glaube immer ein soziales Unterfangen, angewiesen auf eine vorgegebene Sprache mit ihren spezifischen Kategorien und Unterscheidungen. Der Glaube an bestimmte Inhalte impliziert in der Regel auch, dass man den Personen und Institutionen vertraut, die diese Inhalte vermitteln.

---

13 Ich setze hier Religiosität und Spiritualität gleich; beide bezeichnen die subjektive Suche nach und Orientierung hin auf ein übergreifendes, tragendes Ganzes.

Gleichwohl haben sich Glaube/Religiosität seit der Reformation zunehmend individu-alisiert,[14] als »Frömmigkeit des Einzelnen«[15] werden sie immer mehr zur Privatsache, Ausdruck der Autonomie, der Selbstbestimmung der Person. Die als Normen des Glaubens ausgegebenen Instanzen »Schrift und Bekenntnis« werden immer neu ausle-gungsbedürftig, einmal erreichte Konsense halten nie lange vor und müssen neu erar-beitet werden. Dem Glauben haftet eine »potentielle ›Wildheit‹« an,[16] weil es (zumin-dest in den protestantischen Kirchen) in letzter Instanz die Einzelnen sind, die den ihnen überlieferten Glauben persönlich aneignen und zum Ausdruck bringen. Reli-gion als System zivilisiert diese »Wildheit«, schränkt sie ein in einer Art und Weise, dass die Inhalte wiederholt, ihre Formen ritualisiert werden können und damit an-satzweise auch allgemeinen und verbindlichen Charakter bekommen. Völlig lässt sich jedoch die individuelle Wildheit des Glaubens nie einfangen; das wäre auch nicht wünschenswert: Die Vieldeutigkeit – und Ambivalenz als Reaktion darauf – stellen den Reichtum der Religion dar.

Auf eine weitere grundlegende Unterscheidung ist in diesem Zusammenhang auf-merksam zu machen: In der Scholastik wurde die Differenzierung von *fides quae creditur* (die überindividuellen, gleichsam objektiven und individuell nachzuvollzie-henden Glaubensinhalte) und *fides qua creditur* (der individuelle und kollektive Glau-bensvollzug, der sich in Zustimmung zu bestimmten Inhalten und im Vollzug religiö-ser Praktiken äußert) eingeführt.[17] Beide Vollzugsformen des Glaubens gehören zusammen, doch war das Verhältnis zwischen beiden Perspektiven von Inhalt und Vollzug im Verlauf der Kirchengeschichte (und auch gegenwärtig) immer wieder spannungsvoll: Orthodoxe Bewegungen legen größten Wert auf eine verbindliche, inhaltliche Bestimmtheit des Glaubens, mystisch-pietistische Strömungen betonen vor allem die innere, subjektive – dann auch schwer formulierbare – Qualität des Glau-bens; und für wieder andere ist die Ritualpraxis von besonderer Bedeutung, so dass die Lehren zurücktreten.

Bereits mit diesen Unterscheidungen wird das Phänomen des Glaubens schillernd und mehrdeutig. Differenzen im Vollzug und im Verständnis des Glaubens sind – im weltweiten, interreligiösen Maßstab gesehen, aber auch zwischen den Einzelnen, die ein und derselben Religion angehören – größer als die Übereinstimmungen. Darüber sollten gemeinsam gesprochene Bekenntnisse, gemeinsam geteilte Mythen und ge-meinsam vollzogene Rituale nicht hinweg täuschen. Denn die gemeinsamen Vollzüge sind immer auslegungsbedürftig; angesichts ihrer Auslegungsbedürftigkeit öffnen sich neue Ambiguitäten und Ambivalenzen.

So entsteht ein regressus ad infinitum: Jede Deutung setzt neue Deutungsmöglich-keiten und –notwendigkeiten frei; Bemühungen um Eindeutigkeit und Einheitlichkeit religiöser Rede – insofern sie symbolische Rede und nicht mathematische Formel ist – müssen und dürfen scheitern.

---

14 Vgl. ausführlicher oben Kap. 4.3.1
15 Hölscher 2005, 25.
16 Nassehi 2009, 205.
17 Vgl. zu dieser Unterscheidung ausführlicher Klessmann 1980, 143ff.

7.3   Glaube und (Symbol-)Sprache

Glaube steht in einem unlösbaren doppelten Zusammenhang mit Sprache: Glaube, sofern er sich nicht auf die Partizipation an Ritualen beschränkt, entsteht aus dem Hören von Sprache (Rm 10,17); und er artikuliert sich selbst durch Sprache.[18] Glaube enthält auch starke Anteile von Emotionalität (Ergriffensein!), wenn er sich jedoch nicht sprachlich äußert, bleibt er un- und unterbestimmt. Über die Sprache steht Glaube immer in Beziehung zu anderen, die ihren Glauben mitteilen (Eltern, die ihren Kindern biblische Geschichten erzählen oder mit ihnen ein Abendgebet sprechen; die gottesdienstliche Gemeinde, die durch Liturgie und Predigt ihren Glauben artikuliert und weiter gibt); und die glaubende Person will ihrerseits andere durch Selbstmitteilung ansprechen, Fragen stellen und zum Gespräch, zur Auseinandersetzung über den Glauben anregen. Insofern ist Glaube immer vorgängig an Beziehung und Sprache gebunden, er entsteht nicht im leeren Raum. Auch Eremiten und Schweige-Orden kann es nur geben, wenn diese Menschen vorher Beziehungen zu anderen und deren Sprache erlebt haben. Wer beziehungs- und sprachlos aufwächst, wird zum »Kaspar Hauser«, bleibt seinerseits beziehungs- und sprachunfähig und damit in gewisser Weise auch glaubensunfähig.

In der Theologie wird der Zusammenhang von Glaube und Sprache unter den Begriffen »Wort und Glaube« verhandelt; die Bedeutung des Wortes erscheint dabei in merkwürdiger Weise hypostasiert (vor allem in der hermeneutischen Theologie der 1970er Jahre). Die Ambivalenz des Wortes, der Sprache, der Kommunikation wird tendenziell übersehen: Worte können heilen, aber auch zerstören; Worte stärken und ermutigen, sie verletzen und beschämen aber auch. Worte können von größter Bedeutung sein – und völlig belanglos; das richtige Wort zur rechten Zeit kann ein Leben verändern, es kann aber auch im unendlichen Gerede untergehen. Diese Ambivalenz sollte nicht vergessen, wer dem Wort so große Wirkungen zuschreibt.

Religiöse Sprache, also die in religiösen Zusammenhängen gehörte und gesprochene Sprache, stellt eine Sonderform von Sprache dar: Sie verwendet dieselben Worte, dieselbe Grammatik, und doch sind die Worte im Horizont der Leitunterscheidung von Transzendenz/Immanenz symbolisch/metaphorisch aufgeladen. Religiöse Sprache ist grundsätzlich Symbolsprache oder metaphorische Sprache (▶ vgl. Kap. 4.8). Darauf hat die Wiederentdeckung der psychoanalytischen Symboltheorie (Freud, Lorenzer, Ricoeur) in der Pastoralpsychologie eindringlich aufmerksam gemacht.[19] Man kann sich dem Heiligen, dem Unbedingten nur erzählend, umschreibend annähern, nur in Vergleichen und Bildern von »ihm« reden. Symbole »geben zu denken«, hat Paul Ricoeur formuliert, sie bilden eine »Region des Doppelsinns«, in dem das wörtlich Ausgedrückte auf etwas Anderes, Abwesendes verweist: Der Satz: Gott ist »mein Hirte« (Ps. 23) oder »meine Burg«, (Ps 144,2) lädt dazu ein, bestimmte

---

18 Das Verhältnis von Sprache und Verhalten bleibt allerdings immer strittig. Vgl. Lk 6, 46: »Was nennt ihr mich aber Herr, Herr, und tut nicht, was ich euch sage.«

19 Vgl. ausführlicher Scharfenberg 1985; Klessmann 2013.

Charakteristika Gottes in den Blick zu nehmen und gleichzeitig zu spüren, wie er sich in solchen Bildern entzieht.

In ähnlicher Weise bezeichnet der Begriff Metapher die Übertragung eines bildlichen Ausdrucks auf einen bestimmten Sachverhalt: das Meer tobt, Gott ist das Licht der Welt. Metaphern knüpfen an Alltagszusammenhänge an (Gott »schafft«, Gott »wohnt«), sie können sehr unterschiedlich und sogar einander widersprechend genutzt werden (Gott ist das Licht der Welt; er bietet Zuflucht unter dem Schatten seiner Flügel, Ps 36,8).

Der Reichtum an Symbolen/Metaphern in der Welt des Religiösen ist unermesslich groß; jede/r kann sich ein »passendes« Symbol wählen. Und selbst da, wo mehrere das gleiche Symbol wählen, ist deren Auslegung persönlichkeits- und milieuspezifisch unterschiedlich: Die Assoziationen, die jemand mit »Vater« oder »Herr« oder »Hirte« verbindet, fallen bei mehreren Personen jeweils höchst unterschiedlich aus.

Gleichzeitig ergibt sich die paradoxe Situation, dass auch die subjektive Verwendung von Symbolen durch Einzelne oder Gruppen leicht mit einem »Unbedingtheitsanspruch« versehen wird:[20] Wenn es um das Unbedingte geht, nehmen auch die entsprechenden Ausdrucksformen einen unbedingten, exklusiven und scheinbar eindeutigen Charakter an – statt die hier einzig angemessenen Ambiguitäten und Ambivalenzen gelten und stehen zu lassen.

Symbol/Metapher und Ambivalenz gehören unlöslich zusammen: Symbole und Metaphern sind in ihrer Bedeutung überdeterminiert, sie können und müssen je nach Lebenszusammenhang immer neu verstanden und ausgelegt werden. Insofern verlangt die Sprache des Glaubens ein großes Maß an Ambiguitäts- und Ambivalenztoleranz: man muss bereit sein, sich auf die Vorläufigkeit, auf den Charakter der Annäherung einzulassen und spielerisch mit ihm umzugehen und den erwähnten Unbedingtheitsanspruch los zu lassen. Anne Steinmeier bringt es auf den Punkt: »Die Sprache des Symbols ist das Ende der Illusion, Leben ohne Ambivalenz vereindeutigen zu können.«[21]

Wer religiöse Sprache als Ausdruck von quasi objektiven, faktischen Sachverhalten versteht (wie etwa der Kreationismus, der die Schöpfungsberichte der Bibel wie Aussagen eines naturwissenschaftlichen Lehrbuchs über die Weltentstehung auffasst), missversteht sie gründlich und wehrt zugleich die Unsicherheit möglicher Ambivalenzen im Blick auf die Schöpfungsvorstellungen ab. Darüber hinaus: Im ständigen Gebrauch religiöser Sprache (etwa in Liturgie und Predigt) gerät ihr metaphorischer Charakter leicht in Vergessenheit; sie bekommt gleichsam »realen«, objektivierenden Charakter,[22] der dann von Außenstehenden mit Befremden zur Kenntnis genommen wird.

---

20 Vgl. Graf 2009, 66.
21 Steinmeier 2007, 78.
22 Vgl. Vattimo 1997, 43: »Der Verdacht ist gerechtfertigt, daß das Bedürfnis nach ›klaren und deutlichen Ideen‹ noch ein metaphysischer und objektivistischer Restbestand unserer Mentalität ist.« Ein Restbestand, der dazu neigt, sich latent gewaltförmig zu präsentieren (wie bei allen Fundamentalismen), weil es dann um Wahrheit und Unwahrheit, richtig und falsch zu gehen scheint.

Auch Musik und bildende Kunst sind in diesem Zusammenhang zu nennen: Sie bilden symbolische Ausdrucksformen, die in ihrer Vieldeutigkeit besonders geeignet sind, religiöse Inhalte zu transportieren und religiöse Erfahrungen zu eröffnen. In der Gegenwart wird der verbalen Sprache der Religion viel Skepsis entgegen gebracht, da sind die symbolischen Formen besonders geeignet, ein »mehr« an Bedeutung, wie es der Religion und deren Leit-Codierung von Transzendenz und Immanenz angemessen erscheint, zum Ausdruck zu bringen. Die Vielfalt des Verstehens und die damit verbundenen Ambivalenzen machen den besonderen Reichtum dieser auf das Religiöse hin besonders offenen Formen aus.

7.4   Glaube und Erfahrung

Berühmt geworden sind die Worte Karl Rahners: »Der Fromme von morgen wird ein ›Mystiker‹ sein, einer, der etwas erfahren hat, oder er wird nicht mehr sein, weil die Frömmigkeit von morgen nicht mehr durch die im Voraus zu einer personalen Erfahrung und Entscheidung einstimmige, selbstverständliche öffentliche Überzeugung und religiöse Sitte aller mitgetragen wird.«[23]

Erfahrung meint buchstäblich das, was einem auf einer Fahrt, einer Reise begegnet. Was man dort erlebt, was einem widerfährt, bringt man in Verbindung mit früher Erfahrenem oder mit aus Kultur oder Religion bekannten Interpretationsmustern. Mit diesem Hintergrund deutet man das Widerfahrene, kann es sich auf diese Weise aneignen, das diffuse Erlebnis wird zur benennbaren und (verbal) vermittelbaren Erfahrung. »Erfahrung geschieht in der Dialektik von Vorgabe und Aneignung, von Wahrnehmung und Deutung.«[24]

Religiöse Erfahrung geschieht an den Grenzen von Alltagserfahrung: in ästhetischen Begegnungen mit dem Schönen in Natur und Kunst, so dass wir ins Staunen geraten; in sinnlichen Begegnungen (Freude und Schmerz), die uns aufwühlen, in denen wir »außer uns« sind; in ethischen Erfahrungen, in denen uns etwas unbedingt angeht. Religiöse Erfahrung bedeutet, dass wir Unverfügbares, Unbekanntes, Geheimnisvolles im Alltag erkennen; wir spüren, dass wir von etwas Größerem getragen oder auch bedroht sind. Indem wir das Erlebte einer religiösen Überlieferung zuordnen, gewinnt es Konturen, wird als Religiöses benennbar und verändert den Charakter des Erlebten und des Erlebens. »Erfahrung mit der Erfahrung« haben Gerhard Ebeling und Eberhard Jüngel dieses Phänomen genannt (▶ Kap. 6.1), und damit eine besondere »Interpretationsleistung« bezeichnet.[25]

In der Theologie der Reformation hat Erfahrung als Basis des Glaubens ein bis dato unerhört großes Gewicht bekommen hat: Gegenüber der mittelalterlichen Theologie, für die es ausreichte, wenn Menschen das glaubten, was ihnen die Kirche vorgab (*fides implicita*), betonte Luther die Notwendigkeit einer persönlichen Erfahrung des

---

23 Rahner 1966, 22.
24 Biehl 2001, 421ff.
25 Vgl. auch aus der Au 2011, 231.

Glaubens. Glaube bedeutet für Luther nicht länger Zustimmung des Verstandes zu den Lehren der Kirche; man soll vielmehr selbst im Herzen, im Gewissen durchdrungen sein von einer Überzeugung, von einem Vertrauen auf Gott oder Christus. »Die heilige Schrift will nicht nur im Denken erfaßt, sondern durch Erfahrung ganz und gar eingeprägt werden.«[26]*Experientia externa*, also das, was einem im Alltag oder in der Gemeinschaft der Glaubenden entgegen kommt, muss zur *experientia interna* werden, muss persönlich durchdrungen und angeeignet werden. Einerseits entsteht auf diese Weise eine subjektiv überzeugende Gewissheit; andererseits ist Erfahrung eine höchst flüchtige und wandelbare Erscheinung, deren Festigkeit unter veränderten äußeren und inneren Bedingungen schnell dahin ist. Insofern ist Erfahrung ständig von Ambivalenz begleitet.

In der Moderne, angeregt durch den Pietismus des 17. und 18. Jahrhunderts, hat Erfahrung eine immer stärkere Bedeutung gewonnen; alles, worauf wir vertrauen, muss sich vor der subjektiven Erfahrung verantworten. Das gilt auch und besonders für den Glauben, für die Religiosität der Einzelnen: »Im europäischen Kontext der individualisierten Moderne gibt es keinen religiösen Glauben mehr, der nicht durch das Nadelöhr der eigenen Reflexivität des eigenen Lebens, der eigenen Erfahrung und Selbstvergewisserung hindurchgegangen ist …Der Einzelne baut sich aus seinen religiöse Erfahrungen seine individuelle religiöse Überdachung, seinen ›heiligen Baldachin‹.«[27]

Wir haben also in der Erfahrung ein höchst zwiespältiges Konzept: Einerseits erscheint Erfahrung für viele Lebensvollzüge unhintergehbar, sie bildet ein starkes, subjektiv begründetes, scheinbar objektives Fundament. Andererseits erweist sich Erfahrung als höchst fragil, fluide und gerade in ihrer Subjektivität bezweifelbar. Glaube, der auf Erfahrung basiert, wird in diesen Strudel mit hinein gezogen. Kann sich der Glaube der Zwiespältigkeit der Erfahrung aussetzen, die Ambivalenzhaltigkeit bejahen und kreativ nutzen?

7.5   Glaube und Denken/Wissen/Lernen

> »Wir glauben mehr als wir wissen.«[28]
> (Martin Walser)

Seit den Anfängen des Christentums, als hebräische und griechische Traditionen zusammen trafen, hat es heftige Kontroversen über das Verhältnis von Glauben und Denken bzw. Wissen gegeben:[29] Schließen Glauben und Wissen einander aus? Setzt Wissen Glauben voraus? Macht Wissen Glauben überflüssig? Ist Glauben eine tiefere, gültigere und insofern sogar vernünftigere Art des Wissens? Es gibt eine ganze Reihe

---

26 Luther, WA 26, 55, zitiert nach Beutel 2005, 457.
27 Beck 2008, 30f.
28 Spiegel-Gespräch mit Martin Walser »Das allerhöchste Brimborium«. Der Spiegel 52/2012, 132.
29 Vgl. Gestrich 1984, 365–384.

von Zuordnungsmodellen, von denen einige hier kurz angedeutet werden sollen; deutlich werden dürfte dabei, dass keins von ihnen aus den mit diesen Begriffen verbundenen Ambivalenzen herausführt:

Seit der Neuzeit gilt der Gegensatz von Glauben und Wissen als entschieden: Wenn man über etwas Bescheid weiß, muss man diesbezüglich nicht glauben. Wer aus naturwissenschaftlicher Sicht weiß, wie das Weltall entstanden und aufgebaut ist, muss nicht an Gott als Grund der Wirklichkeit glauben (so z. B. der russische Kosmonaut Jury Gagarin 1961 nach seiner ersten Erdumrundung). Wer die Evolutionslehre kennt, muss nicht glauben, dass die Schöpfungsberichte aus Gen 1 und 2 naturwissenschaftliche Plausibilität beanspruchen. Wissenschaft, speziell Naturwissenschaft, gilt, so verstanden, als Gegensatz zur Religion, zum Glauben. Wissenschaft betrachten viele als objektives, empirisch validiertes Wissen; ein aufgeklärter Zeitgenosse vertraut den wissenschaftlichen, d. h. vermeintlich objektiv gültigen Erkenntnissen und hat es nicht nötig zu glauben. Popularwissenschaftliche Religionskritik operiert mit diesem Denkmuster.

In den Wissenschaften selbst wird durchaus differenzierter gedacht und die pauschale positivistische Gegenüberstellung von Glaube und Wissen, die häufig den Anlass zu einer simplen Gottesleugnung darstellt, aufgelöst und sogar überwunden. So zeigt der Philosoph Volker Gerhardt, dass es bereits eine Art von Glaubensentscheidung darstellt, sich auf das immer unabgeschlossene und unvollkommene Wissen verlassen zu wollen.[30] »Glauben ist die in allen lebensweltlichen Bezügen unverzichtbare Ausbesserung der unaufhebbaren Mängel des Wissens.«[31] Wissen beruht in vielen Fällen auf nicht wissensbasierten Vorentscheidungen;[32] und zur Lebensführung braucht es Vertrauen und Hoffnung, Mut und Klugheit, die ihre Quellen durchaus nicht im Wissen haben.

Speziell im Blick auf die Naturwissenschaften schreibt Max Plank:»Die Naturwissenschaften braucht der Mensch zum Erkennen, den Glauben zum Handeln. Religion und Naturwissenschaft schließen sich nicht aus, wie heutzutage manche glauben und fürchten, sondern sie ergänzen und bedingen einander. Für den gläubigen Menschen steht Gott am Anfang, für den Wissenschaftler am Ende aller Überlegungen.«[33] Oder man denke an das Konzept des Pan(en)theismus, demzufolge die Natur und alles, was in ihr geschieht, eine Wirklichkeit Gottes darstellt.[34] Im Bild gesprochen: Gott kann man verstehen als das Wasser des Lebens, das, wie Theresa von Avila es beschrieben hat, wie in einem Schwamm alle Poren der Natur durchdringt.[35] Oder »Gott als das Licht, das sich zu den Dingen verdichtet, als es selbst aber unsichtbar ist.«[36] Der unterstellte Gegensatz von Glaube und Wissen kann hier als aufgehoben gelten.

---

30 Gerhardt 2016.
31 Ebd. 60.
32 Das zeigen beispielsweise die unselige Geschichte der Eugenik in der ersten Hälfte des 20. Jahrhunderts oder gegenwärtig die Strittigkeit des Klimawandels bzw. der zugrunde liegenden Klimamodelle. Vgl. dazu ausführlicher Rödder 2017, 90ff.
33 Zitiert nach Clas/Paal 2008, 44.
34 Dazu ausführlicher Meyer-Abich 2008, 48ff.
35 Meyer-Abich 2008, 55.
36 Meyer-Abich ebd. 56.

Ein anderes Modell der Relation von Glauben und Wissen/Denken finden wir im Bereich der Religionen. Da wird eine Grundentscheidungen im Glauben getroffen: Es gibt einen Gott, er hat sich offenbart, es gibt vom göttlichen Geist inspirierte heilige Schriften; und auf dieser Basis entwickelt sich ein religiöses Wissen, das die Konsequenzen der Grundentscheidung systematisch und mit logischer Stringenz zu durchdenken sucht, die Formen der Weitergabe dieses Wissens plant und die Träger des religiösen Wissens und die Merkmale ihrer Rollen definiert. Die berühmte These des Anselm von Canterbury (1033–1109) »fides quaerens intellectum« oder »credo ut intelligam« gehört in diesen Zusammenhang: Der Glaube und seine Inhalte sollen denkerisch als notwendig und nachvollziehbar erwiesen werden.[37] In diesem Sinn arbeitet jede Theologie, die beansprucht, Wissenschaft zu sein: Sie versteht sich als Funktion des Glaubens, sieht ihre Aufgabe darin, den Glauben auf vernünftige und methodisch nachvollziehbare Art und Weise zu explizieren.[38] Aber sie setzt dabei grundsätzlich »Wahrheit und Bedeutung des christlichen Glaubens« voraus; »diese (vorgefasste) Überzeugung« soll der wissenschaftlichen Prüfung ausgesetzt werden.[39] Oder, wie es Carl Heinz Ratschow formuliert, »dass der, der von Gott reden will, diesen Gott in seiner Voraussetzung hat und haben muss.«[40] Diese petitio principii ist in der Theologie nicht zu vermeiden, andernfalls wird sie Religionswissenschaft. Man mag einwenden, dass auch andere Wissenschaften nicht wirkliche »Vorurteilsfreiheit« besitzen, insofern Wissenschaft immer mit einem »Vorverständnis« (Gadamer) arbeitet. Für unseren Zusammenhang reicht es darauf zu verweisen, dass die Vorurteilsfreiheit in der Theologie als Wissenschaft in herausgehobener Weise als eingeschränkt gelten muss und deshalb die Ambivalenz von Glauben und Wissen hier besonders ausgeprägt ausfällt.

Eine weitere Form des Verhältnisses von Glauben und Wissen liegt da vor, wo Menschen meinen, nur dem vertrauen zu können, was sie mit den Sinnesorganen sehen oder hören können, um von da aus den Glauben an etwas, was man nicht sehen kann, zu bestreiten. Der Alltagsverstand oder die intellektuelle Redlichkeit werden in diesem Zusammenhang bemüht. So wie Rudolf Bultmann einmal gesagt hat: »Man kann nicht elektrisches Licht und Radioapparat benutzen … medizinische und klinische Mittel in Anspruch nehmen und gleichzeitig an die Geistes- und Wunderwelt des Neuen Testaments glauben.«[41]

Auch bei dieser populären Hypothese werden wichtige Erkenntnisse übersehen:

- Die Sinnesorgane können uns täuschen (die Sterne am Nachthimmel sehen wir als kleine Punkte, ihre Beschaffenheit ist jedoch eine ganz andere; bekannt sind Sinnestäuschungen unter dem Einfluss von Drogen, bei psychischen Erkrankungen oder bei Menschen in Extremsituationen);

---

37 Vgl. dazu Pöhlmann [6]2002, 88.
38 Vgl. Härle [3]2007, 10ff.
39 Härle ebd. 19.
40 Ratschow 1986, 120.
41 Bultmann zitiert bei Pöhlmann [6]2002, 100.

- Die Sinnesorgane liefern keine »objektiven« Erkenntnisse, weil sie keine Spiegel der Wirklichkeit sind, sondern Konstruktionen im Gehirn, die wiederum abhängig sind von Vorerfahrungen, Bedürfnissen, Interessen und Lebensumständen der jeweiligen Person (▶ Kap. 1);
- Grundlegende Prinzipien menschlichen Lebens wie Gerechtigkeit oder Gleichheit können wir nicht durch die Sinnesorgane verifizieren, und doch »glauben« wir daran, dass sie unverzichtbar sind für menschliches Zusammenleben.

Wir kommen also aus einem Zirkel von Glauben und Wissen und der damit verbundenen Ambivalenz nicht heraus: Wissen ersetzt Glauben und kommt doch ohne ihn nicht aus; Glauben braucht Denken und Wissen und geht doch darin nicht auf.

In den Kontext des Verhältnisses von Glauben und Wissen gehört auch das Stichwort »lernen« oder religiöse Bildung. Glaube ist ohne Wissen nicht zu haben – und Letzteres kann und muss man lernen. Im Judentum bezeichnet lernen (genauer: Thora- und Talmud-Lernen) eine Art von Existenzform: Lernen geschieht nicht gelegentlich als zeitweilige Beschäftigung, sondern ständig, Tag und Nacht, so wie es in Ps 1,1f. heißt: »Wohl dem …, der Lust hat am Gesetz des Herrn und sinnt über seinem Gesetz Tag und Nacht.« Bereits Kinder müssen in der Thora unterwiesen werden; Ziel ist, dass sie selbstverantwortet, mündig die Thora auslegen können bzw. sich an der Diskussion um das rechte Verständnis beteiligen können.[42] »Die Zukunft der Welt ruht auf dem Atem der lernenden Kinder«, heißt es beispielsweise in einer jüdischen Überlieferung; und in einer anderen Tradition wird erzählt, dass Gott seine Gegenwart unter den Menschen nicht an den Tempel, nicht an Priester und Kultgerät bindet, sondern an die Gegenwart von lernenden Kindern.[43]

Lernen bezeichnet einerseits das Einprägen eines Lernstoffs, andererseits die Fähigkeit, sich an einem offenen Streitgespräch über den Sinn eines Textabschnitts aus Thora oder Talmud zu beteiligen. Im Judentum ist es Brauch, jedes Wort, jeden Buchstaben der hl. Schriften ausführlich zu erforschen und kontrovers zu diskutieren. Das durch Lernen erworbene Wissen galt nicht als Machtmittel, sondern als »ein Weg, der Quelle alles Seins treu zu sein … Sie konnten den Himmel in einer Talmudstelle spüren.«[44] Oder: »Die Wahrheit Gottes lässt sich nach jüdischer Auffassung nur auf dem Wege der Diskussion finden.«[45] Damit ist klar: Man lehrt und lernt nicht »das« eine Richtige, sondern man lernt die Vielfalt der strittigen Auslegungsmöglichkeiten: Lernen und das Befördern, Aushalten und Nutzen von Ambivalenzen gehören unmittelbar zusammen. Das gilt für das rabbinische Judentum wie für das gegenwärtige.

Dieser Sachverhalt lässt sich illustrieren an der Einführung in das Judentum von Rabbiner Dr. Walter Rothschild, Der Honig und der Stachel.[46] Bereits der Titel vermittelt die Ambiva-

---

42 Vgl. Krabbe 1995, 27ff.
43 Zitiert nach Nachama u. a., 2015, 99.
44 Krabbe 1995, 28 (Zitat von A. Heschel).
45 Krabbe ebd. 29.
46 Gütersloh 2009.

lenz von Freude und Schmerz in der Beschäftigung mit der jüdischen Tradition; in der Einführung heißt es dann: Das Buch » ...will zeigen, wo Vielfalt möglich ist und Alternativen genauso berechtigt sind.«[47] Der Abschnitt über die Bibel beginnt mit dem Satz »Eines der größten Probleme, dem sich jeder gläubige Mensch, gleich welcher Religion, konfrontiert sieht, besteht in der Frage: An was glaube ich?« Und der erste Unterabschnitt ist überschrieben: »Das Problem: Was stimmt?«[48] Bereits in diesen wenigen Sätzen wird deutlich, wie das jüdische Lernen von Beginn an zur Diskussion anregt und die dabei auftretenden Dilemmata und Ambivalenzen bewusst macht und fördert.

Außerdem: Mit dem Lernen ist man nie fertig, es ist immer vorläufig und bietet insofern viel Platz für Ambiguität und Ambivalenz. Es könnte ja immer sein, dass ein anderer noch eine weitere, überzeugendere Auslegung anbieten kann, so dass die bisherige eigene zu revidieren ist oder ihr eine andere zur Seite gestellt wird.

Im Christentum hat das Lernen einen anderen Stellenwert bekommen: Es wurde verknüpft mit dem Taufunterricht, den alle, die getauft werden wollten, im Anschluss an den Taufbefehl Jesu (Mt 28,19f. »... taufet sie ... und lehrt sie halten alles, was ich euch befohlen habe«), zu absolvieren hatten. In diesem Taufunterricht spielt die »wahre Lehre« (2 Tim 1,13) oder die »rechte Lehre« (Tit 1,9) – in Abgrenzung von Andersgläubigen und Irrlehrern – eine herausragende Rolle. Damit verliert das Lernen seine Offenheit, es wird zunehmend zur gehorsamen Aufnahme eines bestimmten Lernstoffs, den man dann auch reproduzieren und zu apologetischen Zwecken nutzen können muss. Für Ambiguitäten und Ambivalenz war da immer weniger Raum (▶ vgl. Kap. 6.6 Die Tendenz zur Eindeutigkeit: Christliche Textauslegung).

Die Reformation in Deutschland im 16. Jahrhundert hat noch einmal einen kräftigen Impuls für die Bedeutung des Lernens im Zusammenhang mit dem Glauben gesetzt. Menschen sollten in die Lage versetzt werden, selber die Bibel zu lesen und zu verstehen, und sich damit aus der Abhängigkeit von der Lehrautorität der Kirche lösen können; oder, wie Luther in einer programmatischen Schrift von 1523 formuliert: »Dass eine christliche Versammlung oder Gemeinde Recht und Macht habe, alle Lehre zu urteilen und Lehrer zu berufen, ein- und abzusetzen, Grund und Ursache aus der Schrift.«[49] Wer selbstverantwortet und selbstständig glaubt oder glauben möchte, muss sich entsprechendes Wissen aneignen, um Argumente für und wider den Glauben zur Hand zu haben. Glaube muss im Anschluss an die biblischen Quellen vernünftig dargelegt und entfaltet werden können. Diesem Ziel dienen die Katechismen und die großen Bildungsanstrengungen der Reformatoren. Aber es bleibt – das wird im Unterschied zum jüdischen Lernen deutlich – eine stärkere Orientierung des Lernprozesses an der Unterscheidung von richtig und falsch, von wahr und unwahr. Von dieser Neigung, die vor allem durch die altprotestantische Orthodoxie extrem verstärkt wurde, hat sich der Protestantismus nur langsam erholt. Noch heute wirken die Kirchen an vielen Punkten eher lehrhaft orientiert; von der Pflege einer wirklichen Streit- und Diskussionskultur – die man auch Ambivalenzkultur nennen könnte – scheinen sie ziemlich weit entfernt.

---

47 Ebd. 15
48 Ebd. 190, 192.
49 Luther ²1983, 7ff.

Offenbar ist die Angst vor Beliebigkeit noch immer so groß, dass man meint, an einer normativen Lehrhaftigkeit festhalten zu müssen.

7.6   Glaube und Meinen/Annehmen/Vermuten/Für-wahr-halten

>>Die Vermutung ist das, was erzählenswert ist, nicht die Gewissheit.<<[50]

Die besonders verbreitete Alltagsbedeutung des Wortes >>glauben<< bezeichnet ein >>nicht so genau wissen<<, ein Meinen, Annehmen oder Vermuten. >>Ich glaube, das Konzert beginnt heute Abend um 19.30 Uhr, aber vielleicht sollten wir noch mal genau nachschauen<<, sagt einer. >>Ich fühle mich irgendwie krank, aber ich glaube, es ist nichts Ernstes<<. Soll heißen: Ich weiß es nicht sicher, aber ich nehme an, dass es sich so verhält. So verstanden erscheint Glaube als ein defizienter Modus des Wissens, das zeigen die einzelnen Synonyma:

Meinen definiert Immanuel Kant als ein >>problematisches Fürwahrhalten<<, weil sein Erkenntnisgrund weder subjektiv noch objektiv zureichend ist.[51]

Annehmen bezeichnet eine Art von Denkübung, eine Hypothese zu bilden: Probeweise und vorläufig wird etwas gedanklich durchgespielt, für möglich gehalten, auf seine Wirklichkeit hin getestet und dann entweder bestätigt oder verworfen.

Vermuten steht im Gegensatz zum Wissen und wirklichen Erkennen. Synonyma zu vermuten sind ahnen, einen Verdacht haben, meinen, wähnen. Die defiziente Dimension gegenüber dem Wissen wird hier besonders deutlich.

Für-wahr-halten meint, etwas wahrscheinlich oder für möglich halten, gefühlsmäßig von der Richtigkeit einer Sache überzeugt sein. Aber der Charakter des Unvollständigen und Unzulänglichen schwingt auch hier deutlich mit.

Wissen ist zu einer entscheidenden Ressource für Fortschritt und Veränderung unserer spätmodernen Gesellschaft geworden; es wird von einer Transformation von der Industriegesellschaft zur Wissensgesellschaft gesprochen. Erzeugung, Nutzung und Organisation von individuellem und kollektivem Wissen wird immer mehr zur Quelle gesellschaftlicher Produktivität. Es bleibt jedoch der Tatbestand, dass qualifiziertes Wissen in einem differenzierten Sinn einer Minderheit von Spezialisten vorbehalten ist. Das Wissen dieser Spezialisten bezieht sich wiederum jeweils nur auf kleine Bereiche der Wirklichkeit (Atomphysik, Kardiologie, Arbeitsrecht, Automechanik etc.). Die Mehrheit der Menschen in hochentwickelten Gesellschaften muss mit dem größten Teil dessen, was wir unsere Alltagsrealität nennen, im Modus des Meinens, Annehmens, Vermutens oder Für-wahr-haltens leben und umgehen. Die meisten sozialen und technischen Zusammenhänge und Details (wie funktioniert ein Computer? Wie operieren die Börsen? Welche Zusammenhänge gibt es zwischen Ernährung und Gesundheit? etc.) kennen wir nur oberflächlich aus zurückliegenden Schuljahren,

---

50 Haratischwili [5]2014,255.
51 Diemer 1972, 1149f.

vom Hörensagen oder aus Berichten der Medien. Ein eigenständiges fundiertes, sachlich qualifiziertes Urteil können wir in der überwiegenden Zahl der alltäglichen Sachfragen nicht abgeben. Wir können nur sagen »ich glaube, dass es sich so verhält«. »Ich nehme an, dass es so ist, weil ich darüber in der Zeitung gelesen habe« etc.

In diesem Sinn bildet »glauben« verstanden als meinen, annehmen oder vermuten einen Grundvollzug dessen, wie wir die Welt wahrnehmen und uns in ihr orientieren. Es geht um ein »Vermuten«, das aber gleichzeitig tief von Vertrauen durchzogen ist: Wir müssen in all dem, was wir nicht wissen, darauf vertrauen, zum einen, dass andere uns vertrauenswürdig informieren, und zum anderen, dass auch ohne unsere Kontrollmöglichkeit die grundlegenden Vollzüge der modernen Gesellschaft so funktionieren, dass Menschen damit gut leben können und keinen Schaden nehmen. Offenbar reicht diese Art des vertrauensvollen Vermutens aus, um uns hinreichend sicher und orientiert zu fühlen.[52] Nur in Krisenzeiten, wenn es um das Ganze des Lebens geht, wenn seine Sinnhaftigkeit wirklich in Frage steht, reicht ein solches Meinen nicht mehr aus, dann suchen wir nach tragfähigeren und umfassenderen Auskünften. Dann sprechen wir von »glauben« und »vertrauen« in einem unbedingten, religiösen Sinn, obwohl auch diese Vollzüge immer anfechtbar sind und bleiben.

Insofern gilt Beides: Glauben als Meinen und Vermuten ist ein defizienter Modus des In-der-Welt-Seins, und doch ist er andererseits ausreichend in dem Sinn, dass die allermeisten Zeitgenossen ihren Alltag auf dieser Basis gut bewältigen können. Warum sollte es im Bereich der Religion, des Glaubens grundsätzlich anders sein? Reicht nicht auch hier ein Meinen, Vermuten, mal mehr, mal weniger, ein von Ambivalenz durchzogenes Vertrauen?

Ein Vorteil dieses Modus ist darin zu sehen, dass er vor letztgültigen, sich absolut gebenden Ansprüchen und Aussagen schützt. Es liegt ja auf der Hand, dass »meinen« oder »vermuten« immer subjektiv, relativ, und irrtumsanfällig ist – während statements, die als Glaubensaussagen im Sinn von fester Überzeugung und Gewissheit vorgetragen werden, in der Gefahr stehen, absolut gelten zu wollen und damit andere Meinungen zu dominieren. Glauben als meinen und vermuten enthält von vornherein und grundsätzlich ein Moment der Skepsis und des Vorbehalts:[53] Das meiste von dem, was Menschen erzählen, woran sie sich orientieren, ist anfällig für Irrtum und Täuschung.

So gesehen sollte man diese Schattierungen des Glaubens nicht abwerten, sondern in ihrer Funktion wertschätzen. Aber natürlich steht diese Bedeutung in Spannung zu dem, was vor allem in religiösen Zusammenhängen klassischerweise damit gemeint ist.

---

52 Vgl. Britton 2001, 26: »Wir müssen etwas glauben und für wahr halten, um agieren und reagieren zu können, und oft genug müssen wir das tun, ohne über Wissen zu verfügen.«
53 Vgl. H. M. Barth ²2002, 70.

7.7 Glaube und Vertrauen

Im Christentum wird Glaube vorrangig und zentral als ein Akt des unbedingten Vertrauens verstanden. Ich vertraue jemandem, oder einer Mitteilung von jemandem, der als vertrauenswürdig gilt. Es ist immer eine Person, die eine Nachricht glaub- und vertrauenswürdig macht. Die hebräische Wurzel des Wortes glauben »aman« bedeutet »fest, sicher, zuverlässig«, das entsprechende Verb »heemin« meint »sich festmachen in …, feststehen, vertrauen, glauben« und wird auf Menschliches wie auf Göttliches bezogen.[54] In diesem Sinn charakterisiert Glaube eine feststehende, unerschütterliche, vertrauensvolle Ausrichtung des Herzens bzw. den Akt, in dem man sein Herz (als Symbol für das Zentrum der Person) an etwas oder an jemand hängt (Luther), sich davon bestimmen lässt, sein Leben darauf aufbaut, sich daran orientiert.[55] Die ganze Person in ihrer inneren Einstellung und in ihrem äußerlich sichtbaren Verhalten ist davon geprägt. Gleichwohl sollte Vertrauen nicht mit Sicherheit verwechselt werden. Wer einer Sache hundertprozentig sicher sein kann, braucht nicht zu vertrauen. Es muss also eine gewisse Unsicherheit, ein gewisses Risiko vorhanden bleiben, angesichts dessen jemand trotzdem vertraut.

Ich glaube an Gott heißt dann: »Ich weiß mich bei Gott geborgen«, »ich fühle mich von Gott getragen«, »ich richte mein Leben an Jesus und seiner Lehre aus« – trotz alles dessen, was dagegen spricht. Was für eine Wirklichkeit mit dem Namen Gott jeweils bezeichnet ist – ob ein personal gedachtes Gegenüber oder eine transzendente Macht oder eine kosmische Energie – kann durchaus variabel sein (Hier berühren sich Glaubensvollzug und Glaubensinhalt, fides qua und quae ▶ Kap. 8). Entscheidend ist das Vertrauen als solches. Zwar muss sich das Gegenüber als vertrauenswürdig erweisen; gleichwohl kann eine Person Vertrauen nicht mit einem Willensentschluss herstellen: Von Vertrauen wird man ergriffen, erfüllt, bestimmt, es stellt sich ein (oder auch nicht). Gelegentlich ist denn auch vom Glauben gleichsam objektlos die Rede (»als Jesus ihren Glauben sah …«, Mk 2,5; »dein Glaube hat dich gesund gemacht …«, Mk 5, 34 u.ö.); doch ist in solchen Wendungen unausgesprochen vorausgesetzt, dass es sich um den Glauben *an* Gott bzw. *an* den Messias handelt.

In der biblischen Tradition wird Abraham wiederholt als Vorbild eines solchen unerschütterlichen, festen Glaubens dargestellt: »Abram glaubte dem Herrn …« (Gen 15,6; vgl. Hebr. 11,8 u.ö.), heißt es, als ihm große Nachkommenschaft verheißen wird – eine Verheißung, deren Realisierung wegen seines und Saras hohen Alters höchst unwahrscheinlich klang. Trotz dieser Unwahrscheinlichkeit vertraute Abraham dem Wort Gottes, ließ sich in seinem Lebensvollzug so von diesem Wort bestimmen, dass er aufbrach und in ein anderes Land zog.

In den Evangelien wird beschrieben, wie Jesus dem Wirken Gottes in der Welt vertraut; die Erzählungen seiner Wunderheilungen stellen oft einen Zusammenhang mit dem Glauben der Geheilten her. Nach Mk. 2,5 (»da aber Jesus ihren Glauben

---

54 Zum Begriff des Glaubens vgl. Ritter 1999; Michel/Haacker ²2010.
55 Vgl. Fowler 2000, 32f.

sah …«) wird der Glaube in solchen Auswirkungen sichtbar. Dem Vertrauen auf die Macht Gottes werden unbegrenzte Möglichkeiten zugeschrieben.

Mit der Auferstehung Jesu wird dieser selbst Gegenstand des Glaubens und Vertrauens: Wer an ihn glaubt, ihm vertraut, hat das ewige Leben (Joh 3, 15f.).

Auf dieser Linie ist der berühmte Vers Hebr 11,1 zu lesen: »Es ist aber der Glaube eine feste Zuversicht auf das, was man hofft und ein Nichtzweifeln an dem, was man nicht sieht.« Das Element des Festen, Sicheren, Zuverlässigen, Unerschütterlichen angesichts des Nicht-Sichtbaren, des Nicht-Beweisbaren steht im Vordergrund. Entsprechend wird mangelnder oder unsicherer Glaube als Kleinglaube, als Unglaube, als Ängstlichkeit verworfen und abgewertet (z. B. Mt 8, 26; 14, 31).

Das Entscheidende an diesem Glaubensverständnis ist darin zu sehen, dass es sich an einem personal vorgestellten Gegenüber festmacht und von dort her ein Vertrauen begründet, das der Glaubende in sich selbst so nicht finden kann, es von sich aus nicht durch einen Entschluss hervorbringen kann.[56] Gleichwohl ist dieser Vertrauensakt nicht blinde Vertrauensseligkeit, sondern versteht sich als sehender Glaube, der immer wieder neu der Bestätigung bedarf, etwa durch die Gemeinschaft der Mit-Glaubenden und der gemeinschaftlich vollzogenen Rituale. Insofern stellt sich die Frage: Kann es einen ambivalenzfreien Glauben geben? Die theologische Antwort, wie sie in den Geschichten von den Heilungen Jesu zum Ausdruck kommt, scheint positiv auszufallen: Hier wird ein absoluter, zweifelsfreier Glaube gezeigt. Die empirische, entwicklungspsychologisch begründete Antwort hält das nicht für möglich:

Erik Erikson postuliert in seiner Entwicklungstheorie, dass am Beginn des Lebens die Erfahrung von Vertrauen steht bzw. stehen muss: Ein Mensch empfängt das Vertrauen seiner Eltern, seiner Umwelt, nur so kann er sich selbst und seine Welt langsam als vertrauenswürdig erleben und von diesem Vertrauen seinerseits weiter geben. Aber dem Urvertrauen ist von Anfang an Urmisstrauen beigemengt: Keine Mutter ist vollkommen, sie kann nicht verhindern, dass ein Säugling Frustration und Angst erlebt, wenn sie einen Moment lang nicht erreichbar ist. Das Kind hat noch kein Zeitgefühl, deswegen kann die Angst schnell abgründig werden. Eine »good enough mother« (Donald Winnicott) kann zwar dafür Sorge tragen, dass das Kind überwiegend Vertrauen und Geborgenheit erlebt; aber sie kann nicht verhindern, dass nicht auch kürzere oder längere Zeiten mit Gefühlen von Angst und Verlorenheit auftreten.

So ist es auch mit dem vertrauensvollen Glauben: Aus pastoralpsychologischer Sicht ist er grundsätzlich durchzogen von Misstrauen, Zweifeln, Anfechtungen, Ambivalenzen. Das unbedingte Vertrauen eines Abraham, das in der Bibel als Vorbild zitiert wird, stellt ein Ideal dar, eine Utopie, eine göttliche Gabe, die unverfügbar bleibt und nur selten und momenthaft menschliche Wirklichkeit wird.

Wer das Spannungsfeld von Vertrauen und Misstrauen im Blick auf den Glauben bedenkt, wird außerdem nicht umhin kommen, die vielfältigen Täuschungen, Selbst- und Fremdtäuschungen, die im Lauf der Kirchengeschichte im Glauben Einzelner

---

56 Vgl. Ritter 1999, 95.

und von Gruppen geschehen sind und noch geschehen, zu bedenken: »all the illusions and errors, all the distrusts and uncertainties, all the dishonesties and evasions, all the treasons and breaches of faith ...«[57] Diese Tatsache hat damit zu tun, dass Glaube nie »rein« existiert, sondern immer mit Bedürfnissen, (Macht-)Interessen und vorgängigen Erfahrungen und Urteilen verknüpft ist – was in den theologischen Definitionen dessen, was Glauben bedeutet, weitgehend vernachlässigt wird. Auch wenn es im Einzelfall schwierig ist, Wahrheit und Täuschung eindeutig zu identifizieren und zu unterscheiden, muss dieser Aspekt doch bedacht werden:

Bei der *Selbst*täuschung des Glaubens spielt der Wunsch nach Sicherheit und Eindeutigkeit eine vorrangige Rolle. Menschen lassen sich gleichsam zum Glauben und Vertrauen verführen, sie nehmen kritische Perspektiven nicht zur Kenntnis, weil sie vermeintlich sicheren Annahmen über die Wirklichkeit vertrauen wollen und die üblichen Unsicherheiten und Ambivalenzen nicht länger ertragen können. In der Identifikation mit bestimmten Inhalten des Glaubens (Wir sind von Gott gerechtfertigt, wir sind seine Ebenbilder, wir sind Kinder Gottes etc.), fühlen sich Glaubende gestärkt und geborgen. Der Psychoanalytiker Bela Grunberger spricht von einer »narzisstischen Leichtgläubigkeit« und stellt fest: »Der Narzisst will glauben.«[58] Der Narzisst erscheint damit als Extrembeispiel einer verbreiteten Neigung von Menschen, vertrauen zu wollen und darin für sich Sicherheit zu finden.

In der Sozialpsychologie gibt es das Konzept der »kognitiven Dissonanz«, das auch in religiösen Zusammenhängen Anwendung finden muss (▶ Kap. 6.3): Inhalte, die von der eigenen Überzeugung abweichen oder ihr widersprechen, werden nicht zur Kenntnis genommen oder in ihrer Bedeutung abgewertet; auf diese Weise kann der eigene Glaube stabil bleiben, um den Preis, dass die Vielfalt des Lebens und Glaubens nicht mehr zur Kenntnis genommen werden muss und kann. Die Bereitschaft, sich um vermeintlicher eigener Sicherheit willen täuschen zu lassen, ist vor allem in autoritären Systemen hoch; in religiös motivierten Systemen kann die hierarchische Struktur noch dazu als von Gott legitimiert und damit unangreifbar erscheinen.

*Fremd*täuschungen haben oft mit dem (unbewussten) Wunsch nach Macht und Einfluss auf Seiten der Vertreter einer Religion zu tun: Die Möglichkeit der Kontrolle über Menschen ist nie so ausgeprägt als wenn es um ihr Inneres, ihr Denken und Fühlen, ihren Glauben geht. Michel Foucault hat eindringlich beschrieben, wie die »Pastoralmacht« der Hirten daraus erwächst, dass sie vermeintlich immer schon wissen, was für ihre Schafe gut ist.[59] Unter dem Deckmantel der Sorge und Fürsorge gewinnt der Hirte durch sein Wissen – das er z. B. in der Beichte erwirbt – Macht über die Gewissen der ihm Anbefohlenen. Dass dieser Prozess eine Täuschung ist, primär dem Machterhalt und der Machtsteigerung der Hirten dient, erfahren die Schafe meistens nicht. Im guten Glauben gehorchen sie den Anweisungen des Hirten und merken oft nicht, wie ihr Vertrauen missbraucht wird.

---

57 H.R. Niebuhr 1989, 26.
58 Grunberger/Dessuant 1997, 89.
59 Vgl. dazu ausführlicher Steinkamp 1999, 19ff.

Damit deutet sich an, dass vertrauender Glaube Chance und Risiko zugleich darstellt, dass er immer verwickelt ist mit »fremden« Interessen und Vorurteilen. Glaube, der sich seiner Ambivalenz bewusst bleibt, kann leichter solche Täuschungen durchschauen und erliegt ihnen nicht so einfach.

7.8   Glaube und Gefühl

Mit dem Begriff des Vertrauens bewegen wir uns im Bereich der Emotionen und Affekte[60] – ein für protestantische Theologie eher ungewohnter Zusammenhang. Noch für Daniel Friedrich Schleiermacher, Jonathan Edwards, William James und andere Vorväter einer modernen Religionspsychologie war es selbstverständlich, dass Glauben etwas mit der Emotionalität des Menschen zu tun hat. Erst in der Dogmatik des 20. Jahrhunderts geriet dieser Zusammenhang in Vergessenheit[61] oder wurde gezielt abgewertet – obwohl schon Augustin die Affekte die Füße genannt hatte, die uns Gott näher bringen oder von ihm entfernen.[62] Die Fixierung des Glaubensverständnisses, vor allem des protestantischen, auf das Moment der nicht emotional gedachten Gewissheit hat, so Wilfried Engemann, den nahe liegenden Zusammenhang von Glaube und Gefühl aufgelöst.[63] Engemann spricht von einem »protestantisch hartgesottenen Glaubensbegriff«, wonach Glaube ausschließlich als von außerhalb seiner selbst (extra nos), von Gott, geschenkt gälte und jede menschliche Aktivität im Glauben als Werkgerechtigkeit gebrandmarkt werde. Dieser auch als »unbedingt« bezeichnete Glaube hat, so scheint es, keinen anthropologischen Ort, er erscheint als »pneumatologische Implantation.«[64]

Darüber hinaus wird Glaube im dogmatischen Verständnis stark inhaltlich ausgerichtet: Es geht um den Glauben an Jesus Christus als Grund des christlichen Glaubens; es geht um die Bibel als Quelle und Norm des christlichen Glaubens; es geht um die Bedeutung von Dogma und Bekenntnis für den christlichen Glauben.[65] In diesen inhaltlichen Ausrichtungen haben emotionale Gestimmtheiten anscheinend keinen Raum.

Beim Thema Glaube und Gefühl zeigt sich also, wie ein solches dogmatisches Verständnis des Glaubens dualistische, quasi doketische Züge annimmt: Einerseits soll Glaube einen Akt der ganzen Person bezeichnen, andererseits soll eben diese

---

60 Ich benutze beide Begriffe, die in der Literatur sehr uneinheitlich definiert werden, hier als austauschbar. Vgl. Krause 2002.
61 Vgl. dazu ausführlich Pannenberg 1983, 240ff. Vgl. auch Charbonnier/Mader/Weyel 2013.
62 Pannenberg 1983, 252.
63 Engemann 2009.
64 Engemann, ebd. 289. Härle ³2007, 66ff. reflektiert kurz über die anthropologische Ortsbestimmung des Glaubens, erwähnt in diesem Zusammenhang Wille, Vernunft und Gefühl, bestimmt den anthropologischen Ort des Glaubens in deren Gesamtzusammenhang, um dann den Glauben zuletzt doch als »Werk Gottes« zu bezeichnen.
65 So lauten Kapitelüberschriften in der Dogmatik von Härle ebd. 66ff.

Person mit ihren Gefühlen und Willensakten anscheinend nichts damit zu tun haben, weil Glaube nur von Gott geschenkt werde. Wie kann man das verstehen?

Natürlich ist festzuhalten, dass Glaube letztlich unverfügbar ist und bleibt: Man kann sich nicht selbst zwingen und auch nicht von anderen gezwungen werden, zu vertrauen, zu lieben oder zu hoffen. Man kann Glaube und Vertrauen nicht mit Entschluss und Anstrengung herbeiführen. Die bleibende Unverfügbarkeit spiegelt sich in dem Ausdruck, Glaube sei Gabe oder Geschenk Gottes oder Glaube sei ein Ergriffen-Werden. Diese Deutung des Glaubensvorgangs schließt aber gerade nicht aus, dass Glaube sehr wohl zugleich eine menschliche Aktivität darstellt (im Sinn einer Offenheit und Bereitschaft zu glauben), die in unlöslichem Zusammenhang mit den anderen menschlichen Seelenvermögen steht.

Die hoch komplexen und kontrovers diskutierten Begriffe Gefühl, Emotion, Affekt bilden Bezeichnungen »für psychophysiologische Zustandsveränderungen, ausgelöst durch äußere Reize (Sinnesempfindungen), innere Reize (Körperempfindungen) und/ oder kognitive Prozesse (Bewertungen, Vorstellungen, Erwartungen) im Situationsbezug.«[66] Der alte Ausdruck »Gemütsbewegung« gibt noch etwas wieder davon, dass es sich bei Gefühlen um etwas den Körper und Geist Bewegendes handelt. Das Äquivalent »Leidenschaft« verweist darauf, dass Gefühle uns ergreifen oder erfüllen, wir sie nicht selber herstellen können. Während die philosophische Tradition lange Zeit die Unabhängigkeit des Denkens vom Fühlen betont hat (Dualismus), gehen wir heute eher davon aus, dass Gefühl und Denken eng miteinander verbunden sind, dass Gefühle das Handeln ständig begleiten und steuern. Der Schweizer Psychiater Luc Ciompi hat in seinem berühmt gewordenen Buch »Affektlogik« die These vertreten, dass Affekte/Gefühle und Kognitionen ein zusammenhängendes System mit zwei Polen bilden. »Gefühle stellen also eine weit ursprünglichere, sowohl summarischere als auch umfassendere Art von Perzeption und Kommunikation mit der begegnenden Umwelt dar als der (spezifisch menschliche) Intellekt. Sie vermitteln averbal erste noch weitgehend ganzheitliche ›Eindrücke‹ bzw. ›Ausdrücke‹ (oder Befindlichkeiten, Stimmungen, Gerichtetheiten, Intentionalitäten) und bilden so eine Art grundlegenden Raster, der dann durch den analytischen Intellekt sozusagen weiter moduliert und ausdifferenziert wird.«[67]

Vor diesem Hintergrund muss man davon ausgehen, dass Glaube, verstanden als menschliches Vermögen, Selbst-, Welt-, Zeit- und Gottesbilder zu konstruieren,[68] und sich von diesen Bildern bestimmen, leiten und anregen zu lassen, immer und grundsätzlich von Emotionen durchdrungen und geprägt ist. Genauer muss man sagen, dass die emotionale Gestimmtheit eines Menschen sowohl Voraussetzung und Begleiterscheinung seines Glaubens ist als auch Ergebnis dieses Zusammenwirkens. Die Inhalte oder Kognitionen des Glaubens werden in hohem Maß mitbestimmt durch die zugrunde liegenden Emotionen; gleichzeitig prägen erst bestimmte Kognitionen

---

66 Fröhlich [25]2005, 159. Zu den verschiedenen Konzepten der Emotionspsychologie vgl. die kurzen Zusammenfassungen bei Steden [2]2004, 72ff. Vgl. auch Grom 2015, 24.

67 Ciompi [4]1994, 82.

68 Kemnitzer 2013, 20. Vgl. ausführlicher ▶ Kap. 5.2.4.

emotionale Widerfahrnisse als spezifisch religiös:[69] Man kann beispielsweise der Natur mit Ehrfurcht begegnen; diese Haltung kann zu einer Ehrfurcht gegenüber einem
Göttlichen/Gott werden, wenn entsprechende Kognitionen, Glaubensüberzeugungen,
im Umfeld eines Menschen bereits bekannt sind.

Glaube und Lebensgefühl hängen eng zusammen und beeinflussen sich wechselseitig: Ob man Ps 139 (»Herr, du erforschest mich und kennst mich …«) als tröstlich
oder bedrohlich liest, hat viel mit der zugrundeliegenden Gestimmtheit zu tun; ob
einen die Inhalte von Passionsliedern traurig stimmen oder kalt lassen, hat neben der
theologischen Ausrichtung auch etwas mit der vorhandenen Emotionalität zu tun; ob
man Ps 23 ermutigend oder kitschig findet, hängt in hohem Maß von der jeweiligen
emotionalen Einstellung und Stimmung ab, die wiederum viel mit überindividuellen,
milieuspezifischen Werten zu tun haben. Gleichzeitig können eine Geschichte oder
ein Lied eine Gestimmtheit in Maßen verändern, können Angst in Gelassenheit oder
Zuversicht, aber auch Fröhlichkeit in Traurigkeit verwandeln. Die Gefühle spielen
eine große Rolle in dem, was einen im Blick auf die Inhalte und Rituale des Glaubens
anspricht oder abstößt, neugierig macht oder langweilt, aggressiv oder traurig werden
lässt. Man glaubt nicht »unbedingt« und gleichsam abstrakt, sondern immer auf der
Basis der jeweiligen persönlich-emotionalen Bedingungen. Es wäre geradezu un-
menschlich, wenn die emotionale Gestimmtheit nichts mit dem Glauben zu tun hätte,
er sich quasi im emotionsleeren Raum ereignen würde. Jesus weint über Jerusalem
(Lk 19, 41f.), der reiche Jüngling geht traurig von Jesus weg (Mk 10,22), der Kämme-
rer zieht seine Straße fröhlich (Apg 8, 26ff.).

Eine Unterscheidung in positive (Sympathie, Freude, Hoffnung) und negative Gefühle (Angst, Hochmut, Traurigkeit, Neid, Haß), wie sie Pannenberg vornimmt,[70] und
dann die negativen Gefühle mit Sünde in Zusammenhang bringt, scheint mir sehr
problematisch. Gefühle als zentrale Steuerungselemente der Person sind erst einmal
wahrzunehmen und in ihrer Bedeutung im jeweiligen Beziehungskontext zu verstehen – das ist eine der hilfreichen Grunderkenntnisse moderner Psychotherapie; eine
vorschnelle, grundsätzliche Wertung verstellt die Möglichkeit, ihre situativ konstruktive oder destruktive Bedeutung zu erfassen.

Aber Gefühle sind in hohem Maß wandlungsfähig und dynamisch, anfällig für
innere und äußere Reize und Veränderungen und deswegen voller Ambivalenzen.
Das macht die Schwierigkeit wie die Attraktivität von Gefühlen aus und lässt nachvollziehen, dass manchen Menschen die Gefühle in ihrer Schwankungsfähigkeit unheimlich sind. Ein Glaubensverständnis, das auf Gewissheit und Beständigkeit abzielt,
muss deswegen fast notwendig den Zusammenhang von Glaube und Gefühl bestreiten – um den Preis, dass ein erheblicher Teil der emotionalen Lebendigkeit des Lebens
vom Glauben abgespalten wird.

---

69 Vgl. Grom 2015, 29f.
70 Pannenberg 1983, 257ff.

7.9 Glaube und Angst

Angst ist eine grundlegende Emotion, die uns begleitet von der Geburt bis zum Tod und die jeder Mensch kennt.[71] Durch unser Bewusstsein sind wir in der Lage, um unsere Endlichkeit und die Verletzlichkeit unseres Lebens zu wissen. So entsteht eine Urangst, die sich in eine beinahe unbegrenzte Vielfalt von Ängsten ausdifferenziert: Angst, verlassen zu werden und die Liebe und Anerkennung wichtiger Menschen zu verlieren, Angst vor der Freiheit und Angst sich zu binden, Angst vor Erfolg und vor Scheitern, Angst vor sozialem Abstieg und Armut, Angst vor der Zukunft, Angst vor dem Fremden und den Fremden, Angst vor Ohnmacht und Hilflosigkeit, vor Krankheit, Schmerzen und Tod. Solche einzelnen Ängste werden noch verstärkt durch die hohe Komplexität unseres gesellschaftlichen Lebens sowie durch die ständige Beschleunigung und zunehmende Unübersichtlichkeit aller Lebensbereiche; es entsteht Stress, der sich wiederum als diffuse Angst nieder schlägt.

Auch die »Gottesfurcht« ist in diesem Zusammenhang zu nennen: Die Begegnung mit dem Numinosen löst, so wird es verschiedentlich im AT beschrieben, Erschrecken und Entsetzen aus: »Weh mir, ich vergehe« ruft der Prophet (Jes 6,5), weil er sich als Reaktion auf seine Gottesvision seiner Unreinheit und Winzigkeit bewusst wird. Plötzlich wird der unendliche Abstand zwischen Gott und Mensch spürbar. Insofern erscheint das/der Heilige dem Menschen in der Ambivalenz von fascinosum et tremendum«,[72] das wir »fürchten und lieben« (Luther) können und sollen.

Angst stellt eine psychophysische Reaktion auf reale oder vorgestellte Bedrohungen, Verluste oder Misserfolge dar: Wenn die leibliche Integrität, aber ebenso das Ansehen oder das Selbstwertgefühl bedroht erscheinen, reagieren wir mit Angst, erstarren, möchten weglaufen, oder wollen kämpfen. Die erlebte oder vorgestellte Bedrohung löst Enge aus, die sich wiederum in Herzklopfen, Zittern, Schweißausbruch, flachem Atmen, Anspannung und Starre manifestiert. Gleichzeitig sind die Ausdrucksformen von Angst von gesellschaftlich-kulturellen Rahmenbedingungen abhängig.[73]

Angst als Gefahrensignal ist unbedingt sinnvoll; sie kann hellsichtig machen und dazu beitragen, dass man angemessene Vorsicht und Schutzmechanismen entwickelt. Aber Angst kann sich natürlich auch verselbstständigen, sich lösen von realen Gefahrensituationen und sich zu einer Angststörung generalisieren, für die es noch einmal zahlreiche Unterformen gibt.

Einer der wichtigsten und erfolgreichsten Wege im Umgang mit Ängsten (nicht mit Angststörungen oder Angstkrankheiten!) besteht darin, sie wahrzunehmen, sie anzunehmen, und das, was produktiv sein könnte an ihnen, zu entdecken. Ängste auszusprechen, sie beim Namen zu nennen, trägt viel dazu bei, sie auf eine erträglichere Distanz zu bringen und ihr mit mehr Gelassenheit zu begegnen. Angst auszu-

---

71 Vgl. Riemann 1992, 7; vgl. auch Klessmann 2017, 11–26.
72 Rudolf Otto, vgl. zur Strittigkeit seiner Thesen Grom 2007, 182ff.
73 Sehr lohnenswert ist ein historischer Blick auf die Veränderungen der Angstwahrnehmung im Lauf der Jahrhunderte. Vgl. dazu ausführlich Delumeau 1989.

sprechen, sie mitzuteilen, heißt, sie in einen Kontakt zu jemand anderem hinein zu nehmen und mit ihr nicht allein zu bleiben. Durch Beziehungsaufnahme kann Angst eingegrenzt werden. Ich schreibe hier bewusst »eingegrenzt« und nicht »überwunden«, dann jede Beziehung ist fragil, und die Angst, verlassen oder beschämt zu werden, ist Bestandteil jeder Beziehung.[74] Trotzdem tut es gut, mit der Angst nicht alleine zu bleiben, denn die Fantasien werden schnell größer und schrecklicher als die Realität.

Angst gehört zum Leben, Angst zeigt, was mit uns los ist, Angst macht den Menschen zum Menschen; neben Erstarrung und Beklemmung, die sie in uns auslöst, lehrt sie uns auch Mitgefühl und Einfühlung in uns selbst und andere und mobilisiert kreative Energien.

Im Christentum erscheint der Umgang mit Angst höchst zwiespältig. Einerseits wird Glaube als Gegenmittel gegen die Angst dargestellt: »und ob ich schon wanderte im finsteren Tal, fürchte ich kein Unglück …« (Ps 23). Vertrauen auf Gott soll jede Angst aufheben. An vielen Stellen der Bibel wird Angst als Ausdruck von Kleinglaube oder sogar von Unglaube gewertet. Die Jünger, die mit einem kleinen Boot auf dem See Genezareth in einen Sturm geraten und um ihr Leben fürchten, schilt Jesus Kleingläubige (Mk 4, 35–41 parr). Spätere Textausleger dramatisieren diese Zuschreibung noch: Karl Barth sieht in der Geschichte einen »tiefen, tiefen Mangel an Glauben«; andere nennen die Angst einen Anlass sich zu schämen. Dietrich Bonhoeffer bezeichnet die Angst als den »Urfeind«: »Sie sitzt dem Menschen im Herzen, sie höhlt ihn aus, bis er plötzlich widerstandslos und machtlos zusammenbricht.« Den Menschen, der von Angst ergriffen ist, bezeichnet er als »Teufelsmenschen«.[75] Und in der christlichen Dogmatik erscheint Angst als Ausdruck und Folge von Sünde.[76]

Warum diese extreme Angst vor der Angst? Warum erscheint Angst so bedrohlich für den Glauben? Warum wird Angst geradezu ideologisiert und Angstfreiheit zu einem immer wieder propagierten Ideal? Warum kommt die Aufforderung »fürchte dich nicht« ungefähr einhundert Mal in der Bibel vor? Offenbar kann Angst das Vertrauen auf einen tragenden Grund des Seins, kann Mut und Hoffnung so tief erschüttern, als eine so tiefe narzisstische Kränkung wahrgenommen werden, dass alles ins Wanken gerät – und das erscheint wiederum als äußerst bedrohlich. Insofern ist jene Aufforderung »fürchte dich nicht« verständlich; sie ist ja gemeint als Trost, als Angebot zur Stärkung und Ermutigung. Aber funktioniert das? Wir wissen aus Erfahrung, dass man der Angst nicht befehlen kann zu verschwinden. Im Gegenteil: Die christliche Einstellung zur Angst ist ein gutes Beispiel für kontraphobisches Verhalten, das u. U. die Angst sogar noch verschlimmert, indem sie Schuldgefühle auslöst.[77]

---

74 Vgl. Miggelbrink 2016, 120.
75 Zitiert bei Klessmann 1998, 19f.
76 Vgl. Schneider-Flume 1991, 480f.
77 Ich habe es in der Seelsorge erlebt bei einer depressiv gestimmten frommen Frau, die sich große Vorwürfe machte wegen ihrer Angst vor dem Sterben, von der sie meinte, sie eigentlich wegen ihres Glaubens nicht haben zu dürfen.

Andererseits gibt es in der Bibel neben dieser Argumentationslinie – Angst als zu bekämpfender Feind des Menschen und seines Glaubens – eine andere, entgegengesetzte: In vielen Psalmen wird die Angst direkt ausgesprochen und geradezu ausgebreitet: Die Betenden beschreiben ihre Angst und loten in starken, symbolträchtigen Bildern ihre Tiefe aus: Gewaltige Stiere umgeben mich, Ps 22; das Wasser geht mir bis an die Kehle, ich versinke in tiefem Schlamm …, ich habe mich müde geschrieen Ps. 69; »wir werden gedrückt und geplagt mit Schrecken und Angst« (KlagJer 3, 47) usw. Indem die Betenden ihre Angst derartig zum Ausdruck bringen, stellen sie sie aus ihrem Inneren heraus, bringen sie auf Distanz und dann entsteht neuer Raum für tröstliche Gegenbilder: Du bist bei mir, Ps 23,4; du hörst mein Weinen, Ps 6,9; du hältst deine Hand über mir, Ps 139,5; der Herr verstößt nicht ewig (KlagJer 3, 31).

In diesen zuletzt genannten Kontexten wird Angst nicht als Zeichen von Klein- oder Unglaube gewertet, sondern als Ausdruck eines Ringens zwischen der gegenwärtigen Bedrohung des Lebens auf der einen und erinnerter oder verheißener Rettung und der Hoffnung darauf auf der anderen Seite. Die Lebendigkeit der Klage in den Psalmen erwächst gerade aus dieser Spannung zwischen der erlebten Bedrohung und dem Widerstand dagegen. Der Widerstand beruft sich auf frühere gute und tragende Erfahrungen (Rettung des Volkes Israel aus Ägypten, oder das Faktum der eigenen Geburt, deren Bewahrung Gott zugeschrieben wird). Da wird eine »Erfahrung der Verlässlichkeit und Güte beschworen, die der Angst vorausliegt.«[78] In diesem Ringen bleibt der Glaube verwickelt in die Auseinandersetzung mit den nicht aufgehobenen Bedrängnissen und Gefahren des Lebens. Es ist ein Kampf um die Wirklichkeit, genauer um die Deutung der Wirklichkeit. Der Glaube hebt die Angst nicht einfach auf; im besten Fall begrenzt er sie, umgibt sie quasi mit einem Zaun, so dass sie einen nicht ganz wegschwemmt. Man könnte in diesem Zusammenhang von einer »Angstfähigkeit im Glauben« sprechen;[79] oder mit Paulus sagen, dass der Glaube gleichsam von »Furcht und Zittern« durchzogen (vgl. Phil 2,12) und gerade darin lebendig ist.

Das Christentum pflegt also eine eigentümliche Zwiespältigkeit: Auf der einen Seite hat es immer wieder die Angst vor Gott und dem Heiligen, vor dem Endgericht, vor Teufel und Hölle geschürt; auf der anderen Seite möchte es die Angst unbedingt überwinden durch Vertrauen und Hoffnung auf Gott. Angst zu schüren verdankt sich sicher zum Teil den Machtinteressen der Kirche: Menschen in Angst lassen sich trefflich manipulieren durch das Versprechen, die Angst könne durch Unterordnung unter die Gebote der Kirche gemäßigt oder sogar aufgehoben werden. Zugleich spiegelt sich darin, wie schwer es ist, Angst auch einmal auszuhalten und stehen zu lassen und in diesem Ringen zwischen Angst und Vertrauen zu glauben.

---

78 Seybold 1997, 59f.
79 Schneider-Flume 1991, 478ff. Vgl. auch Klessmann 1998.

7.10   Glaube – Liebe – Hoffnung

Die emotionale Seite des Glaubens wird auch deutlich an der Trias Glaube, Liebe,
Hoffnung (1 Kor 13,13) erkennbar. Diese Trias wird gerade wegen ihrer emotionalen
Assoziationen viel zitiert und weil es so scheint, als ob diese »geistlichen Tugenden«
einander wechselseitig erklärten. Glaube an Gott soll Gestalt gewinnen als Liebe zu
den Menschen und als Hoffnung auf ein wahres Leben in Fülle. Wenn man jedoch
jede einzelne dieser »Tugenden« genauer anschaut, zeigt sich schnell, wie viel an
Vieldeutigkeit, Widersprüchlichkeit und damit Ambivalenz in ihnen enthalten ist.

So stellt die Liebe, wie jeder weiß, ein höchst zwiespältiges Phänomen dar. Das sog.
»hohe Lied der Liebe« aus 1 Kor 13 enthält, wenn es denn auf zwischenmenschliche
Beziehungen angewendet wird, ein sentimentales Zerrbild der Liebe: »Die Liebe ist
langmütig und freundlich, die Liebe eifert nicht, die Liebe treibt nicht Mutwillen, sie
bläht sich nicht auf, sie sie verhält sich nicht ungehörig, sie sucht nicht das Ihre …
sie erträgt alles, glaubt alles, hofft alles und duldet alles«. (1 Kor 13, 4–7). Ein solches
Idealbild dürfte den Paaren, die sich diesen Text häufig zur Hochzeit wünschen, für
ihre reale Beziehung wenig hilfreich sein; es trifft sich mit einer bürgerlich-romanti-
schen Harmonievorstellung, die ziemlich realitätsfern ist. Im Kontrast dazu hat Sigmund Freud sein Ambivalenzkonzept gerade an der Liebe zwischen Menschen festge-
macht: »Nun lehrt uns die klinische Beobachtung, dass Hass nicht nur der unerwartet
regelmäßige Begleiter der Liebe ist (Ambivalenz), nicht nur häufig ihr Vorläufer in
menschlichen Beziehungen, sondern auch, dass Hass sich unter mancherlei Verhältnissen in Liebe und Liebe in Hass verwandelt«[80] (▶ ausführlicher Kap. 2.4). Aber
nicht nur Hass ist ein Gegenpol zur Liebe, auch die Angst: Liebe ist immer fragil und
zerbrechlich, anfällig für Störungen; Liebesbeziehungen sind häufig begleitet von der
Angst, die Liebe könnte erlöschen oder erkalten, man könnte herausfallen aus dem
»Himmel der Liebe«.

Vor dem Hintergrund dieser Ambivalenz der zwischenmenschlichen Liebe (die
Paulus in seinem Text angeblich nicht meint, weil er von der Liebe von und zu Gott,
der agape, schreibt) hat die Schriftstellerin Nino Haratischwili so etwas wie einen
Gegentext zu dem von Paulus geschriebenen entworfen im Zusammenhang mit der
Schilderung einer Liebesgeschichte zwischen zwei Frauen: »Die Liebe war ein schlei-
chendes, langsames Gift, die Liebe war tückisch und verlogen, … die Liebe war kleb-
rig und unverdaulich, sie war ein Spiegel, in dem man das sein konnte, was man
nicht war, sie war ein Gespenst, das Hoffnung verbreitete, wo es längst keine mehr
gab, sie war ein Versteck, wo man Zuflucht zu finden glaubte und am Ende doch nur
sich selbst fand …«[81] Welch' ein Kontrast – aus dem auch deutlich wird: Von der
Liebe (auf jeden Fall von der Verliebtheit!) werden Menschen gepackt, ergriffen, besetzt und erfüllt gleichsam ohne ihr eigenes Zutun, sie müssen lieben, ob sie wollen
oder nicht – und manchmal hat diese Leidenschaft zerstörerisches Potential. Auch
Glaube kennt dieses zwiespältige Moment des Ergriffenwerdens von einem Gegen-

---

80 S. Freud 1923, 309.
81 Haratischwili [5]2014, 491.

über; wo der passivische Affekt ganz fehlt, bleibt Glaube kalt und lehrhaft, wo er übergewichtig wird, gerät Glaube zum Fanatismus.

Auch Hoffnung gibt es nur in der Spannung von spes contra spem, von Hoffnung gegen Hoffnungslosigkeit; ständig muss sich Hoffnung gegen Enttäuschung, Frustration, Depression behaupten. In seinem voluminösen Werk »Das Prinzip Hoffnung« beschreibt Ernst Bloch den dauernden Kampf zwischen Hoffnung und Furcht, Aussich-Herausgehen und Sich-in-sich-Zurückziehen, sich ins Gelingen verlieren und im Scheitern fixiert sein, das Neue träumen und im Alten feststecken.[82]

Hoffnung hat in sich selber einen deutlich zwiespältigen Charakter: Einerseits ist sie Motor und Quelle dafür, von der Zukunft etwas zu erwarten, sich zu engagieren und aktiv zu werden; zugleich kann sie auch Hindernis werden dafür, die Realität wirklich wahrzunehmen, sie anzunehmen und auf dieser Basis Veränderungen einzuleiten. Hoffnung kann illusionär über die Realität hinwegtäuschen, gleichzeitig ist die Realität ohne Hoffnung oftmals kaum zu ertragen.

> Ein Paar, das seit über einem Jahrzehnt gravierende Differenzen und Streitigkeiten austrägt, hofft immer noch darauf, dass sich irgendwann und irgendwie alles zum Besseren wenden würde – bis ein Paartherapeut ihnen eines Tages sagt, dass ihre Hoffnung auf Veränderung nach so langer Zeit doch wohl illusionär sei und sie der Realität ihrer unbefriedigenden Beziehung endlich ins Auge sehen sollten. Dieser Hinweis ist Anlass, dass das Paar sich endlich – mit beidseitiger Erleichterung – trennt.

Wird also das Verständnis des Glaubens durch die Zuordnung zu Liebe und Hoffnung eindeutiger und klarer? Das Gegenteil scheint mir der Fall zu sein, die Bandbreite der Verständnismöglichkeiten wächst, die Ambivalenz – wenn es denn eine Steigerung gibt – wird noch ausgeprägter – und zugleich reizvoller: Denn es lohnt sich doch, die Zusammenhänge und Differenzen zwischen Glaube, Liebe und Hoffnung auszuleuchten und an ihrer schillernden Vielfalt teilzuhaben.

7.11   Glaube und Gewissheit/Sicherheit[83]

Ein anderer Zugang versucht, den Glauben aus der Nähe zu einer schwankenden Emotionalität herauszunehmen und das Moment der Sicherheit, des Unstrittigen und Unzweifelhaften im Blick auf eine absolute, objektive Wahrheit in den Vordergrund zu rücken. Vor allem in pietistischen Kreisen erfreuen sich die Begriffe »Glaubensgewissheit«, »Heilsgewissheit«, »Erlösungsgewissheit« großer Beliebtheit. »Höchste Gewissheit« zeige der Ausdruck »ich glaube« in der christlichen Tradition an, resümiert H. Vorster.[84] Da es absolute Sicherheit in menschlichen Zusammenhängen jedoch nicht geben kann, muss Glaubensgewissheit notwendigerweise als allein in der göttlichen Heilszusage gründend verstanden werden.

---

82 Bloch 1967.
83 Zur fundamentaltheologischen Erörterung dieser Problematik vgl.Schmidt-Leukel [2]2014, 161ff.
84 Vorster 1974, 628.

Im NT wird die Gewissheit des Glaubens an einigen Stellen mit dem Verb plerophoreo = voll überzeugt sein, zum Ausdruck gebracht. »Abraham wusste aufs allergewisseste: was Gott verheißt, das kann er auch tun.« (Rm 4,21); »ein jeder sei in seiner Meinung gewiss« (Rm 14,5). Der griechische Begriff pleroma bezeichnet die göttliche Fülle, die für die Endzeit erwartete eschatologische Vollkommenheit oder Vollendung. An dieser Fülle sollen die an Christus Glaubenden in ihrem Glauben Anteil bekommen; nicht der Mensch selber mit all seiner Wankelmütigkeit gewinnt eine solche Gewissheit, sie kann ihm nur von Gott verliehen werden. Aber auch das von Gott Verliehene muss Teil der Person und ihrer Befindlichkeit werden; kann es da als gänzlich eindeutig und gewiss und jeder menschlichen Zweideutigkeit entnommen wahrgenommen, gelebt und ausgedrückt werden?

Ein Blick auf Luthers Verständnis des Glaubens ist an dieser Stelle hilfreich. Luther stellt im Zusammenhang mit seiner Interpretation der Rechtfertigungslehre die Bedeutung der Glaubens*gewissheit* heraus vor dem Hintergrund, dass in der mittelalterlichen Scholastik stark die Unsicherheit, ob man im Besitz der Gnade sei, betont wurde. Gegen eine solche Theologie der Ungewissheit, so Luther, hängt die Glaubensgewissheit ausschließlich an der Verheißung Gottes und der Versöhnung durch Jesus Christus und nicht an der eigenen Glaubenskraft und –stärke. Als Haupttext für diese Gewissheit wird Rm 8,38 zitiert: »Ich bin gewiss, dass weder Tod noch Leben … uns scheiden kann von der Liebe Gottes …«

Aber: Die Glaubenszusage aus der Schrift muss zur persönlichen Erfahrung werden, sonst bleibt sie wirkungslos: Luther legt größten Wert darauf, dass das äußere Wort auch innere Erfahrung, inneres Fühlen werden will und muss. »Die Schrifft versteht khein mensch, uns ist unmuglich, es kom im den hinhein, id es, experiatur« (WAT 2, 84,19f.).[85]

Als Erfahrung ist die Glaubensgewissheit nicht verfügbar, sie wird immer wieder durch die Anfechtung angesichts der Weltverhältnisse konterkariert. Sie ist nicht empirisch begründete *securitas*, sondern »nur« *fiducia* (oder *certitudo*), also der schwankenden Vertrauensfähigkeit des Menschen unterworfen. Wahrheit ist nie absolut, sondern von uns metaphorisch konstruiert.[86] Insofern gibt es nur den ständigen Kampf, wir könnten auch sagen, die ständige Ambivalenz zwischen dem Wunsch, die Gewissheit und Festigkeit des Glaubens immer neu (es gibt sie nicht ein für alle Mal!) geschenkt zu bekommen und der alltäglichen Erfahrung, dass sie eben doch immer wieder von Zweifeln und Anfechtungen in Frage gestellt wird.

Insofern kann man sagen, dass gerade im Zentrum des Glaubens, im Kampf um seine Gewissheit, die Ambivalenz unvermeidlich und zugespitzt angesiedelt ist. »Theologen können niemals Anspruch auf Gewißheit erheben, sondern bestenfalls auf eine nur versuchte, relative Angemessenheit. Denn sie können eben nicht jener Pluralität und Ambiguität, von denen jeglicher Diskurs betroffen ist, entrinnen.«[87]

---

85 Zitiert bei Beutel 2005, 457.
86 Vgl. Lakoff/Johnson 2004, 183ff.
87 Tracy 1993, 124.

Dieser Sachverhalt muss kein Makel, kein Defizit sein; er lädt ein zum Gespräch über die wahrgenommenen Ambiguitäten, er nötigt zum Austausch sowohl mit den theologischen Klassikern wie mit den Zeitgenossen; darin können die auftauchenden Ambivalenzen benannt und im Detail erkundet werden.

Wenn Glaubensgewissheit einhergeht mit Ambivalenz*in*toleranz (und das tut sie in der Regel) neigt sie dazu, zu einer absoluten, dogmatisch-dogmatistischen, autoritären Haltung zu werden, neben der andere Einstellungen keinen Platz mehr haben; Gewissheit gibt es, psychologisch gesehen, eigentlich nur um den Preis der Verleugnung, der Abwehr der Ambiguitäten der Wirklichkeit. Erlösungsgewissheit macht tendenziell unempfindlich für die Unerlöstheit der Welt, für die Tragik des Leidens der anderen, fokussiert auf den eigenen Glaubensstand. Eindeutigkeit geht leicht einher mit Intoleranz und Gewalt, während die Wahrnehmung von Ambivalenz dazu einlädt, die Vorläufigkeit und Begrenztheit aller Meinungen und Einstellungen anzuerkennen. Glaubensgewissheit neigt dazu, sich von den Ambiguitäten der konkreten Alltagserfahrung zu lösen und zur zeitlos gültigen Ideologie zu werden.[88]

In systemtheoretischer Sprache lässt sich dieser Vorgang mit Niklas Luhmann so beschreiben:»Die spezifische Funktion der Religion liegt in der Bereitstellung letzter, grundlegender Reduktionen, die die Unbestimmtheit und Unbestimmbarkeit des Welthorizontes in Bestimmtheit oder doch Bestimmbarkeit angebbaren Stils überführen.«[89] Wenn diese Reduktionen jedoch zu grundlegend, zu grundsätzlich, ja absolut werden, verlieren sie den Bezug zur wahrnehmbaren Realität in ihrer Unbestimmtheit und Mehrdeutigkeit und werden letztlich nicht mehr kommunikabel. Als Extrembeispiel kann man an Menschen, die unter Paranoia leiden, beobachten, wie deren Gewissheit durch keinerlei Argumente und Erfahrungen mehr beeinflussbar ist.

Im Blick auf den Pietismus August Herrmann Franckes schreibt Jörg Lauster in seiner Kulturgeschichte des Christentums von der »unverrückbaren Überzeugung tief in seinem Innern«, von der »subjektiven Gewissheit, die von außen nicht erschüttert werden kann«. »Die unantastbare innere Gewissheit hat Stärken und Schwächen. Zu den Schwächen gehört die argumentative Unzugänglichkeit, die man auch als religiöse Borniertheit bezeichnen kann ... zu den Stärken der Glaubensgewissheit gehört die gewaltige Motivationskraft des Bekehrungserlebnisses.«[90] Zu den Schwächen gehört auch, so füge ich hinzu, dass die Ambivalenz dann meistens auf Außenstehende, auf die Ungläubigen projiziert wird – mit oftmals fatalen Folgen.

7.12   Glaube und Gehorsam/Sich Ergeben

Glaube als Gehorsam bedeutet, dass Glaube nicht mehr in die subjektiv-emotionale Verfügung des Einzelnen fällt. An der Figur des Abraham wird im hebräischen Testament – und später dann auch im griechischen Testament (im Hebräerbrief) – wiederholt gezeigt, wie Abraham dem Befehl Gottes, seinen Sohn Isaak zu opfern, Folge

---

88 Vgl. ausführlicher und mit Bezug auf die katholische Kirche Otscheret 1988,126ff; Jekeli 2002, 202ff.
89 Zitat Luhmann, bei Otscheret 1988, 127.
90 Lauster [2]2015, 404f.

leistet, Gott ihm und seinen Nachkommen daraufhin reichen Segen verheißt: »weil du meiner Stimme gehorcht hast« (Gen 22, 18). Der hebräische Wortstamm šama bezeichnet zunächst das sinnliche Hören, das aber natürlich nicht nur ein akustisches Aufnehmen der Lautfolge meint, sondern auch ein Vernehmen *und Befolgen* des Inhaltes des Gehörten einschließt.[91] Aus dem Hören soll ein Beachten, ein Beherzigen des Gehörten, also Gehorchen erwachsen. So spricht beispielsweise Gott zu Adam: »Weil du auf die Stimme deiner Frau gehört hast ...« im Sinn von »weil du ihr gehorcht hast ...«(Gen 3, 17).

Mit dieser Konnotation des Gehorchens bekommt der Begriff des vertrauensvollen Glaubens einen neuen Akzent: Es geht nun nicht mehr um ein Vertrauen, das jemand aus freien Stücken einer Botschaft oder einer Person entgegen bringt, weil Botschaft oder Person als vertrauenswürdig erscheinen, sondern um ein Sich-ergeben, ein Sich-Unterwerfen unter eine Autorität *im Kontext ungleich verteilter Macht.* Gehorchen wird zur Antwort auf einen Befehl im Gefüge einer hierarchisch strukturierten Beziehung. Die Septuaginta verwendet für den hebräischen Wortstamm šama den griechischen Begriff hypakoe, der ganz analog bedeutet, auf eine Botschaft zu hören, sich ihr zu öffnen, ihr zu gehorchen, sich ihr zu unterwerfen. Auf die Stimme Gottes, auf sein Wort zu hören, ihm zu gehorchen (Dtn 6, 4 u.ö.), wird im Deuteronomium als grundlegende Glaubenshaltung des Volkes Israel immer wieder angemahnt.

Die christliche Tradition hat das hebräische Begriffsverständnis aufgenommen; bei Paulus spielt der Zusammenhang von Glaube und Gehorsam eine besondere Rolle, Paulus spricht explizit vom »Glaubensgehorsam« (Rm 1,5; 16,26), so dass Rudolf Bultmann in seiner »Theologie des NT« zu der Formulierung kommt: »Glaubensakt ist Gehorsamsakt«.[92] Verglichen wird dieser Gehorsam mit dem Gehorsam von Kindern gegenüber ihren Eltern, von Sklaven gegenüber ihren Herren. Es gibt für die Menschen Paulus zufolge nur ein »entweder – oder«: Entweder Sklaven der Sünde zu sein oder Sklaven des Gehorsams gegenüber Christus, der zur Gerechtigkeit führt (Rm 6, 16). Zwischenstufen, Vorbehalte, Einschränkungen, kritische Rückfragen sind nicht vorgesehen. Es geht um alles oder nichts.

In der Genealogie des Glaubens im Hebräerbrief Kap. 11 wird Abrahams Glaube als Quelle seines Gehorsams bezeichnet (Hebr. 11,8). Christen sollen der Verkündigung im Glauben gehorsam sein, sich ihr unterwerfen, so wie Abraham dem Befehl Gottes, seinen Sohn zu opfern, Folge leistete; oder so, wie Jesus dem Willen des Vaters gehorchte und bereit war, den Tod am Kreuz zu erleiden (Phil 2,8).

> Mit den Idealen der französischen und amerikanischen Revolutionen hat der Begriff des Gehorsams zunehmend an Plausibilität verloren (auch wenn die gesellschaftliche Realitäten den Idealen natürlich lange hinterherhinkten): Die durch Über- und Unterordnung geprägte Beziehungsstruktur »Herr und Knecht« löst sich immer mehr auf, an ihre Stelle tritt die Gleichheit und Gleichberechtigung aller Bürger. Die Beziehungsmuster, die in den biblischen Schriften auf dem Hintergrund ihrer feudal-patriarchalen Gesellschaftsverhältnisse überliefert sind, passen nicht mehr in die Gegenwart. Dann aber kann man kaum noch sinnvoll Glaube mit Gehorsam in Verbindung bringen.

---

91 Vgl. Mundle 2010, 987ff.
92 Zitiert nach G. Schneider ²1992, 944.

Das gilt besonders für die deutsche Gesellschaft, in der sich, im Vergleich etwa mit angelsächsisch oder romanisch geprägten Kulturen, das Phänomen des Gehorsams besonders lange gehalten hat und gleichzeitig durch die Nazidiktatur so fürchterliche Wirkungen entfaltet hat, dass man diese Wirkungsgeschichte auch in der christlichen Tradition nicht übersehen darf. Ein kurzer Vergleich zweier Interpretationen zeigt, wie die Wahrnehmung (bzw. Ausblendung) der jeweiligen historisch-kontextuellen Bedingungen der Auslegenden das Begriffsverständnis tiefgreifend verändert:

Wilhelm Mundle (geb. 1892, a.o. Prof in Marburg, später der Bekenntnisbewegung »kein anderes Evangelium« nahe stehend) schreibt noch im Jahr 1967 im Theologischen Begriffslexikon zum NT zum Stichwort »Gehorsam«: »Auch im Leben der Christen soll solches Gehorchen [s.c. Gehorsam gegenüber Christus, Gehorsam gegenüber der Glaubensbotschaft, M.K.] sich auswirken. Christen werden dadurch gehindert, den sündigen Begierden des Leibes zu gehorchen (Röm 6,12); aus dem Gehorsam gegen den Herrn folgt auch die willige Unterordnung unter die irdischen Autoritäten, die Eltern und Herren; auch diese müssen freilich den Herrn Christus als die höchste Autorität anerkennen (Eph 6, 1–9; Kol 3, 18–20).«[93] Im Hintergrund solcher Aussagen steht die Annahme einer selbstverständlich anzuerkennenden Autorität der hl. Schrift. Deren Autorität ist gehorsam zu bejahen, weil sie eine »übergeschichtliche Heilsbotschaft« enthält, die quasi objektiv auf die Offenbarung Gottes selbst zurückgeht und der man sich nur unterordnen kann.[94]

Die Problematik eines solchen Gehorsamsbegriffs angesichts der jüngeren deutschen Geschichte wird vom Verfasser dieses Artikels an keiner Stelle erwähnt. Hier geht es nach seiner Meinung um ewige, überzeitliche Botschaften.[95]

Fast gleichzeitig, im Jahr 1968, hat Dorothee Sölle (geb. 1929) eine scharfe Kritik der Gehorsamstraditionen in den christlichen Kirchen vorgelegt:[96] Gehorsam sei unglücklicherweise »zum Mittelpunkt und Schlüsselgedanken der ganzen christlichen Botschaft« geworden;[97] auch wenn sich dieser Gehorsam auf das Verhältnis des glaubenden Menschen zu Gott bzw. Jesus Christus bezieht, so seien die soziologischen und psychologischen Konsequenzen eines solchen Glaubensverständnisses doch unübersehbar. Die religiös inspirierte und begründete Forderung nach und Bereitschaft zum Gehorsam und zur Unterwerfung (z. B. auch im Anschluss an Rm 13) habe unter Christen und weit darüber hinaus katastrophale gesellschaftliche Konsequenzen gezeitigt, das belegten die Biographien von christlich erzogenen Nazi-Größen wie Rudolf Höß (Kommandant des KZ Auschwitz) oder Adolf Eichmann eindrücklich. Sölle fordert eine radikale Kritik des Gehorsamsbegriffs in Theologie und Kirche; sie schlägt vor, ihn durch den Begriff der Phantasie zu ersetzen, um damit dem Glauben eine ganz andere, stärker subjektiv geprägte und vor allem kreative Färbung zu geben. Jesus verlange nicht gehorsame Unterwerfung unter vermeintlich natürliche Grenzen und Ordnungen, sondern gerade deren Überschreitung und Veränderung mit Hilfe der kreativen und stimulierenden Phantasie.

Aus diesem kurzen Interpretationsvergleich wird deutlich, dass die Zuordnung von Glaube und Gehorsam stark von kontextuellen Faktoren bestimmt wird. In autoritär-patriarchal strukturierten Gesellschaften wie denen des AT und des NT erscheint es nicht verwunderlich, dass der Übergang vom Hören zum Gehorchen besonders nahe

---

93 Mundle 2010, 993.

94 Mundle 1951, 733–735.

95 Auch in der Barmer Theologischen Erklärung von 1934 wird mehrfach und zentral Glaube als Gehorsam charakterisiert. Vgl. Burgsmüller/Weth [6]1998.

96 Sölle 1968.

97 So ein von Sölle gebrachtes Zitat von F.K. Schumann aus der dritten Auflage der RGG von 1955!

liegt: Der Stimme des Vaters und analog dazu der Stimme Gottes war selbstverständlich zu gehorchen.

Aber auch Dietrich Bonhoeffer identifiziert noch im Jahr 1937 den Glauben mit Gehorsam, wenn er schreibt: »Nur der Glaubende ist gehorsam, und nur der Gehorsame glaubt.«[98] Wird hier eine Gehorsamsstruktur, die in der damaligen Gesellschaft als selbstverständliches Ideal galt, unkritisch und gleichsam »unpolitisch« auf den Glauben übertragen?

Und selbst in einem Artikel zum Stichwort »Gehorsam« der RGG (4. Aufl.) aus dem Jahr 2000 heißt es noch lapidar: »Im Gehorsam kommt eine Grundhaltung des Menschen gegenüber Gott zum Ausdruck.«[99] Woher kommt die Selbstverständlichkeit einer solchen Formulierung? Warum heißt es nicht »Im Vertrauen (oder in kritischer Auseinandersetzung) kommt eine Grundhaltung des Menschen Gott gegenüber zum Ausdruck?« Übernehmen wir auch in der exegetischen Begründung unkritisch autoritäre Beziehungsstrukturen vergangener Gesellschaften und Religionen und machen daraus anthropologische Konstanten?[100]

Wir wissen aus der Sozialpsychologie, wie Gehorsam unselbstständig macht, Autonomie und Subjektivität einschränkt, wenn nicht gar aufhebt. Wer gehorcht, kann sich als Befehlsempfänger verstehen und damit die eigene Verantwortung für sein Handeln abgeben. In Kriegsverbrecherprozessen berufen sich Täter immer wieder auf den vermeintlichen Befehlsnotstand: Sie hätten im gelobten Gehorsam nur einen Befehl ausgeführt. Und die Experimente von Stanley Milgram aus dem Jahr 1961 zeigen auf erschreckende Weise, wozu Menschen fähig sind, wenn sie meinen, den Anordnungen übergeordneter Personen gehorchen zu müssen.[101]

Auch und gerade in religiös-kirchlich geprägten Milieus hat Gehorsam in der Erziehungspraxis der Vergangenheit bis ins 20. Jahrhundert eine große Rolle gespielt. Der Psychoanalytiker Tilman Moser hat eindringlich beschrieben, wie er als Kind im frommen Haushalt seiner Eltern in einer Haltung des Gehorsams, der Unterwerfung und Demütigung groß geworden sei und wie ihn diese religiös geprägte Atmosphäre neurotisiert habe.[102] Ähnliches schildert der Film »Das weiße Band«[103] (2009), der die autoritäre, von Befehl, Gehorsam und Beschämung geprägte Erziehung in einem Pfarrhaus in der Zeit vor dem ersten Weltkrieg zeigt.

Seit der 1968er Bewegung haben sich in vielen Familien und Institutionen wie Staat und Kirche demokratische Strukturen weitgehend durchgesetzt. Martin Dornes hat die Wandlung der Erziehungspraktiken mit den Begriffen »vom Befehls- zum Verhandlungshaushalt« gekennzeichnet (► Kap. 5.1). Theologie und Kirche müssen auf solche tiefgreifenden gesellschaftlichen Strukturveränderungen reagieren. Insofern erscheint die genannte Kritik am Gehorsamsbegriff durch Dorothee Sölle im besten Sinn »zeitgemäß«.

---

98 Bonhoeffer [9]1967, 35.
99 Beutler [4]2000, 550.
100 Im Kontrast dazu sei daran erinnert, wie im rabbinischen Judentum eine Streitkultur nicht nur den Rabbinen, sondern selbst mit Gott gepflegt wurde, vgl. oben Kap 6.5.
101 Vgl. dazu ausführlicher Legewie/Ehlers 1999, 239f.
102 Moser 1976.
103 Regisseur Michael Haneke.

Es ist nicht länger möglich, Glaube unter heutigen gesellschaftlichen Bedingungen als Gehorsam zu verstehen. Statt Glaubensgehorsam, so schlage ich vor, sollten wir von Glaubensambivalenz sprechen: Der notwendige offene, dialogische, verhandelnde und nie völlig eindeutige Charakter des Glaubens kommt darin angemessen zum Ausdruck.

Wie gehen wir dann beispielsweise mit der Geschichte von Isaaks Opferung um? Wie antworten die Predigenden auf die Gehorsamsforderung dieser Geschichte und wie nehmenden die Hörenden sie auf? Wird die Gehorsamsforderung akzeptiert und religiös untermauert oder wird ihr widersprochen und wenn ja, wie?

7.13 Glaube und Entscheidung

Glaube als Lebensorientierung setzt Konsequenzen frei, die sich als Entscheidung für oder gegen andere Orientierungen und Positionen manifestieren. »Entscheidung« bezeichnet die Wahl einer Möglichkeit in einer Situation, in der prinzipiell mindestens zwei Denk- und Handlungsalternativen offen stehen; sie setzt voraus, dass ein Mensch durch seinen Willen in der Lage ist, zwischen den Alternativen zu wählen. In eine Entscheidung gehen Gedanken (Verarbeitung von Informationen über die Handlungsalternativen), Gefühle (gewünschte und nicht gewünschte Alternativen) und Momente des Willens ein. Die bisherigen Lebenserfahrungen spielen eine Rolle (wie sind frühere Entscheidungen ausgegangen?), die Frage nach dem möglichen Nutzen einer Entscheidung für die entscheidende Person, und die Erwartungen anderer, die von der Entscheidung und ihren Folgen mitbetroffen sind oder davon erfahren.

Wirtschaft und Werbung versuchen, Entscheidungen der Menschen durch Information und Suggestion zu beeinflussen. Da Information und Suggestion nur selten wirklich durchschaubar sind, die Möglichkeiten der kritischen Überprüfung höchst begrenzt ausfallen, entscheiden Menschen überwiegend aus einer Situation der Unsicherheit heraus. Sie übersehen weder die Vielfalt der möglichen Gründe oder Motive für eine Entscheidung noch können sie die Folgen wirklich kalkulieren. Insofern basieren viele Entscheidungen auf einem vagen Glauben (im Sinn von Vermuten, s. o. 7.6) und sind längst nicht so eindeutig, wie es nach außen hin den Anschein haben mag.

Im Bereich von Religion und Kirche spielt das Konzept der Entscheidung eine wichtige Rolle. In der Reformationszeit geriet der Konflikt zwischen Luther und Erasmus um den freien Willen in den Vordergrund: Ob der Mensch in der Lage sei, sich von der Sünde abzuwenden und der Güte Gottes zuzuwenden (Synergismus zwischen göttlicher Gnade und menschlicher Willensfreiheit), wie es Erasmus vertrat, oder ob, wie Luther meinte, im Blick auf das ewige Heil der menschliche Wille nichts ausrichten könne, sondern Gott allein und ausschließlich wirksam sei.[104]

Von dieser theologischen Debatte weitgehend unbeeinflusst wird in pietistisch-evangelikalen Konzepten eine von Verstand, Gefühl und Willen getragene Entscheidung für Jesus Christus gefordert. Alles andere gilt im Sinn von Offbg 3,16 als lau, unentschieden und damit als verachtenswert (»weil du aber lau bist und weder warm noch kalt, will ich

---

104 Vgl. ausführlicher Kaufmann in: Beutel 2005, 142–152.

dich ausspeien aus meinem Munde.«). Die Entscheidung des Glaubens wird manchmal mit dem Ja-Wort bei der Eheschließung verglichen: So bewusst, einmalig und von ganzem Herzen soll die Entscheidung des Glaubens beschaffen sein (wobei jede in der Paarberatung erfahrene Person weiß, wie ambivalent häufig Entscheidungen für eine Eheschließung ausfallen!). Ort und Zeit dieser Entscheidung sind dann später noch benennbar und erinnerbar. Mögliche Ambivalenzen im Entscheidungsprozess dürfen nicht sein, sie werden verdrängt oder als »Anfechtung« überwunden.

Eine andere, aber durchaus auch zentrale Bedeutung hat der Begriff der Entscheidung in der existentialen Theologie angenommen:[105] Entscheidung wird hier zum Existential, d. h. der Mensch steht prinzipiell und grundsätzlich in der Entscheidung vor Gott, es ist »immer letzte Stunde«, die zur Entscheidung herausfordert. Da ist immer ein Ruf zur Eigentlichkeit, der sich in jeder kleinen alltäglichen Entscheidung verwirklicht oder verfehlt. Einerseits antwortet der Mensch auf den Ruf zur Entscheidung frei und selbstverantwortlich, andererseits liegt der Ermöglichungsgrund für die Entscheidung in der ergangenen Offenbarung. Die Glaubensentscheidung gilt als geschenkte, von Gott gewirkte. Aber wie steht es dann mit den eigenen Motiven, Wünschen und Zielvorstellungen? Kommt in ihnen das autonome Subjekt zum Ausdruck oder realisieren sich hier geheimnisvolle, göttliche Kräfte?

Ein weiteres Spannungsfeld, das sich beim Stichwort der Glaubensentscheidung auftut, ist darin zu sehen, dass Glaube einen Lebensprozess bezeichnet, der sich entwickelt, zu- oder abnimmt, sich mit den Lebensumständen verändert (▶ Kap. 5) – und nun in der Entscheidung quasi auf einen exklusiven Punkt fokussiert und fixiert werden soll. Ist das angesichts der Schwierigkeit eines Entscheidungsprozesses sowie der Komplexität des Entscheidungsgegenstandes eine sinnvolle Alternative? Müssen nicht Prozess und punktuelle Entscheidung stärker zusammen gedacht werden? Das könnte bedeuten, dass man zwar von der Entscheidung des Glaubens reden kann, diese aber immer revidierbar und überholbar bleibt bzw. bleiben muss. Glaube wäre dann ein sozusagen ständiger, immer neuer, oszillierender[106] Prozess von Entscheidungen, in dem auch Unklarheiten, Widersprüche und Spannungen Platz haben, in dem auch die paradoxe Entscheidung möglich ist, sich einmal *nicht* zu entscheiden.

7.14   Glaube und Bekenntnis

Glaubensentscheidung mündet in ein Bekenntnis: »Wenn Menschen Jesus Christus folgen und ihm vertrauen, wenn sie also glauben, lassen sie das vor aller Welt auch sehen und hören … Glaube an Jesus Christus und deutliches Bekenntnis zu ihm gehören zusammen.«[107]

Das im NT in diesem Zusammenhang verwendete Verb homologeo hat die Doppelbedeutung von gestehen, erklären, öffentlich bekennen einerseits, und loben und

---

105 Vgl. zum Folgenden Martin 1976.
106 S.o. Kap. 3.3 Ambivalenz als Oszillieren.
107 Link u. a. 2010,141.

preisen andererseits.[108] Interessanterweise kommt das Verb aus der Vertrags- und Rechtssprache. D. h. heißt, das zunächst spontane, aus dem persönlichen Betroffensein erwachsende Bekenntnis bekommt den Charakter einer (auch rechtlich relevanten) Verpflichtung und Bindung, so dass die einzelnen Bekennenden dadurch festgelegt, in ihrer Identität stabilisiert, zugleich aber auch von anderen abgegrenzt werden. Diesen Charakter hat das Bekennen in der Urchristenheit relativ früh angenommen: Es gibt frühe Bekenntnisformeln im NT, die auf die »rechte Lehre« oder »gesunde Lehre« verpflichten und damit zugleich Grenzlinien zu anderen Glaubensrichtungen und Orientierungen ziehen.

Die Spannung, die sich her unvermeidlich auftut und entsprechende Ambivalenz auslöst, ist die zwischen subjektiv-individuellem und kollektiv-lehrhaftem Bekennen. Das individuelle Bekenntnis erfolgt spontan, ist in seiner Ausdrucksform subjektiv, variabel und situativ (»Wes das Herz voll ist, des geht der Mund über«); das kollektive Bekenntnis artikuliert sich in überindividuellen, standardisierten, lehrhaften, für alle Zeiten gültigen Formulierungen. In der Vergangenheit waren solche Bekenntnisformulierungen Sprachhilfe, sie stellten und stellen einen Orientierungsrahmen zur Verfügung, in den sich die Einzelnen einfügen und dadurch entlastet fühlen können. Seit der Scholastik wurde dieser Vorgang mit dem Begriff der »*fides implicita*« bezeichnet: ein Glaube, der sich an dem orientiert und darauf vertraut, was die Kirche normativ vorgibt. Die Reformation wollte diese Form des Glaubens überwinden und die Gläubigen zu einem selbstständigen, selbstverantworteten Glauben befähigen: Die Glaubenden stehen in ihrem Glauben unmittelbar zu Gott, bedürfen nicht der Vermittlung der Kirche. Seit der Aufklärung hat sich die Tendenz, die Autonomie des religiösen Subjekts zu stärken, weiter intensiviert. Gegenwärtig, in postmodernen Zeiten, wird das kollektive eher zum Hindernis: Es ist schwierig geworden, althergebrachte Glaubensbekenntnisse (wie das Apostolikum oder das Nicänum) gemeinsam zu sprechen, weil Zeitgenossen Wert darauf legen, Bekenntnisformulierungen individuell nachvollziehen und bejahen zu können. Bezugnahmen auf Jungfrauengeburt, Höllenfahrt und Auferstehung des Leibes sind kaum noch zu vermitteln.

Wenn man allerdings die Spannung von individuellem und kollektivem Bekenntnis und die dabei entstehenden Ambivalenzen ernst nimmt, könnte man es auch als Anlass verstehen, den Sinn der hergebrachten Formulierungen assoziativ auszuloten, mit zeitgenössischem Verstehen in Verbindung zu bringen und es auf diese Weise zu amplifizieren. »Der bleibende Wert der Bekenntnisse liegt dann also darin, immer wieder auf diese Aufgabe des frommen Selbstvollzugs eines Protestanten hinzuweisen und zu diesem Vollzug aufzufordern.«[109] Das aber kann nur gelingen, wenn der rituelle Vollzug des Glaubensbekenntnisses regelmäßig und intensiv einer diskursiven Durchdringung und Befragung unterzogen wird.

---

108 Link u. a. ebd. 137–143.
109 Kratzert 2013, 134. Der Autor formuliert diese These im Anschluss an Schleiermachers Forderung, »die Wahrheit Gottes immer wieder aktuell neu auszulegen und dogmatisch umzuformulieren«.

7.15   Glaube und Gebet

Das Gebet bildet den Kern des Glaubens; im Gebet kommt zum Ausdruck, was und
wie jemand glaubt. Luther bezeichnet den Glauben als »eitel Gebet«, Schleiermacher
stellt fest: »Fromm sein und Beten, das ist eigentlich ein und dasselbe.«[110] Und Friedrich Heiler schreibt in der etwas schwülstigen Sprache einer romantischen Religiosität:
»›Beten ist ein seltsam Werk‹, hat einer der großen religiösen Genien gesagt … Dem
religiösen Menschen ist das Gebet das Alpha und Omega aller Frömmigkeit, die
selbstverständlichste und notwendigste Lebensäußerung, die Quelle aller geistigen
Freudigkeit und sittlichen Kraft … Dem von naturwissenschaftlicher Aufklärung und
philosophischer Kritik gesättigten modernen Bildungsmenschen hingegen erscheint
das Gebet als ein törichter, kindlicher Aberglaube …«[111] Zahllose Zeugnisse auch aus
anderen Religionen bestätigen, dass das Gebet den Mittelpunkt der Religion und eine
zentrale Ausdrucksform des Glaubens bildet. Aber was ist das Gebet, angesichts der
von Heiler genannten Zwiespältigkeit zwischen »Alpha und Omega« einerseits und
»kindlichem Aberglauben« andererseits?

Die Ambivalenz des Betens intensiviert Heiler mit der folgenden Beschreibung:
»In einer erstaunlichen Mannigfaltigkeit erscheint das Gebet in der Geschichte der
Religion: als stille Sammlung einer frommen Einzelseele und als feierliche Liturgie
einer großen Gemeinde, als originäre Schöpfung eines religiösen Genius und als
Nachahmung eines einfältigen Durchschnittsfrommen; als spontaner Ausdruck quel-
lender religiöser Erlebnisse und als mechanisches Rezitieren einer unverstandenen
Formel; als Wonne und Entzücken des Herzens und als peinliche Erfüllung des Geset-
zes; als unwillkürliche Entladung eines übermächtigen Affektes und als willentliche
Konzentration auf einen religiösen Gegenstand; als lautes Rufen und Schreien und
als stille, schweigende Versunkenheit; als kunstvolles Gedicht und als stammelnde
Rede; … als kindliches Flehen um Leben, Gesundheit und Glück und als ernstes
Verlangen nach Kraft zum sittlichen Kampfe; als schlichte Bitte um das tägliche Brot
und als verzehrende Sehnsucht nach Gott selber; als selbstsüchtiges Begehren und
Wünschen und als selbstlose Sorge für den Bruder; als wilder Fluch und Rachedurst
und als heroische Fürbitte für die eigenen Feinde und Peiniger; …als demütige Bitte
des Knechts zum mächtigen Herrn und als trunkenes Liebesgespräch der Braut mit
dem himmlischen Bräutigam.«[112]

Das Gebet, eine zentrale Ausdrucksform des Glaubens, erscheint nach dieser Aufzählung derartig vielfältig und widersprüchlich, dass man kaum noch einen gemeinsamen Nenner ausmachen kann.

Außerdem muss man aus pastoralpsychologischer Sicht noch eine weitere Spannung
konstatieren, nämlich die mit dem Gebet verbundene Gefahr der Regression: »Not lehrt
beten« heißt es im Volksmund. Wenn man sich hilflos fühlt, liegt der Appell an die Hilfe
eines allmächtigen Vaters nahe. Schon die in vielen Gebeten übliche Anrede »Vater« im-

---

110 Zitiert bei Heiler 1923, 1.
111 Heiler ⁵1923, VII.
112 Ebd. 487f.

pliziert, dass sich die betende Person in die Rolle eines Kindes versetzt fühlt. Die Religionskritik Freuds bzw. der Psychoanalyse überhaupt hat diesen Aspekt der Regression ins Zentrum ihrer negativen Bewertung von Religion gestellt.

Allerdings hat der ungarisch-englische Psychoanalytiker Michael Balint (1896–1970) den Regressionsbegriff über Freud hinausgehend differenziert und eine bösartige Regression (»unabgegrenzt anspruchsvoll und versorgungssüchtig«[113]) von einer gutartigen unterschieden.[114] Regression als eine Form des Rückgangs auf ein lebensgeschichtlich früheres und niedriger strukturiertes Niveau, auf primitivere psychische Erlebnis- und Verarbeitungsweisen wurde in der Psychoanalyse als Ausdruck einer Störung oder Erkrankung gedeutet, die es möglichst wieder zu überwinden gälte. Michael Balint hat gegenüber diesem klassischen Verständnis geltend gemacht, dass es auch eine produktiv zu nennende Form der »Regression um der Progression willen« gibt.[115] Dann könnte auch die Regression im Gebet als vorübergehende »Rückkehr zu den Quellen der Kreativität und des möglichen Neubeginns in sonst festgefahrenen Situationen« gewertet werden.[116]

Die Ambivalenz des Betens spitzt sich weiter zu durch die Spannung zwischen dem Wunsch, Gott durch das Gebet zu beeinflussen und der regelmäßigen Erfahrung, dass die im Gebet artikulierten Wünsche meistens nicht in Erfüllung gehen. Ein Weg, mit dieser Spannung umzugehen, besteht in dem Hinweis auf Jesu an Gott gerichtete Bitte »doch nicht mein, sondern dein Wille geschehe« (Lk 22, 42). Ist die Ambivalenz damit aufgehoben? Gerade ein Kernvollzug des Glaubens erscheint damit außerordentlich zwiespältig.

7.16   Glaube und Zweifel/Anfechtung

> »Der Glaube braucht Zweifel, sonst wird er unkritisch,
> realitätsverzerrend, rechthaberisch, manipulativ und gefährlich.«[117]
> (Heribert Prantl)

> »Glaube ohne Zweifel ist nicht stärker, sondern bloß ideologischer.«[118]
> (Dorothee Sölle)

Glaube an einen gütigen, barmherzigen Gott wird ständig mit unserer Weltwahrnehmung konfrontiert, mit Schmerzen, Krankheit und Tod, mit dem Rätselhaften und dem Bösen, mit den Höhepunkten und den Abgründen des Lebens. Unvermeidlich stellen sich dadurch Zweifel, Unsicherheit und Anfechtung ein.

Im NT werden eine Reihe von Geschichten erzählt, in denen Zweifel, Unsicherheit oder mangelnder Glauben vorkommen. Von Petrus, der in der Urkirche eine heraus-

---

113 Winkler 1992, 100.
114 Vgl. Balint ²1997.
115 Balint 1997,161.
116 Winkler 1992, 102.
117 Prantl 2013, 80.
118 Sölle 1990, 13.

ragende Stellung inne hatte, wird berichtet, wie er sich bei der Begegnung mit Jesus auf dem Wasser fürchtete und zu versinken drohte, so dass ihn Jesus mit »du Kleingläubiger« anredet und ihn vor dem Versinken bewahrt (Mt 14, 22–33). Von dem Jünger Thomas wird erzählt, dass er die Nachricht von der Auferstehung Jesu nicht glauben konnte (Jh 20, 25), bis er die Wunden Jesu selber gesehen und berührt hatte. Zweifel im Glauben werden also nicht grundsätzlich verschwiegen, aber, wie der jeweilige Kontext zeigt, doch negativ konnotiert, als Zeichen von Schwäche ausgelegt: Petrus erscheint als der Kleingläubige und Thomas als einer, der Beweise braucht. Das Ideal lautet: »Selig sind, die nicht sehen und doch glauben« (Jh 20, 29)! Vom Gesamtduktus des NT her ist klar, dass Zweifel und Unsicherheit im Glauben zwar vorkommen, aber eigentlich nicht sein sollen: »Ein Zweifler ist unbeständig auf allen seinen Wegen.« (Jak 1, 8). »Wir aber gehören nicht zu denen, die zurückweichen und verlorengehen, sondern zu denen, die glauben und das Leben gewinnen.« (Hebr. 10, 39). Kleinglaube, unsicherer oder mangelnder Glaube gelten als unerwünscht, werden als Ungehorsam und Schwäche qualifiziert (Num. 20, 24, Mk 4, 35–41); Christen sollen im Glauben wachsen (2 Kor 10, 15) und in »vollkommenem Glauben« (Hebr. 10, 22) leben.[119]

Für Luther ist der Zweifel unvermeidbar, ja sogar ein konstitutiver Bestandteil des Glaubens. »Der Zweifel bleibt in den Heiligen und Wiedergeborenen und regt sich in ihnen, zwar nicht ununterbrochen, doch von Zeit zu Zeit immer wieder. Der Zweifel aber ist das Werk des Gesetzes. Denn das Gesetz bewirkt inneren Zweifel, das Evangelium dagegen tröstet und macht die Seele gewiß. Diese zwei stehen jedoch in erbittertem Kampf, Gewißheit und Zweifel.«[120] Luther verändert die mittelalterliche Struktur der Frömmigkeitspraxis hin zu dem oft zitierten Dreischritt: oratio, meditatio, tentatio: Der Mensch bittet um den hl. Geist; er empfängt den Geist durch den aktiven Umgang mit dem Wort der Schrift; dieser Prozess läuft unvermeidlich auf die Anfechtung zu, weil die Lebenserfahrung dem Wort der Schrift widerspricht.

Auch wenn Luther die Selbstverständlichkeit dieses Kampfes heraus stellt und mit der Erfahrung der Anfechtung sogar noch zuspitzt in dem Sinn, dass Gott selbst als die Ursache der Anfechtung geglaubt werden muss,[121] so bleibt doch immer erkennbar der Wunsch und das Ziel, Zweifel und Anfechtung zu überwinden und sich in eine Gottes- und Glaubensgewissheit einzufinden. In diesem Sinn heißt es bei Luther an anderer Stelle: »Glawb ist eyn lebendige erwegene zuuersicht auff Gottis gnade, so gewis, das er tausent mal druber stürbe …«[122] Paradoxerweise kann sich diese Gewissheit nur durch das Wort, also durch ein zutiefst vieldeutiges, unsicheres und

---

119 Die griechische Wendung »plerophoria pisteos« (Hebr 10,22) wird in der Einheitsübersetzung übersetzt mit »in voller Gewissheit des Glaubens«.
120 WA 39,2, 163. Zitiert nach Ebeling 1969, 140.
121 Gerhard Ebeling (1969, 167) findet hier eine paradoxe Formulierung im Anschluss an Luther: Der Mensch »verrät damit zugleich, dass er sich über Gott täuscht, indem er Gottes sicher sein will, ohne sich ihm ganz auszuliefern, also höchst widersprüchlich will, dass Gott in der Weise Gott sei, dass er nicht Gott ist«.
122 WADB 7, 10, 16–17, zitiert bei Ebeling 1969, 175.

unsinnliches Medium einstellen: Wie soll das geschehen? Ist das nicht eine contradic-
tio in adjecto? Bleibt damit nicht Ambivalenz als einzig angemessene Reaktion?
  Zugespitzt formuliert C.H. Ratschow: »Ohne die Anfechtung bleibt jede Frömmigkeit Gotteslästerung« – um dann doch in rätselhafter Weise festzustellen, dass der
Christ aus der Tiefe der Angefochtenheit Gott Recht und sich selbst Unrecht gibt.[123]

  Im Unterschied zur klassischen Einschätzung des Zweifels – einerseits unvermeidlich, andererseits etwas zu Überwindendes – verstehe ich die Ambivalenz im Glauben
als selbstverständlichen, notwendigen, kreativen, herausfordernden und durchgängi-
gen Bestandteil dieses Glaubens. Wenn sich Glaube wirklich gegenwärtiger Weltwahrnehmung öffnen will – und sich nicht aus Unsicherheit dagegen abschirmt[124] – wenn
er sich dem kritischen und offenen Gespräch stellen will, dann wird er seine ambivalente Struktur nutzen und wert schätzen, statt sie zu verleugnen oder überwinden zu
wollen (▶ ausführlicher Kap. 9).

7.17 Glaube und Handeln

»Glaube ist eine Form von Praxis. Meine Lebensaktivität, meine Wünsche, meine
Hoffnungen, meine Ängste – sie alle gehören zu meiner Praxis.«[125] Was einer tut und
was er unterlässt, was jemand redet und wozu er/sie schweigt – alles gehört zu dieser
Lebenspraxis. Glaube bezeichnet die Ausrichtung des ganzen Lebens – und da das
Leben voller Ambivalenzen steckt, geht es dem Glauben als der Orientierung dieses
Lebens nicht anders. Gleichzeitig wird Glaube im Sinn einer religiösen Innerlichkeit
gerade als Gegenteil des Handelns begriffen. Berthold Brecht hat in seinem Stück
»Mutter Courage« eine berühmte Szene entworfen: Kaiserliche Truppen wollen eines
Nachts die Stadt Halle überfallen, die Bauern klagen, dass sie nichts tun könnten und
bitten Gott jammernd um Rettung für die Stadt; währenddessen klettert die stumme
Katrin auf das Dach einer Hütte, schlägt die Trommel, weckt dadurch die Wächter
auf, rettet auf diese Weise die Stadt – und wird dafür von den kaiserlichen Soldaten
erschossen. Die einen beten wie hilflose Kinder, die andere handelt. Soweit das Klischee, das trotzdem Anhalt an der Realität hat, wenn Gott um etwas gebeten wird,
was Menschen selber tun könnten und müssten.

  Im Jakobusbrief heißt es programmatisch (2,17): »So ist auch der Glaube, wenn er
nicht Werke hat, tot in sich selber.« Der Glaube soll sich im Verhalten manifestieren.
Dass diese Selbstverständlichkeit extra betont werden muss, hat mit der bekannten
Erfahrung zu tun, dass Menschen sich zu einem Glauben, zu einer Lebensorientierung bekennen, ohne dass daraus sichtbare Verhaltenskonsequenzen resultieren. In
der lukanischen Bergpredigt wird der Satz Jesu überliefert: »Was nennt ihr mich aber
Herr, Herr, und tut nicht, was ich euch sage?« (Lk 6, 46). Wenn Glaube bedeutet, sich
bestimmen zu lassen von einem Gegenüber, sich hinzugeben an eine Idee, dann muss

---

123 Ratschow [2]1960, 261.
124 In Anlehnung an eine entsprechende Formulierung von Ebeling 1969, 177.
125 Sölle 1990, 14.

das Auswirkungen auf die gesamte Lebensführung haben, andernfalls wirkt der Glaube nicht glaubwürdig.

Historische Beispiele für große Diskrepanzen zwischen Glaube und Handeln gibt es in Hülle und Fülle, aus der jüngeren deutschen Geschichte kann man etwa die »Deutschen Christen« nennen, die mit großer Selbstverständlichkeit eine ausgeprägte Judenfeindschaft an den Tag legten und den Konflikt mit dem Gebot der Nächsten- und Feindesliebe (oder mit dem Thema der Wurzeln des Christentums im Judentum) offenbar nicht wahrnahmen bzw. nicht wahrnehmen wollten.

Religionspsychologische Untersuchungen weisen darauf hin, dass die Vorurteils-neigung unter religiös orientierten Menschen größer ist als unter Nicht-Religiösen[126] und dass daraus ein höheres Maß an Fremdenfeindlichkeit erwächst. Im Resümee einer Untersuchung aus dem Jahr 2005 heißt es: »Wenn, dann fördert Religiosität Vorurteile mehr als dass sie ihnen entgegenwirkt. Vor allem die gemäßigt Religiösen fallen durch eine größere Neigung zur Abwertung auf …. Wer meint, der eigene Glaube sei anderen überlegen, erweist sich als feindseliger gegenüber fast allen schwachen Gruppen …«[127]

Was für eine Art von Glauben ist das, der keine oder sogar seinen Inhalten entgegengesetzte Verhaltenskonsequenzen nach sich zieht?

Die Religionspsychologie arbeitet an dieser Stelle mit der Unterscheidung von extrinsisch und intrinsisch motiviertem Glauben:[128] Extrinsisch motiviert bedeutet in diesem Zusammenhang, dass Menschen sich als kirchlich oder gläubig bezeichnen, weil es zum guten Ton gehört, weil das die Mehrheit in ihrem Umfeld tut und weil einem daraus gewisse Vorteile (Ansehen, Wertschätzung) erwachsen; diese Art des Glaubens bleibt oberflächlich und bietet insofern Anhaltspunkte für eine Vorurteilsneigung, die vielen Inhalten der christlichen Tradition widerspricht. Intrinsisch motiviert meint demgegenüber, dass die Betroffenen aus tiefer persönlicher Überzeugung heraus einen Glauben für sich übernommen und angeeignet haben. Bei letzteren darf man davon ausgehen, dass ihre Glaubensausrichtung die Inhalte der christlichen Tradition wirklich ernst nimmt, so dass auch Konsequenzen im Verhalten sichtbar werden.

Eine dritte Orientierung aus religionspsychologischer Sicht nennt der amerikanische Religionspsychologe Kenneth Pargament »quest orientation«.[129] In dieser religiösen Orientierung stehen die Komplexität des Glaubens, seine Vorläufigkeiten und Zweifel im Vordergrund. Ein Teilnehmer einer diesbezüglichen empirischen Untersuchung sagt: »Fragen sind in meiner religiösen Erfahrung viel zentraler als Antworten«. Oder ein anderer: »Man könnte sagen, dass ich religiöse Zweifel und Unsicherheiten hoch schätze«. Quest bezeichnet also eine grundsätzlich skeptische, zweifelnde Einstellung, aus der heraus die Suche nach religiösen Antworten eine wichtige Rolle spielt. Diese Orientierung hat einen eigenständigen Stellenwert, sie wird nicht als

---

126 Grom 1992, 375f.
127 Küpper/Zick 2006,184.
128 Grom, 1992 ebd.
129 Pargament 1997, 64f.

Defizit oder Makel gewertet. Diskrepanzen zwischen Glauben und Leben können hier thematisiert werden, die unvermeidliche Bruchstückhaftigkeit des Lebens und des Glaubens kommen angemessen in den Blick. Insofern steht diese quest orientation dem, was ich Glaubensambivalenz nenne, nahe.

Zu unterscheiden sind in diesem Zusammenhang auch die bewussten und unbewussten Dimensionen einer Glaubenseinstellung, die sich nicht mit der genannten von extrinsisch und intrinsisch decken. Die Glaubenseinstellungen eines Menschen bleiben häufig auf einer bewussten und oberflächlichen Ebene; es handelt sich um Gedanken und Haltungen, die nicht die unbewussten, tieferen Strebungen, die für das Verhalten ausschlaggebend sind, erreichen. Friedrich Nietzsche hat das sarkastisch so formuliert: »Der ›Glaube‹ war zu allen Zeiten … nur ein Mantel, ein Vorwand, ein Vorhang, hinter dem die Instinkte ihr Spiel spielten … man sprach immer vom ›Glauben‹, man *tat* immer nur vom Instinkte.«[130]

Mit diesem nicht auflösbaren Zwiespalt zu rechnen, ist ein Zeichen von realistischer Introspektionsfähigkeit, von gelebter und erlaubter Glaubensambivalenz. Selbst bei Menschen, die von vielen wegen ihres überzeugenden ethischen Engagements als Vorbilder geschätzt werden, wie Mutter Theresa oder Mahatma Gandhi, haben sich nach deren Tod tiefe Glaubenszweifel gezeigt, die man als Hinweis auf Diskrepanzen zwischen Glauben und Leben, Glaube und Handeln verstehen kann.

7.18 Fazit: »Ich glaube, dass ich glaube« (Gianni Vattimo) oder die Poesie des Glaubens

> Ist alles Erleben so sehr perspektivisch?
> Ohne festen Ankerpunkt?
> Sind Sprache und Erleben etwas so Ruheloses, Wandelbares?
> Ist es deswegen, dass Menschen so sehr an ihrem gewohnten Ort hängen?
> Um die Illusion eines festen Kerns zu bewahren?«
> (Pascal Mercier)[131]

Als der italienische Philosoph Gianni Vattimo gefragt wird, ob er noch an Gott glaube, antwortet er: »Nun ja, ich glaube, dass ich glaube.«[132] Für Vattimo – und darin sieht er sich als exemplarischen postmodernen Zeitgenossen – gibt es nicht mehr die Möglichkeit, die Wirklichkeit von einem letzten, metaphysisch gedachten Fundament her zu denken und zu begründen. »… die Epoche, in der wir heute leben und die zu Recht postmodern heißt, ist die Epoche, in der man sich die Wirklichkeit nicht mehr als eine fest in einem einzigen Fundament verankerte Struktur denken kann … Die tatsächlich pluralistische Welt, in der wir leben, lässt sich nicht mehr mit einem Denken interpretieren, das sie im Namen einer letzten Wahrheit um jeden

---

130 Nietzsche 1973, 1201.
131 Mercier 2000, 121.
132 Vattimo 2004, 8.

Preis in eine Einheit bringen will.«[133] Erst der Verzicht auf eine metaphysische Letzt-
begründung eröffnet die Möglichkeit, neu an »Gott« zu glauben, nun aber nicht als
eine objektive Wirklichkeit, sondern als den, von dem man hat »reden hören«, »also
mit aller Ungewißheit, die sich mit den Dingen verbindet, welche wir für wahr nehmen, weil sie uns von jemandem gesagt worden sind, zu dem wir Vertrauen haben
...«[134] Vattimo nennt das einen »schwachen« Glauben. Er ist unsicher, ambivalent,
aber auch kreativ, synkretistisch und entspricht in dieser hybriden Form der Vielschichtigkeit postmoderner Wirklichkeitswahrnehmung.

Dass und wie dieser Glaube einen »schwachen« und hybriden Charakter bekommt,
bestätigt sich eindrücklich durch das Wortumfeld, mit dem ich in diesem Kapitel den
Glauben in Verbindung gebracht habe. Die verwandten Begriffe eröffnen zahlreiche
Bedeutungsvariationen, erschließen reizvolle und zugleich verwirrende Mehrperspek-
tivitäten: Vertiefungen (Glaube und Vertrauen), Erweiterungen (Glaube und Gefühl),
Widersprüche (Glaube und Gehorsam), Unsicherheiten (Glaube und Vermuten,
Glaube und Handeln).

In der biblischen Tradition findet sich ein solcher schwacher Glaube im Ausruf
des Vaters des besessenen Knaben »Herr ich glaube, hilf meinem Unglauben« (Mk 9,
24). Der Vater anerkennt mit diesem Satz, dass er seinen Glauben nicht nur Verfügung hat, ihn nicht als einen starken und unangefochtenen herstellen kann, ihn als
unfertig, bruchstückhaft und uneindeutig erkennen muss. Die theologische Rede vom
Glauben als Gabe des Geistes meint nichts anderes: Glaube ist ständig im Werden
begriffen. Prozesshaftigkeit schließt Ungewissheit ein, denn »die Dinge«, von denen
Vattimo spricht, auch die geistlichen Dinge und unsere Einstellung zu ihnen, sind im
Fluss.

Man könnte auch von der Inkarnation des Glaubens sprechen: Glaube wird »in,
mit und unter« den empirischen Bedingungen unseres Menschseins, den historischen,
sozialen, kulturellen und psychischen Voraussetzungen konkret und lebendig. Glaube
nimmt in menschlichen Lebensformen Gestalt an, ohne deswegen nicht mehr zugleich als unverfügbares Geschenk, als Ergebnis des Wirkens Gottes verstanden werden zu können. »Beide Aspekte sind aufeinander bezogen als *Ermöglichung* (Wirkung
Gottes) und *Verwirklichung* (psychosoziale Lebensbedingungen) und vermögen sich
wechselseitig zu kritisieren und zu befruchten.«[135] Im Menschlichen kann Göttliches
aufscheinen, für den, der zu sehen gewillt ist; Göttliches ist zur Vermittlung auf
Menschliches (Wahrnehmung, Gefühl, Denken, Sprache) angewiesen. Beide Aspekte
durchdringen sich, »unvermischt und ungetrennt«, wie es das Bekenntnis von Chalcedon formuliert. So erklärt sich die Vielfalt dessen, was Glaube sein kann bzw. was
wir darunter subsummieren können. Es gibt kein »Wesen« des Glaubens, keinen
eindeutig identifizierbaren Kern, sondern nur diese reiche, mal mehr, mal weniger
überzeugende Vielfalt der Ausdrucksformen.

---

133 Ebd. 11f.
134 Ebd. 16.
135 Fraas 1993, 35f.

8. Woran/was glaube ich eigentlich? Ambiguitäten und Ambivalenzen der Glaubensinhalte (fides quae creditur)

> »Was soll ein positives Glaubensbekenntnis bringen?
> Das wäre doch eine Festlegung,
> wo es keine Festlegung geben sollte, sondern nur eine Suche.«
> Martin Walser[1]

> »Alles, was wichtig, wertvoll und bedeutsam ist,
> ist voller Ambiguität: Liebe und Tod,
> Gott und Leiden, richtig und falsch,
> Vergangenheit und Zukunft.«
> John D. Caputo.[2]

Glaube ist in aller Regel inhaltlich bestimmt:[3] Ich glaube an etwas oder an jemand, ich vertraue einer Aussage oder einer Person, ich lasse mein Leben bestimmt sein von einer benennbaren Ausrichtung, ich orientiere mich vertrauensvoll an einem Menschen oder einem bestimmten politischen, ethischen oder religiösen Inhalt.

Die inhaltliche Bestimmtheit des Glaubens spiegelt sich darin, dass alle Religionen und Weltanschauungen auf bestimmte Gründungslegenden und Mythen aufbauen, auf Geschichten von Göttern, Geistern, Ahnen und besonderen Menschen, die mit ihren Interaktionen den Anfang dieser jeweiligen Welt- und Religionsgeschichte bilden und die mit ihrem Handeln das Geschick der Menschen beeinflussen bzw. ihnen die eigene Lebenserfahrung erschließen sollen. Es gibt wohl keine Religion ohne Gründungsmythen. Die Geschichten erzählen vom Ursprung, vom Sinn und Ziel des Lebens, von der Stellung und Aufgabe der Menschen etc.; sie ermöglichen denen, die diese Geschichten als für sich bedeutsam anerkennen (die ihnen »glauben«), eine existentielle Orientierung und geben ihnen Handlungsziele vor. Zugleich spiegeln sich in diesen Mythen die vielfältigen und sehr unterschiedlichen historisch-kulturellen Ausgangsbedingungen ihrer eigenen Entstehung.

---

1 Martin Walser im Spiegel-Gespräch. Der Spiegel 5/2012, 132ff.

2 Zitiert bei Bauer [4]2015, 54.

3 Der »absolute Glaube«, wie ihn Paul Tillich genannt hat (1969, 176ff.), oder der »Omega-Glaube«, den Hans-Martin Barth entwirft (2002,114ff.), erscheinen mir als wenig überzeugende Konstruktionen, weil sie Glaube beziehungslos erscheinen lassen. Die entwicklungspsychologische Perspektive zeigt jedoch deutlich, wie Glauben/Vertrauen von Beginn des Lebens an essentiell an Beziehungen geknüpft sind. Daraus kann sich ein Grundvertrauen entwickeln, das aber auch später im Leben angesichts wiederholter Infragestellungen immer wieder der Bestätigung durch aktuelle Beziehungen bedarf.

Mythen sind Geschichten, die, wie es der Philosoph Odo Marquardt ausgedrückt hat, dazu dienen, die Wahrheit über uns selbst und unser Leben in unsere Lebenswelt hinein zu erzählen und zugleich die Wahrheit auf eine Distanz zu bringen, in der wir sie ertragen können.[4] Mythen sind im Lauf von Jahrhunderten entstanden und gewachsen, deswegen kommt es nicht selten vor, dass Teile von ihnen in Spannung zu anderen stehen und sich widersprechen (als Beispiel: Die beiden verschiedenen Schöpfungsberichte in Gen 1 und 2). Darin spiegeln sie die Lebendigkeit und Widersprüchlichkeit der Überlieferung (▶ Vgl. Kap. 6.5) und, darauf kommt es in diesem Zusammenhang besonders an, dadurch lösen sie natürlich Ambivalenzen aus, die wiederum produktiv erkundet und zueinander in Beziehung gesetzt werden können.

> *Mythos* kann man als ein System von symbolischen Aussagen verstehen, das im Ritus in Szene gesetzt und damit erlebbar wird. Man kann über den Grund oder das Geheimnis des Seins im Kontext von Religion nicht objektiv, nicht sachlich-neutral sprechen, sondern nur mit Hilfe von Symbolen oder Metaphern, die gleichzeitig andeuten und verbergen, um was es im Blick auf die Götter und die eigene Identität in Beziehung zu ihnen geht. Mythen als Geschichten – und nicht als objektive Tatsachenberichte –, die einen angehen, sind einerseits leicht verständlich, andererseits immer mehrdeutig und in der Interpretation nicht auszuschöpfen.

Marquardt hat noch auf einen weiteren interessanten Aspekt aufmerksam gemacht: Der Polytheismus geht einher mit einer Polymythie. Viele Götter brauchen viele Geschichten, das zeigt sich eindrücklich an der Götterwelt der griechischen Antike oder des Hinduismus: Jede Gottheit hat ihre eigene Mythologie. Und das bedeutet in der Konsequenz: »Wer polymythisch … an vielen Geschichten teilnimmt, hat durch die jeweils eine Geschichte Freiheit von der jeweils anderen und vice versa und durch weitere Interferenzen vielfach überkreuz; wer monomythisch … nur an einer einzigen Geschichte teilnehmen darf und muß, hat diese Freiheit nicht: er ist ganz und gar … von ihr besessen.«[5]

Der Reichtum der Geschichten mit ihren Differenzen und Widersprüchlichkeiten eröffnet Freiheit, gebietet Toleranz und löst gleichzeitig vielfältige Ambivalenzen aus. Man muss ja in der Lage sein, von einer Geschichte zur anderen zu wechseln, je nach Lebenssituation und Befindlichkeit; man muss die Fähigkeit haben, die Unterschiedlichkeit und Widersprüchlichkeit der Geschichten zu spüren und um sie zu wissen und sich gleichzeitig momentan auf eine einzulassen – um dann auch wieder eine andere ernst zu nehmen. Das in der soziologischen Ambivalenzforschung sogenannte Oszillieren (▶ Kap. 3) wird hier anschaulich.

Monotheismus könnte man dann als eine Form der Ambivalenzabwehr verstehen. Judentum und Christentum gelten klassisch als monotheistische Religionen und müssten, Marquardt zufolge, monomythisch sein. Doch zeigt eine Betrachtung der vielen Geschichten in diesen Religionen schnell, dass auch hier zahlreiche Ambiguitä-

---

4 Marquardt 2005, 94f.
5 Marquardt ebd. 98. Daraus folgt, wie Jan Assmann verschiedentlich ausgeführt hat, die Neigung zu ausgrenzender Gewalt.

ten, Spannungen und Widersprüche auftauchen,[6] die entsprechende Ambivalenzen frei setzen können – wenn man sie denn als solche wahrnehmen will und nicht zugunsten eines Gewissheits- und Eindeutigkeitspostulats überspringt.

Allein am Beispiel des Begriffs »Gottes gute Schöpfung« zeigt F.W. Graf, mit welchen z. T. völlig gegensätzlichen Bildern, Interessen und Zielvorstellungen (von der Sakralisierung gesellschaftlicher Ordnungen wie Staat, Volk, Ehe, bis hin zu einer »grünen«, ökopietistischen Lebensreformbewegung) eine solche Begrifflichkeit aufgeladen und entsprechend eingesetzt werden kann.[7]

Im Folgenden soll diese Pluralität *exemplarisch* an Hand einiger ausgewählter zentraler Glaubenssätze und religiösen Vorstellungen der jüdisch-christlichen Tradition gezeigt werden. Sie sind bei Weitem nicht so monomythisch, wie Marquardt sie apostrophiert hat; ihre Quellen und Ausdrucksformen sind vielfältig, spannungsvoll, z. T. gegensätzlich. Kirchen- und Dogmengeschichte sind seit ihren Anfängen ein eindrücklicher Beweis für die enorme Vielfalt der Verstehensmöglichkeiten und der daraus abgeleiteten religiösen Lebensformen. Das Potential der Inhalte der Traditionen, Ambiguitäten (Vielfalt, Reichhaltigkeit und Offenheit) zu erzeugen statt eindeutige Gewissheiten zu verbreiten, ist beträchtlich.

Es soll also im Folgenden ausdrücklich auf theologisch-dogmatische Vieldeutigkeiten und Dilemmata fokussiert werden, die in Lehrbüchern der Dogmatik zwar auch benannt, dann aber meistens von den Autoren in einer bestimmten Art und Weise doch aufgelöst und geglättet werden, so wie auch die sonntäglichen Prediger und Predigerinnen spannungsvolle Elemente eines biblischen Textes meistens am Ende zugunsten einer verträglichen Position harmonisieren. *Hier sollen die Vieldeutigkeiten und Widersprüchlichkeiten benannt, zugespitzt und stehen gelassen werden, um zu zeigen, welche Ambiguitäten in christlichen Traditionen vorhanden sind und welche kreativen Ambivalenzen sie freisetzen können.*

Wer gewohnt ist, Vielfalt und Mehrdeutigkeit in der sozialen Umwelt, in der eigenen Person und in der Kommunikation mit anderen wahrzunehmen, wird sie auch in den Themen und Traditionen des Glaubens entdecken.

Dieses Vorgehen könnte man als ein spezifisch pastoralpsychologisches bezeichnen: *Hermeneutischer Schlüssel soll das Phänomen der Ambivalenz als Reaktion auf innere und äußere Ambiguitäten sein* – eine Hermeneutik des Verdachts im Gefolge der Psychoanalyse (s. o. ► Kap. 2), die versucht, in der Auswahl der Themen oder Stichworte und der Art ihrer Darstellung die vernachlässigten, unterdrückten Ambiguitäten und Ambivalenzen in den Vordergrund zu rücken. Während die christliche Dogmatik und im Anschluss an sie kirchliches Reden immer noch stark deduktiv-normativ verfährt, fokussiert Pastoralpsychologie den kulturellen und individuellen Erfahrungsbezug theologischer Aussagen. Erfahrungsbezug ist grundsätzlich ambivalent strukturiert, es gilt, diese Dimension zu entdecken und als Bereicherung für den Glauben zu würdigen.

---

6 F.W. Graf spricht denn auch von dem Christentum als einem »pluralen Monotheismus«. 2009, 65.

7 Graf 2009, 67ff.

8.1   Menschen glauben an Gott – und können »IHN« prinzipiell nicht erkennen

> »Wenn du ihn begreifst, ist es nicht Gott.«
> (Augustinus)

> »Völlig richtig nennt man ihn Licht
> aber er ist ganz anders als das,
> was wir als Licht kennen.«
> (Irenäus von Lyon)

Ambivalenzen im Blick auf die Glaubensinhalte beginnen damit, dass in der Bibel ganz selbstverständlich in Vorstellungen theistisch-personaler Art von Gott die Rede ist (Gott schuf ..., Gott sprach ..., Gott hörte ..., Gott will ... etc.), als wüssten wir, wovon wir genau reden; die anthropomorphen Implikationen dieser Redeweisen suggerieren Klarheit und Eindeutigkeit: »Gott sprach....« Hunderte Male hat das jeder Kirchgänger gehört, es klingt so einfach und selbstverständlich. Aber was bedeutet es? Ist Gott als eine sprechende Person vorzustellen? Gibt sich eine letzte Wirklichkeit auf alltägliche, menschlich-sprachliche Weise kund? Wie soll das konkret geschehen?

Erst bei genauerem Nachdenken werden wir darauf aufmerksam, dass Menschen über diesen »Gegenstand« des Glaubens, über die Transzendenz, das Göttliche, Gott, *qua definitionem* nicht Bescheid wissen können, in keiner Weise über ihn verfügen können, weil »ER« (oder »SIE« oder »ES«) notwendigerweise alles menschliche Erkennen überschreitet. »Finitum non capax infiniti« hat es der reformierte Protestantismus genannt: »das Begrenzte kann das Unbegrenzte nicht fassen«. Kann man dann sensu strictu überhaupt sagen: Gott spricht? Gott sieht? Gott will?

Wir sollen, so sagen es viele Religionen, »ihm« glauben, »ihn« verehren, »ihn« zur Sprache bringen – gleichzeitig entzieht sich der/das Göttliche grundsätzlich der menschlichen Erkenntnisfähigkeit, der menschlichen Vorstellungskraft – sonst wäre er/es nicht Gott, sondern begrenztes Objekt wie andere auch.[8]

Nicht zufällig darf im Judentum der Name Gottes (das Tetragramm im Hebräischen) nicht ausgesprochen werden; nur Umschreibungen dürfen – im Sinn von Annäherungen – verwendet werden. Die im Deutschen üblichen Bezeichnungen als »er« oder »Herr« etc. sind, streng genommen, schon unzulässig. Sie geben vor, etwas zu wissen, was sie grundsätzlich nicht wissen können. »Schon die Aussage, er sei ein ›verborgener‹ oder ein ›werdender Gott‹, sagt mehr als wir wissen können.«[9] Der Soziologe Georg Simmel spricht denn auch von der »wunderlichen Unlogik, die Existenz von etwas zu behaupten, wovon man durchaus nicht sagen kann, was es denn eigentlich ist.«[10]

Weil die menschlichen Erkenntniskräfte begrenzt sind, können wir uns dem Unbedingten und Unbegrenzten entweder nur in mystischer Versenkung, im Schweigen,

---

8   Vgl. Gerhardt 2014.
9   Gerhardt 2014,1.
10 Simmel 2001, 290.

nähern; oder im Gebrauch von Abstraktionen: »Geheimnis der Wirklichkeit«, »Grund des Seins«, »Quelle des Lebens« – Abstraktionen, bei denen man allerdings auch nicht sagen kann, was sie wirklich bedeuten; oder in der Verwendung von Symbolen und Metaphern, wie sie etwa in den Psalmen zum Ausdruck kommen, in dem Bewusstsein, dass es uneigentliche, annähernde Begriffe sind: Sonne, Licht, Schirm, Burg. Sie erfassen etwas Wichtiges an dem Bezeichneten, aber eben nur »etwas«, niemals das Ganze. (▶ Kap. 4.7 und 7.3 zum Thema der religiösen Sprache); oder in der paradoxen Sprache der Mystik: Gott als »leuchtende Dunkelheit«, als »offenbares Geheimnis«, als »stilles Geschrei«: »Darum bitte ich Gott, dass er mich quit mache Gottes«(Meister Eckart).

In der Bibel, noch einmal, wird Gott anscheinend fraglos als personales Gegenüber vorgestellt, der wie ein Mensch handelt, denkt, empfindet und spricht und an den man sich wie an einen Vater oder eine Mutter oder einen Hirten wenden kann. Gleichzeitig wird der Grundgedanke von der Unerkennbarkeit Gottes an verschiedenen Stellen eindeutig und sehr grundsätzlich zum Ausdruck gebracht: »Meine Gedanken sind nicht eure Gedanken und eure Wege sind nicht meine Wege, spricht der Herr, sondern so viel der Himmel höher ist als die Erde, so sind auch meine Wege höher als eure Wege und meine Gedanken als eure Gedanken« (Jes 55, 8f.). Bei der Einweihung des Tempels wird Salomo ein Gebet in den Mund gelegt, in dem es heißt (1 Kön 8,27): »Der Himmel und aller Himmel Himmel können dich nicht fassen. Wie sollte es denn dies Haus tun?« Im Johannesevangelium 1, 18 heißt es: »Niemand hat Gott je gesehen …«. Im 1 Tim ist von Gott die Rede als dem, »der da wohnt in einem Licht, zu dem niemand kommen kann, den kein Mensch gesehen hat noch sehen kann.« (1 Tim 6, 16). Wie soll man mit diesem Widerspruch umgehen?

Selbst da, wo sich Gott nach dem Zeugnis eines Menschen tatsächlich offenbart, zeigt er sich höchst kryptisch: Als Mose am brennenden Dornbusch Gott nach seinem Namen fragt, antwortet der rätselhaft: »Ich werde sein, der ich sein werde.« (Ex 3, 13f.). Er »stellt sich vor – als Negation aller Vorstellung.«[11]

Im NT wird der Gedanke der Unerkennbarkeit Gottes dahingehend verändert, dass Gott sich in seinem »Sohn« Jesus Christus selbst gezeigt und offenbart hat. Aber nun in paradoxer Zuspitzung dergestalt, dass sich Gott unter seinem Gegenteil (»sub contrario«) offenbart, etwa in der Armseligkeit der Geburt des Jesus von Nazareth im Stall oder seines Foltertodes am Kreuz; diese Art der Offenbarung kommt jedoch eher einer Verhüllung, einem Verbergen und Verstecken gleich als einem wirklichen Offenlegen und Transparent–Werden. Wie sollen wir uns vorstellen, dass der (bzw. das) Unendliche und Ewige in einem im dreckigen Stall geborenen kleinen Kind Gestalt annimmt und am Kreuz zu Tode kommt und darin Erlösung für die Menschen bewirkt? Was soll tröstlich sein bei einer nicht zu fassenden Vorstellung, dass die göttliche Wirklichkeit ihren Sohn (!) – schon das ist paradox genug und für Muslime etwa völlig inakzeptabel, für Hindus mit ihrem Konzept der Avatare wiederum eine durchaus vertraute Vorstellung[12] – auch noch für die Menschen geopfert

---

11 Lehnert 2017, 13.
12 Vgl. zu diesem Konzept Knott ²2009, 81ff.

hat? Die Götter der griechischen Antike, die ja in den Mythen verschiedentlich menschliche Gestalt annehmen, fallen in solchen Prozessen der »Menschwerdung« eher durch emotional zügelloses Verhalten auf. Und nicht zufällig sind Jahrhunderte der Dogmenentwicklung in der alten Kirche von der Frage bestimmt gewesen, ob Gott in diesem Prozess sein Gott-Sein aufgibt und wirklich Mensch wird oder doch irgendwie Gott und Mensch zugleich bleibt. Die christliche Dogmengeschichte kann gelesen werden als großer und ständig neuer Versuch, die mit dem menschlichen Alltagsverstand nicht nachvollziehbaren Aussagen über einen metaphysisch gedachten Gott, über Jesus Christus als Gottes Sohn und über den hl. Geist plausibel erscheinen zu lassen, sie nach den Maßstäben der Vernunft zu erklären und damit aus den notwendigerweise angesichts dieser Widersprüche und Unklarheiten entstehenden Ambivalenzen heraus zu holen.

Oder bleibt nur die negative Theologie, die von vielen Theologen vertreten, aber selten konsequent durchgehalten wird?[13] Bei Dionysius Areopagita heißt es von Gott: »Und er hat keine Kraft und ist keine Kraft und ist auch kein Licht. Und er lebt nicht und ist auch nicht das Leben. Und er ist nicht das Sein und nicht die Ewigkeit und nicht die Zeit …«[14]. Er ist, so heißt es weiter, jenseits jeder Behauptung und jenseits jeder Leugnung.[15] Meister Eckarts Anliegen ist es, dass Menschen sich von jeder Gottesvorstellung lösen: »… Ja selbst deines gedachten Gottes sollst du quitt werden, aller deiner doch so unzulänglichen Gedanken und Vorstellungen über ihn wie: Gott ist gut, ist weise, ist gerecht, ist unendlich … Alles was du da über deinen Gott denkst und sagst, das bist du mehr selber als er.«[16] Können wir dann Gott nur, wie es Nikolaus von Kues, formuliert, mit »wissendem Unwissen« (docta ignorantia) begegnen? Schweigend? Oder mit »vorsichtigen« Analogien, die aber immer wieder als solche kenntlich gemacht werden müssten?

Die dialektische Theologie des frühen 20. Jahrhunderts hat diesen spannungsvollen Sachverhalt der Fremdheit und Unanschaulichkeit Gottes erneut geltend gemacht und deutlich vertreten gegenüber einer langen dogmengeschichtlichen Tradition, die mit großer Sicherheit und im Detail meinte, in einem metaphysischen Sinn von Gott und seinen Eigenschaften reden zu können. Gleichzeitig hat die dialektische Theologie die Konsequenzen dieser Erkenntnis nach meinem Eindruck selber wieder übersprungen. Berühmt geworden ist der Satz Karl Barths: »Wir sollen als Theologen von Gott reden. Wir sind aber Menschen und können als solche nicht von Gott reden.« Diesen Widerspruch löst er dann mit einer eleganten Volte auf: »Wir sollen Beides, unser Sollen und unser Nicht-Können wissen und eben damit Gott die Ehre geben.«[17] Die intensiven Ambivalenzen, die diese These auslöst – »das Wort Gottes ist die ebenso notwendige, wie unmögliche Aufgabe der Theologie«[18] – beschreibt Barth wortreich: »Was nun, angesichts dieses Ergebnisses? Zurückkehren in die Niederungen, wo man

---

13 Vgl. Schmidt-Leukel ²2014, 62.
14 Zitiert bei Sölle ²1997, 95f.
15 Vgl. Keller 2015, 73.
16 Meister Eckart, zitiert bei Scholl 2017, 17–18.
17 Karl Barth 1924, 158.
18 Ebd. 175.

scheinbar Theologe und in Wirklichkeit etwas ganz anderes ist …? Oder vom reden-
den zur Abwechslung zum schweigenden Dienst übergehen? … Oder der Theologie
Valet sagen …?«[19]

Die theologische Lösung dieser Dialektik lautet gewöhnlich, dass von Gott nur
Gott selber reden kann;[20] aber da Gottesrede immer auf menschliche Rede angewiesen ist (selbst vermeintliche Glossolalie braucht verständliche Übersetzung!), sind wir
wieder am Anfang dieser Paradoxien. Das zeigt sich in der Dogmatik Karl Barths
dann überdeutlich, wenn er, immer mit vielfältigen und wortreichen Kautelen versehen, davon spricht, dass Gott der Immanuel, der »Gott mit uns« sei, »ein zum Sein
mit dem Menschen entschlossener Gott« usw.[21] Wie kommt Barth zu diesen Aussagen? Woher hat er sein Wissen über Gott, wenn doch gültig bleibt, dass Menschen
Gott nicht erkennen können, nicht wissen können, was und wie »er« »ist«, was »er«
»will« und »tut«?

Dieser Widerspruch ist in jedem Dogmatik-Lehrbuch zu besichtigen. Wilfried
Härle beispielsweise schreibt in einem Abschnitt, in dem es um »Gottes Wesen und
Eigenschaften« geht,[22] dass wir uns jetzt »auf das zentrale Geheimnis des Glaubens«
zu bewegen und deshalb große Zurückhaltung im Reden notwendig sei – um dann
doch sehr ausführlich und detailliert zu beschreiben, dass und wie Gott Liebe sei,
nicht Person, aber der Grund alles Personhaften, und dass man ihm eben doch, wie
seit den Zeiten der Scholastik, Eigenschaften wie Allmacht, Allwirksamkeit, Allwis-
senheit, Ewigkeit etc. zuschreiben könne.

Dogmatik gerät unvermeidlich in die Paradoxie, einerseits festzustellen, nichts über
Gott aussagen zu können, weil wir Menschen »ihn« nicht erkennen können, andererseits doch immer Aussagen machen zu müssen, um nicht in mystischem Schweigen
zu versinken. Dogmatik schließt also regelmäßig einen Diskurs, der eigentlich offen
gehalten werden sollte. Sie hat m. E. häufig nicht den Mut, »die Transkategorialität
transzendenter Wirklichkeit«[23] beim Namen zu nennen und auszuhalten.

Das eigentliche Problem besteht dann darin, dass die geschlossenen dogmatischen
Gedankengänge häufig mehr oder weniger nahtlos in die Praxis der Kirche, vor allem
in die Predigtpraxis, transferiert werden und dort zu den bekannten Phänomenen
der langweiligen und vorhersehbaren Predigten führen (▶ s. u. Kap. 9.5.1).

Nicht nur die theologische Wissenschaft gerät in diesen Zwiespalt, auch die gläubigen oder suchenden Menschen in ihrem religiösen Alltag erleben das Dilemma: Sie
beten zu einer göttlichen Wirklichkeit häufig in konkreten personalen Kategorien
(»lass mich wieder gesund werden«, »beschütze meine Kinder«, »lass die Hungernden
satt werden« etc.), obwohl sie letztlich doch wissen oder ahnen, dass da nicht ein
metaphysischer Puppenspieler in einem wie immer gearteten Jenseits sitzt, dessen
hilfreiches Eingreifen man durch Gebet heraufbeschwören könnte.

---

19 Ebd. 176.
20 Ebd. 176.
21 Dazu ausführlicher Busch ²2001, 94ff.
22 Härle ³2007, 235ff.
23 Vgl. Schmidt-Leukel 2016, 362ff., im Anschluss an John Hick.

Angesichts dieser höchst zwiespältigen Erfahrung des Göttlichen scheint ein Oszillieren zwischen dem Erleben von Vertrauen, Sicherheit und Geborgenheit bzw. dem Wunsch danach einerseits, und Unsicherheit, Zweifel und Misstrauen andererseits eine unvermeidliche, vor allem aber eine angemessene Reaktion.

In diese Zwiespältigkeit versetzt also bereits eine der zentralen erkenntnistheoretischen Grundeinsichten im Blick auf das Phänomen Religion: Menschliche Subjekte machen sich Vorstellungen von dem Unvorstellbaren, produzieren Konstrukte von dem Unbegreiflichen und bringen diesem so Vorgestellten Verehrung, Vertrauen und Glauben entgegen.

Wenn man diese Ambivalenz nicht nur als Verlegenheit und Hindernis begreift, sondern als angemessene Antwort auf die religiöse Grundeinsicht der Nichterkennbarkeit Gottes oder des Heiligen, kann sie produktiv und hilfreich werden. Sie kann dazu ermutigen, sich eigene Gottesvorstellungen zu machen in dem ständigen Bewusstsein, dass sie grundsätzlich höchst inadäquat und vorläufig sind. Damit würde jedem religiösem Triumphalismus, jeder vermeintlichen Eindeutigkeit und Dominanz und der damit einhergehenden Intoleranz theologischer Erkenntnisse und Konzeptionen ein wirksamer Riegel vorgeschoben. Man kann dann mit Gianni Vattimo im Grund nur sagen: »Ich glaube, dass ich glaube« (▶ Kap 7.18).[24] Mehr kann man nicht sagen und mehr muss man auch nicht sagen! Auch sog. Letztbegründungen führen nicht aus dieser erkenntnistheoretisch begründeten Ambivalenz heraus.[25]

Erst in jüngster Zeit erlebt die sog. negative Theologie eine Renaissance,[26] weil immer offenkundiger wird, wie die traditionelle, dogmatisch eindeutige Gottesrede in unseren Kirchen die Menschen ratlos und befremdet zurück lässt. Sie finden ihre Lebenswirklichkeit in den Formeln der Kirchen nicht wieder. Der katholische Fundamentaltheologe Johann Baptist Metz schreibt: »Je älter das Christentum wird, umso ›affirmativer‹ scheint es zu werden, umso weniger negative Theologie scheint es zu ertragen, umso ›geschlossener‹ sucht es sich an den Widrigkeiten der Schöpfung vorbeizuretten. Das Sensorium für das fremde Unglück verkümmert, Glaubensfestigkeit wird unter der Hand zur Verblüffungsfestigkeit.«[27]

Vielleicht »haben« wir Glaubensaussagen über Gott und die Rechtfertigung des Menschen nur als Mangel, als Sehnsucht nach einem Leben in Fülle, als Leerstelle[28] – in der Hoffnung, dass in der Leere etwas aufleuchten möge.

Wer und was motiviert die Kirchen und viele ihrer Repräsentanten, ungebrochen von Gottes Liebe, Güte und Barmherzigkeit zu sprechen angesichts einer Wirklichkeit, die diesem Anspruch ständig ins Gesicht schlägt? Was bringt einen Pfarrer dazu, wie ich es heute (16.6.2017) in einem Fernsehgottesdienst hörte, zu sagen, dass Gott es gut mit uns meint – gleichzeitig ist noch frisch in meinem Gedächtnis, dass vor drei

---

24 Vattimo 1997, 76.
25 Vgl. dazu ausführlicher und auch mit Blick auf andere Religionen Schmidt-Leukel 2005, 195ff.
26 Vgl. Benk 2012.
27 Metz, Memoria Passionis 2006, 32, zitiert nach Benk 2012, 11.
28 Ich beziehe mich hier auf Ausführungen von Martin Walser 2012, der sich wiederum auf Kierkegard und den frühen Barth beruft.

Tagen ungefähr 80 Menschen elendiglich in einem Hochhaus in London verbrannt sind? Angesichts des Grauens der Shoa sowie des millionenfachen Leidens der Menschen unter Armut, Hunger, Krieg und Gewalt verbietet sich jede nicht verstörte und nicht verstörende Rede von Gott. Wir können von Gott, von einer göttlichen Wirklichkeit, nur widersprüchlich reden, im Modus der Sehnsucht, der Hoffnung, des Vermissens und als Einspruch gegen eine sich total und optimistisch gebärdende, ökonomisierte Weltwirklichkeit. Schweigen, Bescheidenheit, Dialektik, Ambivalenz sind die unabdingbaren Qualitäten einer solchen Gottesrede.

8.2 Die Vielzahl der Gottesbilder und das Bilderverbot

In der Bibel wird ganz unbefangen eine Fülle von Bildern verwendet, um Gott und sein Wirken zu charakterisieren: Vater, Herr, Sonne, Burg, Licht, Henne, Hirte usw. Offenbar hat man die Spannung zwischen diesen Bildern und dem Bilderverbot als nicht gravierend aufgefasst: Das Bilderverbot galt den bildhaften Kulten im Umfeld des Volkes Israel, in denen die Gottheiten in ihren Bildern *verehrt* wurden, während in den alttestamentlichen Texten Gott mit bestimmten Objekten oder Funktionen *verglichen* wird. Gleichzeitig ist die Vielfalt und Widersprüchlichkeit der Bilder so groß, dass allein schon dadurch deutlich wird, dass kein Bild für sich allein letztgültige Wahrheit beanspruchen kann. Vor allem in der jüdischen Tradition geht man freizügig mit der widersprüchlichen Vielfalt der Gottesbilder um: »In Jewish literary tradition, God is loving, merciful, compassionate, punishing, jeaulous, relational, authoritarian and even abusive.«[29]

In der religionspluralen Gegenwart kommt hinzu, dass Zeitgenossen selbstverständlich Gottesbilder aus verschiedensten religiösen Traditionsbeständen für sich mischen: christliche, jüdische, buddhistische, esoterische, säkulare. Es ist uns einfach selbstverständlich geworden, dass keine Tradition mehr exklusive Wahrheitsansprüche stellen kann. So wie man keine religiös homogenen Bevölkerungsgruppen mehr findet, gibt es keine »reinen« Glaubensüberzeugungen, keine einheitlichen Gottesbilder mehr. Jürgen Habermas hat es mit Blick auf die säkulare Gesellschaft so formuliert: »… religiöse Glaubensgewissheiten [sind] mit fertiglen Überzeugungen säkularer Natur vernetzt und haben … ihre vermeintliche Immunität gegenüber Zumutungen der Reflexion längst verloren. Tatsächlich sind Glaubensgewissheiten im differenzierten Gehäuse moderner Gesellschaften einem zunehmenden Reflexionsdruck ausgesetzt.«[30]

Aus religionspsychologischer Sicht muss man sagen, dass es die frühen Beziehungserfahrungen des Menschen im Rahmen einer bestimmten Kultur und die dafür verwendeten Bilder sind, die vom Kind, und dann auch vom Erwachsenen auf das Göttliche übertragen werden (▶ Kap. 5.2.2). Vertrauensvolle, liebevolle Beziehungserfahrungen legen es nahe, auch dem Unbedingten eine solche Beziehungsqualität zuzuschreiben; aber es

29 Robins 2005,32.
30 Habermas 2005, 135.

bleibt nie aus, dass auch in einem überwiegend liebevollen Beziehungskontext Ärger, Zorn, Enttäuschung, Schmerz und Aggression durchbrechen. Insofern ist leicht nachvollziehbar, dass Rudolf Otto das Heilige als »fascinosum et tremendum« (faszinierend und erschreckend) bezeichnet, von dem Luther gesagt hat, dass wir es »fürchten und lieben« sollen. In jedem Fall erklärt dieser entwicklungspsychologische Zusammenhang, warum Menschen so unterschiedliche Bilder von Gott haben.[31] Zusätzlich ist noch der gesellschaftliche und milieuspezifische Kontext zu berücksichtigen,[32] der die Auswahl und Gestaltung der individuellen Bilder mit prägt. Auch C.G. Jungs Hypothese der Archetypen ist hier zu erwähnen: Danach ist das kollektive und individuelle Unbewusste angefüllt mit Bildern, die ständig in unserem Alltag abgerufen und verwendet werden. Es geht dann auch in der Religion darum, diese Bilderfülle vom Unbedingten anzusprechen und in ihren Bedeutungen genauer zu erkunden.

Mit dem Bilderverbot (Ex 20, 4f. u.ö.) wird die aus der Unerkennbarkeit Gottes resultierende Spannung (s. o.) erheblich verschärft. Nicht nur können wir das Göttliche nicht erkennen, wir sollen und dürfen es auch gar nicht erst versuchen. Wir sollen uns keine Bilder, keine Vorstellungen, keine Imagines vom Göttlichen machen (weil immer die Gefahr des Missbrauchs in Form einer Objektivierung und Bemächtigung Gottes besteht), sondern uns allein auf das Wort Gottes verlassen.

Dieses Verbot ruft einen besonders scharfen Konflikt hervor, weil das Sehen als »das wichtigste und komplexeste Wahrnehmungssystem für den Menschen gilt …«[33] Ca. 80% der Informationen über die Außenwelt erhalten wir über die Augen, so dass Sehen auch als »Tor zur Welt« bezeichnet wird.[34]

Das Bilderverbot der hebräischen Bibel, so kann man religionsgeschichtlich sicher sagen, zielt, wie schon erwähnt, primär auf die Abwehr der vielen Bildkulte, die den Jahwe-Glauben in der Zeit von 1150 bis 500 v. Chr. umgaben. In diesen Kulten war es mehr oder weniger selbstverständlich, dass die Götter »in ihren Kultbildern … Anschaulichkeit, Präsenz und Lebensnähe [gewannen]; die Bilder der Götter [waren] die Götter selbst. Man behandelte und ehrte sie als lebende Wesen.«[35] Diese Art von Identifikation eines geschnitzten, gegossenen oder gemalten Bildes mit dem abgebildeten Gott wurde von den israelitischen Propheten als Götzendienst, der entsprechend bestraft werden sollte, deklariert.

---

31 Arnold Guntern hat 1981 fünfzehn katholische schweizerische Missionare, die von ihrer Herkunft und Ausbildung her eine außerordentlich homogene Gruppe darstellen, nach ihren Gottesvorstellungen befragt und festgestellt, dass sie eine »Vielzahl von Gottes- und Glaubenstypen« repräsentieren.

32 Ein Beispiel: Der norwegische Soziologe und Friedensforscher Johan Galtung (1975, 70ff.) unterscheidet drei Gesellschaftsmodelle (konservativ, liberal und kommunal) und ordnet diesen Modellen jeweils eine spezifisch religiöse Organisationsform zu, die wiederum Auswirkungen auf die individuellen Gottesbilder der Mitglieder der Organisation hat:

33 Zimbardo ⁶1995, 187.

34 http://dasgehirn.info/wahrnehmung/sehen (Abruf 4.12.14)

35 Graf 2009, 103. Graf beschreibt, dass Götterbilder gekleidet, gewaschen und geschminkt wurden, man ihnen zu essen gab, und sie schlafen legte. Solche Vorgänge kann man heute noch in hinduistischen Tempeln beobachten.

Darüber hinaus beinhaltet das Bilderverbot jedoch eine weitere, selten bedachte Dimension, die für unseren Zusammenhang von Bedeutung ist: Mit dem Verbot werden nicht nur andere Kulte abgewehrt, sondern die wichtigste Dimension der Sinneswahrnehmung, das Sehen, also die Rezeption und Konstruktion von Bildern insgesamt, zumindest in religiöser Hinsicht, abgewertet und verboten. Nicht nur Bilder Gottes, sondern auch Bilder dessen,»was oben im Himmel, und auch dessen, was unten auf der Erde ist«, dürfen nicht angefertigt und verehrt werden (Ex. 20, 4f.). Auch wenn sich die Zielrichtung dieses Verbots gegen die *Verehrung* der Bilder richtet, wird damit nicht doch zugleich die imaginative Seite des Lebens und das dazu notwendige Sehen und Erkennen überhaupt abgewertet?

Sehen ist als »der menschlichste aller Sinne« bezeichnet worden. Diese Bezeichnung hat ihre Berechtigung, wenn man sich verdeutlicht, dass menschlicher Kontakt und die Entwicklung von Identität in hohem Maß über Sehen und Gesehenwerden entsteht. Sehen ist eine Form der »Nahwahrnehmung«,[36] neben dem Fühlen sinnlich und direkt. Der »Glanz in den Augen der Mutter« (so der Psychoanalytiker Heinz Kohut) vermittelt dem Kleinkind, lange bevor es die Sprache der Mutter versteht, dass es geliebt und unendlich wertgeschätzt ist. Von den frühen Interaktionen mit den Bezugspersonen bilden sich in der kindlichen Psyche Repräsentanzen (emotional besetzte Bilder), in denen die Qualität dieser Beziehungen aufbewahrt wird.

Vielleicht ist auch deswegen das Bild in fast allen Religionen das entscheidende Medium der Gottesverehrung und religiösen Informationsvermittlung gewesen. »Die Glaubensgeschichten der Menschheit begannen weithin als Bildkulte. In historischen Perspektiven kommt Bildern der vielen Götter Vorrang vor dem Wort des einen Gottes zu.«[37] Das Hören des Wortes stellt eine Art von »Fernwahrnehmung« dar, fordert die abstrakte Denkleistung, »die Anwesenheit des Absoluten in seiner Abwesenheit zu denken«.[38] Man soll sich auf das verlassen, was man hört, was man von anderen hört – und nicht auf das, was man selber sieht. Kann man sich auf solche Abstraktionen verlassen, zumal Geräusche mehrdeutig sind und man nur mit Worten leichter lügen und täuschen kann? Ein solcher emotionaler Akt erscheint wesentlich anspruchsvoller, schwieriger und ambivalenzhaltiger als dem zu vertrauen, was man sieht. Das ursprünglich sinnliche Gottesbild wird gereinigt von seinen erdhaft-sinnlichen Zügen, aus dem Bild-Gott wird der Buchstaben-Gott.[39]

So nimmt es nicht Wunder, dass die christlichen Volksfrömmigkeiten entgegen der offiziellen Verkündigung vorrangig und immer wieder an Bildern Halt und Orientierung suchten und fanden und weiterhin finden. Die theologische Legitimation dazu lieferte die Christologie: Gott selbst habe sich in Jesus Christus sichtbar und anschaulich gemacht, deswegen sei es möglich und angemessen, Bilder von Christus (als Mensch) und den Heiligen herzustellen und zu verehren.

---

36 Funke 2000, 193.
37 Graf 2009, 103.
38 Graf 2009, 111.
39 Vgl. Funke 2000, 192f.

Aber, wie die Dogmengeschichte zeigt,[40] blieb der Bilderkult immer wieder strittig. Ständig gab es hoch aggressive Kontroversen (z. B. den byzantinischen Bilderstreit im 8. und 9. Jahrhundert, oder die Zerstörung von Bildern während der Reformation im frühen 16. Jahrhundert), die auf diese grundlegende Zwiespältigkeit verweisen: Von unserer menschlichen Konstitution her sind wir auf Bilder als Mittel der Welterschließung angewiesen, in religiöser Hinsicht jedoch gelten sie als verpönt oder sogar verboten, während gleichzeitig viele Kirchen (vor allem Barockkirchen) in prachtvoller Weise mit Christus- und Heiligenbilder geschmückt sind. Man hat versucht, mit der Unterscheidung von Verehrung und Anbetung einen tragbaren Kompromiss zu finden: Im Abbild der Ikone wird eigentlich das dahinter stehende Urbild verehrt, heißt es; wenn das klar gestellt ist, darf aus Verehrung Anbetung werden.

Man spürt deutlich die Zwiespältigkeit und daraus abgeleitete Ambivalenz in diesem Kompromiss. Aber vielleicht ist genau dies angemessen und unvermeidbar! Die reformierte Tradition hat das Bilderverbot radikal ernst genommen und alle Bilder aus ihren Kirchen verbannt: Das ist ein Versuch, die Ambivalenz zu bannen – mit der Folge, dass die grundlegende Bedeutung des Sehens für die Welterschließung zumindest in religiösen Vollzügen grundsätzlich abgewertet wird und diese Art von Religion mit einer deutliche Verarmung ihrer sinnlichen Qualität leben muss.

> Im Konstruktivismus, der eine Grundlage der systemischen Therapie darstellt, werden Gottesbilder auch Konstrukte genannt. Der Mensch konstruiert seine Wirklichkeit in Prozessen gesellschaftlichen Austausches in ständiger Bezogenheit auf andere. Gotteskonstrukte sind immer in ein soziales System (Paarbeziehung, Familie, Kirchengemeinde, Milieu und Kultur etc.) eingelagert, spiegeln oder verstärken dieses oder stehen in Spannung dazu, wirken als Kitt und Sprengstoff, als Chance und Risiko zugleich.[41]

8.3   Der verborgene und der offenbare Gott

Die erkenntnistheoretische und zugleich theologische These von der Unmöglichkeit, Gott zu erkennen, ist zu unterscheiden von der existentiellen Erfahrung der Abwesenheit bzw. der Verborgenheit Gottes. Die Erfahrung, dass Gott, wie immer man sich ihn vorstellt und an ihn glaubt, sich nicht so zeigt, wie man sich das wünscht, ist verbreitet, gerade bei Menschen, die sich als religiös oder gläubig verstehen.

Dem theologischen Terminus »deus absconditus« fügt Dietrich Stollberg im Titel eines Aufsatzes den Zusatz »der ent-täuschende Gott« hinzu.[42] D. h. wir Menschen machen uns Vorstellungen davon, wer und wie Gott sei und wie er sich verhalten solle. Wir können kaum anders, als die Leerstelle der Verborgenheit, des Geheimnisses mit unseren Bildern, mit unseren Projektionen zu füllen; andernfalls ist diese Leere kaum auszuhalten. Die Projektionen aber müssen enttäuscht werden, denn Gott ist immer anders als das, was wir imaginieren und wünschen. Anders gesagt: Unsere

---

40   Vgl. Gladigow 1998, 1562–1564.
41   Vgl. Morgenthaler 1999, 76ff.
42   Stollberg 1984.

Selbst-Täuschungen, unsere Illusionen über Gott werden desillusioniert und führen zu entsprechender Frustration, Traurigkeit, Ärger.

Wir kommen aus dieser Ambivalenz von »verborgen und offenbar« nicht heraus; vielleicht ist, pastoralpsychologisch gedacht, schon die Rede vom offenbaren Gott dem dringenden Wunsch geschuldet, »ihn« irgendwie handhabbar zu machen. Sollte andernfalls »die alles bestimmende Wirklichkeit« abstrakt und dunkel bleiben, durch und durch unzugänglich für uns, wie es die Mystiker gesagt haben?[43]

Die Rede von der Verborgenheit Gottes entzündet sich an der Diskrepanz zwischen den Aussagen über Gottes liebevolle Zuwendung zum Menschen in der Bibel (z.B.: »Ich habe dich je und je geliebt, darum habe ich dich zu mir gezogen aus lauter Güte, Jer. 31,3; »Gott ist die Liebe; und wer in der Liebe bleibt, der bleibt in Gott und Gott in ihm« 1 Joh 4, 16) und der verbreiteten Alltagserfahrung des Leidens, der Schmerzen und Sinnlosigkeiten im menschlichen Leben; oder, wie es Ernst Lange formuliert hat: Es geht um die Diskrepanz zwischen der »Sprache der Verheißung« und der »Sprache der Tatsachen«. Wie soll man der Zusage einer tragenden Liebe, einer liebevollen Präsenz Gottes vertrauen, wenn die tägliche Realität eine deutlich andere, ja gegensätzliche Sprache spricht?

An der Erfahrung der Verborgenheit Gottes entzündet sich die Theodizeefrage mit ihrer existentiellen Dringlichkeit:[44] Wie kann Gott zulassen, dass Menschen leiden, wenn sie sich nichts haben zuschulden kommen lassen, wenn sie überzeugt sind (wie etwa Hiob), rechtschaffen gelebt zu haben? Warum werden sie dafür nicht belohnt, sondern anscheinend sogar noch bestraft? Warum müssen auch die »Guten« Böses erleiden? Warum geht es im Leben so ungerecht zu? Woher kommt das Böse in der Welt?

Solange wir Gott mit Macht und Allmacht in Verbindung bringen, bleibt dieses Dilemma unlösbar, denn dann ist Gott natürlich derjenige, der das Leiden verhindern könnte – und wenn er es nicht tut, eben nicht Gott sein kann.[45] Eine allgemein gültige Antwort auf die Theodizeefrage, eine denkerische Lösung des Problems gibt es nicht; es bleibt nur die besonders ambivalent getönte Bereitschaft, der Botschaft von der Barmherzigkeit Gottes zu vertrauen und gleichzeitig die Leiden des Lebens in gemeinsamer Solidarität zu ertragen.[46]

Eine theologische Antwort auf die Erfahrung des verborgenen, des anscheinend abwesenden Gottes ist die Unterscheidung zwischen dem verborgenen und dem sich auf verschiedene Weisen offenbarenden Gott. Gott zeige sich in seiner Schöpfung, so hat es schon Martin Luther gesagt: Die Schönheit der Natur regt zum Staunen und

---

43 Vgl. z.B. Katharina von Genua: »Wenn dann das Geschöpf sich rein und gereinigt und in Gott verwandelt sieht, so sieht es das Wahre und Reine: Doch von solcher Schau, die doch nicht Schau ist, kann man weder sprechen noch denken.« Zitiert aus Hense 1997, 78.

44 Zum Umgang mit der Theodizeefrage im Kontext der Seelsorge vgl. ausführlicher Klessmann [5]2015, 245ff.

45 Diese Argumentation findet sich schon bei dem Philosophen Epikur (342–371 n. Chr.), zitiert in Klessmann [5]2015, 245.

46 Catherine Keller spricht in diesem Zusammenhang von einer »Allmachtstheodizee«, die in die angedeuteten, unlösbaren Dilemmata führt. Keller 2016, 21.

Danken an – und wir neigen dazu, einen Gott als Quelle dieser Schönheit anzunehmen. Aber die Natur ist auch grausam und destruktiv, insofern trägt diese Form eines natürlichen Gottesbeweises nicht. Entsprechend hat man in der Theologie davon gesprochen, dass Gott sich in »verkleideter« Form offenbart.[47] Gottes Wirken, so formuliert es die Dogmatik, vollzieht sich sub contrario, so dass die Menschen sogar Gott und den Teufel (wenn letzterer sich von seiner besten Seite zeigt!) verwechseln können.

Erst in Christus zeige sich Gott unverhüllt. Christus, so hat es Luther ausgedrückt, ist ein »Spiegel des väterlichen Herzens« Gottes. Christus kennen heißt nach Luther: Gott »sub carne crucifixa« – unter dem gekreuzigten Fleisch (sc. Christi) – zu kennen.[48] Diese Art der Offenbarung ist aber, nüchtern betrachtet, wiederum eine Form der Verbergung, insofern Gott »Knechtsgestalt« annimmt, wie es der Hymnus des Philipperbriefes zum Ausdruck bringt, sich erniedrigt und gehorsam wird bis zum Tod am Kreuz (Phil 2, 5ff.) – ein unauflösbares Paradoxon, das ohne ausgeprägte Ambivalenzgefühle nicht zu bewältigen ist.

Das gilt in ähnlicher Weise für die theologische These, Gott begegne in Gesetz und Evangelium, Gericht und Gnade, Anspruch und Zuspruch. In diesen Polaritäten spiegelt sich die in der religiösen Erfahrung unvermeidlichen Ambivalenzen von Zuwendung und Abwendung, Freundlichkeit und Feindlichkeit, Sympathie und Antipathie, Belohnung und Strafe. Diese Polaritäten, die in *allen* alltäglichen Beziehungserfahrungen vorkommen, werden natürlich auch auf die Beziehung zum Göttlichen übertragen. Es gibt auch in religiösen Fragen nur »das Ende der Eindeutigkeit« (▶ Kap. 1).

Eugen Rossenstock-Huessy hat es so ausgedrückt: »So bin ich doch gewiss, dass Gott der ist, der nie deshalb, weil er irgendwo irgendwann sich bezeugt hat, deshalb gerade da wieder bezeugen wird. Gott ist der, der spricht: ›Von jetzt ab musst du mich wieder anderswo erwarten‹.«[49]

8.4   Der zornige und der liebende Gott

Als eine Steigerung der Spannung vom verborgenen und offenbaren Gott erscheint die Polarität vom liebenden und zornigen Gott. Nicht nur ist und bleibt Gott letztlich geheimnisvoll und verborgen, oft fühlen sich Menschen von der letzten Wirklichkeit in schrecklicher und unverständlicher Weise so angegangen, dass sie das nur als Strafe deuten können und alles Reden von der Liebe Gottes abwegig, befremdlich und als reines Wunschdenken erleben.

Im biblischen Erzählduktus reute es Gott bald nach der Schöpfung der Welt, dass er Menschen und Tiere gemacht hatte (Gen 6,6); er beschloss, sie allesamt – bis auf Noah und ein Paar von jeder Tiergattung – zu vernichten. Der Schöpfer erweist

---

47 Vgl. H.M. Barth 2009, 202.
48 Zitiert bei H.M. Barth ebd. 210.
49 Zitiert bei Riess 1987, 86.

sich für den Leser der Bibel als schrecklicher Zerstörer, als einer, der »dangerously unpredictable« ist, wie es Jack Miles in seiner Gottesbiografie ausdrückt.[50]

An zentraler Stelle im AT, im Zusammenhang mit den zehn Geboten, charakterisiert sich Gott selbst als ein eifernder Gott, dessen zornige, strafende Intentionen zwar deutlich von seiner Barmherzigkeit und Liebe überboten werden: Trotzdem bleibt diese strafende Seite erhalten: »Geschieht etwa ein Unglück in der Stadt und ER hätte es nicht gewirkt« (Am 3,6)? Entweder muss man mindestens die Hälfte der Lebenserfahrung, die leidvollen und schmerzhaften Seiten, von Gott abspalten und sie dem Teufel zuschreiben (wie es die Gnosis getan hat), oder sich der Paradoxie stellen, dass in Gott das Böse und das Gute, das Gericht und die Gnade Platz haben.

Wenn Gott zornig ist, fallen seine Strafen manchmal extrem grausam aus, so dass sich heutige Leser an das Verhalten von Islamisten erinnert fühlen mögen (z. B.: Ex 22, 23: Wenn ihr die Witwen und Waisen bedrückt, »wird mein Zorn entbrennen, dass ich euch mit dem Schwert töte und eure Frauen zu Witwen und eure Kinder zu Waisen werden«; oder Num 25,3ff. angesichts des Götzendienstes des Volkes Israel »entbrannte des Herrn Zorn über Israel und er sprach zu Mose: Nimm alle Oberen des Volkes und hänge sie vor dem Herrn auf im Angesicht der Sonne …«). Sicherlich ist wesentlich öfter von Gottes Liebe, Barmherzigkeit, Langmut und Geduld die Rede: »Du aber, Herr, Gott, bist barmherzig und gnädig, geduldig und von großer Güte und Treue.« (Ps. 86, 15). Gleichwohl bleibt die Angst vor dem Zorn im Hintergrund, so dass sich an den hier zitierten Psalmvers sogleich die Bitte anschließt: »Wende dich zu mir und sei mir gnädig … tu ein Zeichen an mir, dass du's gut mit mir meinst …« (Ps. 86, 16f.). Offenbar können auch diejenigen, die Gott vertrauen, nie sicher sein, welche Seite Gottes sie erfahren werden, seine Barmherzigkeit oder seinen Zorn.

Die Bibel beschreibt beide Seiten Gottes sehr direkt: »Der ich das Licht mache und schaffe die Finsternis, der ich Frieden gebe und schaffe Unheil. Ich bin der Herr, der dies alles tut«(Jes 45,7). »Darum widersetze dich der Zucht des Allmächtigen nicht. Denn er verletzt und verbindet; er zerschlägt und seine Hand heilt. (Hi 5, 17f.) Gott als die alles bestimmende, letzte Wirklichkeit ist Quelle des Guten wie des Bösen, der Freude und des Leidens.

Die Schilderung der aggressiven, zornigen und bösen Seiten Gottes entspringt den Lebenserfahrungen vieler Menschen, wenn sie mit Unglücksfällen, Gewalt, Krankheit, Leid und Sterben konfrontiert sind. Sie erleben ihre Lebenssituation so, als ob ihnen Gott, als ob ihnen das Leben böse, zornig, strafend und zerstörend begegnete. Aber so ist das Leben, so ist Gott als der Inbegriff und Grund des Lebens: Es beglückt und zerstört, manchmal geradezu gleichzeitig. Aus theologischer Sicht ist es wichtig, beide Seiten dieser Gottes- und Lebenserfahrung zusammen zu halten, ihre Ambivalenz wahrzunehmen und auszuhalten, statt sie, wie es im kirchlichen Alltag verbreitet geschieht, einseitig in einen nur lieben, nur guten und damit harmlosen Gott einerseits[51] und einen bösen, strafenden andererseits aufzuspalten. Wer den Gedanken an

---

50 Miles 1995, 46.
51 Zur Verharmlosung eines nur lieb vorgestellten Gottes vgl. Ebach 1999, 784–794.

den Ursprung des Bösen in Gott nicht wahrzunehmen und auszuhalten im Stande ist, muss möglicherweise auch das Böse im Menschen, im menschlichen Zusammenleben, verharmlosen und beschwichtigen.

Wie es zu dieser verbreiteten Spaltung kommt, lässt sich mit einer entwicklungspsychologischen Analogie nachvollziehen:[52] Die Mutter wird vom kleinen Kind in seinen ersten Lebensmonaten und -jahren überwiegend als liebevoll und zugewandt, insofern als »gut« wahrgenommen – aber eben nicht immer und ausschließlich. Es gibt Momente, in denen das Kind die Mutter als abwesend, abweisend, versagend, zornig und damit als »böse« erlebt. Es kommt dann zu einer Spaltung in ein gutes und ein böses Mutterbild, so hat es vor allem die Psychoanalytikerin Melanie Klein beschrieben. Zentrale Aufgabe der weiteren Persönlichkeitsentwicklung ist es, beide Seiten als zu ein und derselben Mutter gehörig zu integrieren, die »böse« Seite ertragen zu können in dem Gefühl, dass die »liebe« Seite auch vorhanden ist und letztlich überwiegt, obwohl das Kind das in einem Moment der Angst und Panik nicht wissen kann. Gelingt die Integration nicht, entsteht ein gespaltenes Mutterbild, das auch zu einem gespaltenen Selbstbild führt; im religiösen Bereich wird daraus ein »halbierter Gott«,[53] der entweder nur lieb und dann eben auch harmlos erscheint, oder schrecklich und Furcht erregend.[54]

In der Wirkungsgeschichte des Christentums ist die zornige, strafende Seite Gottes außerordentlich wirkmächtig geworden: Jahrhunderte schwarzer Pädagogik lebten davon, dass Gottes Zorn sich im Zorn und in den Strafen der Eltern und Lehrer über vermeintlich unbotmäßige Kinder beinahe grenzenlos entladen durfte. Ein spätes Zeugnis dieser von einem strafenden Gottesbild ausgelösten Angst findet sich in Tilman Mosers fiktiv an Gott gerichteten Gebet: »Dein Hauptkennzeichen für mich ist die Erbarmungslosigkeit. Du hattest so viel an mir verboten, dass ich nicht mehr zu lieben war … Weil du ein ewiger Nörgler an mir warst, wurde ich zum Nörgler an den anderen …, an meinen Strafängsten bist du groß geworden …«[55]

Gegenwärtig sind solche pädagogischen Straferfahrungen nur noch selten anzutreffen; es bleibt jedoch die auch heute noch verbreitete Tendenz, Erfahrungen von Unglück und Krankheit als göttliche Strafe zu deuten. In der Seelsorge begegnen immer wieder Menschen, die das Gefühl von Ohnmacht und Ausgeliefertsein an eine schreckliche Erkrankung lieber als göttliche Strafe deuten als diesem Geschehen ohne jede Möglichkeit der Sinngebung und damit völlig hilflos unterworfen zu sein.

Die Aufgabe des Glaubens besteht darin, den Gedanken der Mehrdeutigkeit Gottes zuzulassen, sich einer letzten Wirklichkeit anzuvertrauen, die (wie wir es wahrnehmen) liebt und hasst, zerstört und heilt, verwundet und verbindet – auf die man auch nur ambivalent reagieren kann und darf, liebend und hassend, liebend und fürchtend, wie es schon Martin Luther in seinem kleinen Katechismus empfohlen hat. Da unsere

---

52 Vgl. zum Folgenden Funke 2000,187ff.
53 Funke 2000, 191.
54 Von furchterregenden Gotteserfahrungen ihrer Patienten berichten Psychotherapeuten, z. B. in dem von Klosinski herausgegebenen Band 1994.
55 Tilman Moser, Gottesvergiftung. Frankfurt 1976, 18f, 35, 37 u.ö.

Lebenserfahrungen so konträr ausfallen, dürfen wir auch das im Glauben gedeutete transzendente »Woher« dieser Erfahrungen als zwiespältig und konträr denken und glauben.

Die Deutung, Gottes Zorn sei nur die Kehrseite, oder sogar der Ausdruck seiner Liebe – weil die Liebe all das beseitigen wolle, was ihr im Wege stehe[56] – stellt aus meiner Sicht eine schwer erträgliche Verharmlosung der Leidenserfahrungen von Menschen dar. Um der Leidenden willen muss man die Paradoxie und Widersprüchlichkeit im biblischen Gottesbild unbedingt stehen lassen!

Menschen fühlen sich in religiöser Hinsicht befreit, wenn sie sich nicht auf ein eindeutiges, ambivalenzfreies Gottesbild festlegen müssen; das Schreckliche und Sinnlose im Leben müssen sie auch Gott zuordnen können, sonst muss es völlig abgespalten werden. Eine Integration der guten und der bösen Seiten Gottes ist wohl nur möglich in einer Haltung der Trauer: Trauer über den Verlust von Eindeutigkeit und Gewissheit, Trauer über den notwendigen Abschied von kindlichen Wunschvorstellungen. »Aus solcher Trauer könnte eine neue Kreativität erwachsen, die geheimnisvollen Spuren Gottes im Widersprüchlichen, Paradoxen und Ambivalenten zu entdecken.«[57]

8.5   Der dreieine Gott

Zu den zentralen Inhalten des christlichen Glaubens gehört, dass Gott »drei in eins« ist, der eine und einzige Gott, der in drei Personen begegnet.[58] Christlicher Glaube, so sagt es der Dogmatiker Hans-Martin Barth, lässt sich gar nicht anders als trinitarisch formulieren – um dann hinzuzufügen: »Gottes Trinität ist … etwas, das man verstehen muss als etwas, das man nicht verstehen kann«.[59]

In einer großen Umfrage zum Glauben der Deutschen hat Klaus-Peter Jörns vor zwanzig Jahren festgestellt, dass unter Kirchenmitgliedern eine weitgehende »Entdogmatisierung« zu beobachten sei: Zentrale Inhalte der christlichen Dogmatik – und dazu zählt ausdrücklich die Trinitätslehre, neben Sündenlehre und Eschatologie – werden von Kirchenmitgliedern und selbst von Pfarrerinnen und Pfarrern nicht wirklich verstanden; solche Inhalte gelten als fremd und erfahrungsfern, man versteht den Zusammenhang mit der Alltagserfahrung, auch mit dem alltäglichen Glauben, nicht mehr (wenn man ihn denn je »verstanden« hat).[60]

Die Trinitätslehre lässt sich zwar dogmatisch sinnvoll entfalten: »Gott ist in sich Gemeinschaft …, Gott ist in sich Beziehung …, Gott ist in sich Liebe …«[61]; oder man kann sagen, dass die Trinitätslehre der Struktur religiöser Erfahrung entspricht:

---

56 Ausführlicher referiert bei Dietrich/Link 1995, 152ff.
57 Funke 2000, 203.
58 Vgl. ausführlicher Theißen ²2012, 146ff.
59 H. M. Barth 2002, 276 und 274.
60 Jörns 1997, 211.
61 Theißen 2012,146ff.

Wir erfahren Gott oder das Heilige in der Schönheit und im Schrecken der Natur; wir erfahren sie in beglückender zwischenmenschlicher Begegnung, im sozialen Engagement; wir erfahren sie als Freiheit zum Leben und als Freude am Leben. Oder: Das Unmögliche wird möglich, das Geheimnis wird erfahrbar. Trotzdem bleibt gerade in der Trinitätslehre ein hohes Maß an spekulativer Paradoxie bestehen, die nur mit entsprechender Ambivalenz zu beantworten ist.

Ina Praetorius hat das Dilemma in ihrer Interpretation des Apostolikums so gekennzeichnet: »Ich gebe zu: etwas durchaus Seltsames will von mir geglaubt sein. Ein himmlischer VATER, ewig, unveränderlich, lebendig, unverfügbar. Soll einen SOHN gezeugt haben, mit Maria, ewig, doch zeitlich, begrenzt, doch unbegrenzt, lebendig, sterblich, doch unsterblich, wahrer Mensch, doch ohne Fehl und Tadel, schon immer da, am Kreuz gestorben, lebendig geblieben, EWIGE LIEBE, unvermischt und ungeschieden, dazwischen irgendwo GEIST, zeugend, ewig, überall und nirgends, windig.«[62]

Kann man die Beziehungsfähigkeit Gottes nicht auch einfacher in Analogie dazu zum Ausdruck bringen, dass jeder Mensch ein Wesen für sich und zugleich beziehungsfähig ist? Reicht es nicht, wie es das Judentum tut, Gottes Beziehungsfähigkeit aus der Aussage der Schöpfung des Menschen zum Ebenbild Gottes abzuleiten?[63] Verstellt das christliche Konzept der drei Personen in einer nicht eher Möglichkeiten der Gotteserfahrung als dass es dafür aufschließt? Die Dogmengeschichte zeigt, wie hoch umstritten das von der griechischen Metaphysik inspirierte Gottes- und Christuskonzept seit seinen Anfängen im 2. Jahrhundert gewesen ist. Es scheint heute kaum anders zu sein. Aus der Doxologie ist die göttliche Trinität nicht wegzudenken (jede Eröffnung eines christlichen Gottesdienstes erfolgt »im Namen des Vaters, des Sohnes und des hl. Geistes«), aber verstanden wird diese Formel nicht, so dass Dietrich Stollberg nach einem kurzen interpretierenden Durchgang durch das Apostolikum mit leicht resigniertem Unterton feststellt: »Ich will das Geheimnis der Dreieinigkeit so, wie es nun einmal überliefert ist, stehen lassen und *anbetend* verwenden, aber nicht als eine dogmatische Formel verstehen, an der sich entschiede, ob jemand richtig oder falsch glaubt.«[64]

Damit wird an zentraler Stelle des christlichen Bekenntnisses eine nicht auflösbare Paradoxie heraufbeschworen, wie sie bereits auf dem Konzil von Chalcedon (451 n.Chr.) formuliert worden ist: »unvermischt und unverwandelt, ungetrennt und ungeschieden« sind die göttliche und die menschliche Natur Jesu beieinander. Seit Jahrhunderten ist diese Paradoxie gelehrt und geglaubt worden, und zugleich unverstanden und hoch umstritten geblieben. Einerseits kann man nicht anders als paradox von Gott reden, und die dadurch ausgelösten Ambivalenzen erscheinen angemessen (s. o.); andererseits löst die Trinitätslehre mit ihren substanzontologischen Assoziationen (drei Personen) in besonderem Maß Unverständnis und Befremden aus. Von daher die kaum zu beantwortende Frage: Trägt die Lehre von Gottes Trinität zur

---

62 Praetorius [2]2011, 69.
63 So z. B. Nachama/Homolka/Bomhoff 2015, 45f.
64 Stollberg 2009, 94.

Bereicherung des Glaubens bei oder verstellt sie einen erfahrungsnahen Zugang zu Gott? Erschließen trinitarische Aussagen ein vertieftes Gottesverständnis oder fordern sie ein abschreckendes sacrificium intellectus? Ist sie Ausdruck einer »Theologen-Theologie« (Wilhelm Gräb) oder knüpft sie an nachvollziehbare Erfahrungszusammenhänge an? Die wortreichen Erklärungen der Dogmatiker zeugen eher von den Verlegenheiten als von den Chancen dieser Lehre.

8.6   Der historische Jesus und der geglaubte Christus

In der Christologie finden sich mindestens so viele Spannungen, Widersprüche, offene Fragen und Ambivalenzen wie in der Gotteslehre. Ein Beispiel für viele: In den meisten evangelischen Sonntagsgottesdiensten wird selbstverständlich das apostolische Glaubensbekenntnis gebetet; es bildet de facto so etwas wie eine Glaubensnorm für Christen. Zugleich stellt einer der prominenten evangelischen systematischen Theologen, Hans Martin Barth, fest: »Die Sprache der Christologie ist unverständlich geworden«. Und weiter: die Zweinaturenlehre »erscheint völlig abwegig«, »die traditionelle Gottesvorstellung selbst [sc.: die personal-theistisch gedachte, M.K.] ist obsolet geworden.«[65] Auch die Vorstellung von Jesus als »Sohn Gottes« ist nicht mehr verständlich.[66] Was geschieht da? Warum halten die Kirchen an einem Text fest, der für die meisten Kirchgänger unverständlich geworden ist, den viele auch nicht mehr mitbeten wollen?

Existenz und Märtyrertod eines Jeshua aus Nazareth kann als historisch verbürgt gelten. Er hat Spuren hinterlassen und man kann aus den biblischen Quellen in begrenztem Maß rekonstruieren, wer er war, wie er sich selbst verstand, was er lehrte und tat.[67] Details sind und bleiben strittig – und die Leben-Jesu-Forschung hat eindrücklich gezeigt, dass das auch kaum anders sein kann: Ein historischer Jesus als Gegenstand wissenschaftlich-historischer Forschung ist nicht zu fassen, weil die Berichte über ihn von Anfang an geprägt sind vom Glauben an ihn als den Messias, den Christus Gottes. Die Evangelien wollen keine geschichtlichen Berichte sein, sondern Glaubenszeugnisse, das wissen wir aus der neutestamentlichen Forschung seit langem. In den Evangelien wird dann der Wanderprediger aus Galiläa, der das Reich Gottes verkündigt hat, nach seinem Tod auf letztlich für uns nicht mehr nachvollziehbare Weise, durch seine Auferstehung, zum verkündigten Messias, an dessen geglaubter göttlicher Präsenz sich Menschen orientieren, aus ihr Trost und Halt in ansonsten verwirrenden Weltläufen finden können. Damit ist ein nicht auflösbares Spannungsverhältnis angedeutet: Der Wunsch nach historischer Verifikation ist nicht erfüllbar, weil die Evangelien keinen historischen Bericht geben, sondern andere zum Glauben einladen wollen. Zugleich bezeichnen Kreuz und Auferstehung »Grenzerfahrungen,

---

65 H.M. Barth 2010, 70.
66 Barth 2010, 88.
67 Vgl. Theißen/Merz ³2001.

an denen wir scheitern und Gottes Geheimnis im Scheitern spüren.«[68] Man könnte auch sagen: Der historische Jesus schützt den geglaubten Christus vor geschichtsvergessener Spekulation, der geglaubte Christus bewahrt den historischen vor Überhöhung historischer Fakten. Trotzdem ist die Ambivalenz, die in diesem Spannungsverhältnis begründet liegt, nicht zu übersehen: An wen glauben wir?

Und was kann der Glaube an diesen Christus bewirken? Was bedeutet es, dass er uns durch sein Leiden, seinen Tod und seine Auferstehung »Heil« und »Rettung« gebracht hat, wie es in der Tradition heißt? Dass im Glauben an Jesus Christus der Glaubende »eine neue Kreatur« geworden ist (2 Kor 5,17)?

Vom Augenschein her ändert sich am Lebensstil der meisten, die an Christus glauben, wenig: Auch Christinnen und Christen sind, wie die Kirchengeschichte leider zur Genüge zeigt, nicht frei von Misstrauen, Lüge und Neigung zur Gewalt; sie bekämpfen und unterdrücken sich wechselseitig wie alle anderen Menschen auch. Luthers Äußerungen über die aufständischen Bauern oder die Juden sind alles andere als von Nächstenliebe und Empathie geprägt. Calvins Regierung der Stadt Genf glich einem Terrorregime, von der »Freiheit eines Christenmenschen« war hier nichts zu spüren, fromme amerikanische Präsidenten heißen Folter gut usw. Was bedeutet der große Anspruch des Neuwerdens im Glauben, wenn sich dem Augenschein nach so wenig verändert?

Die unterschiedlichen Jesusbilder, die in der Geschichte des Christentums verbreitet wurden, haben mehr mit der jeweiligen Epoche und ihrem Gesellschaftsmilieu als mit der Person des Jesus von Nazareth zu tun. Allein für das 19. und 20. Jahrhundert unterscheidet F. W. Graf Jesus als den Heilsgaranten der romorientierten katholischen Theologie vom kirchen- und autoritätskritischen Tugendhelden des vormärzlichen Deutschkatholizismus; den volksverbundenen, mit den Armen solidarischen guten Menschen aus Nazareth der Frühsozialisten vom Träger bürgerlicher Kulturwerte des Liberalprotestantismus oder vom arischen Christus im nationalprotestantischen, völkisch-religiösen Diskurs. Es gibt eine Fülle von Jesusbildern, in denen sich die Vielfalt sozialmoralischer und religiöser Milieus spiegelt; sie zeigen, wie die Jesusgestalt jeweils »ans eigene Ich und die spezifische kollektive Identität der jeweiligen sozialmoralischen Milieus« angeglichen wird.[69] Hier wird noch einmal besonders eindrücklich, wie der oder das Fremde immer wieder durch fromme und unfromme Projektionen eingeholt und vereinnahmt wird. »Das historisch ferne und kaum erkennbare jüdische Individuum Jesus von Nazareth [wird] immer mehr zu ›unserem Herrn Jesus‹ …«, eine Art »Projektionsjesulogie«: »der deus incarnatus als Garant der kollektiven Identität eines spezifischen Milieus, einer bestimmten Gruppe.«[70] Spätere Christologien haben diesen Prozess fortgesetzt: Im Jesusbild der feministischen Theologie, der Befreiungstheologie, der schwarzen Theologie, der Schwulen-Bewegung wird Jesus jeweils zu einem Mitglied der eigenen Gruppe gemacht.

Wenn man diese Zusammenhänge durchschaut, stellt sich die Frage: An wen glauben wir? Lassen sich unsere Projektionen und die Grundlagen des Glaubens in Gestalt

---

68 Theißen 2012, 198.
69 Graf 2009, 71ff.
70 Ebd. 74.

der biblischen Zeugnisse überhaupt ausreichend unterscheiden? Oder glauben wir letztlich an das, was wir glauben wollen, weil es uns nützt, stärkt und tröstet, so wie wir es individuell und kollektiv brauchen?

In der Vergangenheit erfüllten die sog. »Hoheitstitel« Jesu die Aufgabe, seine Bedeutung zu erklären: Messias (Christus), Sohn Gottes, Sohn Davids, Herr, Herrscher, Heiland, König. Diese Titel sollten zum Ausdruck bringen, wer Jesus Christus war und ist und was er für die Menschen in einer patriarchal-ständischen Gesellschaft bedeuten konnte. Gegenwärtig verstellen die Hoheitstitel eher das Verständnis als dass sie es eröffnen, solche Aussagen sind schwer nachvollziehbar, weil sie suggerieren, es handele sich um ontologische Aussagen. Wenn sie in Liturgie und Predigt unerklärt verwendet werden (und das werden sie häufig) eröffnen sie kein neues Verstehen, sondern bestätigen nur alte diffuse und unverstandene Gefühle und Vorurteile.

Am Beispiel des oft benutzten Titels »Herr« wird das besonders deutlich: Das Wort »Herr« als Anrede stellt eine Höflichkeitsform dar, die Respekt gegenüber dem Angeredeten bekundet; darüber hinaus suggeriert das Wort, gerade vor dem Hintergrund der deutschen Geschichte, autoritäre gesellschaftliche Verhältnisse, in denen die Unterscheidung von »Herr und Knecht« selbstverständlich war und ist; und speziell im Blick auf die jüngste deutsche Vergangenheit muss man an die schlimme Arroganz der »Herrenmenschen« und der »Herrenrasse« denken. Solche Herren wollen wir in demokratischen Zeiten nicht mehr haben. Also, was meinen wir dann, wenn wir sagen »Herr Jesus« oder »Gott der Herr«? Diese Anredeformen stiftet mehr Verwirrung als Klarheit; und Frauen monieren zu Recht, dass hier eine einseitig männliche Sprachform bevorzugt und die Bedeutung des weiblichen Geschlechts vernachlässigt werde.

Um diesen Dilemmata zu entgehen, müssen wir auf Metaphern zurückgreifen, etwa so: In Jesus wird anschaulich, wer Gott ist; Jesus ist das »Gesicht Gottes«.[71] Dieser metaphorische Zugang ist sachlich angemessen – zugleich ein Verfahren, das voller kreativer Ambivalenzen steckt: Denn Metaphern sind nicht ausschöpfbar (▶ Vgl. Kap. 4.7 und 7.3), sie eröffnen immer wieder neue Perspektiven, bedürfen deswegen immer neu der Auslegung und des Gesprächs. Was assoziieren Einzelne mit »Gesicht«? Welche Gesichter fallen ihnen zuerst ein? Sind es liebevolle, traurige, ärgerliche, gelangweilte, abwesende Gesichter? Wie bringen sie solche Gesichter mit Jesus in Zusammenhang? Was geschieht dann?

Es kann reizvoll und bereichernd sein, die verschiedenen Facetten der jeweiligen Metaphern auszuloten, die darin enthaltenen Ambivalenzen genauer zu erkunden und auf diese Weise in ein lebendiges Verhältnis zu Jesus Christus in der Vieldeutigkeit des Verstehens und Glaubens zu kommen.

8.7 Der Geist weht, wo er will

Die Menschen, die beim ersten Pfingsten mit dem hl. Geist erfüllt waren, wurden von Außenstehenden für verrückt oder betrunken gehalten. (Apg 2, 12f). Offenbar

---

71 Kuitert 1993, 129.

ist es äußerst schwierig, den Geist zu identifizieren, sein Wirken nachzuweisen, denn: »Der Wind/der Geist (to pneuma) weht, wo er will; du hörst sein Sausen wohl, aber du weißt nicht, woher er kommt und wohin er fährt.« (Joh 3, 8) Wie der Wind ist der Geist ungreifbar, unbegreiflich, geheimnisvoll. Wer und was ist dieser Geist, der dann auch heilig oder göttlich genannt wird?

Der alttestamentliche Begriff ruah bezeichnet zunächst »die energiegeladene Bewegung der Luft«,[72] den Wind, »die Kraft, die Veränderungen bewirkt«,[73] ein dynamisches Geschehen in der Natur und im Menschen, das mit einem Größeren, einem Göttlichen in Verbindung gebracht werden kann, aber nicht selbstverständlich als mit Gott identisch gedacht werden muss.

Vor der Schöpfung schwebt der Geist (der Wind?) über den Wassern, heißt es in der Schöpfungsgeschichte (Gen 1,2); die große Flut wird auf Gottes Befehl durch den Wind trocken gelegt (Gen 8,1). Die Taten der Richter (Ri 3, 10 u.ö) und die Reden der Propheten (2 Sam 3,2) werden auf die Kraft des Geistes zurückgeführt.

Ruah ist dann auch der Atem, die Lebenskraft, die Gott dem Menschen einbläst und ihn damit lebendig macht (Gen 2,7). So bekommt der Mensch Anteil an der ruah Gottes, an seiner »äußerst aktivierenden Kraft«.[74] Nach Joel 3,1 soll diese göttliche Kraft »über alles Fleisch«, also auf alle Menschen »ausgegossen« werden, auf Männer und Frauen, Herren und Knechte, Alte und Junge. Der Geist überwindet die menschlich-gesellschaftlichen Unterschiede.

Bei der Taufe Jesu kommt der Geist in Gestalt einer Taube auf Jesus herab (Mk 1,10), derselbe Geist treibt Jesus in die Wüste (Mk 1, 12), nach der Auferstehung Jesu kommt er als gewaltiger Sturm und Feuerzungen auf die Jünger herab, gibt ihnen die Fähigkeit in verschiedenen Sprache zu sprechen (Apg 2). »Wo der Geist Gottes ist, da ist Freiheit«, heißt es 2 Kor 3,17.

Während in der deutschen Sprache, angestoßen durch den deutschen Idealismus, der Geist zu einem abstrakten, vor allem auf die Vernunft bezogenen Phänomen geworden ist, erscheint er ursprünglich in der hebräischen und griechischen Sprache als die dynamische Kraft, die Natur und Menschen in Bewegung versetzt. Das deutsche Adjektiv »begeistert« gibt noch am besten diese dynamische Qualität wieder: Bewegt, hingerissen, leidenschaftlich werden, das ist gemeint: Ein zunächst passives Geschehen (»ergriffen werden«), das in die Aktivität führt. Gleichzeitig ist der Geist unheimlich: Eben weil er nicht zu fassen ist, weil da eine unsichtbare Kraft am Werk ist (spukt), wird er als unheimlich erlebt, der Geist wird zum furcherregenden Gespenst. Und die Unterscheidung zwischen dem Geist Gottes und den Geistern, z. B. der Verstorbenen, verschwimmt.

Die dynamische Vorstellung vom Geist als Gottesprädikat hat in einer Zeit, in der theistische Kategorien für viele nicht mehr nachvollziehbar sind, den großen Vorzug, dass man hier nicht in personalen Kategorien denken und sprechen muss. Der Geist wird nicht mit einer Person assoziiert, sondern mit Feuer, Lebendigkeit, Dynamik,

---

72 Kamlah/Klaiber 2010, 698.
73 Wolff 1977, 58.
74 Wolff 1977, 61.

Energie und Kraft. »Der Geist ist Gottes Gegenwart im Menschen und in der Welt«, formuliert Gerd Theißen.[75] Und weiter: »Das Aufleuchten von Evidenz«[76] in alltäglichen, besonders in ethischen Zusammenhängen, ist als Wirken des Geistes zu deuten. Immer nur im Nachhinein kann man ein solches Evidenz-Erleben als Geist-Begegnung verstehen.

Die holländische Theologin Ella de Groot spricht von der Geistkraft, die als Energie oder Kraft in allem Lebendigen wirksam ist. Ich erlebe, schreibt sie, »Gott als Kraft oder als Atem in mir und zwischen mir und den Anderen, als Atem oder Kraft in der Begegnung mit Anderen oder mit der Schöpfung.«[77]

Hans Georg Pöhlmann nennt den Geist »das Spontane, Unerwartete, Unberechenbare, Ungeplante«, die »Unvoraussagbarkeit, Unkalkulierbarkeit« Gottes.[78] Diese Charakteristika werden jedoch Gott sowieso zugeschrieben (▶ s. o. 8.1–8.4), wozu braucht es dann noch den Geist als »dritte Person« der Gottheit? Ist und wirkt Gott dieses alles nicht aus sich selbst heraus?

Und weiter: Wie verhält sich der Geist Gottes zum Geist, zu den Geistern der Welt? Reflektiert das, was wir den Geist eines Menschen nennen, den Geist eines Kunstwerks, den Geist einer Tradition etwas vom Geist Gottes? Hat menschlicher Geist Anteil am göttlichen? Oder handelt es sich um ein völlig eigenständiges Phänomen? Was ist Maßstab dafür, dass es sich um Gottes Geist und nicht den des Teufels handelt? Die Bibel fordert zur Prüfung und Unterscheidung der Geister auf (1 Joh 4,1 u.ö.); Gottes Geist wird als »Geist der Wahrheit« (Joh 15, 26) bezeichnet, der »in alle Wahrheit« leiten wird (Joh 16,13). Aber wie soll das möglich sein? »Nur durch Geist ist Erkenntnis möglich«, sagt Wilfried Härle[79] und schafft damit einen Zirkelschluss: Wir sollen die Geister unterscheiden, können das aber nur durch den Geist. Und was ist die Wahrheit, in die der Geist führen soll?

Die Ambiguitäten und Ambivalenzen scheinen bei dem Lehrstück der Pneumatologie ausgeprägt. Über die Einsicht, »der Geist weht, wo er will«, kommt man offenbar nicht wirklich hinaus: Der Geist streicht gewissermaßen alles wieder durch, was Bekenntnis, Dogmatik und Ethik an vermeintlichen Eindeutigkeiten und Gewissheiten formulieren. Der Bezug auf den Geist bedeutet: Es könnte alles auch ganz anders sein, nicht nur die Lebensverhältnisse unserer Welt, sondern eben auch die Glaubensverhältnisse in den Kirchen und Religionen und bei Einzelnen: Meint nicht, so könnte man es ausdrücken, dass ihr die Wahrheit »habt«; nehmt nicht für euch in Anspruch, dass ihr die richtige Erkenntnis besitzt, denkt nicht, dass ihr die einzig angemessene Form von Spiritualität lebt – der Geist verdeutlich euch: Es könnte alles ganz anders sein! Bleibt offen für diesen – geistlichen – Vorbehalt.

Eine Konsequenz der Pneumatologie könnte sein, sich wesentlich stärker der Vorläufigkeit und Begrenztheit allen kirchlichen und religiösen Redens und Handelns

---

75 Theißen [2]2012, 255ff.
76 Ebd. 269ff.
77 de Groot 2015, 14.
78 Pöhlmann 2002, 298 (im Anschluss an M. Welker).
79 Härle 2007, 367.

bewusst zu sein. Der Vorbehalt des Geistes – sub conditione spiritu sancti – würde, wenn er denn ernst genommen würde, alles theologische und kirchliche Reden und Planen tiefgreifend verändern, zu deutlich mehr Zurückhaltung und Bescheidenheit anleiten.

8.8   Sichtbare und unsichtbare Kirche

Was ist die Kirche? Was zeichnet sie aus und identifiziert sie? »Ist sie Papstkirche oder Bischofskirche, Pastorenkirche oder Gemeindekirche, Versorgungskirche oder Beteiligungskirche, Rechtskirche oder Liebeskirche, Leib Christi oder Reich der Seelen? Ist sie … Schulsaal, Sprechsaal, oder Kultstätte, Vereinigung von religiös Gleichgesinnten oder Geheimbund der Prädestinierten, Gemeinschaft schöner Seelen oder Gemeinschaft der gerechtfertigten Sünder, Heilsanstalt oder sozialrevolutionäre Basisgruppe, Wellness-Center oder Tankstelle für Lebenssinn, Beerdigungsverein oder ›Volk Gottes‹ und ›das im Mysterium schon gegenwärtige Reich Christi‹?«[80]

Im Apostolikum klingt es einfach: »Ich glaube eine heilige, allgemeine, christliche Kirche«. Dagegen setzt der holländische Theologe Harry M. Kuitert die provokative Formulierung: »Die Kirche ist ein großer Reinfall«. Er meint damit, dass die empirische Kirche selten so etwas wie gelingende Gemeinschaft ermögliche, selten vorbildhaft in sozialer und moralischer Hinsicht gewesen sei und noch sei.[81]

Offenbar sind all diese z. T. extrem gegensätzlichen Auffassungen von Kirche im Lauf der Christentumsgeschichte schon einmal gedacht und gelebt worden, so dass man kaum umhin kann, diesen wichtigen Glaubensgegenstand als einen hoch ambiguitären und Ambivalenz auslösenden zu bezeichnen.

Die Kirche, auch die katholische, war im Lauf ihrer Geschichte »nie ein monolithischer Block …. Vielmehr haben immer wieder unterschiedliche Katholizismen miteinander um die Verwirklichung des Katholischen gerungen.«[82]

Um die Kirche als Glaubensgegenstand trotzdem »retten« zu können, hat man sich in der dogmatischen Tradition damit beholfen, eine sichtbare von der unsichtbaren Kirche zu unterscheiden, die Kirche als menschliche Institution mit Lehren, Normen, Regeln und Rollen von der Kirche als einer geglaubten Gemeinschaft. Kirche als Glaubensgegenstand bedeutet, dass sie durch Gott konstituiert ist; »sie versammelt sich nicht selbst, sie wird von Gott versammelt.«[83] Aber was heißt das? Wie soll man sich das vorstellen? Menschen kommen zusammen, singen, beten, hören auf die Verkündigung, feiern das Abendmahl miteinander, halten mehr oder weniger intensive Gemeinschaft miteinander: Man könnte sagen, sie tun dies getrieben vom Geist Gottes. Sie sind getrieben von einer Sehnsucht, einer Hoffnung, einem Ideal, das mehr und größer ist als ihre reale, von außen beobachtbare Gemeinschaft. Die reale

---

80 So Pöhlmann [6]2002, 328.
81 Kuitert 1993, 196.
82 Wolf 2015, 22.
83 So Pöhlmann 2002, 322.

Gemeinschaft der Glaubenden, also die sichtbare Kirche, repräsentiert keinesfalls Einheit, Heiligkeit, Universalität und Apostolizität: Diese klassischen Merkmale von Kirche überfordern die real existierenden Kirchen und ihre Mitglieder bei Weitem.[84]Die notae ecclesiae sind dem Glauben vorbehalten. Aber eine säuberliche Unterscheidung der sichtbaren von der unsichtbaren Kirche ist niemals möglich; Luther hat die Kirche eine »corpus permixtum« genannt, eine gemischte Angelegenheit, die gerade wegen dieser Mischung immer wieder Anlass zu Enttäuschung, aber auch zu neuen Impulsen gibt.

Das kirchliche Mantra angesichts der krisenhaften Symptome der Volkskirche in Deutschland, Gott oder Christus seien die Herren der Kirche, deswegen müssten wir uns um die Lage der Kirchen letztlich keine Sorge machen, verharmlost die notwendige und produktive Beunruhigung. Regionale Kirchen können sehr wohl untergehen, das zeigt die Kirchengeschichte,[85] und Kirchenleitungen sind dafür mitverantwortlich.

Zwei Denkmodelle erscheinen mir angesichts dieser Spannung weiterzuführen:

- Ina Praetorius nennt die Kirche einen »unermeßlichen Auslegungsraum«,[86] in dem die Vielfalt der Auslegungsmöglichkeiten und Deutungen biblischer und anderer Texte gesichtet und miteinander ins Gespräch gebracht werden kann. Ziel ist es, den Menschen mit Hilfe dieser Texte Lebensdeutungen anzubieten, an denen sie sich im Alltag orientieren können. Die Vielfalt der hl. Texte und ihre unbegrenzten Auslegungsmöglichkeiten werden dabei als Stärken wahrgenommen. Das Ende der Eindeutigkeit im Glauben ist eine große Chance für alle Beteiligten, die Vielfalt der Glaubensvollzüge und der Glaubensinhalte auf ihre offenen Möglichkeiten hin auszuleuchten. Das Ende der Eindeutigkeit ist dann gerade kein Verlust, sondern eine Einladung zum produktiven Gespräch. Die Vielfalt der glaubensbezogenen Lebensdeutungen korrespondiert der Vielfalt der Lebensverhältnisse und Lebensstile.
- Der Soziologe Armin Nassehi nennt die Kirche eine notwendige Einrichtung zur Organisation des Unorganisierbaren. Glaube in seinen verschiedenen Schattierungen (▸ Kap. 7) stellt sich ungeplant und unplanbar ein – er braucht jedoch Rahmenbedingungen, die sein Entstehen begünstigen und stabilisieren. Es muss geregelte Gelegenheiten geben, bei denen Menschen die Inhalte der christlichen Religion zur Kenntnis nehmen und mit anderen zusammen diskutieren und zelebrieren können. In diesem Sinn ist Kirche als sichtbare und als unsichtbare *eine* Bedingung der Möglichkeit des Glaubens.

Ein weiterer Ambivalenzaspekt liegt in der Spannung von Kirche als Institution und als Gemeinschaft (communio sanctorum). Die Institution, die sich zur Organisation von Landeskirchen und Bistümern verdichtet hat, suggeriert Stabilität, Sicherheit und

---

84 Im Anschluss an Theißen [2]2012, 280.
85 Man denke an die einst zahlreichen christlichen Gemeinden in Nordafrika, die heute zu einer winzigen Minderheit abgesunken sind und deren Fortbestand durchaus fraglich ist.
86 Praetorius 2011, 151.

Eindeutigkeit, die in der Kirche als Gemeinschaft und Beziehungsnetzwerk nie und nimmer gegeben ist: »Gemeinschaft steht auf dem schwankenden und ungewissen Fundament des wechselseitigen In-Beziehung-Tretens«.[87] In Beziehungen schwingt immer die Angst vor der Möglichkeit mit, missverstanden, enttäuscht, verletzt, verlassen zu werden; um diese Angst zu kompensieren, werden dann Gegenmaßnahmen wie besondere Freundlichkeit, Entgegenkommen, Konfliktvermeidung ergriffen, die langfristig die Beziehung nur noch mehr destabilisieren. Und auch der Versuch, die Gemeinschaft durch Institutions- und Organisationswerdung auf feste Fundamente zu stellen, scheitert immer wieder, wenn die Diskrepanz zwischen den idealen Zielen und der realen institutionellen Dynamik offenkundig wird. D. h. auch die Mitglieder der Kirche als Gemeinschaft und als »Vorspiel des Reiches Gottes« (Ernst Lange) müssen lernen, mit dieser Ambivalenz der Beziehungen zu leben und eine »Angstfähigkeit im Glauben« (▶ Kap. 7.9) zu entwickeln. Da haben Angst und Vertrauen gleichzeitig Raum und ringen miteinander. Wenn dieser Beziehungsaspekt metakommunikativ thematisiert werden kann, bereichert er das Gemeinschaftsleben. Ängste und Unsicherheiten können angesprochen und auf diese Weise eingefahrene Beziehungen im Raum der Kirche wieder verlebendigt werden.

8.9 Eschatologie: Hoffnung auf Erlösung von allen Ambivalenzen?

Angst vor dem Tod und die Hoffnung auf seine Überwindung in einer wie auch immer vorgestellten Zukunft gehören zu den intensivsten Ambivalenzen, die Menschen zu allen Zeiten erlebt haben und erleben. Es sind Ambivalenzen, die man nicht aus der Distanz empfinden und kühl bedenken kann, die vielmehr große existentielle Dringlichkeit annehmen, weil jeder Mensch durch das irgendwann bevorstehende Sterben davon betroffen ist und selber in der Spannung von Angst und Hoffnung, mal mehr, mal weniger, lebt.

Die Angst vor dem Tod an sich hat einen hoch ambivalenten Charakter: Der amerikanische Psychotherapeut Irvin Yalom, vom Heideggerschen Existentialismus geprägt, hat es auf die paradoxe Formulierung gebracht: »Obwohl die Physikalität des Todes den Menschen zerstört, rettet ihn die Idee des Todes.«[88] Da ist einerseits die blanke Angst vor der Auslöschung der eigenen Existenz, sowie die Angst vor einem schmerzhaften Sterben, Ängste, die alle möglichen Abwehrmechanismen, wie Verleugnung und Rationalisierung in Gang setzen, um sich nicht mit diesem Schrecklichen konfrontieren zu müssen. Andererseits ist der Tod »die Bedingung, die es für uns möglich macht, das Leben auf authentische Weise zu leben.«[89] Sensibilität und Aufmerksamkeit für das Leben würden abstumpfen, wenn der Tod nicht wäre. In

---

87 Miggelbrink 2016, 121.
88 Yalom 2010, 46.
89 Yalom 2010, 47.

diesem Sinn spricht die existentielle psychosomatische Medizin von Krankheit und Sterben als Ruf zur Individuation.[90]

> Simone de Beauvoir hat in ihrem Roman »Alle Menschen sind sterblich« die Phantasie der Unsterblichkeit durchgespielt.[91] Fosca, ein italienischer Fürst aus dem 13. Jahrhundert, gewinnt durch einen Zaubertrank Unsterblichkeit; je länger nun sein Leben dauert (vom 13. bis zum 20. Jahrhundert!), desto langweiliger und belangloser wird es für ihn selbst. Während um ihn herum immer wieder vertraute und geliebte Menschen sterben, Liebe und Hass, Krieg und Frieden sich abwechseln, bleibt für ihn letztlich alles gleich, nichts macht einen wirklichen Unterschied, ein entsetzlicher Lebensüberdruss angesichts der endlosen Wiederholung des immer Gleichen macht sich in ihm breit. So wird der »Sinn« des Todes in diesem Roman anschaulich.

Die Angst vor dem individuellen Ende des Lebens ist verwoben mit einer Angst vor dem Ende der Welt und der Geschichte. Das individuelle Ende ereignet sich ja vielleicht in einem dramatischen Finale des ganzen Kosmos, wie es die apokalyptischen Entwürfe in den Religionen schildern. Ist dann buchstäblich *alles* aus? Da mischen sich mit der Angst besondere Ambivalenzen: Schwer erträglich ist die Vorstellung, dass mit dem Tod wirklich alles aus sein sollte, dass die Leiden und Enttäuschungen dieser Welt keine bessere Fortsetzung haben und das Böse ungesühnt, die Bösen ungestraft bleiben sollten. Angst und Rachegelüste durchmischen sich mit Sehnsucht und Hoffnung.

Als Antwort auf diese Ängste gibt es in allen Religionen Bilder von einem individuellen und kollektiven Leben nach dem Tod, von einer ausgleichenden Gerechtigkeit (letztes Gericht), und was die Menschen jetzt schon dafür tun können, um ihr zukünftiges Schicksal möglichst angenehm zu gestalten (gute Werke).[92] Im Spätmittelalter haben sich die Bilder verselbstständigt und sind objektiviert worden; die Dringlichkeit des Themas hat die Spekulation außerordentlich beflügelt und höchst differenzierte Vorstellungen von Himmel und Hölle, den verschiedenen Stadien des Fegefeuers, von Partikulargericht und Endgericht etc. hervorgebracht; in Kunst und Literatur jener Zeit kann man das eindrücklich besichtigen.[93] Die Bilder schüren die Ängste vor dem Tod, und haben zugleich etwas Beruhigendes, weil man nun glaubt zu wissen, dass und wie es weiter geht und man diese Zukunft, wenigstens begrenzt, beeinflussen kann.

In der Gegenwart sind Theologie und Kirche wesentlich zurückhaltender geworden mit dem Thema »von den letzten Dingen« und dem »Reich, das nicht von dieser Welt ist« (Joh 18, 36). Die Hoffnungsbilder verblassen und verlieren ihre Kraft, weil sie nicht mehr in einen geschlossenen religiösen Kosmos eingebettet sind.

In einer Umfrage der katholischen Hochschule Freiburg unter Menschen des Bundeslandes Hessen zu Fragen nach einem Leben nach dem Tod aus dem Jahr 2012 heißt es: »Gerade noch mehrheitsfähig ist ... die vage (und platonisierende) Vorstel-

---

90 Vgl. Büntig 1990.
91 Beauvoir 1990.
92 Vgl. dazu z. B. von Brück 2012.
93 Vgl. den umfangreichen Ausstellungskatalog: Himmel, Hölle, Fegefeuer. Jezler 1994. Vgl. auch die knappe Übersicht bei Pöhlmann 2002, 348ff.

lung, dass es nach dem Tod irgendwie weitergeht, indem die »Seelen« der Toten (55 Prozent) in einer himmlischen Sphäre (58 Prozent) weiterleben ... Je unspezifischer die Formulierungen sind und je weniger sie das diesseitige Leben zu irritieren vermögen, desto zustimmungsfähiger scheinen sie zu sein. Und umgekehrt: Je spezifischer, für das diesseitige Leben konsequenzenreicher, aber auch – selbst unter Theologen – umstrittener die eschatologischen Formulierungen sind, desto weniger werden sie akzeptiert, ja stoßen mehrheitlich auf Ablehnung.«[94]

> In dem Film »Ü 100«[95] werden acht über einhundert Jahre alte Menschen interviewt. Ein Mann erzählt mit etwas krächzender Stimme, dass der »Herr Pfarrer« neulich bei ihm gewesen sei und mehrfach gesagt habe »Wir sind alle in Gottes Hand«. Der Mann fügt dann mit leichtem Lächeln hinzu: »Mehr weiß der hohe Herr auch nicht.«

Die Bemerkung des alten Mannes klingt ein wenig maliziös und zugleich bedauernd: Wie schön wäre es doch, wenn wir Genaueres wüssten, dann könnten wir leichter und getrösteter dem eigenen Sterben entgegensehen. Aber noch ist kein Mensch je aus dem Tod zurückgekommen, alle Bilder von einem Leben nach dem Tod sind Annäherungen, Ausdruck einer tiefen Sehnsucht und einer ebenso tiefen Angst. Auch die in diesem Zusammenhang oft diskutierten Nah-Tod-Erfahrungen stellen nur Annäherungen dar; es sind keine Einblicke in ein wie auch immer geartetes Jenseits.

Das Versprechen auf ein Ende aller Ambivalenzen, wie man es aus der Apokalypse des Johannes entnehmen könnte (»und Gott wird abwischen alle Tränen ... und der Tod wird nicht mehr sein, noch Leid, noch Geschrei, noch Schmerz ...«Apk 21,4), geht im gegenwärtigen Leben nicht in Erfüllung; im Gegenteil: die theologischen Unterscheidungen von Zeit und Ewigkeit, von Glauben und Schauen, von »schon und noch nicht«, sind hoch abstrakt und unanschaulich. So bleibt Verlegenheit und ausgeprägte Ambivalenz gegenüber dem Thema »von den letzten Dingen«: Hoffnung und Angst, Sehnsucht und Resignation zugleich. Aber gerade diese Mischung setzt produktive Konsequenzen frei, wenn sie Gegenstand eines offenen Diskurses sein darf. Angst kann eingegrenzt werden, wenn sie ausgesprochen und angeschaut werden kann, nicht wenn sie unterdrückt werden muss. Die Hoffnung auf eine Überwindung der Ambivalenz ist nicht hilfreich.

8.10 Der Mensch als Sünder und Gerechtfertigter zugleich

Der Mensch als Geschöpf Gottes ist ein Geheimnis und fällt, wie Gott selbst, unter das Bilderverbot des hebräischen Testaments (Ex 20, 4). Auch der Mensch soll vor Funktionalisierung und Objektivierung geschützt werden, soll in seiner unverlierba-

---

94 Katholische Hochschule Freiburg, Was glauben die Hessen? – hessenschau.de (Abruf 3.9.2017)
95 Dokumentarfilm von Dagmar Wagner.

ren Würde respektiert und geachtet werden. Jede einseitige und exklusive Festlegung auf eine einzige Eigenschaft verletzt diese Würde, dieses Geheimnis des Menschen. Die reformatorische Bestimmung des Menschen als »simul justus et peccator« kann man verstehen als paradoxen Versuch, an diesem Geheimnis des Menschen festzuhalten: Er ist immer Beides, jede Festlegung auf nur eine Seite ist unzulässig: Wer ihn allein von seinem Sündersein im Sinn von Gen 8, 21 (»das Dichten und Trachten des Menschen ist böse von Jugend auf«) her sieht, verfehlt die göttliche Wertschätzung, die dem Menschen unabhängig von seinem konkreten Verhalten zukommt; wer in schwärmerischer Weise die Gerechtsprechung durch Gott als schon erreicht meint reklamieren zu können, übergeht das Sündersein. So bleibt der Mensch laut dieser paulinisch-lutherischen Bestimmung, in einer eigentümlichen, produktiv-ambivalenten Schwebe.

Noch einen weiteren, quasi empirisch wahrnehmbaren Aspekt kann man geltend machen: Die Spannung von Sünde und Rechtfertigung ist als theologische Deutung der verbreiteten Erfahrung zu verstehen, dass menschliches Leben trotz guten Willens und hoher Anstrengungen häufig misslingt, durch Misstrauen, Lieblosigkeit und Hoffnungslosigkeit[96] scheitert, durch die Begrenzung unserer Fähigkeiten, durch Unglücke, Krankheit und Tod immer fragmentarisch bleibt einerseits – und dem beglückenden Erlebnis andererseits, dass trotzdem und manchmal fast zeitgleich Glück, Erfüllung, Vertrauen, Liebe, Hoffnung, Freiheit, Leben immer wieder, wenigstens kurzfristig und bruchstückhaft und geschenkhaft möglich sind.

Wir sind, wie es Matthias Kroeger übersetzt, »in der Regel doppeldeutige Gestalten und im Extremfall geradezu – unter je verschiedenen Blickwinkeln – ›zwei ganze Personen‹ in einer …«[97] Eine grundlegende Widersprüchlichkeit des Lebens ist damit benannt, eine Doppelbödigkeit und Doppelgesichtigkeit, eine Gleichzeitigkeit von Gutem und Bösem im Menschen bzw. in seinen Interaktionen. »Unsere Welt ist von einer wunderbaren Schönheit und beglückendem – menschlichen wie künstlerischen – Reichtum, und zugleich – wie durch einen hauchdünnen Schleier davon getrennt – voller Gemeinheit, Unrecht und Brutalität an Mensch und Tier … – beiden Erfahrungen gilt es die Treue zu halten.«[98] Nur wer Beides im Blick hat, wird realistisch über den Menschen denken und bewahrt vor naiv-harmlosen Optimismen wie vor zynisch-destruktiven Abwertungen. Die Tragik dieser Doppelgesichtigkeit hat Paulus im Römerbrief unübertroffen knapp auf den Punkt gebracht: »Denn das Gute, das ich will, das tue ich nicht, sondern das Böse, das ich nicht will, das tue ich« (Rm 7,19). C.G. Jung hat versucht, diese Spannung mit dem Begriff des Schattens einzufangen. Der Schatten bezeichnet nach Jung bewusste und unbewusste Seiten an uns, die den Werten der Gemeinschaft und den Idealen des eigenen Ich nicht entsprechen, die wir deswegen gerne verdrängen oder auf andere projizieren: Gier, Neid, Geiz, Aggression, Kleinlichkeit, Rachegelüste etc. Des Schattens gewahr zu werden, bedeutet zunächst eine Kränkung des Selbstwertgefühls, eine Enttäuschung des eige-

---

96 So die Umschreibung des Begriffs der Sünde durch Sigrid Brandt 1997.
97 Kroeger ²2004, 235.
98 Kroeger ebd. 237.

nen Narzissmus; langfristig kann jedoch gerade diese Enttäuschung auch Befreiung und Entlastung beinhalten, weil man lernt, sich selbst realistischer zu sehen und sich von lebensfremden Idealen zu trennen.

Aus theologischer Sicht kommen wir aus dieser Spannung nicht selbst, nicht mit eigener Anstrengung heraus, sondern nur durch die Gerechtsprechung »von außen«, von »extra nos«. Der Glaube benennt Gott als Quelle dieser Gerechtsprechung, aus entwicklungspsychologischer Sicht könnte man eine Analogie anführen: Menschen gewinnen ihre Identität, finden zu sich selbst immer nur in wertschätzenden und liebevollen Beziehungen zu und mit anderen. Wir sind grundlegend angewiesen auf andere (▶ vgl. Kap. 4.4) und müssen doch unser Leben selbst und aktiv gestalten.

Der damit angezeigte Konflikt wird im Verlauf der Kirchengeschichte immer wieder reinszeniert: Paulus sieht den Menschen ganz und gar als Sünder, der nur durch die unverdiente Gabe der Rechtfertigung Gottes daraus befreit werden kann, während bereits Jakobus anders akzentuiert und den notwendigen Zusammenhang von Glauben und Werken betont (Jak 2,14ff.). Augustinus verurteilt die Pelagianer wegen ihrer Behauptung, der Mensch habe eine angeborene Fähigkeit, Gutes zu tun; Luther wirft der katholischen Kirche Werkgerechtigkeit vor – bis in die Gegenwart gibt es immer wieder Konflikte, ob der Mensch in der Lage ist, aus sich heraus ein religiöses Bedürfnis und eine Hinwendung zum Göttlichen zu vollziehen oder ob er komplett der Gabe von außen bedarf.

Die Ambivalenz, die durch diese Polarität frei gesetzt wird, kann ausgesprochen produktiv sein, weil sie eine grundlegende Selbsterfahrung anregt: Sich daraufhin zu prüfen, was im Rahmen der eigenen Möglichkeiten, der eigenen Leistungsfähigkeit liegt und wann und wo wir Menschen auf Hilfe, Unterstützung, Wertschätzung und Anerkennung von außen angewiesen sind. Es bedarf eines vertrauensvollen, von der Gefahr der Beschämung weitgehend geschützten Raumes, um der eigenen Fragmenthaftigkeit und grundlegenden Bedürftigkeit ansichtig zu werden. Die narzisstische Kränkung, in unserer Leistungsgesellschaft Begrenzung und Hilfsbedürftigkeit wahrzunehmen und anzuerkennen, ist zunächst tiefgehend. Gleichzeitig kann gerade in dieser Einsicht eine hilfreiche Selbsterkenntnis liegen, die wiederum offen ist für eine religiöse Deutung, für die Ahnung von einem »woher« meiner schlechthinnigen Abhängigkeit (Schleiermacher). Die Ambivalenz an diesem zentralen Topos christlichen Glaubens zuzulassen und in ihren unterschiedlichen Schattierungen genauer auszuloten, kann ausgesprochen bereichernd für das Verständnis der Widersprüche des Lebens und damit für das eigene glaubende Selbstverständnis werden.

8.11   Fazit: Die Notwendigkeit offener, ambiguitärer Konstrukte von Gott und vom Menschen

In Analogie zum Konzept des offenen Kunstwerks, wie es der Literurwissenschaftler Umberto Eco entwickelt hat (▶ Kap. 1.1.3), könnte man im Bereich der Religionen, speziell der christlichen Tradition, von der hilfreichen Notwendigkeit offener Konstrukte im Blick auf Gott, Jesus Christus, hl. Geist, Kirche und Mensch sprechen:

Alles, was wir über diese Themen sagen können, sind unsere vorläufigen und begrenzten Konstrukte, menschliche Versuche, sich dem Unsagbaren, dem Geheimnisvollen metaphorisch zu nähern. Diese Feststellung impliziert, dass die Konstrukte höchst vielfältig ausfallen, zeit-, milieu- und kulturabhängig sowie persönlichkeitsspezifisch sind, und dass nicht ein einziges Konzept Verbindlichkeit für alle Menschen oder einen größeren Kreis beanspruchen kann und darf. In ihrer Vielfältigkeit sind die Vorstellungen notwendig ambiguitär und lösen entsprechende Ambivalenzen aus. Aber gerade so »könnte es die einzige Möglichkeit sein, das Bilderverbot zu *beachten*, viele Bilder von Gott zuzulassen und keinem zu gestatten als *das* [sc. einzige, M.K.]. Gottesbild Anspruch auf Richtigkeit zu erheben.«[99]

> Am Beispiel von Hosea 11,9 (»Ich will nicht tun nach meinem grimmigen Zorn …«) zeigt Jürgen Ebach, wie menschlich, wie zerrissen hier Gott dargestellt wird: »Gott kann sich wandeln, selbst um den Preis, inkonsequent, unzuverlässig zu erscheinen.«[100]

Warum reden wir dann in den Kirchen nicht deutlicher metaphorisch von Gott und geben den damit verbundenen Ambivalenzen Raum? Gott ist *wie* ein Vater, und zugleich auch *wie* ein Richter, *wie* ein Adler (ein Raubvogel!) und *wie* eine Henne, *wie* ein Licht und *wie* eine feste Burg – *und all das zugleich und auch wieder nicht!* Warum gerät der metaphorische und notwendig widersprüchliche Charakter solcher Gottesaussagen so leicht in Vergessenheit? Warum reden wir im Bereich der Kirche (in Gebeten, in Predigten, in Gemeindebriefen etc.) von Gott in objektiv klingenden Feststellungen, in anscheinenden Faktenaussagen statt in spielerisch-offenen und paradoxen Umschreibungen des Unsagbaren? Wie kommt es, dass Schleiermachers Ansatz, wonach wir nur Aussagen über das »fromme Selbstbewusstsein« machen können und wie sich das darin vorhandene »Gefühl der schlechthinnigen Abhängigkeit« als Gottesbewusstsein deuten lässt,[101] immer wieder durch objektivierende dogmatische Aussagen überlagert werden? Theologische Feststellungen (»Gott ist…, Gott will …, Gott tut …. etc.) werden für viele zu »Verschlussformeln«,[102] die keine (religiösen) Erfahrungen mehr aufschließen oder anstoßen, sondern nur noch Unverständnis, Befremden und Langeweile provozieren. Bonhoeffers Satz »Einen Gott, den es gibt, gibt es nicht« kennen wahrscheinlich alle Theologen,[103] aber ihr theologisches und gottesdienstliches Sprechen bildet diese Einsicht in vielen Fällen nicht ab.

Die christliche Dogmatik ist an diesem Sachverhalt nicht unschuldig: Dogmatik ist von dem Bestreben geleitet, verallgemeinerungsfähige, vernünftige und verantwortbare Aussagen über Gott zu machen, Aussagen, die für alle Christen mehr oder weniger zutreffend sein sollen, weil sie aus der Bibel und den reformatorischen Be-

---

99 Ebach 2002, 143.
100 Ebd. 140.
101 Vgl. Schleiermacher 1960. Vgl. § 4.4, 28f.: »Wenn aber schlechthinnige Abhängigkeit und Beziehung mit Gott in unserem Satze gleichgestellt werden: so ist dies so zu verstehen, dass eben das in diesem Selbstbewusstsein mitgesetzte *Woher* unseres empfänglichen und selbsttätigen Daseins durch den Ausdruck Gott bezeichnet werden soll …«
102 So Kroeger ²2005, 75ff.
103 Zitiert bei Kroeger a. a. O. 77.

kenntnissen abgeleitet sind. Auf diese Weise entstehen Feststellungen, die wie Fakten-aussagen klingen, etwa im Dogmatik-Lehrbuch von Rochus Leonhardt von 2009, wenn es als Überschrift eines Abschnitts heißt: »Gottes Offenbarung als Ausgangs-punkt seiner Wesensbestimmung.«[104] Oder: »Schöpfung als freie Tat des dreieinen Gottes.«[105]

Über solchen objektivierenden Aussagen geht die »Mehrstimmigkeit des göttlichen Wortes,[106]« seine Vielfalt, Widersprüchlichkeit und Symbolhaftigkeit, und damit auch seine Lebendigkeit verloren.

Johann Baptist Metz hat von der gefährlichen Erinnerung gesprochen, die »den Bann des herrschenden Bewusstseins« durchstößt und »unausgetragene, verdrängte Konflikte und unabgegoltene Hoffnungen« reklamiert und die Selbstverständlichkei-ten der Gegenwart »entsichert«.[107] Davon sind wir im vorherrschenden kirchlichen Bewusstsein und ihren Diskursen mit ihrer objektivierenden Gottesrede weit entfernt. Wir brauchen demgegenüber mehr Mut, in offenen, vieldeutigen und widersprüchli-chen Bildern von Gott und dem Menschen zu reden. Wir dürften Ambivalenzen nicht scheuen, sondern müssten sie geradezu nutzen, um den kreativen Reichtum des Glaubens und seiner Inhalte immer wieder neu zu entdecken und zu erkunden.

Was für Gottesbilder gilt, trifft natürlich für Christus-, Kirchen- und Menschenbil-der in analoger Weise zu. Mehr Offenheit, mehr Widersprüchlichkeit, mehr Nicht-Wissen, mehr Explorieren der Ambivalenzen und ihrer verschiedenen Seiten würde den Dialog unter Christen bereichern und den Glauben lebendiger werden lassen.

---

104 Leonhardt ⁴2009, 217.
105 Leonhardt ebd. 240.
106 Klapheck 2012, 189.
107 Metz ⁴1984, 176f.

Teil III: Ambivalenz im Glaubensleben

9. Ein Lob der Ambivalenz: für einen lebendigen, widersprüchlichen und konfliktfreudigen Glauben in Theologie und Kirche.
Oder: Vom »entweder – oder« zum »sowohl – als auch«

»Gewissheiten sind nicht mehr als Hypothesen, Geschichten nicht mehr als Konstruktionen, Wahrheiten nicht mehr als zeitweilige Stationen auf einem Weg, der immer nach vorne drängt, aber niemals endet.«
(Zygmunt Bauman)[1]

»Das Lob des ›und‹
›und‹ schützt uns vor dem entweder – oder
›und‹ erlaubt uns, sowohl als auch zu sein …
›und‹ erlaubt uns, immer beide Seiten zu kritisieren
›und‹ erlaubt uns, immer beide Seiten zu würdigen …
›und‹ ist das geheime Paradoxon in allen Dingen«
(Richard Rohr)

9.1 Produktive Glaubens-Ambivalenz

Das »Ende der Eindeutigkeit« (▶ s. o. Kap. 1) in allen Lebensbereichen verlangt eine veränderte Einstellung auch gegenüber den religiösen Orientierungen der Menschen in der postmodernen Gesellschaft. Kirche und Theologie müssen sich verabschieden von Gewissheits- und Eindeutigkeitspostulaten, und statt dessen anerkennen, dass der Mensch grundsätzlich »simul credens et dubitans« (glaubend und zweifelnd zugleich) ist. So wie postmoderne Identität zu einem Projekt geworden ist, in dessen Rahmen die Akteure die verschiedenen Identitätsanteile immer neu in eine stimmige und flexible Balance bringen müssen (patchwork-Identität), so lebt auch Glaube in der »Gewissheit der Ungewissheit« und muss lernen, damit angemessen umzugehen. Die »Modernisierung der Seele«, wie sie der Psychoanalytiker Martin Dornes exemplarisch beschrieben hat (ausführlicher ▶ s. o. Kap. 5.1), betrifft auch den Glauben, die Art und Weise, welche Inhalte er auf welche Weise aufnimmt, und die Formen, in denen er sich Ausdruck sucht. Wie postmoderne Subjektivität überhaupt muss auch der dazugehörige Glaube mit Heterogenität und innerer Pluralisierung leben und sie zu schätzen lernen; er wird damit flexibler und lebendiger, zugleich aber auch labiler und verletzlicher. Traditionelle, eingespielte Selbstverständlichkeiten und Routinen des Glaubens werden in Frage gestellt, Brüche, Risse, Uneindeutigkeiten in Bezug

---

1 Bauman 2005, 284.

auf die Glaubensinhalte und -ausdrucksformen erscheinen zunehmend normal und alltäglich.

Entscheidende Voraussetzung dieser Transformation ist, Glaubens-Ambivalenz nicht länger als zu überwindendes Defizit in der religiösen Wirklichkeitswahrnehmung zu begreifen, sondern sie als produktive, kreative und bereichernde Einstellung wertzuschätzen, zu pflegen und zu fördern. Zunächst ist von den Kirchen und ihren Repräsentanten eine quasi institutionelle Ambivalenzsensibilität und -offenheit gefordert; sie legt den Grund dafür, dass sich auch Einzelne zunehmend den Ambivalenzen ihres Lebens und Glaubens öffnen und diesen Prozess als Bereicherung an Kreativität und Flexibilität erleben; bewusste und unbewusste Abwehr von Ambivalenz dagegen zieht Wahrnehmungseinschränkungen, potentielle Rigidität und autoritäre Tendenzen auch im religiös-spirituellen Bereich nach sich.

In diesem letzten Kapitel soll das Ambivalenzkonzept als »sensibilisierendes Konzept«[2] für die verschiedenen Arbeitsfelder der Kirche bzw. der Praktischen Theologie noch einmal zusammenfassend, Manches wiederholend und mit Blick auf mögliche konkrete Auswirkungen vorgestellt werden. Das Ambivalenzkonzept fungiert wie ein Prisma, das viele theologische Inhalte und die Ausdrucksformen des Glaubens in einem neuen, anders gebrochenen Licht sehen lässt.

Mit Hilfe eines Ausschnitts aus einer Supervision soll zunächst gezeigt werden, wie produktiv der Umgang mit Ambivalenzen gestaltet werden kann, wie man Zwiespältigkeiten nutzen kann, um aus der Falle des unzulässig vereinfachenden »falsch – richtig«, »angemessen – unangemessen« herauszufinden und weiterführende, multiple Optionen zu öffnen:

Pfarrer D., Mitte 40, seit knapp 10 Jahren in einem ländlichen Gemeindepfarramt tätig, sagt in einem Supervisionsgespräch: »Ich merke, wie ich in der im Lauf der Jahre erworbenen Routine meines Pfarramtes zunehmend unsicher werde, irgendwie scheint es mir, als ob mir langsam aber sicher die Basis meines Glaubens abhanden kommt. Vor allem wenn ich Gottesdienst vorbereite und halte, fühle ich mich manchmal wie ein Hochstapler, der etwas verkündigt, was ich, wenn ich ehrlich bin, nicht mehr so richtig vertreten kann, nicht mehr wirklich glaube. Da ist eine Stimme in mir, die sagt: »Du kannst nicht mehr so weiter machen, das ist unehrlich, du musst aus diesem Beruf aussteigen.«

Supervisor: »Das klingt nach einem schweren Konflikt, der Sie belastet, das glaube ich gerne. Ich schlage Ihnen eine neue Sichtweise vor, diese Schwierigkeit jetzt einmal nicht als Defizit, das nicht sein sollte und das Sie überwinden müssten, zu verstehen, sondern als Chance, genauer herauszufinden, was die vielfältigen Motive, die vielgestaltige Basis Ihres Pfarramtes, Ihres Glaubens sind.«

Pfarrer D. schaut etwas überrascht.

Supervisor: »Ich vermute, dass es verschiedene Stimmen in Ihnen gibt, die in dieser Frage miteinander im Gespräch sind oder miteinander im Streit liegen. Die könnten Sie mal einzeln benennen – wir markieren sie hier auf dem Fußboden jeweils mit einem Blatt Papier – und schauen mal, ob da etwas deutlicher wird«.

In einem längeren Prozess benennt D. nun verschiedene Stimmen seines Glaubens sowie seiner Motivation zum Pfarramt, und stellt sich mit jeder Stimme an einen anderen Ort im Raum: Da ist der Jugendliche, der beim CVJM engagiert und von der Jesusnachfolge über-

---

2 Lüscher 2009, 60.

zeugt war und irgendwie auch immer noch ist. Da ist der Theologiestudent, der begierig exegetische und systematisch-theologische Erkenntnisse aufgenommen hat, aber immer noch einen Rest von schlechtem Gewissen hat, ob er solche Einsichten mit seinem Glauben, wie er ihn von seiner Jugendzeit her kennt, wirklich vereinbaren kann. Da ist die Stimme seines Vaters, eines Pfarrers und liberalen Alt-68ers, dessen theologische Haltung sich vor allem in seinem diakonisch-sozialpolitischen Engagement manifestierte und der das Engagement seines Sohnes beim CVJM durchaus kritisch sah. Da ist die Stimme seiner Frau, die relativ kirchendistanziert eingestellt ist und manches, was er im Pfarramt tut, belächelt; das schmerzt ihn und gleichzeitig kann er ihre Haltung auch irgendwie nachvollziehen. Da gibt es noch einen guten Freund, einen Juristen, den er im Studium in einem Chor kennen gelernt hat, der sich als Atheist bezeichnet, und mit dem D. sich gelegentlich über religiös-theologische Fragen streitet. Und dann die Stimme dessen, der findet, dass er den Pfarrberuf angesichts seiner Glaubensunsicherheiten ehrlicherweise nicht mehr ausüben könne.

D. ist selber überrascht von der Vielfalt und Unterschiedlichkeit dieser Stimmen – und ratlos, was er jetzt damit anfangen soll. Muss er sich nicht mal endlich für eine Stimme entscheiden, eine klare Position finden statt sich immer hin und her ziehen zu lassen und mal dies, mal jenes für richtig und wichtig zu halten?

S.: »Mein Vorschlag ist, dass Sie versuchen, die Vielfalt dieser Stimmen in Ihnen nicht als Manko zu verstehen, das Sie zugunsten von Eindeutigkeit überwinden oder loswerden müssten, sondern als Reichtum, als Chance. Da ist eine große Vielfalt in Ihnen, die Ihnen manchmal zu schaffen macht, die es Ihnen aber auch ermöglicht, Unterschiedliches und Widersprüchliches gleichzeitig zu denken, zu empfinden und zu glauben und damit auch gut in Kontakt zu den unterschiedlichen Lebensstilen und Glaubenspositionen zu kommen, die Ihnen wahrscheinlich in den verschiedenen Menschen Ihrer Gemeinde begegnen.«

D. schmunzelt: »Da haben Sie Recht. Ich hab mich manchmal schon gewundert, dass ich ziemlich gut mit den unterschiedlichsten Leuten in meiner Gemeinde reden kann. Wir haben ein paar Pietisten, da hab ich keinen Impuls, die von ihren strengen Positionen abzubringen, ich kenne das ja selber. Oder: Neulich wollte mich der Vater einer Konfirmandin bei einem Hausbesuch nicht reinlassen, weil er mit der Kirche nichts am Hut habe, das konnte ich ziemlich gelassen hinnehmen, ich denke ja manchmal selber, dass ich mit diesem ›Laden‹ nichts mehr zu tun haben möchte. Und gleichzeitig ist mir mein eigener Glaube, so brüchig er ist, doch auch wieder wichtig ... (Er spricht jetzt nachdenklicher) Wenn es möglich wäre, diese verschiedenen Anteile so stehen zu lassen, sich mit ihnen anzufreunden, dann bin ich auch wieder ganz gerne Pfarrer, dann müssen mich die verschiedenen Stimmen nicht so beunruhigen....«

In methodischer Hinsicht steht im Hintergrund dieser Supervision das Konzept des Inneren Teams, wie es Friedemann Schulz von Thun entfaltet hat.[3] Danach sind in fast jeder Kommunikationssituation die inneren Reaktionen aller Beteiligter mehrstimmig, mehrschichtig und mehrdeutig, von zahlreichen Ambivalenzen geprägt. Die Metapher vom Inneren Team gibt diese innere Vielfalt angemessen wieder. So wie eine Gruppe oder ein Team sich aus verschiedenen Stimmen und Positionen zusammensetzt, so kann man sich auch das Innere einer Person dynamisch-mehrstimmig vorstellen. Die Vielfalt dieser inneren Stimmen kann verwirrend sein, aber auch ein psychischer, ein religiöser Reichtum, eine Quelle von Kraft und Kreativität, wenn man ihnen zuhört und ihre differenzierten Intentionen nachvollzieht.

---

3 Schulz von Thun 2001.

Auch im Glauben sind wir nicht einheitlich und einlinig, sondern immer vielfältig –
und das Ziel besteht darin, diese Vielstimmigkeit gerade nicht möglichst zu vereinheitlichen und zu harmonisieren, sondern in ihrer Vielschichtigkeit gezielt wahrzunehmen und genauer zu erforschen: Was bedeuten die unterschiedlichen Glaubens-
Positionen, die jemanden im eigenen Inneren bewegen? Wo kommen sie her? Durch
welche Erfahrungen sind sie ausgelöst worden? Welche (biografisch-familiäre-milieu-
spezifische) Vorgeschichte haben sie? In welcher Beziehung stehen sie zueinander und
welche Positionen anderer Menschen nehmen sie auf? Welche Stärken und welche
Schwächen/Grenzen spiegeln sie? Was ermöglichen, was verhindern sie? Was würde
passieren, wenn man die Stimmen strikt trennt, nur eine gelten lässt und die anderen
unterdrückt? usw.

Im Hintergrund schwingt oft die Versuchung mit, die auf den ersten Blick leichte-
ren und sichereren Polaritäten von entweder – oder, von richtig – falsch zu übernehmen. Scheinbar »leichter«, weil die Komplexität der Wirklichkeit, auch der Wirklichkeit des Glaubens, auf zwei übersichtliche Pole, »entweder – oder«, »ja – nein«
reduziert wird. Aber die Wirklichkeit ist schon lange nicht mehr so übersichtlich.

9.2   Religiöse Identität im Zeitalter des Chamäleons

> »Wie unfassbar bescheiden sind die Menschen,
> die sich einer einzigen Religion hingeben.«
> (Elias Canetti)

Kann jemand wie Pfarrer D., der in seiner Glaubenseinstellung und in der Haltung
zu anderen Menschen und zur Kirche verschiedene Ambivalenzen entdeckt, trotzdem
eine persönliche und berufliche Identität entwickeln?

Eric Lippmann, ein Schweizer Psychologe und Soziologe, hat das Chamäleon, die-
ses Tier, das je nach den Gegebenheiten der Umwelt seine Farbe wechseln kann, als
Symbol eines modernen Identitätsbegriffs aufgegriffen (▸ vgl. auch Kap. 1.4).[4] Das
Chamäleon repräsentiert, was uns Zeitgenossen unter den sich rapide wandelnden
Bedingungen unserer westlichen Gesellschaften ständig abverlangt wird. Wenn man
die Vielfalt der möglichen Lebens- und Arbeitsformen betrachtet, kann man sagen:
»Eine multiple Identität wird immer häufiger dem Individuum schon in die Wiege
gelegt.«[5] Ob es da noch eine Kern-Identität oder ein »Zentral-Ich« gibt, das die innere
und rollenbezogene Vielfalt organisiert und zusammenhält, ist strittig. Das Chamäleon symbolisiert in jedem Fall die Notwendigkeit, sich auf den permanenten Wandel,
auf die unübersehbaren Pluralitäten unserer Lebenswelt einzustellen und kreativ auf
sie zu antworten.[6]

Diese Identitätsbeschreibung muss auch für den Glauben in Anspruch genommen
werden. Wenn Glaube einen Akt der ganzen Person bezeichnet, wenn Identität und

---

4   Lippmann 2013.
5   Lippmann ebd. 44.
6   Lippmann ebd. 182 u.ö.

Glaube einander durchringen, dann gilt auch für den Glauben die Notwendigkeit, sich immer wieder neu zu positionieren und neue Wege zu suchen.

(Religiöse) Identität oder Glaube im Sinn einer Lebenshaltung ist gekennzeichnet von folgenden Merkmalen – und es könnte für Pfarrer D entlastend sein, diese Merkmale zu kennen und sich nicht länger von dem verbreiteten Klischee der in sich geschlossenen, stabilen Identität leiten zu lassen:

- (Religiöse) Identität *erwächst aus Begegnungen und Beziehungen* mit Anderen. Niemand gewinnt Identität für sich allein! Der sozial-historische Kontext, auch der religiöse, bildet den Nährboden, auf dem jede Identität wächst. Sich selbst im Spiegel der anderen zu erleben, das eigene Suchen und Glauben in Dialog und Auseinandersetzung mit anderen, mit den Quellen und Traditionen der Religion und mit den Gegebenheiten der gegenwärtigen (religiösen) Lebenswelt immer neu zu befragen und zu profilieren, gehört zu den zentralen Facetten eines Identitätsprozesses. Glaube bedeutet nicht, feststehende Inhalte zu bejahen und sich regelmäßig an bestimmten Ritualen zu beteiligen, sondern die Bereitschaft, sich dem Prozess des Suchens, Fragens, Findens, wieder Verwerfens und neu Suchens im ständigen Diskurs mit anderen auszusetzen. »… intersubjektive Praxis kann das dogmatisch Geronnene je wieder verflüssigen. Sie ist der Ort des Glaubens, nicht ein bestimmter Glaubensinhalt.«[7]
- (Religiöse) Identität bleibt immer *offen, unfertig, fragmentarisch* – und sie sollte als solche offen gehalten werden! Es gibt keine in sich abgeschlossene, konsistente und ihrer selbst gewisse religiöse Identität mehr. Nur im unabgeschlossenen Suchen, im »unruhigen Herzen« (Augustin), ist religiöse Identität bei sich selbst. Es gibt ein »religiöses Begehren,«[8] eine Sehnsucht, die (wie es dem Wesen der Sehnsucht entspricht) nie endgültig zu stillen ist, die immer neu nach einer endgültigen Antwort sucht, aber sie nur als vorübergehende und vorläufige findet. Darin spiegelt sich, theologisch gesprochen, die eschatologische Verfasstheit des Lebens und Glaubens, wie sie Paulus in 1 Kor 13, 12 beschrieben hat: »Wir sehen jetzt wie durch einen Spiegel ein dunkles Bild; dann aber von Angesicht zu Angesicht …«
- (Religiöse) Identität in der Postmoderne ist h*ochgradig individualisiert und pluralisiert.* Menschen glauben schon lange nicht mehr, was ihnen kirchliche Autoritäten vorgeben; religiöse Autonomie, die gerade der Protestantismus immer gefordert und gefördert hat, ist unhintergehbar, auch wenn die Konsequenzen für die Kirchen durchaus gefährlich sind, weil sich die Menschen von den Vorgaben der Institution abwenden. Zur religiösen Autonomie gehört es, Ambiguitäten und Ambivalenzen wahrzunehmen, sie sich von den eigenen psychosozialen Ressourcen her leisten zu können und sich von ihnen bereichern zu lassen.
- Die Begriffe Individualisierung und Pluralisierung religiöser Identität implizieren, dass Glaubensorientierungen von Einzelnen und Gruppen zunehmend *religions-*

---

7 Küchenhoff 2004, 40.
8 Küchenhoff ebd. 31.

plural und synkretistisch ausfallen. Durch Reisen, Medien und Internet bekommen Zeitgenossen einen Eindruck von anderen Religionen und Weltanschauungen, die ihnen attraktiv und plausibel erscheinen; sie neigen dazu, fremde Elemente mit ihren eigenen, traditionellen religiösen Konzepten zu vermischen. Sie sehen nicht ein, dass es nur eine einzige exklusive Wahrheit geben soll, für die sie sich noch dazu einmalig und endgültig entscheiden sollten; sie rechnen mit einer *ganzen Reihe von Wahrheitsansprüchen und Wahrheitsvermutungen*, deren Elemente sich miteinander mischen, und deren Bedeutung für sie variiert je nach wechselnden Lebensumständen.

Das vielleicht bekannteste Beispiel für diesen Vorgang ist die Vorstellung von Reinkarnation, wie sie im Buddhismus und Hinduismus verbreitet ist und inzwischen auch von manchen Christen übernommen wird. Auf den ersten Blick enthält diese Vorstellung eine tröstliche Dimension (»wir kommen wieder«, »nichts ist endgültig«!), auf den zweiten, genaueren Blick entpuppt sie sich als gnadenlos: Die Art der zukünftigen Wiedergeburt ist nach dem ursprünglichen Konzept Folge der guten und schlechten Taten im jetzigen Leben. Man trägt im nächsten Leben die Konsequenzen gegenwärtigen Handelns. Ob man als Heiliger oder als Ratte wiedergeboren wird, hängt vom Karma ab, für das man in seinem täglichen Tun Verantwortung trägt.[9]

Manche kirchendistanzierte Menschen halten das Konzept der Wiedergeburt für einen Bestandteil der christlichen Tradition und sehen nicht den Widerspruch zur christlichen Rechtfertigungslehre. Trotzdem oder gerade deswegen kann es reizvoll sein, ein solches Konzept genauer auszuloten und in seinen Auswirkungen auf das eigene Leben und den eigenen Glauben zu bedenken.

- (Religiöse) Identität ist *erlebnisorientiert*: Es zählt das, was einen Erlebniswert hat, was man spüren kann, was einen an- und aufregt. Damit kommen quasi religionsfremde Aspekte ins Spiel: Nicht das, was vom Inhalt einer Religion her zentral wäre, wird den Leuten wichtig, sondern das, was sie unmittelbar anspricht und ein Erlebnis, einen »kick« verspricht, wird angestrebt. Was einem imponiert, wandelt sich wiederum in Abhängigkeit von kulturell-gesellschaftlichen und familiären Trends und Moden.
- Moderne religiöse Identität ist *institutionskritisch*: Die Kirchen, ihre normativen Ansprüche, ihre Traditionen, Rituale und ihre Repräsentanten werden kritisch beurteilt und selektiv rezipiert, man will selber und autonom, unbeeinflusst von äußeren Autoritäten, seinen Weg suchen.

Zusammenfassend könnte man sagen: Religiöse Identität bezeichnet ein für eine Person oder Gruppe charakteristisches Set aus Beziehungen und Beziehungsmustern auf verschiedenen Ebenen: zu wichtigen Anderen, zur Umwelt, zu einem Transzendenten, zu sich selbst; sie ist, wie alle Beziehungen, von Ambiguitäten und Ambivalenzen durchzogen und geprägt.

Für viele, die sich auf traditionelle Weise einer Kirche verpflichtet fühlen, erscheint diese Entwicklung befremdlich; sie suchen nach Eindeutigkeit, Sicherheit, Geborgen-

---

9 Gunturu 1969, 202ff.

heit statt eigene religiöse Ressourcen zu aktivieren. Die Kirchen in Deutschland, vielleicht in Westeuropa überhaupt, kommen dieser Sehnsucht entgegen, indem sie in ihrer dogmatisch-liturgischen Ausgestaltung vorrangig die Aspekte Heimat, Tradition, Kontinuität, Stabilität, Eindeutigkeit, Gewissheit bedienen. Angesichts des rasanten Wandels in den modernen Gesellschaften erscheint eine solche Betonung auf den ersten Blick attraktiv und als hilfreiche Kompensation für das, was die sozialen Strukturen nicht mehr hergeben (▶ Kap. 3).

In den Kategorien von Hans-Eckehard Bahr geht es hier um »Religion 1«, die sich als integrierende, stabilisierende, beruhigende, bürgerliche Volkskirche darstellt. Ihr steht kritisch gegenüber »Religion 2«, die mit einer emanzipativ-revolutionären Orientierung die utopischen, nach vorne offenen Bilder der biblischen Zukunftshoffnungen einlösen möchte.[10] Die einseitige Akzentuierung der Kirche bei der Beheimatung wird realisiert auf Kosten des anderen Pols: des Exodus, des Aufbruchs, des Wandels, des Neuen. Kirche gerät damit in die Gefahr, den vorherrschenden sozial-politischen Diskurs auf der religiösen Ebene zu legitimieren und zu verstärken.

Das Lob der Ambivalenz, wie ich es in diesem letzten Kapitel entfalte, gehört in den Bereich von »Religion 2«, in den Zusammenhang mit biblischen und kirchlichen Traditionen, die sich an der noch ausstehenden, unabgegoltenen Zukunft des Göttlichen orientieren. »Religion 2« fordert heraus zu einer freien Gestaltung des Glaubens, in dem Raum ist, die eigenen Zwiespältigkeiten im Blick auf die Glaubensinhalte und -vollzüge wahrzunehmen und kreativ zu erkunden. Damit wird eine »individuelle Religionsproduktivität«[11] angeregt. In einem patchwork-Glauben verbinden sich gegenwärtige Wahrnehmung des eigenen Lebens und der Welt mit gesellschaftlich-kulturellen Strukturen und Mustern, mit religiös-spirituellen Traditionen, Bedürfnissen und Sehnsüchten zu einem Amalgam einer Lebensorientierung, die wir Glauben nennen können, die aber nicht fest und gewiss steht, sondern wandlungsfähig und fluide ist und bleibt. Religiöse Institutionen sollten diese Wandelbarkeit und Fluidität, zu der im Zentrum die Wahrnehmung von Ambiguitäten und Ambivalenzen im Glauben gehört, fördern und unterstützen.

Wo Letzteres der Fall ist, entsteht ein verändertes Kirchenbild: Neben die verbreitete und oftmals vorherrschende Suche nach »Einmütigkeit«,[12] Einstimmigkeit und Geschlossenheit tritt der produktive, kreative, immer ambivalente Streit um die Wahrheit. Der Streit um die Wahrheit kann und muss respektvoll gelebt und geführt werden, er braucht die Bereitschaft aller Beteiligter, Vielfalt auch im Glauben wahrzunehmen und zu würdigen. Gefordert ist das ständige Gespräch, die lustvolle Auseinandersetzung, das Hinterfragen in Zusammenarbeit mit anderen, um immer wieder neu Fragen zu stellen, Antworten zu suchen, sich vorübergehend zu vergewissern und wieder neue Fragen zu stellen. Wenn Kirche für solche

---

10 Bahr 1975, 31ff.
11 Gräb 2015, 17.
12 In vielen Kirchenordnungen taucht dieser Begriff auf, z. B. in der Kirchenordnung der EKiR (vom März 2006), Art. 27 (2): »Das Presbyterium soll sich bemühen, seine Beschlüsse einmütig zu fassen«.

offenen Diskurse Raum und Ermutigung zur Verfügung stellt, erfüllt sie ihren
Zweck.

Diese Art von Offenheit und Freude an der Unbestimmtheit findet ihre radikale
Zuspitzung in dem, was der systemische Therapeut Varga von Kibed in Aufnahme
einer buddhistischen Tradition die »Negation des Tetralemmas« nennt.[13]

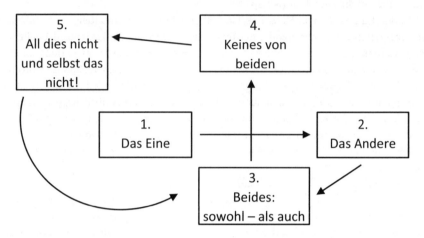

Abb. 6: Tetralemma. Lippmann 2013, 155 im Anschluss an Matthias Varga von Kibed.

Aus unserer Alltagskommunikation kennen wir die ersten vier Positionen: Wir denken in Kategorien des »entweder – oder«: entweder scheint die Sonne oder es regnet;
entweder ist jemand bei der Arbeit oder er hat Freizeit; entweder ist jemand gläubig
oder ungläubig. In seltenen Fällen scheint es uns möglich, dass beide Pole gleichzeitig
zutreffend sind, oder keiner von beiden. Von Kibed geht über dieses Schema hinaus
und zeigt, dass die fünfte Position eine überraschende Perspektive enthält: Was wäre,
wenn es noch ganz andere Möglichkeiten gäbe, die in den klassischen vier Optionen
nicht enthalten sind? Die fünfte Position verweist darauf, dass es keinen exklusiven
Anspruch auf Wahrheit gibt, alle Standpunkte sind und bleiben vorläufig, unvollständig, fragmenthaft. Leben, Denken, Fühlen, Wollen bilden einen nicht endenden Kommunikationsprozess, in dem immer wieder neue Perspektiven auftauchen. Das mag
verrückt klingen, gleichzeitig öffnet eben diese Verrücktheit Neues, bisher nicht
Wahrgenommenes und Gedachtes.

Lässt sich das Tetralemma auf den Prozess des Glaubens übertragen? Glaube lebt
oft (leider!) auch in den bekannten Polaritäten von entweder – oder, beides (seltener)
oder keines von beiden. Was ist jedoch mit der fünften Position im Glauben? Müsste
man nicht sagen, dass der, den wir Gott oder das Geheimnis des Seins nennen, die
fünfte Position repräsentiert? »ER« durchkreuzt unsere bekannten Denkmuster und

---

13   von Kibed/Sparrer [9]2016.

öffnet neue Möglichkeiten. »SIE« ist immer ganz anders als unsere Bilder suggerieren. »ES« bleibt fremd, widersprüchlich, geheimnisvoll.

Die fünfte Position erinnert an die Aussagen des Nikolaus von Kues über Gott: »Der Ursprung von allem Benennbaren ist unbenennbar, weil er nichts von dem Entsprungenen sein kann. Und deshalb wird er auch nicht Ursprung genannt, sondern er ist der unbenennbare Ursprung des benennbaren Ursprungs und geht jedem irgendwie Benennbaren als das Bessere/Höhere voraus. Du siehst dann, dass kontradiktorisch Entgegengesetztes von ihm verneint wird, so dass er *weder* ist *noch* nicht ist, noch ist *und* nicht ist, noch ist *oder* nicht ist; vielmehr berühren alle diese Aussagen ihn nicht; er übersteigt alles Aussagbare.«[14]

9.3 Ambivalenzen des Glaubens – noch einmal anders

9.3.1 Ambivalente Auswirkungen von Religion und Glaube

Es ist lange bekannt, dass Religion und Glaube in Geschichte und Gegenwart zwiespältige Auswirkungen nach außen hin frei setzen, sowohl kollektiv als auch individuell:[15] Glaube verwirklicht sich häufig im Medium von institutionalisierter Religion und wird dadurch besonders anfällig für höchst zwiespältiges Machtgebaren, Manipulation und Gewalt. Als Institutionen oder Systeme treten Religionen überwiegend für Nächstenliebe, Barmherzigkeit und Gerechtigkeit in Namen ihre Gottes oder ihrer Götter ein; darin haben sie eine konstruktive, Individuen und Organisationen stabilisierende und stützende Funktion. Sie leisten aber auch Fremdenfeindlichkeit, Gewalt, Krieg und einer Spaltung der Wirklichkeit in gläubig und ungläubig, richtig und falsch, gut und böse Vorschub; sie lösen auch neurotische, realitätsfremde Regressionen aus und tragen zur Ausbildung starrer, strenger Haltungen und entsprechender Ausgrenzungen Fremder bei.

Auch individuelle Religiosität repräsentiert sowohl Ressource als auch Konfliktherd,[16] sie stabilisiert (indem sie Orientierung anbietet) und schadet möglicherweise zugleich (indem sie z. B. rigide Weltsichten wach ruft und verstärkt). Insofern kann sich Religiosität produktiv *und* destruktiv auf die Lebensführung und Interaktion von Personen und Gruppen auswirken.

Diese nach außen hin deutlich wahrnehmbaren und bis in die jüngste Zeit hinein feststellbaren ambivalenten Auswirkungen von Religionen[17] können nicht überraschen, da die heiligen Schriften selbst in vieler Hinsicht widersprüchlich und höchst spannungsvoll ausfallen: Da ist einerseits viel von Nächsten-, Fremden- und Feindesliebe die Rede, aber andererseits zugleich von denen, die ausgesondert, ausgestoßen werden und dem Gericht anheimfallen sollen (z. B. Mt 22, 13 oder Mt 25, 41ff. u.ö.).[18] Die Friedensstifter werden selig gepriesen (Mt 5,9), zugleich wird Jesus das Wort

---

14 Zitiert bei Kremer 2008, 69. (Sperrung von mir, M.K.).
15 Vgl. H.M. Barth 2010, 193ff., vgl. auch Klosinski 1994.
16 Vgl. die entsprechende Überschrift bei Morgenthaler 1999, 76.
17 Vgl. z. B. Küpper/Zick 2006.
18 Ähnliche Zwiespältigkeiten findet man im Islam und im Hinduismus.

zugeschrieben, er sei nicht gekommen, Frieden zu bringen, sondern das Schwert (Mt 10, 34). Gottes Liebe und Barmherzigkeit wird gepriesen, fast gleichzeitig aber dazu aufgerufen, seinen Zorn und seine tödliche Gewalt zu fürchten (z. B. Ps 90, 7 u.ö.; vgl. auch ▶ Kap. 8.4). Solche Zwiespältigkeit spiegeln sich natürlich im Verhalten und im Glauben derer, die einer Religion anhängen und sich von ihr Orientierung geben lassen. Man könnte sagen: Die in den Quellentexten enthaltenen Ambiguitäten und Ambivalenzen des Glaubens und der Gotteserfahrung setzen sich fort in den institutionellen Gestaltwerdungen einer Religion, woraus wiederum individuelle Ambivalenzen frei gesetzt werden, die Erstere verstärken und perpetuieren. So lange solche Ambiguitäten und die ambivalenten Reaktionen darauf rückhaltlos thematisiert und in ihrer historisch-kulturellen Bedingtheit und in ihren Auswirkungen auf die Einzelnen erkundet werden können, fördern sie die Offenheit und Flexibilität einer institutionalisierten Religion. In dem Moment, in dem aus dem Spannungsverhältnis eine Polarität von »entweder – oder« wird, institutionell beglaubigt und bekräftigt, muss man die Entstehung von tödlichem Streit und Krieg befürchten.

Von den von außen zu beobachtenden zwiespältigen Auswirkungen von Religion und Glaube zu unterscheiden sind die inneren Zwiespältigkeiten des Glaubens, die ich in Kapitel 7 (Vollzüge des Glaubens) und 8 (Inhalte des Glaubens) versucht habe zu charakterisieren. Die inneren Spannungen des Glaubens werden von den Institutionen und ihren Vertretern meistens nicht wirklich akzeptiert; auf der institutionellen Ebene will man Eindeutigkeit und Gewissheit erzielen – um den Preis, dass erhebliche Teile der inneren Lebendigkeit des Glaubens verloren gehen und der Anschluss an die plurale Lebenswelt Schaden leidet.

9.3.2 Hermeneutik der Gewissheit und des Verdachts

> »Steer your heart past the truth
> You believed in yesterday«
> (Leonard Cohen)

Je wechselvoller die gesellschaftlichen Umstände ausfallen, je mehr wir uns auf den rasanten Wandel der globalisierten Verhältnisse einzustellen haben, je flexibler Identität sein muss, desto stärker wächst die Sehnsucht nach religiösem Halt, nach Eindeutigkeit und Gewissheit. Viele Menschen verlangen nach einer solchen Gewissheit, das Erstarken des Rechtspopulismus und religiösen Fundamentalismus fast überall auf der Welt kann man als Ausdruck dieser Sehnsucht verstehen. Man könnte diesen Trend als eine *Hermeneutik der Gewissheit* bezeichnen: Wie schön wäre es doch, wenn es im Strudel der ständigen Veränderungen solche Klarheit und Eindeutigkeit gäbe! Aber: welchen Preis müssen diejenigen zahlen, die auf solche Eindeutigkeit setzen? Müssen sie nicht einen erheblichen Teil der gesellschaftlichen und individuellen Pluralität und Komplexität ausblenden? Müssen sie nicht die vielfältigen Ambiguitäten und Ambivalenzen des Lebens und Glaubens reduzieren auf ein paar allgemeine, zustimmungsfähige Sätze, die mit der Lebendigkeit des Lebens und der Realität des Alltags dann kaum noch etwas zu tun haben?

Auch und gerade im Glauben muss es demgegenüber eine *Hermeneutik des Verdachts* geben. Religiöse Sensibilität, so schreibt der amerikanische Theologe David Tracy in Aufnahme eines Gedankens von Alfred N. Whitehead, müsse mit dem Gefühl beginnen, »dass etwas nicht stimmt«[19] – eine Einstellung, wie sie in der Vergangenheit die großen Propheten und die Mystiker eingenommen hätten. Henning Luther hat programmatisch formuliert:»Religion ist Weltabstand«, sie lebt in Distanz zu allem, was der Fall ist, zu allem, was davon ausgeht, dass das, was ist, alles ist.[20] Religion behauptet stattdessen, dass alles auch ganz anders sein könnte. Die Brüchigkeit und Widersprüchlichkeit des Lebens ist Ausgangspunkt der Religion; ihr Zielpunkt ist ein Versprechen, eine Utopie. Aber sie bleibt Versprechen, dessen Verlässlichkeit niemand nachprüfen kann. In dieser Zerrissenheit lebt der Glaube, wenn er sich und seine Umwelt wach zur Kenntnis nimmt. Die Propheten und Mystiker jeder Religion haben wiederholt ihren Verdacht geäußert gegenüber der etablierten Religion, den zur Institution gewordenen Glaubenssätzen, die mehr dem Machterhalt der Herrschenden als der Ehre Gottes und der Fürsorge für die Benachteiligten dienten. In die religiösen Institutionen und ihre Rituale schleicht sich aus Sicht der Propheten eine Sicherheit und vermeintliche Eindeutigkeit ein, da weiß man oft (zu) genau Bescheid über das göttliche Geheimnis, da meint man, den Glauben und seine Inhalte logisch und präzise definieren und quasi verwalten zu können und die zur Ordnung zu rufen, die davon abweichen. Wo bleibt dann die notwendige Offenheit, die nur zusammen mit Ungewissheit, Vorbehalten, Zweifeln und Ambivalenzen zu haben ist?

Man muss im Glauben in der Lage sein, sich selbst und seine religiöse Orientierung auf's Spiel setzen zu können, sich selbst und die eigenen Anschauungen radikal in Frage zu stellen, die Hermeneutik des Vertrauens mit der des Verdachts in ein offenes Gespräch zu bringen.

Der französische Philosoph Gabriel Marcel hat es so formuliert:»Wir haben die Doppeldeutigkeit anzuerkennen, die allem, was wir als an sich gleichbleibende Subjekte sind, dennoch anhaftet … Ja und Nein, das ist die einzige Antwort dort, wo es um uns selbst geht. Wir glauben und wir glauben nicht, wir lieben und wir lieben nicht, wir sind und wir sind nicht; aber wenn das so ist, dann heißt das, dass wir auf dem Weg zu einem Ziel sind, das wir zugleich sehen und nicht sehen.«[21] Diese Ambivalenz auszuhalten, ist nicht einfach – und zugleich ungeheuer bereichernd, weil dann die eigene unvermeidliche Zerrissenheit im Glauben Platz hat und kreativ erkundet werden kann.

9.3.3 Glaube als negative capability

Den Zusammenhang von Glaube und Nichtwissen, Glaube und Ungewissheit haben neben den Mystikern Dichter und Psychoanalytiker thematisiert; für das Verständnis des Glaubens ergeben sich daraus interessante Anregungen.

---

19 Tracy 1993, 158f.
20 H. Luther 1992, 28.
21 Zitiert in Piper 1998, 83.

Der englische Dichter John Keats (1795–1821) hat den Begriff der negative capability geprägt und damit eine Haltung bezeichnet, »when man is capable of being in uncertainties, mysteries, doubts without any irritable reaching after fact and reason.«[22] Die Dichter – so Keats, und er verweist auf Shakespeare – müssen offen sein können für die bunte, verwirrende und widersprüchliche Vielfalt der Wirklichkeit, sonst können sie nicht kreativ sein.

Der englische Psychoanalytiker Wilfried Bion verwendet den Begriff der »negative capability« als Beschreibung der besonderen Fähigkeit des Therapeuten: Negative capability stellt die notwendige Voraussetzung dafür dar, um als Therapeut einem anderen Menschen im Moment der Begegnung wirklich gerecht werden zu können und ihn nicht nach dem Muster der eigenen Erinnerungen oder der eigenen Wünsche und Erwartungen einzuordnen und zurecht zu biegen.[23] Man muss das anfängliche Chaos des Nichtverstehens, der Ratlosigkeit und Unsicherheit in der Begegnung mit einer anderen Person ertragen im Vertrauen darauf, dass sich Sinn mitten im Chaos vorübergehend und probeweise einstellen wird. Nur der Verzicht auf ein fest etabliertes Ego, auf die erlernten therapeutischen Kompetenzen, auf die normierten Erkenntnisse und Kriterien therapeutischer Schulen, öffnet für das Überraschende und Unerwartete, das in der Begegnung mit dem anderen zum Vorschein kommen kann.

In ähnlicher Weise könnte man sagen, dass Glaube eine Offenheit für das Geheimnis der Wirklichkeit bezeichnet, eine Offenheit für das Fremde, das Andere, das noch nicht Definierte. Diese Haltung ist Voraussetzung dafür, dass sich, in Bions Sprache, »O« einstellt, das Eigentliche, das Unerkennbare, das Unnennbare, das sich höchstens in Anspielungen, in Transformationen zu erkennen gibt, oder richtiger, sich andeutet. Denn mehr als Andeutungen und Ahnungen können es nicht sein. Das Unsagbare, das Unerkennbare, das Geheimnisvolle kann nur erahnt und erfahren werden, wenn es »KEINE Erinnerung, KEINEN Wunsch, KEIN Verstehen gibt.«[24] Aber das ist schwer auszuhalten. »Die Versuchung besteht demgegenüber immer darin, diesen Zustand der Unsicherheit und der Zweifel über das, was der Patient sagt, vorschnell zu beenden.«[25]

Lässt sich eine solche Haltung als Glaube bezeichnen? Ein Glaube, der nicht schon meint, Bescheid zu wissen über das Geheimnis des Lebens, der seiner selbst nicht gewiss ist – und trotzdem lebt und hofft und sich nicht abbringen lässt von der immer neu notwendigen Suche. Wilfried Bion versteht die Erzählungen von der Auferstehung Jesu – im Unterschied zur kirchlichen Lehre – als emotionale Katastrophe für seine Jünger. Denn plötzlich stimmt nichts mehr, auf nichts ist mehr Verlass! Jesu Verheißungen eines kommenden Gottesreiches sind aus Sicht der Jünger gescheitert; dieser Jesus verstört traditionelle Erwartungen und Gewissheiten. Aber: Glaube lässt sich auf dieses Verstörende ein, »ohne jedes irritierende Greifen nach Fakten und Gründen.«[26] Es in dieser Ungewissheit auszuhalten, das Verwirrende und Verstörende

---

22 https://de.wikipedia.org/wiki/Negative_Capability (Abruf 20.12.2016)
23 Vgl. ausführlich Weimer 2001, 96ff.
24 Bion, Attention und Interpretation. Zitiert nach Wiedemann 2007, 180.
25 Bion, Cogitations 1992, zitiert bei Weimer 2001, 99
26 Zitiert bei Weimer 2001,100.

wahrzunehmen und zu durchleben, im Vertrauen darauf, dass sich das emotionale Durcheinander und die Ratlosigkeit irgendwie und irgendwann lichten werden – das ist Glaube im Sinn einer negative capability.

9.3.4   Ungewissheitsmanagement im Glauben

Eine gewisse Nähe zur Theorie der negative capability hat der Zweig einer Psychologie der Entscheidung, der sich »creative decision making« oder »using positive uncertainty« nennt.[27] H.B. Gelatt, (Psychologe), und C. Gelatt (Coach und Organisationsberaterin), die ein grundlegendes Werk zu diesem Thema geschrieben haben, möchten vermitteln, dass wahrgenommene Unsicherheit, auch wenn sie auf den ersten Blick als belastend oder verwirrend erlebt wird, die Entscheidungsmöglichkeiten und die Kreativität deutlich erhöhen können.

Vier paradoxe Prinzipien sollen bei jeder Entscheidung, sei sie beruflicher oder privater Natur, berücksichtigt werden:

- Be focused *and* flexible about what you want.
- Be aware *and* wary about what you know.
- Be realistic *and* optimistic about what you believe.
- Be practical *and* magical about what you do.[28]

Diesen Prinzipien wiederum liegt die Annahme zugrunde, dass die schnellen gesellschaftlichen und technischen Veränderungen nicht mehr ausschließlich mit logischen und rationalen Mitteln (z. B. kausalen Ursache-Wirkungs-Vorstellungen) bewältigt werden können, sondern dass man »creativity, virtuosity, dexterity, skill, cunning, sensitivity and imagination« braucht.[29] Es wird zentral wichtig, Unsicherheit nicht nur aushalten zu können, sondern sie als Gelegenheit für wachsende Möglichkeiten zu sehen und zu begrüßen. »Positive uncertainty recognizes limited rationality and unlimited creativity and promotes creative decision making.«[30]

Das Leitbild der Wissenschaft bis ins 20. Jahrhundert war das der Naturbeherrschung;[31] Gewissheit und Eindeutigkeit herzustellen galt als Ausdruck und Ziel erfolgreichen Handelns auf individueller wie auf institutioneller Ebene. Ungewissheit und Unsicherheit wurden als Ausdruck von Ohnmacht und Ratlosigkeit gemieden. Seit den 80er Jahren hat sich diese Einschätzung verändert: Zunehmend werden Grenzen der Gewissheit und Naturbeherrschung erkannt, Ungewissheit taucht auch mitten in Gewissheiten von Naturwissenschaft und Technik auf. Damit einher geht eine neue Bewertung von Ungewissheit: Sie gilt nicht mehr nur als Bedrohung, son-

---

27 So der gleichnamige Titel von Gelatt/Gelatt 2003. Vgl. auch in diesem Buch ▶ Kap. 3.2.3.
28 Ebd. 6.
29 Ebd. 91.
30 Ebd. 5.
31 Zum Folgenden vgl. Böhle 2012.

dern als ein »möglichkeitseröffnendes Moment«.[32] »Positive uncertainty encourages
you to have some thoughts that are not completely rational, to develop some unrealis-
tic illusions, to become as changeable as your environment, and to be positive about
not knowing.«[33]

Vor dem Hintergrund dieser Entscheidungstheorie bietet es sich an zu fragen:
Können wir die Unsicherheit im Glauben – statt sie möglichst überwinden zu wollen – schätzen und daraus Möglichkeiten zu einer kreativen Einstellung gegenüber
den Vollzügen und Inhalten des Glaubens gewinnen? Können wir spielerisch und die
Ambivalenzen abwägend erkunden, worauf sich unser Glaube richtet und wie wir
ihm Ausdruck verleihen? Wie wir die Vielzahl der Inhalte und Ausdrucksformen des
Glaubens zur Bereicherung nutzen können?

Worauf wir vertrauen, was wir aus der Bibel entnehmen, was wir als Gottes Wille
identifizieren, was wir als Lebensorientierung wählen, ist immer mehrdeutig, auch
wenn die Kirche Jahrhunderte hindurch das Gegenteil vertreten hat; wir müssen uns
gerade nicht exklusiv für eine Option entscheiden, sondern können mehrere Optionen gleichzeitig bedeutsam finden.

> Beispiele für eine solche Bereitschaft, Ungewissheit in religiöser Hinsicht zu kultivieren, finde
> ich in den populär gewordenen kleinen Büchern von Wolfgang Vorländer und Axel Hacke.[34]
> Hier wird auf abstruse und ernsthafte, auf lächerliche und bedeutungsvolle, auf märchenhafte
> und realistische Art und Weise *zugleich* von Gott gesprochen; Manches ist erheiternd, Anderes
> lässt stutzen, wieder Anderes klingt abgeschmackt und schräg. Manche Leser sind davon
> abgeschreckt, sehen darin eine Zumutung, andere sind begeistert und lassen sich anregen.
> Der Tenor ist jedoch: Unsere vorfindliche, sichtbare Realität ist nicht alles; sich Ungewöhnli-
> ches und Geheimnisvolles vorzustellen, ohne schon zu wissen, was das bedeutet und wo das
> hinführt, hat etwas Anregendes, verändert den Blick auf das Leben insgesamt.[35]

9.3.5 Glaube ist kein dauerhafter Regressionsraum

Die psychoanalytische Religionskritik hat lange die These vertreten, ein religiöser
Glaube sei eine Form der Regression. Regression bedeutet, dass jemand (bewusst und
unbewusst) auf eine frühere, einfachere, weniger differenzierte psychosoziale Entwicklungsstufe zurückgeht, auf ein einfacher strukturiertes Niveau des Denkens, Fühlens, und Handelns.[36] Solche Regressionsprozesse sind bekannt im Zusammenhang
mit Erfahrungen von Krisen, von Krankheit oder Trauer, wenn erwachsene Menschen
einen Teil ihres selbstständig-kritischen Erwachsenseins ablegen und wie Kinder ver-
sorgt werden wollen. Ähnlich kann es im Glauben sein, wenn Menschen einem über-

---

32 Böhle ebd. 7.
33 Gelatt und Gelatt 2003, 3.
34 Vorländer 2014; Hacke 2016.
35 Vorländer ebd., 51 lässt Gott sagen: »Aber Tabubrüche sind auch in religiöser Hinsicht nötig.
    In der Theologie zum Beispiel … Es wird viel zu wenig gewagt. Als wäre Gott sauer, wenn
    die Theologie experimentiert und etwas riskiert! Ohne die Brechung des Tabus gibt es keine
    Weiterentwicklung. Das gilt im Leben, im Glauben, in der Gotteserkenntnis.«
36 Vgl. Körner 2002.

irdischen, allmächtigen Vater vertrauen, ihm gegenüber sich in die Rolle eines Kindes versetzt erleben und einen Teil ihrer erwachsenen Verantwortung aufgegeben und delegiert haben. Der Satz Jesu »wenn ihr nicht … werdet wie die Kinder« (Mt 18,3) ist manchmal in diesem Sinn missverstanden worden.

Eine solche Form der Regression ist in der Psychoanalyse negativ konnotiert: Als wünschenswert gilt das Ziel des reifen, vernünftigen Erwachsenen, der regressive Tendenzen überwunden hat. Gegenüber diesem rationalen und optimistischen Ideal hat der englische Psychoanalytiker Michael Balint die konstruktiven Möglichkeiten von Regression (»gutartige Regression«) herausgestellt und ein Konzept von der »Regression um der Progression willen« entwickelt:[37] Wenn Regression dazu genutzt werden kann, wieder Kraft zu sammeln für die Herausforderungen, denen wir uns in den Ambiguitäten des Alltags gegenüber sehen, und wenn sie keinen Dauerzustand bildet, kann sie durchaus als produktiv eingeschätzt werden.

In Zeiten von Lebenskrisen und angesichts überfordernder Herausforderungen brauchen Menschen gelegentlich oder regelmäßig einen Rückzugsraum, brauchen den Verzicht auf die psychische Anstrengung, mit den allgegenwärtigen Ambivalenzen zu leben. Aber dieser Rückzug sollte vorübergehenden Charakter haben und letztlich wiederum der Progression dienen. Wenn man die Regression des Glaubens als vorübergehend und nicht als von Dauer begreift, kann es zu einer anderen Art von Oszillieren (▶ ausführlicher Kap. 3.3) zwischen Regression und Progression kommen. Dann gibt der passagere Rückzug die Kraft, wieder neu selbstverantwortlich und kritisch mit dem, was einen »unbedingt angeht« umzugehen. Beides sollte möglich sein: Einem »Vater im Himmel« zu vertrauen und sich im Ritual und der Gemeinschaft aufgehoben zu wissen, also in die Regression zu gehen – und gleichzeitig selbstverantwortet und kritisch das eigene Leben, den eigenen Glauben in Übereinstimmung und Auseinandersetzung mit den anderen Ausdruck zu geben.

9.4   Ambivalenz in Gotteserfahrungen – Zuspitzungen aus der Theologiegeschichte

Von Gott als der letzten dynamischen Wirklichkeit haben wir – Gott sei Dank! – nur unsere Bilder und unsere Erfahrungen von und mit »IHM«[38] – und die sind glücklicherweise niemals jenseits von Zwiespältigkeit, Vorläufigkeit, Begrenztheit und Ambivalenz, eben weil es unsere menschlichen Erfahrungen sind und kein Ergebnis direkter, unvermittelter Begegnungen mit dem Leben als Ganzem in seiner Unergründlichkeit und Heiligkeit. Menschliche Erfahrungen sind und bleiben in ihrer Aussagekraft offen und fraglich; man muss deshalb sagen, dass das Vertrauen auf eine

---

37 Balint 1997, 161; vgl. auch K. Winkler 1992.
38 Vgl. Schmidt-Leukel [2]2014, 64: »…religiöse Rede bezieht sich nur indirekt und sekundär auf Gott, im primären und direkten Sinn bezieht sie sich nur auf die menschliche Gotteserfahrung.«

göttliche Wirklichkeit »eine offene Möglichkeit« bezeichnet,[39] nicht mehr und nicht weniger. Wenn dieser Vorbehalt verloren geht, Gotteserfahrung von Einzelnen und Kollektiven als objektiv, unzweideutig und unzweifelhaft deklariert wird, droht ein qualitativer Umschlag in eine Glaubensdiktatur.

Die unvermeidliche Zwiespältigkeit menschlicher Gotteserfahrung ist keine Entdeckung der Moderne, sie findet sich in anderen Ausdrucksformen bereits verschiedentlich in der Bibel und der Kirchengeschichte, daran sei hier mit einigen exemplarischen Stationen erinnert:

In der Geschichte von *Jakobs Kampf am Jabbok* (Gen 32, 23–32) wird erzählt, wie ein Mann, der in seiner Lebensgeschichte schwer von Angst und Schuld belastet war, sich von einer Art Flussgott überfallen sieht.[40] Der Gott oder Dämon – schon das ist nicht eindeutig –, der ihm in dieser Art von Traumszene begegnet, nennt auf Jakobs Frage hin keinen Namen, sondern bleibt in seiner Aggressivität undeutlich und geheimnisvoll. Im nächtlichen Kampf kann der Flussgott Jakob nicht besiegen, Jakob ihn aber auch nicht überwinden. Jakob fühlt sich ernstlich bedroht, zugleich wird er gesegnet, weil (?) er den Kampf durchhält und die Verletzung, die er dabei empfängt, hinnimmt – es bliebe ihm auch kaum etwas anderes übrig. Der Gott, der hier in Erscheinung tritt, ist ein Gott der Nacht, des Dunkels, nicht des Lichtes. Er bleibt rätselhaft und es steht nicht von vornherein fest, ob er sein Gegenüber umbringt oder letztlich doch akzeptiert und beschützt; der Segen muss sich erst erweisen, indem Jakob sich der Gefahr des Kampfes aussetzt. Der Ausgang erscheint offen! Segen ist hier nicht ohne das Risiko einer u. U. sogar tödlichen Verletzung zu haben. Aber nachdem er sich auf den Kampf eingelassen hat, wird Jakob ein anderer, gewinnt eine neue Identität, die sich in einem neuen Namen manifestiert.

Beim *Propheten Jesaja* (Deuterojesaja) wird Gott im Rahmen einer an das Volk Israel im Exil adressierten umfassenden Geschichtsdeutung der Satz in den Mund gelegt: »Ich bin Gott und sonst niemand. Ich gestalte das Licht und schaffe Finsternis, ich mache Frieden und erschaffe Unheil, ich Gott, mache all dieses!« (Jes. 45, 6f., Übersetzung: Bibel in gerechter Sprache) Und wenige Verse später heißt es, wie eine Zusammenfassung: »Du bist verborgen, Gott, Gottheit Israels, die rettet.«(Jes. 45, 15). Damit wird sowohl die für das Volk schreckliche Erfahrung der Vertreibung und des Exils als auch die Verheißung einer Heimkehr und Neuschöpfung mit Gottes Wirken in Zusammenhang gebracht.

Auch in der *Weisheitsliteratur* wird stellenweise so widersprüchlich von Gott geredet: »Darum widersetze dich der Zucht des Allmächtigen nicht. Denn er verletzt und verbindet; er zerschlägt und seine Hand heilt« (Hi 5, 17f.). Die Dialektik von Licht und Finsternis, von Schöpfung und Vernichtung, von Rettung und Gefährdung, von Leben und Tod wird letztlich in Gott selbst verortet, sie wird nicht, wie etwa in der Gnosis, gleichsam auf zwei Götter verteilt.

Radikal stellen sich die *Mystiker* der Paradoxie der Gottesfrage: *Dionysius Areopagita* (ca. 500 n. Chr.) ergeht sich in langen Ausführungen darüber, was Gott alles

---

39 Diese Formulierung stammt von Schmidt-Leukel 2016, 356.
40 Vgl. zu dieser Geschichte Hartmann 1993, 111ff.

nicht ist – nicht Stoff, nicht Geist, nicht Wesen, nicht Leben, nicht Bewusstsein; nicht Körper, Figur, Form, Bild, Idee – um dann abzuschließen:»Er allein ist der Urgrund, der allumfassende Ursprung alles Seins und Nichtseins, darin Vollkommenheit und Überschwang, die Fülle von Allem und der Verzicht auf alles, und die Jenseitigkeit selbst über alles umschlossen liegt, kein Sein und kein Nichtsein kann Ihn treffen, und Ja und Nein erreichen Ihn nicht.«[41]

Bei *Nikolaus von Kues* (1401–1464) finden sich, wenn auch mit anderen philosophie- und theologiegeschichtlichen Wurzeln, ähnliche Aussagen:[42] Auf dem Hintergrund der Koinzidenzlehre ist Gott für Cusanus die unitas absoluta; alle Bestimmungen, die wir ihr zuschreiben, kommen ihr ebenso nicht zu. »Ihr zufolge ist es ebenso wahr, von ›Gott‹ zu sagen, er sei ›lebendig‹ wie zu sagen, er sei ›tot‹.« Dasselbe gilt von der Wahrheit: Sie zeigt sich und entzieht sich, sie ist in demselben Maß anwesend wie abwesend. Charakteristisch ist die doppelte Negation: Alles, was man von Gott aussagen kann, gilt gleichzeitig auch nicht – und auch das wiederum nicht. Flasch kommentiert diesen Sachverhalt so: »Dies [s.c.: die Koinzidenzlehre, M.K.] schafft Unruhe; dies animiert zu immer neuen Recherchen; dies zeigt, dass es für uns Wahrheit nicht gibt außerhalb individueller und artspezifischer Perspektiven.«[43]

Man könnte auch sagen: Die Ambivalenz als Reaktion auf diesen Sachverhalt ist besonders intensiv – was aber doch nur den verwirrenden Lebenserfahrungen vieler Menschen entspricht: Man »weiß« eben nicht, was einem widerfährt, woher es kommt, welchen Sinn es hat, man kann nur versuchen, das eigene Erleben und die Rede von Gott, den Glauben an Gott, vorsichtig, vorläufig und tastend in einen Zusammenhang zu bringen.

Martin Luther nimmt diese Traditionen auf mit seiner Unterscheidung und Zusammengehörigkeit von deus absconditus und deus revelatus:[44] So ist es mit Gott. Man weiß erst im Nachhinein, mit wem man es zu tun bekommen hat. Bedrohung und Akzeptanz, Gericht und Gnade, Zorn und Liebe sind nicht säuberlich zu trennen, sondern durchdringen einander in der religiösen Erfahrung. Gott verbirgt sich für die Glaubenden in allen möglichen »Larven«, in der Schöpfung, in der Geschichte, manchmal ist er sogar vom Teufel nicht zu unterscheiden. Wie es dann gelingen kann, in der Anfechtung in paradoxer Weise »ad deum contra deum confugere«,[45] muss letztlich offen bleiben. Man muss »auffs wort mercken«, auf die Verheißung vertrauen, sagt Luther – aber eben das führt nicht aus dem Zirkel, aus der Ambivalenz heraus. Gott bleibt geheimnisvoll; und die Überwindung der Anfechtung ist Anstrengung und Geschenk zugleich, so wie Jakob zugleich kämpft und sich fallen lässt.

Die *Prozesstheologie* des 20. Jahrhunderts im Gefolge des englischen Philosophen Alfred North Whitehead hat sich verabschiedet von der Vorstellung eines irgendwie vorhersehbaren, beschreibbaren, machtvoll handelnden Gottes. Eine ihrer Vertreterinnen, die

41 Dionysius Areopagita 1956, 170 und 172 (1040 D, 1048 B).
42 Zum Folgenden Flasch ²2005, 138ff.
43 Ebd. 143.
44 Zum Folgenden ausführlich H. M. Barth 2009, 193ff.
45 WA 5, 204, 26. Zitiert nach Schöttler 2009, 148.

US-amerikanische Theologin Catherine Keller schreibt: »Whiteheads Gott bezeichnet nicht eine kontrollierende Macht, sondern einen lebendigen Prozess, der nicht getrennt ist von dem Universum, in dem wir leben ..., sondern verstrickt mit ihm, in einem pulsierenden Prozess der Beziehungen. Dieser Gott erschafft uns nicht ex nihilo, sondern ruft uns eher heraus ... Die Gottheit kontrolliert und zwingt nicht, sondern lockt und überredet ...«[46] In dieser Vorstellung bewirkt Gott nicht ursächlich die Weltvorgänge und Lebenszusammenhänge, um die Menschen im Gebet bitten, sondern ist als Potenzialität und Zielgerichtetheit in allen Interaktionen des Universums enthalten. Hier taucht ein Panentheismus auf, eine Kosmologie der radikalen Interdependenz, von der man überhaupt nur paradox, in »wissender Unwissenheit« (Nikolaus Cusanus) sprechen kann.

Die holländische Theologin *Ella de Groot* beschreibt diese Potentialität in Allem als Geistkraft oder Atem: Ich erlebe »Gott als Kraft oder als Atem in mir und zwischen mir und den Anderen, als Atem oder Kraft in der Begegnung mit Anderen oder mit der Schöpfung.«[47] Diese Kraft entfaltet sich in der Evolution genauso wie im Leben und Handeln der Menschen.

Hier wird aufgenommen, was *Paul Tillich* den »Gott über Gott«, genauer, den Gott über dem Gott des Theismus, genannt hat; der Gott über Gott, über den es nur paradoxe Aussagen gibt und zu dem man nur widersprüchlich in Beziehung treten kann. Biblische Religion und protestantische Theologie, so Tillich, wissen um die unvermeidliche Paradoxie dessen, was wir Gottesbegegnung nennen. »They are aware that if God encounters man God is neither object nor subject and is therefore above the scheme into which theism has forced him. They are aware that personalism with respect to God is balanced by a transpersonal presence of the divine ... They are aware of the paradoxical character of every prayer, of speaking to somebody to whom you cannot speak because he is not ›somebody‹, of asking somebody of whom you cannot ask anything because he gives or gives not before you ask, of saying ›thou‹ to somebody who is nearer to the I than the I is to itself. Each of these paradoxes drives the religious consciousness toward a God above the God of theism.«[48]

Solchen paradoxen Gottesreden kann man nur mit Ambivalenz begegnen. Denn: Was bedeuten sie überhaupt? Sind solche Paradoxa noch intellektuell und emotional nachzuvollziehen – wenn von jeder Aussage auch das Gegenteil stimmt?

Trotzdem auf der Suche bleiben, sich nicht von den Paradoxien abschrecken lassen, die Vielfalt der Ausdrucksmöglichkeiten immer wieder ausprobieren, eine subjektiv authentische Form finden, sie dem Gespräch mit anderen aussetzen, sie auch wieder revidieren – darum geht es im nicht endenden Prozess der Glaubensambivalenz.

Wir müssten heute, um eine Formel von Anselm von Canterbury verändert aufzunehmen, sagen: fides quaerens communicatio. Glaube braucht den Austausch, das wechselseitige Fragen und Antworten, die Herausforderung, weil er aus sich heraus und auf sich allein gestellt verkümmert. Die Ambivalenzen, die den Glauben durchziehen, regen ihn zur Kommunikation an, halten und machen ihn lebendig.

---

46   Keller 2016, 20f.
47   de Groot 2015, 14.
48   Tillich [33]1969, 187.

9.5 Glaubensambivalenz in der Praxis der Kirche

Dass der Gottesdienstbesuch in Deutschland so schlecht ausfällt (im Unterschied zu afrikanischen und asiatischen Kontexten) hat viel mit gesellschaftlich-strukturellen Veränderungen zu tun. Der Religionssoziologe Detlef Pollack sieht in den Prozessen der Wohlstandsanhebung, funktionalen Differenzierung, Individualisierung und religiösen Pluralität die entscheidenden Ursachen für den Rückgang der Kirchenbindung.[49] Daneben sind auch Faktoren in der Gestaltung und Ausführung kirchlicher Praxis als Ursachen für die Krise der Kirchen zu bedenken. In diesem Zusammenhang lautet meine schon mehrfach genannte Hypothese: Es gibt in der christlichen Botschaft und unter denen, die sie vermitteln, hören, lesen und glauben, eine Fülle von mehr oder weniger offenen Ambivalenzen gegenüber dieser Verkündigung und ihren Repräsentanten: Angesichts der Zwiespältigkeit unserer Lebenserfahrungen, der überall anzutreffenden Mischung aus Schönem und Schrecklichem, aus Höhen und Abgründen, aus Liebe und Zerstörung kann man die biblische Botschaft von einem barmherzigen und gütigen Gott als letzter Wirklichkeit nicht anders als höchst zwiespältig und strittig hören. Diese Ambivalenzen werden jedoch in der kirchlichen Praxis weitgehend unterschlagen, nicht ernst genommen; es kommt häufig zu dem banal klingenden »Du bist geliebt«, »Du bist angenommen – was auch immer geschieht«. Die Verkündigung wird vorhersehbar, verliert ihre Lebendigkeit und Relevanz – so wie Menschen, die in ihrem Denken und Fühlen keine Ambivalenzen wahrnehmen, einfallslos und langweilig wirken. Angesichts der vielfältigen Ausprägungen der Glaubenszeugnisse und der Ambiguitäten der Weltwirklichkeit kann auch der Glaube derer, die sich daran orientieren wollen, nur zwiespältig ausfallen. Und diese Zwiespältigkeit ist Bedingung der Möglichkeit, zu einem dynamischen, produktiven und kreativen Glauben zu finden, der wiederum kräftig zur Lebendigkeit der Kirchen beitragen würde.

Kirche braucht eine Ambivalenz-sensible Praxis: Werden in der kirchlichen Praxis und in der Praktischen Theologie als ihrer wissenschaftlichen Reflexion Vielfalt, Komplexität und teilweise Widersprüchlichkeit möglicher Glaubensoptionen in Vergangenheit und Gegenwart dargestellt? Werden offene Fragen aufgeworfen und stehen gelassen, Vorläufiges und Ungewisses wertgeschätzt, aufgesucht, herausgearbeitet, ihr produktives Potential gesehen und entfaltet?[50] Oder werden Ambivalenzen tendenziell eher ignoriert, vermieden, verleugnet und überspielt? Setzt man auf fertige Antworten, Eindeutigkeit und anscheinende Gewissheit, auf Einheitlichkeit und harmonische Geschlossenheit?

Im Blick auf unterschiedliche Handlungsfelder der Kirche soll diesen Fragen nachgegangen werden. Die institutionellen Voraussetzungen stellen Rahmenbedingungen bereit, innerhalb derer sich dann auch Einzelne ermutigt fühlen können, einer individuell verantworteten Wahrnehmung und Gestaltung von Glaubensambivalenz Raum zu geben; das soll in einem zweiten Schritt bedacht werden (Kap. 9.6).

---

49 Vgl. z. B. Pollak 2016.
50 Vgl. Dietrich/Lüscher/Müller 2009, 207.

9.5.1   Ambivalenz in der Predigt

Viele sonntägliche Predigten erscheinen langweilig und in ihrer Intention schon immer absehbar, diese Klage ist alt.[51]*Ein* Grund dafür dürfte sein, dass in vielen Predigten die allgegenwärtige Ambivalenz in der Beschäftigung mit religiösen Texten und existentiellen Themen weitgehend unterschlagen oder als etwas dargestellt wird, das nicht sein soll, das zugunsten von Eindeutigkeit und Festigkeit überwunden werden soll. Viele Prediger*innen trauen sich nicht wirklich, die Abgründe und Grenzen des Lebens, das Schreckliche und Böse unserer Welt mit Gott zu konfrontieren. Wer diesen Mut hat, kann Glaube nicht als Gewissheit über den guten Ausgang des individuellen Lebens und der Geschichte als Ganzer darstellen, sondern als verzweifelte Suche, als Schrei nach Hilfe, als Sehnsucht nach der Gerechtigkeit

Wilfried Engemann hat diesen Sachverhalt aus semiotischer Perspektive beschrieben: Er spricht von der obturierten, der verstopften Predigt, die den Hörenden keinerlei neue Anstöße mehr vermittelt.[52] Zu dieser Verstopfung kommt es auf doppelte Weise: Zum einen haben Predigende, Engemann zufolge, einen Systemcode entwickelt, mit dessen Hilfe sie zu unterschiedlichen biblischen Texten allsonntäglich »eigentlich immer dieselbe Predigt« halten.[53] Die differenzierten Textgehalte werden mehr oder weniger auf einen Aussagetypus, auf einen Scopus zurechtgestutzt – die Hörenden wissen dann schon immer, worauf es hinausläuft.

Zum anderen werden die faktischen Ambiguitäten im Reden und Hören vernachlässigt. Die Rezeptionsästhetik hat schon lange darauf aufmerksam gemacht (▶ s. o. Kap. 1.1.3), dass die Rezeption der Hörenden einen entscheidenden Bestandteil jedes Kommunikationsprozesses bildet. Das Manuskript der Predigtperson wird in jedem Gottesdienst individuell ergänzt, weiter geführt, vervollständigt, konkretisiert, aber auch reduziert und verzerrt durch das sog. »Auredit« der Hörenden,[54] also dadurch, wie die Hörenden auf der Basis ihrer biographischen, intellektuellen und emotionalen Voraussetzungen das Gehörte aufnehmen, verarbeiten und an ihre Lebenswirklichkeit anpassen. Diesen Doppelaspekt jeder Kommunikation mag man bedauern, er ist jedoch nicht auszuschalten, er geschieht ständig und unvermeidlich. Im professionellen Reden erscheint es dann angebracht, bewusst mit diesem Sachverhalt zu arbeiten und ihn als Chance zu begreifen, also die Predigt absichtlich offen zu halten, Fragen stehen zu lassen, gezielt persönliche Schlussfolgerungen und Auslegungen bei den Hörenden anzuregen statt vorgeben zu wollen, wie die Predigt verstanden werden soll. Die Predigt soll sich bewusst und gezielt in den Hörenden fortsetzen und neue Verstehensräume öffnen.

In ähnlicher Weise hat schon vor Jahren der Pastoralpsychologe Hans-Christoph Piper im Blick auf das Thema Ambivalenz in der Predigt auf Folgendes aufmerksam gemacht: »Der Hörer möchte in seiner Widersprüchlichkeit (die er oft mehr ahnt als

---

51 Vgl. dazu ausführlich Engemann 2002, 1ff.
52 Engemann 1993, 105ff.
53 Engemann 1993, 142.
54 Engemann 1993, 91ff.

weiß) akzeptiert werden: In seinem Glauben und Zweifel, in seinem Können und Versagen, in seiner Hoffnung und in seiner Resignation, in seiner Schwäche und in seiner Stärke. Versucht der Prediger, das Positive (Glaube, Hoffnung, Liebe) zu stärken, indem er das Negative verwirft, so fühlt sich der Hörer in einem wichtigen Teil seiner Befindlichkeit verworfen. Er reagiert mit Abwehr und Traurigkeit ...«[55]
Homiletische Antworten auf diesen Sachverhalt sind lange bekannt, werden aber m. E. viel zu wenig umgesetzt; ich erinnere nur an zwei methodische Vorschläge:

- *Predigt als Erzählen von Geschichten*: »Es ist eine der grundlegendsten Aufgaben christlicher Predigt, Gottesgeschichte und Menschengeschichten miteinander zu verschränken.«[56] Gottesgeschichten sind nichts anderes als Geschichten dessen, was Menschen mit »Gott« bzw. dem, was sie dafür halten, erfahren haben, Geschichten von dem, was in ihrem Leben unerwarteterweise »passiert« ist. Geschichten regen zum Denken an, laden ein, sich mit den handelnden Personen und ihren Schicksalen zu identifizieren bzw. zu ihnen auf Distanz zu gehen, sie verwickeln in den Handlungsablauf, stimulieren die Selbsttätigkeit der Hörenden. »Gute« Geschichten haben gerade keine »Moral von der Geschicht«, veranschaulichen nicht etwas, was sowieso schon fest steht und was man auch anders sagen könnte, sondern sie enden offen und motivieren zu eigenen Schlussfolgerungen. So wie sich Identität narrativ entwirft und zum Ausdruck bringt, so muss auch Glaube seine eigenen Geschichten finden und zur Sprache bringen – angeregt durch fremde Geschichten. Narrative Texte, narrative Predigten sind offene Texte, die einladen, weiter zu denken, eine Fortsetzung zu fantasieren, ein eigenes Urteil zu suchen.

Angesichts eines offenen Textes reagieren Menschen meistens mit Ambivalenzen, weil es immer mehrere Verstehensmöglichkeiten gibt, so wie wenn man vor einem Kunstwerk im Museum steht: Zustimmen und ablehnen, sich angesprochen fühlen und auf Distanz gehen, sich freuen und sich ärgern, sich langweilen und neugierig werden – all das kann gleichzeitig oder kurz nacheinander (oszillierend) geschehen. Die ambivalenten Reaktionen provozieren die Lebendigkeit des Verstehensprozesses. Wo nur Zustimmung bleibt, wo das Ergebnis bereits fest steht, wird es langweilig, das hatte schon der Begründer der Ambivalenztheorie, Eugen Bleuler, festgestellt, als er schrieb, dass »abgeschlossene Ideen uns kaum mehr lebhaft bewegen können«[57] (▶ ausführlicher Kap. 2.2). Erst das Hin- und Hergerissen sein, die Gleichzeitigkeit widersprüchlicher Gefühle und Gedanken bringt Dynamik in den Prozess der Rezeption, lädt ein zum Abwägen, zum Hin-und-Her-Pendeln, um die unterschiedlichen Bedeutungs- und Empfindungsnuancen genauer zu erkunden und zu verstehen.
Engemann hat seinen homiletischen Ansatz an vielen eigenen Predigten exemplifiziert. Ein eindrückliches Beispiel von ihm will ich hier in komprimierter Zusam-

---

55 Piper 1976, 133.
56 Grözinger 2008, 203.
57 Bleuler 1914, 104.

menfassung vorstellen:[58] Ein Ich-Erzähler erzählt von einem ersten Klassentreffen nach 20 Jahren Dorfschule. Er kommt viel zu früh im Dorf an, geht im Halbdunkel noch zum Hof der früheren Klassenkameradin Maria, die er als ein sehr fröhliches und überzeugend christliches Mädchen in Erinnerung behalten hat. Während er durchs erleuchtete Fenster schaut, bekommt er einen Streit zwischen dieser Frau und ihrem Mann mit. Zurück im Gasthof trifft er die anderen, man redet und lacht und tauscht sich über die mitgebrachten Poesiealben aus. Er kommt mit Maria ins Gespräch und sie erzählt ihm, dass sie nicht hier wäre, wenn sie nicht immer noch hoffte, »dass es noch so kommen wird«. Auf der Rückfahrt schaut der Ich-Erzähler noch einmal in sein Poesiealbum und sieht dort zu seiner Überraschung auf einem Zettel Verse aus Römer 8, in denen von der Hoffnung auf Erlösung, auf die herrliche Freiheit die Rede ist.

Die Verstehensarbeit im Blick auf die Predigt müssen die Hörenden selber leisten. Hier ist kein Pfarrer, der einem nahe legt, wie man den biblischen Text und die Predigt dazu verstehen sollte. Hier wird nur sehr lebendig erzählt, wie eine Frau die Schwierigkeiten ihres Alltags aus ihrer christlichen Hoffnung heraus bewältigt. So kann jede/r sich selber fragen: Wie steht es mit meiner Hoffnung und Hoffnungslosigkeit? Worauf hoffe ich? Und wie bewältige ich die Mühen des Alltags? Die erzählte Geschichte lädt ein, sich selber gleichsam die Predigt zu halten – mit allen Vorbehalten, mit all dem inneren Hin und Her, das diese Geschichte in Gang setzt.

- *Predigt in Bildern und Symbolen/Metaphern.*[59] Menschen konstruieren ihr Leben, ihren Alltag mit Hilfe bestimmter Symbole bzw. Metaphern (▶ Kap. 7.3): Metaphern erzeugen »einen mentalen Raum zwischen Logik und Phantasie;«[60] Symbole repräsentieren eine »Region des Doppelsinns« (Ricoeur), geben zu denken, laden zur eigenständigen Interpretation ein. Aber es müssen wirklich Symbole oder Metaphern sein, nicht zu Klischees erstarrte Sprachbilder. Dass Gott die Liebe ist, dass wir Menschen Sünder sind und Christus für unsere Sünden gestorben ist, wird auch von den meisten Kirchgängern nur noch als klischeehafte »Verschlussformel«[61] gehört, da begegnet nichts Neues, nichts Unerwartetes, nichts Frag-würdiges, das eigene Denktätigkeit in Gang setzen könnte. Metaphern dagegen spielen mit der Dialektik von Überraschung und Verlässlichkeit, von Verfremdung und Vertrautheit:[62] Die Gleichnisse Jesu etwas knüpfen an bekannte Vorstellungen an, überschreiten und verfremden sie jedoch so, dass sich neue Perspektiven öffnen können:

Am Beispiel von Lk 15 (Gleichnis vom verlorenen Sohn): Hier wird ein Vater gezeichnet, der den leichtsinnigen jüngeren Sohn anscheinend dem älteren, pflichtbewussten

---

58 Engemann 1993, 123ff.

59 Vgl. z. B. Schwarz 2016. Leider trauen manche der Autoren dieses Bandes ihren Gottesdienstbesuchern offenbar wenig kreative Fähigkeiten zu, geben statt dessen selber vor, wie das Symbol verstanden werden soll (ein Beispiel dafür ebd. 104–108), machen also aus dem offenen Symbol ein mehr oder weniger feststehendes Zeichen oder Klische.

60 Lakoff [4]2004, 9.

61 Kroeger 2004, 75.

62 Vgl. Biehl 1984, 38.

vorzieht. Ein ungewöhnlicher Vater, der die Vorstellung eines Vaters in patriarchalen Zeiten auf den Kopf stellt! Analog zu dieser Vatervorstellung soll Gott gedacht werden. Passt das zu traditionellen Gottesvorstellungen? Haben wir nicht gelernt, dass Gott gerecht ist und alle Menschen gleichermaßen liebevoll anschaut und gerade nicht jemanden bevorzugt? Und: Wo und wie sehen sich die Hörenden selbst in dem geschilderten Beziehungsgeflecht: als den wagemutigen jüngeren oder den zuverlässigen älteren Sohn? Werden in der Geschichte »alternative« Lebenskonzepte ermutigt? Was folgt jeweils daraus für die persönlichen Vorstellungen vom Leben?

Kann man sich solchen Fragen in Gestalt einer Erzählung nähern?

Predigende brauchen den Mut, kreativ – schöpferisch, neuschaffend mit einem biblischen Text umzugehen, einen neuen Text zu schaffen und die dabei unvermeidlich auftauchenden Ambivalenzen bewusst zu machen, auszusprechen, stehen zu lassen, und ihre verschiedenen Seiten spielerisch auszukundschaften.

9.5.2 Ambivalenz in der Seelsorge[63]

Menschen entwerfen ihre Identität narrativ:[64] Durch Erzählungen skizzieren sie, wie sie sich selber sehen und von anderen gesehen werden wollen, wer sie in ihren eigenen und in fremden Augen sind bzw. sein möchten. Identität stellt einen permanenten Reflexions- und Erzählprozess dar: je nach Situation und Umgebung, je nach Gegenüber erzählen wir anders, setzen Akzente und Gewichtungen unterschiedlich. Einschnitte im Lebenslauf, besonders Erfahrungen von Krankheit, Schmerz, Leid, aber auch von Erfolg, Glück und Freude fordern dazu heraus, neu und verändert zu erzählen: Denn durch solche Erfahrungen gerät man in existentielle Verunsicherungen, die bisher vertrauten Deutungsmuster verändern sich, lieb gewonnene Lebensbahnen geraten durcheinander; da bedarf es intensiver und wiederholter Erzählanstrengung, um neue Zusammenhänge zu suchen und zu finden: Was ist mir hier widerfahren? Und was bedeutet das für meinen bisherigen und zukünftigen Lebenszusammenhang? Auf solche Fragen gibt es keine einfachen und eindeutigen Antworten, man pendelt in Gedanken und Gefühlen hin und her, muss mehrfach abwägen, probieren, verwerfen, neu suchen.

Seelsorge als Angebot zur Rekonstruktion von Lebensgeschichte[65] stellt einen Raum der unbedingten Annahme und Wertschätzung zur Verfügung, in dem ein solches Erzählen möglich ist, in dem die Ambivalenzen des Lebens und des Glaubens genauer angeschaut und mit ihren verschiedenen Seiten ausgelotet und besser verstanden werden können. Es gehört zentral zur kommunikativen Kompetenz der Seelsorgenden, sensibel zu sein für alle Formen ambivalenter Selbstdarstellung, ihren Ausdruck zu ermutigen und an der Klärung ihrer Bedeutungsnuancen mitzuwirken.

---

63 Siehe auch oben Kap. 3.6.
64 Vgl. Kraus 2000; Drechsel 2002.
65 Vgl. Grözinger 1986.

Wahrnehmung, Bearbeitung und Klärung von Ambivalenz ist zentraler Bestandteil jeder Problembearbeitung (besonders etwa beim Thema Trauer).

Viele Ambivalenzen sind sehr persönlicher Natur, man spricht nicht so leicht darüber: dass man bei einem Streit in der Partnerschaft dem anderen die Pest an den Hals wünscht, obwohl man ihn auch liebt; dass man in Zeiten von Krankheit sich verzweifelt fühlt und ans Sterben denkt, obwohl man auch am Leben hängt; oder dass einem gerade jetzt angesichts der eigenen miserablen Lage die Behauptung von Gottes Liebe rein gar nichts bedeutet oder sogar wie Hohn vorkommt. Es braucht ein ziemliches Maß an Vertrauen im Blick auf das Gegenüber, dass solche zwiespältigen Gedanken und Gefühle nicht abgewertet oder lächerlich gemacht, sondern ernst genommen und in ihrer Bedeutung weiter exploriert werden. Im seelsorglichen Zweiergespräch ist es am ehesten möglich, die Vorläufigkeit, das Tasten des eigenen Suchens und Fragens zu artikulieren. Verstehen und Deuten sind immer fragile und vorläufige Vorgänge;[66] man versteht annäherungsweise und deutet als Angebot, probeweise, in kleinen Schritten, um mit der anderen Person gemeinsam zu erkunden, um was es denn gehen könnte. Wenn solche Feinfühligkeit nicht gegeben ist, bricht die Kommunikation schnell ab, eben weil sich jemand mit seinem Anliegen bei der anderen Person nicht gut aufgehoben fühlt.

Ein (verfremdetes) Beispiel:

Krankenhausseelsorger S besucht Herrn F (Ende 40), der nach einem Autounfall mit Prellungen und Knochenbrüchen auf einer chirurgischen Station in einem Doppelzimmer liegt, das zweite Bett ist gerade leer. Herr F liest mit leicht erhöhtem Kopfteil im Bett.

S 1: Guten Tag, mein Name ist S, ich bin Krankenhausseelsorger in dieser Klinik, ich besuche die Patienten auf dieser Station und biete die Möglichkeit eines Gesprächs an.

F1 (Sagt nichts, schaut den Seelsorger an, und hat eine tiefe Falte auf der Stirn).

S 2: Sie schauen mich kritisch an?

F 2: Ich habe nicht mit einem Pfarrer gerechnet und weiß auch nicht so recht, ob ich mit Ihnen sprechen will.

S 3: Natürlich steht es Ihnen frei, das zu entscheiden – hat Ihr Zögern mit Ihrer Einstellung zum Glauben, zur Kirche zu tun?

F 3: Ich hab noch nie viel von der Kirche gehalten, bin vor ca. zehn Jahren ausgetreten. (Pause) Aber ich meditiere manchmal (spricht langsam), würde mich eher als Buddhist bezeichnen.

S 4: Das ist ja interessant; es bedeutet doch, dass Sie auch an Themen der Sinnorientierung interessiert sind, oder nicht?

F 4: Sehen Sie, das geht mir viel zu schnell, Sie wollen mich schon vereinnahmen. Dass ich meditiere, hat nichts mit Religion zu tun. Es macht mich einfach ruhiger.

S 5: (zögert) Sie haben Recht, ich habe vielleicht zu schnell Parallelen herstellen wollen zwischen meinem Verständnis von Glaube und Religion und dem, was Sie buddhistisch nennen. Aber wenn Sie mögen, erzählen Sie doch mal, was Ihnen das Meditieren bedeutet.

F 5: (Pause) Dann setzen Sie sich erst mal, es wird ja dann doch ein längeres Gespräch. (S zieht einen Stuhl heran und setzt sich, F schweigt wieder eine ganze Weile). Ich will Ihnen eigentlich etwas ganz Anderes erzählen: Dieser Unfall, weswegen ich hier bin, beschäftigt mich sehr, wenn ich hier für mich allein liege, obwohl er jetzt schon ein paar Tage her ist. Ich habe Schwein gehabt, … bin mit hoher Geschwindigkeit auf der Autobahn auf einen

---

66 Zum Prozess des Verstehens und Deutens vgl. ausführlicher Klessmann [5]2015, 205ff.

anderen drauf gefahren ... Großes Glück gehabt, dass ich nur diese Knochenbrüche und Prellungen erlitten habe, das hätte auch anders ausgehen können, das war ziemlich knapp.

S 6 Sie wirken noch richtig erschrocken.

F 6 Ja, bin ich auch. Meine katholischen Eltern hätten gesagt, dass ich da einen Schutzengel hatte – obwohl man ja auch sagen könnte, warum hat der mich nicht gleich überhaupt vor dem Unfall bewahrt? Hat er aber nicht.

S 7 Diese Unfallgeschichte bringt Sie ins Grübeln, so verstehe ich Sie, ob an einem Glauben an Gott oder Engel nicht doch was dran sein könnte?

F 7: Ich hab das immer für Quatsch gehalten. Wie soll denn da einer sein, der die Milliarden Menschen auf der Erde alle einzeln im Blick hat und den einen schützt und den anderen zu Grunde gehen lässt. Das ist doch Blödsinn. (langes Schweigen) Und trotzdem denke ich jetzt manchmal, ob es nicht irgendwas Größeres gibt oder geben müsste.

S 8: Etwas Größeres?

F 8: Ja, ich kann das schwer ausdrücken. (Pause) Es wär doch schön, wenn's so was gäbe, das uns irgendwie trägt und begleitet, eben wie so Schutzengel. (Pause) Und zugleich denke ich, was für'n Unsinn.

S 9: Unsinn und Sehnsucht, hör ich von Ihnen, beides.

F 9: Das bringt's ganz gut auf den Punkt, Unsinn und Sehnsucht. (Pause) In der Kirche wird von Gott geredet, als ob er ein Fakt wäre, so was Objektives, das steuern und eingreifen soll. Mehr als die Sehnsucht haben wir doch nicht.

S 10: Sie haben Recht, dass in den Kirchen oft so faktenmäßig von Gott die Rede ist, als wüssten wir, wer er ist und was er tut. Die Bibel betont an vielen Stellen, dass Gott unerkennbar ist, ein bleibendes Geheimnis – und trotzdem reden wir häufig anders.

F 10 Die Kirchen sind in ihrer Geschichte viel zu häufig aufgetreten als die, die Bescheid wussten und dann autoritär geworden sind, mit schrecklichen Folgen.

S 11 Lassen Sie uns mal nicht über die Kirchen reden, sondern über Sie: Was können Sie denn mit dieser Mischung aus Unsinn und Sehnsucht anfangen, wo Sie hier nach diesem Unfall liegen und großes Glück gehabt haben, dass Ihnen nicht Schlimmeres passiert ist?

F 11 (schweigt lange) Das weiß ich auch nicht wirklich. Aber es gefällt mir erst mal, dass Sie mir das mit dem Unsinn nicht ausreden wollen, das brauche ich irgendwie, aber vielleicht kann ich mich ja mit der Sehnsucht vertrauter machen, die ist mir nämlich neu … (Eine Krankenschwester kommt ins Zimmer, der Seelsorger verabschiedet sich mit dem Wunsch, das Gespräch vielleicht irgendwann fortzusetzen.)

In der Reflexion über diese Begegnung sagt S, dass es ihm am Anfang schwer gefallen sei wahrzunehmen, wie tief der Mann angerührt war von seiner Unfallerfahrung und wie er tastend auf dem Weg war, dieses Ereignis zu verstehen und zuzuordnen. S 4 habe er ihn in der Tat quasi vereinnahmt, aber dann habe es doch von F 5 an sehr dichte Momente gegeben, in denen der Mann suchend und stellenweise wie zu sich selbst gesprochen habe. F 11 sei ihm wie eine positive Aussicht vorgekommen. Vielleicht sei es gar nicht so schlecht gewesen, dass sie an dem Punkt eine Schwester unterbrochen habe, weil der Mann viel Zeit braucht, um hier weiter zu kommen, in welche Richtung auch immer.

Ein anderes Beispiel aus der Seelsorge bringt Hans-Christoph Piper:[67]

»Ein katholischer Priester, ein junger Jesuitenpater, besucht als Krankenhausseelsorger einen evangelischen Pastor, der kurz vor seinem Ruhestand steht. Der kranke Pfarrer erzählt von

---

67 Piper 1998, 84.

den schweren Zeiten, die er hinter sich hat – es habe der Verdacht auf eine Krebserkrankung bestanden – und sagt dann: ›In der ganzen Zeit hat mir der Galaterbrief sehr geholfen.‹ Der Priester: ›So etwa: Sie sind zur Freiheit befreit?‹ Die Antwort des kranken Pfarrers darauf lautet: ›Ja, manchmal schon – aber manchmal auch nicht.‹

Der Priester geht nicht weiter darauf ein, sondern spricht dem alten, erfahrenen und leidgeprüften Mann gegenüber einen Wunsch aus: ›Wissen Sie, der Wunsch, den ich so an glaubende Menschen ihrer Generation hätte – das heißt auch an Sie – der wäre: Zeigt mir, wie man das macht, aus einem lebendigen Glauben heraus so eine Krise zu bestehen.‹ ›Ja‹, erwidert der Kranke und fährt fort: ›Obwohl – so sicher bin ich natürlich auch nicht immer.‹ Darauf der Priester: ›Ich auch nicht. Ja und nein, Glaube und Unglaube, das geht bei mir auch immer ineinander.‹ Der Pfarrer: ›Dass Sie das so sagen können, tut mir gut‹.«

In beiden Begegnungen entsteht ein Moment der großen Nähe und des tiefen Verstehens zwischen den Gesprächspartnern, und zwar dadurch, dass die Ambivalenzen angesprochen werden können und wertschätzend Raum finden. Mit aller Vorsicht könnte man sagen, dass eben darin etwas Kostbares, Geheimnisvolles, ja Heiliges aufscheint, in Bions Sprache »O« (s. o. 9.2.3). Ein solches Erleben hat etwas Tröstliches: Trost entsteht nicht durch die Zusage von vermeintlichen Gewissheiten, sondern durch das Teilen von Ungewissheiten und Ambivalenzen. Eine Solidarität in der Ambivalenz stellt sich ein; zugleich finden die Beteiligten im Prozess des Suchens mehr zu sich selbst, verstehen vertieft, wer sie sind und was gerade mit ihnen geschieht.

9.5.3   Ambivalenz in der Liturgie

> »Ich glaube nicht, aber ich knie«
> (Martin Walser)

Auch in der liturgisch-rituellen Kommunikation ist mit Ambivalenzen zu rechnen, obwohl Liturgie als Ganze eher affirmativen Charakter hat.[68] Allein schon die Verwendung von Alltagssprache – beispielsweise in der Bezeichnung Gottes als »Vater« oder als »Herr« – löst unvermeidlich Ambivalenzen aus in denen, die am Ritual teilnehmen. Denn was ist mit dieser Redeweise gemeint? Welche Vorstellungen von einem Vater oder einem Herrn für das Unbedingte werden da evoziert? Wie konkret oder offen sollen die Konnotationen bleiben?

Besonders deutlich lassen sich die Zwiespältigkeiten am Beispiel des für jeden Gottesdienst zentralen Aktes des Segens zeigen:[69]

Der Segen, so sagt es die jüdisch-christliche Tradition, stellt eine indirekte Form der Anrede Gottes an den Menschen dar: Subjekt des Segensaktes ist Gott, ausgesprochen wird der Segen jedoch von der Person des/der Segnenden. Es geht also um eine dreistellige Relation, die in eben dieser Dreistelligkeit immer von Undeutlichkeiten und Zwiespältigkeiten begleitet ist:

---

68 Vgl. ausführlicher Klessmann 2007.
69 Im Folgenden knüpfe ich an Gedanken von Fechtner 2015, 84ff. an, spitze sie aber noch einmal deutlich zu.

- Pfarrerinnen und Pfarrer geben sich häufig Mühe, die Kraft des Segens durch einen intensiven Augenkontakt und eine überzeugende Gestik und Sprechweise anzudeuten, als ob Gottes Segen von der Intensität ihrer persönlichen Zuwendung abhinge; wird der Segentext jedoch ganz sachlich gesprochen oder gar herunter geleiert, könnte es der Glaubwürdigkeit des Segens in der Wahrnehmung der zu Segnenden schaden.[70] Das »göttliche« Geschehen scheint also doch nicht ganz unabhängig von der Weise der menschlichen Vermittlung zu sein.
- Der Segen wird im Optativ bzw. Jussiv ausgesprochen: »Gott möge dich segnen«. Manfred Josuttis hat das ein »anwünschen« genannt:[71] Eine Resonanzgeschehen wird in Gang gesetzt, bei dem offen bleibt, offen bleiben muss, was hier in Gang kommt: Wird tatsächlich göttliche Lebenskraft vermittelt, neue Zukunft eröffnet, oder handelt es sich um leere Worte, die eben am Ende eines jeden Gottesdienstes gesprochen werden, an den Anwesenden vorbeirauschen und nichts bewirken?
- Im Segen wird das Angesicht Gottes heraufbeschworen: »Er lasse leuchten sein Angesicht über dir ...« Gottes Augen reaktivieren – entwicklungspsychologisch gesehen – die frühen Blicke der Eltern, den »Glanz in den Augen der Mutter« (Heinz Kohut). Aber: War da immer ein Glanz in den Augen den Mutter? Was geschieht, wenn die »Erinnerung«[72] an diesen Blick schambesetzt und eher schmerzlich ausfällt, mit »nicht gesehen werden« und »übersehen werden« in Verbindung gebracht wird? Der theologische Satz »im Segen gibt Gott sein Gesicht zu erkennen und aus diesem Gesicht ist abzulesen, dass er es gut mit uns meint«,[73] stimmt empirisch gerade so nicht: Nicht Gott gibt sein Angesicht zu erkennen, sondern der Pfarrer, die Pfarrerin – und dass darin Gott uns anblickt und es gut mit uns meint, ist gerade nicht »abzulesen«, sondern zu glauben, in, mit und unter und gegen die freundlichen, traurigen, zornigen oder gelangweilten Augen der segnenden Person. Gottes Blick kommt als dritter und fremder Blick zwischen den Blickkontakt von Segnendem und Gesegnetem. Dieser fremde Blick soll zwar, so die theologische Tradition, Geborgenheit und Sicherheit, Shalom, vermitteln, aber er bleibt erst einmal abstrakt und fremd und damit potentiell auch in mehrfacher Weise beschämend im Sinn von: »Wer ist das, der mich da anschaut? Und: wie schaut er mich an? Liebevoll oder durchdringend? Durchschaut er mich?« Und: »Bin ich es überhaupt wert angeschaut zu werden«? »Was sieht einer, der mich genau anschaut?« Die Eindeutigkeit, die dem aaronitischen Segen gemeinhin in der Praktischen Theologie attestiert wird, ist bei den Empfangenden durchaus nicht selbstverständlich gegeben, so wie beispielsweise auch Ps. 139 (»Herr du erforschest mich und kennest mich...«) sowohl als Ausdruck einer zuversichtlichen Geborgenheit bei Gott wie auch mit Angst vor nicht enden wollender Überwachung gelesen werden kann. Bei psychiatrisch erkrankten Menschen, die oft eine

---

70 Diese m. E. unvermeidliche Ambivalenz spiegelt sich in den Ausführungen von Thomas Kabel zur Gestaltung der Segenshandlung am Ende des Gottesdienstes, 2002, 150ff.

71 Josuttis 1991, 309f.

72 Im Sinn der von dem Säuglingsforscher Daniel Stern so genannten RIG's (Representation of Interactions that have been Generalized). Stern 1992, 143f.

73 Zitat von Greiner bei Fechtner 2015, 87.

besondere Sensibilität für latente Ambivalenzen besitzen, kann man solcher Zwiespältigkeit oft genug begegnen.

Dieser Zwiespältigkeit entspricht die Unsicherheit auf Seiten der gesegneten Person,
ob sie den Segen mit erhobenem Angesicht oder mit gesenktem Blick empfängt.
Erstere Haltung drückt einen partnerschaftlichen Kontakt aus, soz. auf Augenhöhe.
Ist das angemessen angesichts eines *göttlichen* Segens? Oder eher eine nach innen
gewendete Haltung, die aber auch mit Unterwürfigkeit und Unterlegenheit assoziiert
werden kann? Beides darf sein, das eine wie das andere und beides gleichzeitig.

Die Liturgie wird bereichert, wenn nicht nur ihre Affirmationen, sondern auch
ihre Ambivalenzen Aufmerksamkeit finden; es vertieft das Verstehen der Liturgie und
das Selbstverständnis derer, die daran teilnehmen.

9.5.4   Ambivalenz in Kasualien

Biografische und familiäre Knotenpunkte des Lebens (Geburt, Übergang vom Jugendlichen zum Erwachsenen, Hochzeit, Bestattung) sind in hohem Maß ambivalent besetzt. Bei diesen Übergängen, die auch durch kirchliche Kasualien begangen
werden, sind die Beteiligten fast immer von widerstreitenden Gefühlen hin und her
gerissen.[74]

> Christoph Müller zitiert beispielsweise eine Frau, die über ihre Schwangerschaft sagt: »Zuerst
> war eine Riesenfreude, so, Wow, ich bin schwanger; und eine Woche später war es irgendwie
> ›Huch, kann nie mehr allein nach Berlin ...‹«[75]
>
> Im Zusammenhang von Todesfällen ist besonders auf Ambivalenzen zu achten: In der
> Trauer vermischen sich der Schmerz des Abschieds, die Erleichterung, dass bestimmte Belas-
> tungen zu Ende gekommen sind, Schuldgefühle über versäumte Gelegenheiten und nicht
> abgeschlossene Beziehungen.

Familiäre Konflikte brechen bei solchen Übergängen unweigerlich auf, Sehnsüchte,
Wünsche und alte Verletzungen werden im Zusammenhang mit dem Lebensübergang
einer Person in der Familie bei den anderen Beteiligten wach. Die bisherige Rollenver-
teilung ist durcheinander geraten und muss neu austariert werden: Der Übergang
des/der Einen zieht eine Umstellung der ganzen Familie nach sich. Die Gestaltung
von Kasualien muss diese Ambivalenzen aufgreifen, bekommt dadurch selbst notwendigerweise einen zwiespältigen Charakter.

Der Praktische Theologe der Universität Bern Christoph Müller, der eine Reihe
von Expert*innen-Interviews zum Thema geführt hat, spricht von dem notwendigen
Oszillieren zwischen Überlieferung und Kontextualisierung:[76] Zunächst gibt die Tradition der Kirche einen festgelegten rituellen Rahmen für die Gestaltung einer Kasua-
lie vor, dieser Rahmen in Form einer Agende kann und muss jedoch in der Gegenwart
überschritten und innovativ gefüllt werden, um den an ihr Beteiligten in ihrer Einzig-

---

74 Vgl. Dietrich/Lüscher/Müller 2009, 133ff.
75 Ebd. 134.
76 ebd. 123ff.

artigkeit gerecht zu werden. Zu diesem innovativen Umgang gehört die Frage, wie mit den Ambivalenzen des zu begehenden Lebensübergangs umgegangen wird: Werden Konflikte ausgeklammert, Pluralität diskriminiert und die sozialen und ökonomischen Rahmenbedingungen ausgeblendet zugunsten einer potentiell langweiligen, moralisierenden Harmonie und Klischeehaftigkeit? Oder wird Ambivalenzen Raum gegeben durch die Verwendung von Symbolen, Erzählungen und poetischen Texten und die vielfältigen Deutungsmöglichkeiten des im Zentrum stehenden Übergangs? Rituale eröffnen einen intermediären Raum, in dem Ambivalenzen Platz haben; der Rahmen des Rituals »hält« die widersprüchlichen Emotionen und Gedanken, so dass sie nicht einseitig aufgelöst werden müssen. Gerade darin liegt die besondere Chance des Rituals.

> Ein geschiedenes Paar lässt ihr gemeinsames Kind taufen; die Pfarrerin spricht den Schmerz der Trennung an, der bei dieser Gelegenheit wieder intensiv aufbricht, und zugleich die Freude darüber, dass es dieses Kind gibt und beide für ihr Kind – auf getrennten Wegen – das Beste wollen.[77]

Müller fügt an dieser Stelle an, dass die Angst vor Ambivalenzen mit einer theologischen Position der Eindeutigkeit und Fraglosigkeit der Tradition des Amtes und seines Auftrags in Zusammenhang stehen könnte: Wer meint, eine solche Eindeutigkeit des Amtes für sich in Anspruch nehmen zu müssen, fürchtet anscheinend Ambivalenzen als Infragestellung seiner Amtsautorität; er muss dann mögliche Zwiespältigkeiten so weit wie möglich abwehren, verliert damit aber auch den Bezug zur Lebenswirklichkeit der beteiligten Personen. Es entsteht eine negative selffulfilling prophecy, die nur unterbrochen werden kann, wenn man die Realität von Ambivalenzen an den Knotenpunkten des Lebens (wie im Amtsverständnis!) metakommunikativ in ihr Recht setzt und würdigt.

9.5.5 Ambivalenz im Religionsunterricht

Religionsunterricht als ordentliches Lehrfach an öffentlichen Schulen löst auf struktureller wie auf inhaltlicher Ebene verschiedene Ambivalenzen für Lehrende und Lernende aus:

Auf der strukturellen Ebene ist RU nach dem Grundgesetz Art. 7 (3) ordentliches Lehrfach, also Pflichtfach für konfessionsangehörige Schüler*innen (mit der Möglichkeit der Abmeldung und der dann zwingenden Teilnahme an einem Alternativfach wie Ethik oder Philosophie) und anderen Unterrichtsfächern grundsätzlich gleichgestellt. RU soll »in Übereinstimmung mit den Grundsätzen der Religionsgemeinschaften« erteilt werden, unterliegt aber der Aufsicht des Staates. Der Staat ist Unterrichtsträger, nicht die Kirchen.[78]

Angesichts dieser Spannung ist seit langem strittig, was unter Religionsunterricht zu verstehen ist: Handelt es sich um konfessionellen Religionsunterricht, also um

---

77 Ebd. 169.
78 Vgl. ausführlicher Ennuschat 2001 II, 1780ff.

bekenntnisgebundene Glaubensunterweisung oder um weltanschaulich neutrale Religionskunde? Die erste Position, die vor allem in den 50er und 60er Jahren als »Evangelische Unterweisung« praktiziert wurde, repräsentierte eine Form des kirchlichen Bekenntnisunterrichts, der Verkündigung des Evangeliums in der Schule; die Stellung eines solchen Unterrichts in religiös neutralen öffentlichen Schulen erschien zunehmend problematisch. Die zweite Position, Religionskunde, Unterricht »über« Religion, ihre kulturelle und identitätsbezogene Bedeutung, gerät jedoch unvermeidlich in Spannung zu den »Grundsätzen der Religionsgemeinschaften«, dem Anspruch und dem Recht der Kirchen, Inhalte und Ziele des RU zu bestimmen. Die heftigen Auseinandersetzungen um die Einführung eines Schulpflichtfachs »Lebenskunde – Ethik – Religionskunde« (LER) im Land Brandenburg in den 90er Jahren spiegeln diesen Konflikt.

In diesem strukturellen, schulpolitischen Dilemma geht es um die bisher nicht eindeutig beantwortete inhaltliche Frage, wie angesichts zunehmender Säkularisierung und religiöser Pluralisierung, von der die jüngste Generation der Schüler*innen in besonders intensiver Weise betroffen ist, mit dem Auftrag eines konfessionell verantworteten Unterrichtsfachs »Religion« an öffentlichen Schulen und in den verschiedenen Schultypen umzugehen ist. Es hat zahlreiche Versuche gegeben, Konzepte des RU den veränderten gesellschaftlichen und religiösen Gegebenheiten anzupassen (hermeneutischer RU, Symboldidaktik, identitätsbegleitender RU, dialogischer RU etc.) und damit seine Stellung in der Schule zu legitimieren und gleichzeitig der gesellschaftlichen Prägung der Schüler*innen gerecht zu werden. Unvermeidlich bleibt die Spannung zwischen wünschenswerter Anpassung des RU an die Lebenswelten der Schüler*innen und der nicht aufhebbaren Fremdheit des biblisch-kirchlichen Auftrags.

In jüngster Zeit hat Gundula Rosenow, Religionslehrerin und wissenschaftliche Mitarbeiterin an den Universitäten Rostock/Greifswald, eine interessante Studie vorgelegt: Die weitgehende Entkirchlichung der Gesellschaft im postsozialistischen Umfeld Ostdeutschlands und die negative Bewertung alles dessen, was mit Religion und Kirche zu tun hat, bilden den Ausgangspunkt ihrer Studie; er steht in Spannung zu der Beobachtung, dass viele Jugendliche mit existentiellen Fragestellungen beschäftigt sind, für deren Bearbeitung es in der Schule – außer dem RU – keinen Ort gibt. Das daraus erwachsende Dilemma formuliert Rosenow folgendermaßen:[79] »Ich kann nicht die für Schüler irrelevanten Inhalte eines Faches unterrichten, wenn gleichzeitig existentielle Fragen aufbrechen, die nach einer Antwort verlangen … Das Grundproblem bewegt sich oszillierend zwischen zwei Polen: der Negativkonnotation religiöser Semantik und der drängenden Erfordernis, die existentiellen Erfahrungen der Schüler in den Unterricht einzubeziehen.«[80] Angesichts dieser Spannung versucht Rosenow, einen Unterrichtszugang zu entwerfen, in dem die in existentiellen Fragen aufgenommen und die möglicherweise verborgenen religiösen Potentiale ausgearbeitet werden können: »Individuelles Symbolisieren« nennt sie diesen Zugang. Er öffnet die Chance,

---

79 Rosenow 2016.
80 Rosenow ebd. 16.

dass Schüler*innen sie existentiell angehende Erlebnisse (schriftlich und mündlich) artikulieren und mit anderen teilen können (der Tod naher Angehöriger; Trennung von Freund*innen wird besonders häufig genannt) und in diesem Prozess der Versprachlichung mehr Klarheit gewinnen über das, was sie umtreibt und belastet. Dabei brauchen sie Anschluss an bereits bestehende (religiöse) Symbolsysteme, die einerseits Hilfestellung bei der Versprachlichung darstellen, andererseits in ihrer Fremdheit aber auch als Hindernis und Einengung erlebt werden und insofern gerade überschritten werden müssen.

Dieser Zugang zeigt exemplarisch, wie produktiv und kreativ eine gezielte Berücksichtigung der Ambiguitäten und Ambivalenzen, mit denen Schüler*innen beschäftigt sind, im RU sein kann: Nur über das Oszillieren zwischen den negativen Konnotationen, die das Fach RU und die mit ihm assoziierte Kirche für viele haben, einerseits und dem Ernstnehmen der für die Jugendlichen wichtigen existentiellen Erfahrungen andererseits kann ein relevanter Unterricht gelingen, der Jugendliche in ihrer Selbstreflexion, in ihrer Identitätssuche und dem, was Religiosität/Spiritualität für sie bedeuten könnte, stärkt.

9.6 Glaubensambivalenz individuell wahrnehmen und gestalten

Wenn die Institution Kirche und ihre Repräsentanten insgesamt Ambivalenz-sensibel und Ambivalenz-fördernd agieren, wird eine bewusste individuelle Wahrnehmung und Gestaltung von Glaubensambivalenz bei den Adressaten kirchlicher Arbeit angeregt und ermutigt. Gleichzeitig gilt natürlich auch das Umgekehrte: Individuelle Bereitschaft, Ambivalenz wahrzunehmen und zum Ausdruck zu bringen, wirkt zurück auf institutionelle Vorgaben. In jedem Fall öffnet Ambivalenz als »sensibilisierendes Konzept« für die Chancen und den Reichtum der Glaubensvielfalt gerade auch bei Einzelnen.[81]

Was das bedeuten kann, soll im Folgenden ausgeführt werden (▶ vgl. auch Kap. 3.5).

1. *Religiöse Erfahrung* bildet den lebendigen Kern jedes Glaubens. Erfahrung ist immer einzigartig und unverwechselbar; zwar gibt es kulturelle Muster, aus denen sie ihre Sprache und Bilder bezieht. Aber die Ausgestaltung ist und bleibt letztlich individuell und subjektiv. Das wird besonders deutlich, wenn man sich eine Differenzierung von Gotteserfahrungen, wie sie Gerd Theißen vorgeschlagen hat, ansieht: Theißen spricht von Gotteserfahrungen als Resonanzerfahrungen und nennt beispielhaft *Grenzerfahrungen* (»Ich war tief erschüttert bei der Geburt meines Sohnes« erinnert sich ein Mann), *Natur- oder Kreaturerfahrungen* (»wenn ich beim Bergwandern einen Gipfel erreicht habe, bin ich ganz überwältigt«), *Sinnerfahrungen* (»in der Musik spüre ich etwas von dem, was das Wort Himmel meint«), und

---

Gewissenserfahrungen (»*Niemals* würde ich meine Mutter in ein Heim geben«, sagt eine junge Frau mit Emphase).[82] Die unterschiedlichen Resonanzerfahrungen werden offensichtlich persönlichkeitsspezifisch erlebt und zum Ausdruck gebracht. In alltäglichen Situationen erkennen und spüren Menschen auf ihre persönlich-unverwechselbare Weise etwas Unbedingtes, »Spuren von Transzendenz«, Hinweise auf ein Größeres, das uns trägt *und* bedroht und das wir Gott oder den Grund des Seins o. ä. nennen können.

Erfahrung ist tendenziell immer uneindeutig und ambivalent: Man weiß nie exakt, um was es sich handelt; es sind subjektive Deutungen die wir einem Widerfahrnis geben, manchmal eher Ahnungen, die *im Moment* Plausibilität gewinnen, später vielleicht schon wieder verblassen und von anderen Personen sicher anders gedeutet werden. Umso wichtiger ist es, dass sich Menschen ermutigt fühlen, die Vielgestaltigkeit und Uneindeutigkeit ihrer fragmentarischen religiösen Erfahrungen nicht abzuwerten und auf Eindeutigkeit zu hoffen, sondern darin den Grundstock eines lebendigen und kreativen Glaubens zu sehen.

2. Individuelle Glaubensgestalten, das folgt aus der ersten These, zeigen sich, wenn man darüber mit anderen ins Gespräch kommt, als *grundlegend plural*, different, offen, widersprüchlich und konflikthaft; das impliziert *Abkehr von Einheits-, Totalitäts- und Harmonievorstellungen.*

In der Tradition des christlichen Glaubens sind Einheits- und Harmonievorstellungen stark ausgeprägt. Man kann das beispielsweise an den sog. Lasterkatalogen im Galater- und Epheserbrief ablesen. Hier werden Liebe, Friede, Geduld, Freundlichkeit und Sanftmut in den Vordergrund gerückt und als Gegenbilder zu Zwietracht, Spaltungen, Zorn und Zank gewertet (Gal 5, 19–23). Eine solche Harmonie-Mentalität, die notwendige Differenzierungen und Ambivalenzen unterdrücken muss, war und ist immer noch in christlichen Gemeinden verbreitet.[83] Dann bleibt kaum eine andere Möglichkeit, als auch Glauben einheitlich, geschlossen, konsistent, widerspruchsfrei (er-)leben zu wollen und Divergenzen so weit wie möglich auszublenden.

Es erfordert ein tiefgreifendes Umdenken, sich von der Dominanz solcher tendenziell übergriffiger Einheitsvorstellungen abzuwenden und demgegenüber eine Praxis der Vielheit und die daraus erwachsende Auseinandersetzung, des offenen Diskurses, des Streits um die Wahrheit gut zu heißen und zu etablieren: eine Praxis, die grundsätzlich mit der Vielfalt und Widersprüchlichkeit der Ausdrucksformen des Glaubens und seiner Inhalte rechnet und die Einzelnen dazu ermutigt, diese Vielfalt als Ressource für sich zu entdecken. Die religiöse Autonomie der Einzelnen muss nachhaltig gestärkt werden. Sie findet ihren Ausdruck im Diskurs, der in der volkskirchlichen Praxis viel größeren Raum einnehmen sollte.

3. Glaube gewinnt Gestalt auf *persönlichkeitsspezifische Art und Weise.*[84] Individuell-familiäre Biografie einerseits, die Inhalte und Ausdrucksformen des Glaubens wie

---

82 Gerd Theißen, Glaubenssätze. Ein kritischer Katechismus. Gütersloh [2]2012.

83 Vgl. die in vieler Hinsicht immer noch aktuellen Thesen bei Klessmann 1992.

84 Zum Konzept des persönlichkeitsspezifischen Credo vgl. Winkler 2003, 13ff. Winkler berichtet mehrere Beispiele, an Hand derer er dieses Konzept entfaltet.

sie uns aus der Tradition überliefert sind andererseits durchdringen sich und geben dem Glauben eines Menschen einen einzigartigen persönlichen Charakter. Frühe Lebenserfahrungen,[85] Sehnsüchte, Konflikte und Ambivalenzen werden zu unbewussten und bewussten Bestandteilen dieser persönlichkeitsspezifischen Prägung des Glaubens. Natürlich können diese Zusammenhänge nicht alle aufgedeckt werden; aber da, wo der »Sitz im Erleben« (Klaus Winkler) bewusst werden kann, stellt es eine Bereicherung dar, diese Verschränkung von Biografie/Milieu und Tradition des Glaubens genauer kennen zu lernen. Konkret kann das heißen, danach zu fragen:

a) Welche Gottes-, Jesus- und Kirchenbilder bevorzugt jemand aus der Fülle der zur Verfügung stehenden Möglichkeiten? Welche milieuspezifischen und familiären Muster spielen dabei eine Rolle? Wie werden die Bilder auf persönlichkeitsspezifische Weise adaptiert?

b) Lässt sich ein Zusammenhang zwischen gegenwärtigem Lebensgefühl, gegenwärtiger Lebenssituation und aktueller Gottesvorstellung erkennen? Gibt es da Entsprechungen oder Gegensätze? Und was bedeuten sie im Horizont der individuellen Biographie?

c) Welche Ambivalenzen tauchen in diesen Zusammenhängen auf und was bedeuten sie jeweils?

Die rezeptionsästhetische Erkenntnis, dass wir unvermeidlich dargebotene Inhalte individuell-subjektiv verarbeiten und adaptieren, verdeutlicht einmal mehr, dass die individuelle Rezeption keine Verfälschung und Verzerrung darstellt, sondern unvermeidlich ist und in der Regel eine Bereicherung, Erweiterung und Vertiefung darstellt. Die aus der biblisch-kirchlichen Tradition vorgegebenen anscheinenden Eindeutigkeiten (Bekenntnisse, Katechismen, Liedtexte etc.) verlieren ihre Normativität, können als *eine* Stimme aus der Vergangenheit gewürdigt und als solche in den Diskurs einbezogen werden. Ambivalenz auch in Glaubensdingen muss dann nicht länger als schambesetzt verschwiegen und verdeckt werden.

Wahrnehmung von Glaubensambivalenzen fördert die religiöse Subjektivität und Autonomie: Die Einzelnen sollen sich lösen von vorgegebenen Bekenntnis- und Katechismusformeln, sollen eigene Glaubensformulierungen und -praktiken wagen[86] und dabei das Risiko von Unvollständigkeit, Bruchstückhaftigkeit und Ambivalenz in Kauf nehmen.[87] Glaube wird auf diese Weise authentischer und lebendiger, aber natürlich auch fragiler und anfälliger.

---

85 Winkler ebd. 14ff unterscheidet an dieser Stelle Gottesbilder als Erbe präödipaler Erfahrungen, die als Verschmelzungserfahrungen und »ozeanisches Gefühl« (R. Rolland) verstanden werden können, von ödipal geprägten, also auf die Vater-Autorität bezogenen, konflikthaften Erfahrungen, die S. Freud in seiner Religionskritik vorrangig im Blick hatte.

86 Analog zu Luthers Aufforderung, Christen sollten eigene Dekaloge schreiben, vgl. WA 39,1; 47. Leo Baeck hat gefordert, dass jede Zeit »ihre eigene Bibel« erwerben muss, zitiert bei H.M. Barth 2002, 186.

87 Ein Beispiel einer stark subjektiven Auslegung des Apostolikums, das zu ähnlichen Versuchen anregt, hat Praetorius 2011 vorgelegt.

4. Einzelne müssen einen *Prozess des Abschieds* von Ganzheits-, Eindeutigkeits- und Gewissheitsvorstellungen im Glauben, in denen sie religiös sozialisiert worden sind, durchmachen. Abschied geht immer einher mit dem hochkomplexen Affekt der Trauer: Sich emotional und kognitiv lösen von dem, was wichtig war und die Aufmerksamkeit neu fokussieren. Ein solcher Prozess braucht Zeit, braucht die bewusste Auseinandersetzung mit der Vergangenheit, braucht Gelegenheiten, wiederholt erzählen zu können, was wichtig war und was jetzt an dessen Stelle treten könnte und sollte. Regressionen und Progressionen, Hin-und-Her- Gerissensein zwischen verschiedenen Glaubenseinstellungen ist in diesem Zusammenhang völlig normal: Ambivalenzgefühle gegenüber dieser Aufwertung von Ambivalenz!

5. *Glaubensambivalenz muss man sich leisten können*; man braucht emotionale, kognitive und soziale Ressourcen, die es einem erlauben, die Gleichzeitigkeit oder das Hin und Her zwischen unterschiedlichen religiösen Gedanken und Gefühlen als anregend und bereichernd wertzuschätzen und nicht aus Angst und Unsicherheit abzuwehren. Individuelle und soziale Ressourcen sind zu unterscheiden, gehören aber im Lebensvollzug untrennbar zusammen. So lebt Ich-Stärke, die man braucht, um sich von institutionellen Eindeutigkeits- und Gewissheitsvorgaben abzugrenzen und die eigenen Glaubensambivalenzen leben zu wollen, von einer Gemeinschaft, die solche individuellen Versuche wiederum billigt und fördert. Insofern sind kleinere Gruppen innerhalb einer Gemeinde, die kritisch-konstruktive Gespräche pflegen, unverzichtbar. Alleine und ganz für sich kann man sich Glaubensambivalenz nur schwer leisten, es braucht die Gemeinschaft derer, die Lust daran haben, die Vielfalt und Unterschiedlichkeit ihrer Glaubensgestalten zu erforschen und miteinander zu teilen. Das bedeutet im Umkehrschluss, dass Menschen in Krisenzeiten ihres Lebens, in Zeiten von Unsicherheit und Instabilität ihrer Lebensverhältnisse, sich Glaubensambivalenz möglicherweise nicht leisten können.

6. In Umfragen ist immer wieder festgestellt worden, dass Anhänger einer Religion, einer Kirche eine höhere Vorurteilsneigung aufweisen als nicht-religiös gebundene Menschen.[88] Hier kann man eine spezifische Ambivalenzintoleranz unterstellen, wie sie schon Frenkel-Brunswick beschrieben hat (▶ s. o. Kap. 2.6). Wer sich von der Komplexität eines pluralisierten postmodernen Lebens überfordert fühlt und durch eine Eindeutigkeit und Gewissheit betonende kirchliche Lehre strukturell darin bestärkt wird, muss beinahe zwangsläufig mit Ambivalenzabwehr und entsprechender Vorurteilsneigung reagieren. Je mehr Einzelne und die Institution als Ganze ambivalenzsensibel und –fördernd agieren, desto eher erübrigt sich die genannte Vorurteilsneigung. Ein Glaube, der sich seiner hybriden und synkretistischen Inhalte und Strukturen bewusst ist, braucht keine Abwehr fremden Glaubens, kann Hybridität als Bereicherung und Anregung wahrnehmen.

7. Wahrnehmung von Ambivalenz hilft zur Dekonstruktion von religiös legitimierter Macht und dualistischem Denken.
Macht in religiösen Kontexten kann einen besonders perfiden Charakter annehmen: Machtstrukturen können religiös legitimiert werden (man denke an die ent-

---

88 Vgl. Küpper/Zick 2006.

sprechende Aufladung des Pfarramtes als Vertretung Gottes im Neuluthertum), sie zielen auf das Innere, auf das Gewissen der Menschen, sind dort in ihrer Machtförmigkeit schwer zu durchschauen.[89]

In dem Maß, in dem Wahrnehmung von Ambivalenz als möglich und normal gilt, lockern sich Machtkonstellationen auf: Denn Ambivalenz kann verstanden werden als »Dekonstruktion dualistischen Denkens«, als »die konsequente Irritation der als selbstverständlich erscheinenden, diskursiv gesetzten ›Positiv-Negativ-Wertungen‹ dualistischen Denkens.« Das »sowohl – als auch« der Ambivalenz »führt zum Versagen der konventionellen Wertmaßstäbe.[90]« Gerade dem Protestantismus, dessen Intention es ist, das unmittelbare Verhältnis des Individuums zu Gott, zum Heiligen, ohne Vermittlung der Kirche, zu stärken, (▶ vgl. Kap. 4.3.1), muss an einer solchen Dekonstruktion von Macht und Machtstrukturen liegen. Dann aber entsteht Raum für Neues, Unerwartetes, für neue Orientierungen, neue Optionen, neue Perspektiven. Oder, noch einmal anders, mit Ambivalenzwissen kommt Sand ins Getriebe eingefahrener Machtapparate, selbstverständliche Leistungs- und Gehorsamsautomatiken können durchschaut und abgebaut werden.[91]

8. Wahrnehmung von Ambivalenz kann dazu beitragen, selbstverständliche und vielleicht schon geistlos gewordene kirchlich-dogmatische und liturgische Routinen zu durchschauen und zu hinterfragen.

Kirche ist eine in hohem Maß traditionsgeleitete Institution; ihre Rituale und Lehren sind jahrhundertealt, und scheinen allein schon durch ihre Herkunft, durch ihr Alter legitimiert zu sein. In der Gegenwart wird diese Legitimation durch Tradition zunehmend brüchig, Menschen spüren und erkennen, ob Rituale und Dogmen lebendig wirken oder zu hohlen und leeren Routinen geworden sind. Eigene ambivalente Reaktionen auf Liturgie und Dogma ernst zu nehmen, ist ein notwendiger und hilfreicher Weg, um Altes kritisch zu durchschauen und abzubauen, wenn es sich überlebt hat. Dann kann Raum entstehen für soziale und religiöse Kreativität, für mentale und emotionale Beweglichkeit im Blick auf die Vielfalt und Komplexität unserer Lebens- und Glaubenswelten.

9. *Methodisch* orientiert sich der Umgang mit Glaubensambivalenzen an dem aus der Gestalttherapie bekannten Modell der Arbeit mit zwei leeren Stühlen und dem Modell des inneren Teams (▶ vgl. Kap. 0.4). Die unterschiedlichen Stimmen und Positionen werden in der Personifizierung ernst genommen, man gibt ihnen eine Stimme und einen Ort im Raum und bringt sie in einen Dialog. Das kann man in einer Gruppe, aber auch für sich alleine praktizieren. Das Ziel besteht zunächst darin, die verschiedenen Stimmen und Standpunkte genauer kennen zu lernen, ihr Gewicht, ihre Stichhaltigkeit, ihre Überzeugungskraft abzuwägen und zu schärfen. Ob es irgendwann zu einer Entscheidung für eine und gegen eine andere Position kommt, kann offen bleiben. Solche Prozesse des gezielten Abwägens, Oszillierens und Dialogisierens sind hilfreiche Voraussetzungen, um die Ambivalenz des eige-

89 Vgl. Steinkamp 1999, der die Thesen von Michel Foucault zur Pastoralmacht aufnimmt.
90 Haller 2011, Zitat 360f.
91 Im Anschluss an Otscheret 1988, 126, die sich wiederum auf Sloterdijk bezieht.

nen Glaubens zu erkennen und dann auch entsprechend produktiv mit ihr umgehen zu können.

9.7   Schluss: Die »Mystik« der Ambivalenz

>»Und alles Drängen, alles Ringen
Ist ewige Ruh in Gott dem Herrn.«
(Goethe)

»Hat er euch denn nicht gesagt, dass wir alle Mystiker sind?« fragte ein Pfarrer in New York eine ältere Frau, die ihm von der Begegnung mit einem Guru erzählt hatte. Dorothee Sölle berichtet von dieser Begebenheit in einem Gespräch mit Fulbert Steffensky, der greift den Satz auf und führt ihn weiter: »Dieser Satz ist ja nicht eine Feststellung, sondern eine Forderung an das Leben. Es soll kein Mensch nur sein Leben fristen, es soll kein Mensch sich erschöpfen im reinen Überleben. Jeder soll der Wahrheit nahe kommen dürfen. Für jeden Menschen soll es Orte der Absichtslosigkeit geben … die Wahrnehmung der Lebensschönheit …«[92]

Die offene Aufmerksamkeit für die Ambivalenzen des Lebens und Glaubens gehört für mich zur Wahrnehmung der Lebensschönheit: Sich berühren lassen von der Zwiespältigkeit der Wirklichkeit im Ganzen, von dem Schönen und dem Hässlichen, dem Freudigen und dem Schmerzlichen, dem Mutmachenden und dem Ängstigenden zugleich, hat etwas sehr Befreiendes und Bereicherndes. Ich muss mich nicht nur auf *eine* Seite schlagen und die anderen ausblenden. Das ist »GOTT«, der mich frei setzt, den Ambiguitäten des Lebens nach zu denken und nach zu fühlen, sie zu beklagen und zu betrauern, für sie zu danken und zu loben und gerade in dieser Spannung zu mir selbst und dem Ganzen zu finden. In diesem Moment der Spannung bin ich lebendig. Ich fühle mich, wie der Franziskanerpater Richard Rohr schreibt, gehalten und geborgen einerseits und andererseits wie »gleichzeitig stürzend in ein beängstigendes Geheimnis«.[93]

Kann man die Fähigkeit, die verschiedenen Seiten der Ambivalenz des Glaubens oder im Glauben wahrzunehmen, auszuhalten und sogar zu genießen, auch als eine mystische Haltung bezeichnen? Als eine Haltung, in der ja und nein *gleichzeitig* erfahren und vertreten werden kann? In der, mit Nikolaus von Kues, die Gegensätze zusammenfallen, aber deswegen nicht aufhören, Gegensätze zu bleiben (coincidentia oppositorum)?

Die Philosophin und auch als Mystikerin bezeichnete Simone Weil (1909–1943) hat notiert: »Man muss den unpersönlichen Gott [s.c.: den überpersönlichen, M.K.] durch den persönlichen Gott hindurch lieben und dahinter noch den Gott, der sowohl das eine wie das andere ist. Und dahinter noch den Gott, der weder das eine

---

92 Sölle [2]1997, 14.
93 Rohr [2]2010, 20.

noch das andere ist, und zwar aus Sorge darum, dass man ihn als einen Gegenstand verstehen könnte.«[94]

Sich in die Widersprüchlichkeit hinein loszulassen, sich in die Paradoxie des Gottesgeheimnisses, des Lebensgeheimnisses hinein zu begeben, diese manchmal kaum erträgliche, manchmal bereichernde Spannung im Glauben auszuhalten, wertzuschätzen, sogar aufzusuchen, das nenne ich die Mystik der Ambivalenz: Widerstand und Ergebung, Ablehnung und Zustimmung, Offenheit und Geschlossenheit, Trauer und Freude, manchmal gleichzeitig, manchmal oszillierend. Karl Rahner hat eine solche mystische Haltung eine »karge Frömmigkeit« genannt;[95] ich möchte sie lieber als eine kraftvolle bezeichnen, weil sie ihre Kraft und Energie aus der Gegensätzlichkeit, aus der gelebten Ambivalenz bezieht.

---

94 Zitiert bei Fuchs 2017, 125. Auffällig ist die Nähe dieser Formulierung zur »Negation des Tetralemmas« durch Varga von Kibed, s. o. 9.1.
95 Rahner 1966, 21–23.

Michael Roth

Warum wir Moralapostel nicht mögen und das Moralisieren verabscheuen

Zur Lebensferne der Ethik

2018. 133 Seiten. Kart.
€ 18,–
ISBN 978-3-17-034393-1

Theologische Interventionen,
Band 1

Anders als die Sache „Moral" scheint der Begriff aus der Mode gekommen zu sein. „Moral" bzw. „moralisch" wird auffallend gern abwertend benutzt: Anstatt als Moralapostel zu moralisieren, betrachten wir die Dinge lieber „aus der ethischen Perspektive". Ethik hat offensichtlich Konjunktur. Doch auch hier gibt es Kritik: Unsere lebensweltlichen Orientierungen scheinen nicht recht zu den ethischen Überlegungen zu passen, zumindest scheinen letztere nicht aus ersteren organisch zu erwachsen, sondern werden als fremd empfunden. Hängen die Unzufriedenheit mit der Ethik und das Phänomen des Moralisierens zusammen? Der vorliegende Essay geht davon aus, dass dies der Fall ist: Roth nimmt die Grundprobleme der Ethik in den Blick und untersucht das Phänomen des Moralapostels. Abschließend zieht er daraus die Konsequenzen für eine Ethik, der es darum geht, nicht am Leben vorbeizureden.

Leseproben und weitere Informationen unter www.kohlhammer.de

W. Kohlhammer GmbH
70549 Stuttgart

Kohlhammer

Ralf Frisch

Was war der Mensch?

Eine theologische Spurensuche im Kosmos

2018. 280 Seiten. Kart.
€ 29,–
ISBN 978-3-17-034584-3

Eine unvorstellbar fortgeschrittene und weitgereiste nichtirdische Zivilisation besucht eines fernen Tages, lange nach dem Tod des letzten Homo sapiens, unseren blauen Planeten. Was wird unsere Besucher bei ihrer archäologischen Analyse der untergegangenen Spezies Mensch am meisten in Erstaunen versetzen? Dass wir in irdischer Hinsicht so viel und in kosmischer Hinsicht so wenig von uns hielten? Dass wir uns weder technologisch noch ethisch weiter zu entwickeln vermochten? Oder dass manche von uns Erdlingen im Unterschied zu emotionsloseren, überlebenstechnisch souveräneren intelligenten Lebensformen des Alls eine Anthropotheologie der Vergebung und der Barmherzigkeit kultivierten?

Nach seiner Vergegenwärtigung des Apostolischen Glaubensbekenntnisses mit dem Titel „Was können wir glauben? Eine Erinnerung an Gott und den Menschen" legt Ralf Frisch nun eine theologische Anthropologie vor, deren atemberaubende und bewusstseinserweiternde Szenarien vor allem für eines sensibilisieren: dass der Mensch nichts Geringeres ist als die Signatur des göttlichen Schöpfers des Kosmos.

W. Kohlhammer GmbH
70549 Stuttgart

Kohlhammer